독자의 1초를 아껴주는 정성!

세상이 아무리 바쁘게 돌아가더라도
책까지 아무렇게나 빨리 만들 수는 없습니다.
인스턴트 식품 같은 책보다는
오래 익힌 술이나 장맛이 밴 책을 만들고 싶습니다.

길벗이지톡은 독자여러분이
우리를 믿는다고 할 때 가장 행복합니다.
나를 아껴주는 어학도서,
길벗이지톡의 책을 만나보십시오.

독자의 1초를 아껴주는
정성을 만나보십시오.

미리 책을 읽고 따라해본 2만 베타테스터 여러분과
무따기 체험단, 길벗스쿨 엄마 2% 기획단,
시나공 평가단, 토익 배틀, 대학생 기자단까지!
믿을 수 있는 책을 함께 만들어주신 독자 여러분께 감사드립니다.

(주)도서출판 길벗 www.gilbut.co.kr
길벗이지톡 www.gilbut.co.kr
길벗스쿨 www.gilbutschool.co.kr

≪일본어 한자 무작정 따라하기≫ 학습계획표

본 책 ≪일본어 한자 무작정 따라하기≫를 학습하시는 독자 분들을 위해 6주 완성으로 학습계획표를 짜보았습니다. 개인별 학습 시간과 학습 수준에 따라 다르므로, 각자 자신에게 맞는 학습 방법을 만들어서 공부하는 것도 좋습니다.

꼭 읽어보세요!

이 학습계획표는 월요일부터 토요일까지 주 6일만 학습하도록 구성되어 있습니다. 각 마당별 학습이 끝나고 나면 반드시 확인문제를 풀어보면서 부족한 부분을 체크해 보세요. 이 학습계획표에는 각 마당별 학습을 끝낸 바로 다음 날에 마당별로 총정리 겸 복습 시간을 마련해 놓았습니다. 다음 마당으로 학습을 진행하기 전에 이미 학습한 내용을 완벽하게 내 것으로 만드는 완전 학습을 목표로 공부해 보세요!

첫째주	월요일	화요일	수요일	목요일	금요일	토요일
학습 내용	준비마당	첫째마당 01-13 확인문제	첫째마당 14-21	첫째마당 22-29 확인문제	첫째마당 [총정리]	둘째마당 01-04
둘째주	월요일	화요일	수요일	목요일	금요일	토요일
학습 내용	둘째마당 05-09	둘째마당 10-13 확인문제	둘째마당 14-18	둘째마당 19-23	둘째마당 24-28	둘째마당 29-33 확인문제
셋째주	월요일	화요일	수요일	목요일	금요일	토요일
학습 내용	둘째마당 [총정리]	셋째마당 01-05	셋째마당 06-11	셋째마당 12-16 확인문제	셋째마당 17-20	셋째마당 21-24
넷째주	월요일	화요일	수요일	목요일	금요일	토요일
학습 내용	셋째마당 25-29	셋째마당 30-33 확인문제	셋째마당 [총정리]	넷째마당 01-04	넷째마당 05-09	넷째마당 10-14
다섯째주	월요일	화요일	수요일	목요일	금요일	토요일
학습 내용	넷째마당 15-18 확인문제	넷째마당 19-24	넷째마당 25-29 확인문제	넷째마당 30-34	넷째마당 35-39 확인문제	넷째마당 40-45 확인문제
여섯째주	월요일	화요일	수요일	목요일	금요일	토요일
학습 내용	넷째마당 46-52 확인문제	넷째마당 53-57	넷째마당 58-62	넷째마당 63-67	넷째마당 68-71 확인문제	넷째마당 [총정리]

mp3 파일 무료 다운로드

길벗 홈페이지(www.gilbut.co.kr)로 오시면 mp3 파일 및 관련 자료를 다양하게 이용할 수 있습니다.

1단계	도서명 ▼ [ ] 검색 에 찾고자 하는 책 이름을 입력하세요.
2단계	검색한 도서로 이동하여 〈자료실〉 탭을 클릭하세요.
3단계	mp3 및 다양한 자료를 받으세요.

일본어 한자

무작정 따라하기

정선영 지음

일본어 한자 무작정 따라하기
The Cakewalk series - Japanese Characters

초판 발행 · 2011년 8월 20일
초판 9쇄 발행 · 2020년 4월 10일

지은이 · 정선영
발행인 · 이종원
발행처 · (주)도서출판 길벗
브랜드 · 길벗이지톡
출판사 등록일 · 1990년 12월 24일
주소 · 서울시 마포구 월드컵로 10길 56(서교동)
대표 전화 · 02)332-0931 | **팩스** · 02)323-0586
홈페이지 · www.gilbut.co.kr | **이메일** · eztok@gilbut.co.kr

담당 편집 · 오윤희(tahiti01@gilbut.co.kr) | **기획** · 최준란 | **디자인** · 강은경 | **제작** · 이준호, 손일순, 이진혁
영업마케팅 · 김학흥, 장봉석 | **웹마케팅** · 이수미, 최소영 | **영업관리** · 심선숙 | **독자지원** · 송혜란, 홍혜진

편집진행 및 교정 · 이경숙 | **일러스트** · 김학수 | **전산편집** · 디자인풍선 | **사운드 편집 및 오디오 제작** · 와이알미디어
CTP출력 및 인쇄 · 예림인쇄 | **제본** · 예림바인딩

ISBN 978-89-6047-411-6 03730
(길벗 도서번호 300338)

정가 · 16,000원

독자의 1초를 아껴주는 정성 길벗출판사
길벗 | IT실용서, IT/일반 수험서, IT전문서, 경제경영서, 취미실용서, 건강실용서, 자녀교육서
더퀘스트 | 인문교양서, 비즈니스서
길벗이지톡 | 어학단행본, 어학수험서
길벗스쿨 | 국어학습서, 수학학습서, 유아학습서, 어학학습서, 어린이교양서, 교과서

페이스북 | www.facebook.com/gilbuteztok
네이버 포스트 | http://post.naver.com/gilbuteztok
유튜브 | https://www.youtube.com/gilbuteztok

일본어를 배우는 사람들이 공통적으로 느끼는 점은 '한자가 어렵다'는 것이지요. 일본 사람들도 초등학교에서 고등학교까지 한자 공부에 시달립니다. 일본 사람들도 그렇게 어렵게 배우는 한자니 외국 사람들 배우기가 얼마나 어렵겠어요! 어려운 것이 당연한 일이니 우선 마음을 편하게 가지세요.

흔히들 이렇게 말하지요. 일본어 한자는 무조건 외워야 한다고요. 어느 정도 사실이긴 하지만 그렇다고 모든 한자를 단어마다 독음을 달달 외워야 한다면 공부가 재미없지요. 일본어를 배우려고 시작한 공부가 어느새 한자 공부로 바뀌고, 그러다 공부가 재미없어지고 그러다가 일본어 공부를 그만두게 된다면…. 참 이상한 이야기지요?

이 책의 장점은 일본어 한자를 무조건 달달 외우라는 식이 아니라 한국어 음과 대비시켜서 한국어로 어떤 음으로 읽히는 한자가 일본어에서는 어떤 음으로 읽히는지를 알려준다는 점입니다. 즉 일본어 한자에 대한 감각을 길러주는 책이라는 것이지요. 시중에 나와 있는 일본어 한자 책들은 일본에서의 한자 교육 기준(난이도순)으로 되어 있거나 あいうえお순, 획수로 되어 있는 것들이 많습니다. 이런 책들은 일본어 한자를 무조건 외우라는 식이지요. 일본어 한자를 무조건 외우는 방식으로 공부하면 새로운 한자를 만났을 때 사전으로 음을 확인해야 읽을 수 있게 됩니다. 그런데 이 책으로 공부를 하면 일본어 한자에 대한 감각을 기를 수 있기 때문에 새로운 한자를 만났을 때도 그 한자가 어떤 음인지를 유추할 수 있는 능력을 갖추게 됩니다. 방대한 한자를 하나하나 모두 다 외우는 것은, 그것도 모국어가 아닌 외국어로 외우는 것은 거의 불가능에 가깝지요. 사실 모국어로도 한자음을 다 알기 어렵잖아요.

그리고 이 책에 소개되어 있는 한자 자체는 200개가 좀 넘는 정도이지만 여기에서 가르쳐 주는 규칙을 알면 일본 사람들이 일상적으로 사용하는 웬만한 한자는 다 읽을 수 있게 됩니다. 물론 예외적인 한자들도 있지만 기본적인 음을 아는 것이 더 중요하지요. 그리고 예외적으로 읽히는 한자들 중에서 중요한 것들은 이 책에 소개되어 있습니다! 게다가 이 책에 실려 있는 일본어 어휘가 무려 1500개가 넘습니다! 예문도 다양하게 실려 있고요. 이 책 한 권으로 한자뿐만 아니라 어휘와 예문까지도 익힐 수 있으니 일석삼조지요!

막막하게 일본어 한자음을 하나하나 다 외우려고 하지 말고 이 책으로 일본어 한자에 대한 감각을 길러 보세요. 어렵게만 느껴지던 일본어 한자가 좀 더 친숙하게 느껴지게 될 겁니다.

2011년 8월 후지이 아사리

일본어 한자 읽기의 황금 법칙, 우리말의 자음과 모음 속에 있습니다!

일본어라는 외국어를 막 공부하기 시작한 대부분의 사람들은 '뭐야?! 우리말과 어순도 똑같고, 쓰이는 어휘도 똑같고, 일본어는 진짜 외국어 같지 않은 외국어네!'라는 생각을 해 본 적이 있을 것입니다. 맞습니다! 이 말 그대로, 우리말과 일본어는 어순이 같아서 품사별 어휘를 어순에 따라 나열하면 문장이 완성됩니다. 또한, 우리말과 일본어는 똑같이 한자를 쓰는 언어라서 그 어떤 외국어보다도 친근하고 쉽게 느껴지는 외국어입니다.

하지만 너무 쉽게 보여서 외국어 같지 않은 외국어라고 생각했던 일본어가 한자를 읽기 시작할 때가 되면, 갑자기 세상에서 가장 어렵고 까다로운 외국어라는 생각을 하게 되어 일본어 공부를 할 때 커다란 걸림돌이 되고 맙니다. 그 이유가 도대체 뭘까요? 바로 일본어에서 쓰이는 한자는 각각의 한자마다 읽는 음이 한두 가지가 아니라서 문장 속의 의미에 따라, 표기법에 따라 한자 읽는 음을 하나하나 머릿속에 기억해야 하기 때문입니다. 결국 일본어의 한자 때문에 일본어 공부를 포기하는 사람들이 속속 생겨나게 됩니다. 일본어에 있어서 한자 읽기가 차지하는 비중은 상당히 높기 때문에 한자 읽기를 못하면 일본어 공부를 계속하기가 힘들어집니다.

하지만 이제는 일본어 한자 읽기에 무릎을 꿇을 필요가 없습니다!
바로 이 책 속에 일본어 한자 읽기의 황금 법칙이 있으니까요!
일본어 한자 읽기의 황금 법칙이란, 바로 우리말의 자음과 모음으로 일본어 한자의 음을 익히는 것입니다!

이 책에 소개되어 있는 대표 한자의 읽기 법칙만 제대로 기억하고 있으면, 이제 앞으로의 일본어 한자 읽기는 더 이상 어렵다거나 까다롭다거나 복잡하다는 생각은 하지 않게 될 것입니다.

이 책으로 일본어 한자 읽기를 공부하시는 모든 분들이 더 이상 일본어 한자를 어려워하지 않고 재미나게 느낄 수 있게 되기를 진심으로 바랍니다.

2011년 8월 정선영

이 책을 미리 체험한 베타테스터들의 한마디!

한자는 무조건 외우는 방법 외에 별다른 학습법이 없기 때문에 머리 아프고 지루한 공부라고 생각했습니다. 그래서 궁리 끝에 제멋대로 한자를 조각조각 내거나 한자에 뭔가를 덧붙여 뜻을 연상시키는 방법으로 한자 공부를 시작했지요. 그러자 그나마 어렵고 지루했던 한자가 머리에 들어왔습니다. 하지만 그에 걸리는 시간과 노력은 어마어마했지요. 그런데 이 책을 보니, 굳이 그런 복잡한 과정을 거치지 않고도 그 한자가 가진 음만으로도 뜻을 연상하기가 훨씬 쉬웠습니다. 덕분에 한자 공부 시간이 많이 줄어들었습니다. 게다가 한자와 한자어를 한눈에 볼 수 있게 배치해서, 어떻게 읽고 어떻게 사용하는지 바로 알 수 있어서 한자 공부가 훨씬 즐거워졌습니다.

– 김경순 (회사원, J&J 근무)

무작정 한자를 외우다 보면 분명 같은 한자인데도 다른 단어에 붙어 나오면 금세 잊어버리고 '이게 무슨 한자였지…'하는 일이 많았어요. 그런데 이 책은 기본적으로 한자를 어떻게 읽는지 개념을 잡아주니 나중에 같은 한자를 보더라도 '이렇게 읽으면 되겠지?'하고 미리 생각을 하게 되더군요. 기대 반 걱정 반으로 사전을 찾았는데 생각했던 음이 눈에 들어올 때의 쾌감은 이루 말할 수 없었습니다. 또한 예문에 쓰인 단어와 내용들도 JLPT 공부를 할 때 많은 도움이 될 것 같으니, 한자에 대한 자신감도 얻고 시험 준비도 겸할 수 있어서 제겐 너무나 고마운 책입니다.

– 이미정 (학생, 명지대 일본어과 재학중)

한자 읽기의 개념을 잡아주는 것은 물론, 내가 처음 일본어 단어를 공부했을 때 헷갈렸던 단어와 표현들이 많이 나와서 다시 한 번 확인하고 넘어갈 수 있어서 좋았습니다. 일본어를 처음 배우는 사람들에게 많은 도움이 될 것 같아요. 또, 다른 책과 달리 잘 사용하지 않는 표현들도 많이 나오는데, JPT나 JLPT 시험에도 잘 사용하지 않는 표현들이 많이 등장하니 익혀두면 높은 점수를 받는 데 도움이 될 것 같아요.

– 박진언 (회사원, G마켓 근무)

이지톡 책의 베타테스트에 참여하려면 어떻게 해야 하나요?

길벗이지톡 책의 베타테스트에 참여하게 되면 다양한 혜택과 테스트한 책을 받게 됩니다. 많은 독자를 대표하여 한 권의 책을 만드는 과정에 참여하는 일은 참 재미있는 일입니다. 해당 분야에 대해서 강제로 공부하게 되기 때문에 개인적으로는 어학 실력을 향상시킬 수 있는 기회도 되고요. 다른 독자들을 위해서 먼저 원고를 읽어보고 독자의 눈높이에 맞출 수 있게 되는 보람도 있고요. 길벗 홈페이지에 방문하시면 좋은 일이 생길 거에요!

이 책은 첫째마당부터 넷째마당까지 모두 네 마당으로 구성되어 있습니다.
특히, 각 과에 소개되어 있는 대표 한자는 JLPT N3과 N4 수준의 한자 위주로 구성하였습니다.

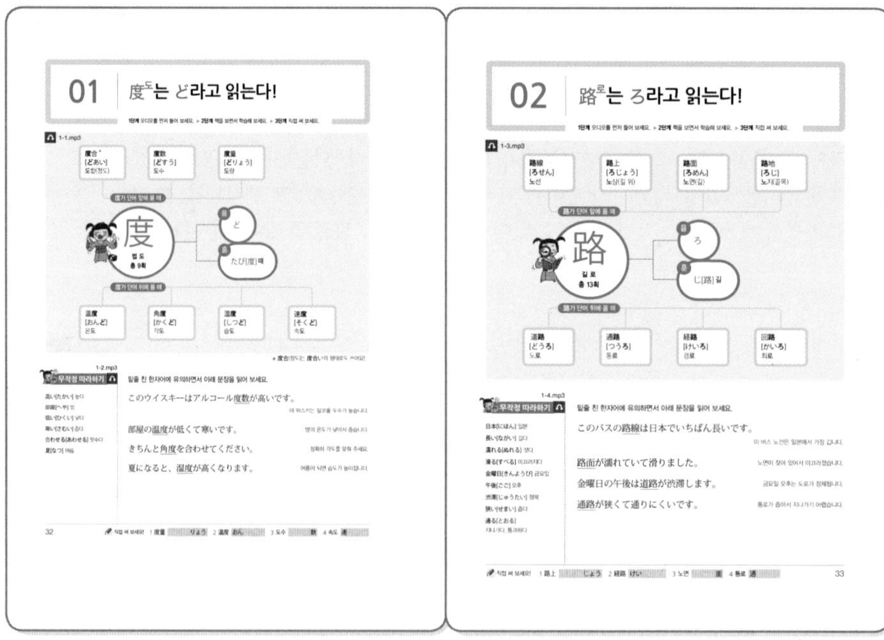

첫째마당 우리말 발음 그대로 읽는 한자

일본어 한자 읽기의 입문 단계입니다. 일본어 한자 중에서 우리말 발음 그대로 읽히는 한자만 실었기 때문에 일본어 한자 읽기 공부를 쉽게 받아들일 수 있습니다. 특히, 우리말 발음 그대로 읽히는 한자어도 따로 모아 정리한 곳도 있어서 더욱 쉽게 다가갈 수 있습니다.

둘째마당 첫소리 자음을 읽는 법칙

본격적인 일본어 한자 읽기의 시작 단계입니다. 먼저 우리말 자음을 읽는 법칙부터 배우면 셋째마당과 넷째마당에서 배우게 되는 모음과 받침에 관한 법칙을 이해하는 데 큰 도움이 됩니다.

셋째마당 가운뎃소리 모음을 읽는 법칙

일본어 한자 읽기의 기본 완성 단계입니다. 이미 둘째마당에서 우리말 자음을 읽는 법칙을 배웠기 때문에, 자음보다는 좀 더 복잡한 모음을 읽는 법칙을 배우게 됩니다. 우리말 모음을 1음절로 읽는 경우와 2음절로 읽는 경우로 나누어 실었기 때문에, 헷갈리기 쉬운 한자도 제대로 구별할 수 있습니다.

넷째마당 끝소리 받침을 읽는 법칙

일본어 한자 읽기의 최종 마무리 단계입니다. 여섯 가지나 되는 우리말 받침을 읽는 법칙까지 익혀야 진정한 일본어 한자 읽기가 마무리됩니다. 우리말 받침을 읽는 법칙만 제대로 알고 쓸 수 있다면 큰 어려움 없이 일본어 한자를 읽을 수 있기 때문에 가장 중요한 부분입니다.

한자 읽기 법칙

각 과의 대표 한자를 한국어 음과 대비시켜 일본어 음으로 어떻게 읽는지를 배우며, 여기에 제시된 내용을 통해 한자 읽기에 대한 기본 법칙을 배우게 됩니다.

대표 한자어와 예문

각 대표 한자의 우리말 뜻, 음, 총획과 함께 일본어를 음으로 읽는 경우와 훈으로 읽는 경우, 그리고 예외적으로 읽는 단어 예를 제시해 두었습니다.

또한, 대표 한자어의 예문을 네이티브의 음성과 함께 제시하여, 네이티브를 따라 말하다 보면 한자 읽기 실력은 물론, 일본어 말하기 실력도 늘게 될 것입니다.

직접 써 보세요

위에서 배운 단어를 직접 써 보는 코너입니다. 일본어 한자를 보고 어떻게 읽는지 히라가나로 써 보거나 우리말을 보고 일본어 한자로 직접 써 보세요.

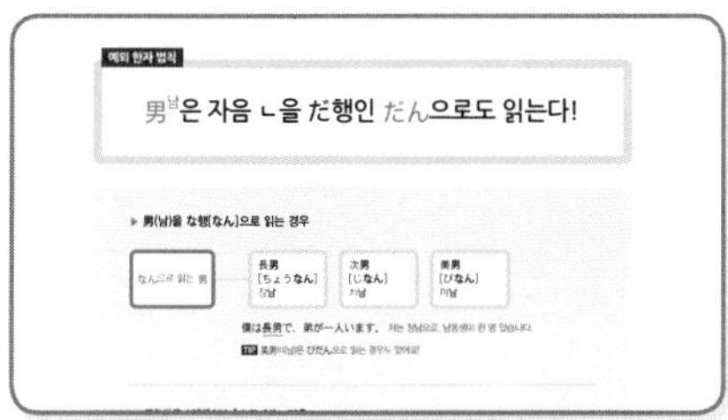

예외 한자 법칙

기본적인 한자 읽기 법칙은 아니지만, 꼭 알아두어야 할 예외적인 법칙까지 실었습니다. 일본어에는 예외적인 법칙에 해당하는 한자가 꽤 많이 있으므로 제대로 익혀야 합니다.

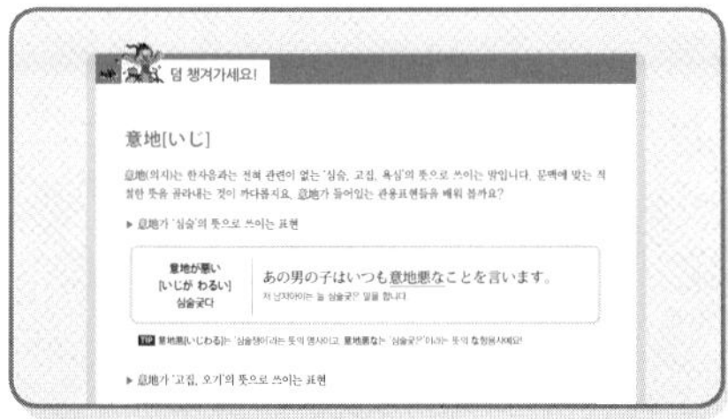

덤 챙겨가세요!

본문의 대표 한자와 관련된 한자어를 소개하거나 대표 한자와 관련하여 알아두면 좋은 정보를 모아서 실었습니다. 본문에서는 실을 수 없었던 추가적인 다양한 한자어들을 만나볼 수 있습니다.

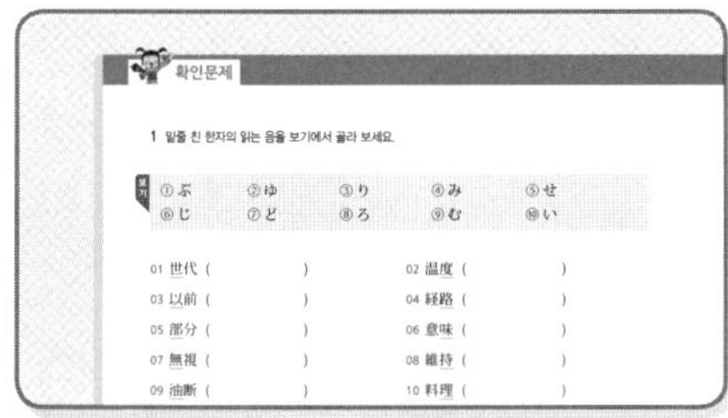

확인문제

각 마디 또는 마당이 끝난 후에 학습한 한자와 한자어의 읽기와 관련된 연습문제를 실었습니다. 크게 한자의 읽는 음에 관한 문제와 한자의 읽는 음에 해당하는 한자에 관한 문제로 구성되어 있습니다.

목차

둘째마당 | 첫소리 자음을 읽는 법칙

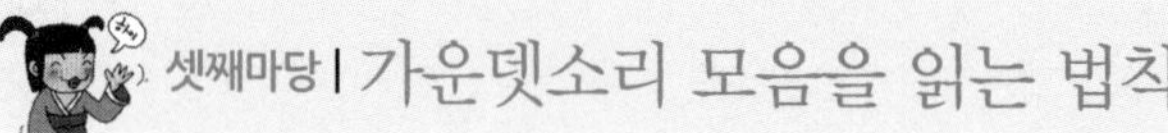

셋째마당 | 가운뎃소리 모음을 읽는 법칙

01 모음을 1음절로 읽는 법칙

01 모음을 2음절로 읽는 법칙

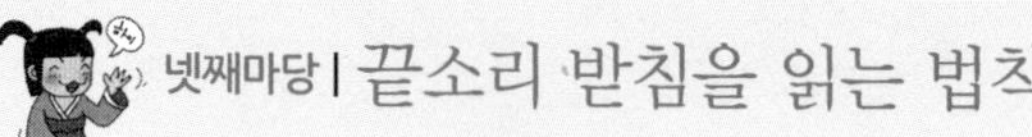

넷째마당 | 끝소리 받침을 읽는 법칙

01 | 받침을 く・き로 읽는 법칙

일본어
한자

| 준비마당 |

일본어 한자가 궁금해요!

여기 준비마당에서는 일본어 한자가 어떻게 전해졌고, 어떤 특징을 가지고 있으며, 한자와 한자어를 어떻게 읽는지에 대해 알아보겠습니다. 특히, 일본 한자를 공부할 때 가장 중요한 점인 한국 한자와의 차이점에 관해서도 정리해 봅시다.

01 일본어 한자의 특징

일본어 한자의 가장 큰 특징은 바로 음독과 훈독의 두 가지 방법으로 읽는 것이다.

일본 한자는 어떻게 만들어졌을까?

일본 한자의 유래 일본의 한자는 5세기 경 백제시대에 왕인[王仁] 박사가 천자문[千字文]과 논어[論語]를 가지고 일본으로 건너가서 전한 것이라고 한다. 그 이후, 7세기 초부터는 일본이 중국으로 사신과 승려들을 파견하게 되면서 중국의 한자를 도입하게 되었다고 한다. 그때 글자와 함께 넓은 중국 대륙의 지역마다 다른 한자 읽는 음까지 받아들이게 되어, 현재의 일본한자는 한자 한 개에 여러 개의 읽는 음을 가지게 되었다고 한다.

일본어 한자는 어떤 특징을 가지고 있을까?

일본어 한자의 특징 일본어 한자의 가장 큰 특징은 바로 음(音[おん])으로 읽는 경우와 뜻(訓[くん])으로 읽는 경우의 두 가지 방법으로 한자를 읽는다는 점이다.

우리는 한자를 배울 때, 天은 '하늘 천'과 같이 뜻인 '하늘'과 음인 '천'을 함께 배우지만, 문장 속에서 한자 天을 읽을 때는 전부 음인 '천'으로만 읽는다. 하지만 일본어 한자는 그렇지 않다. 한자를 읽을 때 음으로도 읽고 뜻으로도 읽는다. 다음을 보면서 한자의 뜻과 음이 한국과 일본에서 어떻게 쓰이는지 알아보자.

	悪		無		前	
	뜻(訓)	음(音)	뜻(訓)	음(音)	뜻(訓)	음(音)
한국	나쁠	악	없을	무	앞	전
일본	わるい	あく	ない	む	まえ	ぜん

★ 일본 한자는 뜻으로 읽는 경우에만 그 한자의 의미를 알 수 있어요!

일본어 한자는 어떻게 읽을까?

한자를 음(音)으로 읽는 경우 : 음독[音読み, おんよみ]

한자를 중국에서 받아들인 발음으로 읽는 것을 '음독'이라고 한다. 우리가 한자어를 읽을 때 주로 음으로 읽는 방법과 같다. 단, 중국에서 받아들인 발음으로 읽는 경우에는 언제 어느 지역에서 전해진 발음인가에 따라 한음[漢音], 오음[呉音], 당음[唐音], 송음[宋音]이 있다. 이 중에서 현재 일본어에서는 대부분 한음[漢音]과 오음[呉音]의 두 가지가 많이 쓰이고 있다. 다음을 보면서 한음[漢音]과 오음[呉音]에 따른 한자 읽는 음의 차이점을 알아보자.

	한음[漢音] 현재 일본어에 사용되는 대부분의 한자음이다.		오음[呉音] 일본에 가장 먼저 전해진 한자음으로, 주로 불교 용어에 많다.	
行(행)	こう	行動[**こう**どう] 행동 旅行[りょ**こう**] 여행	ぎょう	行事[**ぎょう**じ] 행사
人(인)	じん	人生[**じん**せい] 인생 日本人[にほん**じん**] 일본인	にん	人気[**にん**き] 인기
外(외)	がい	外国[**がい**こく] 외국 海外[かい**がい**] 해외	げ	外科[**げ**か] 외과

★ 한음[漢音]과 오음[呉音]을 굳이 구별하여 알아둘 필요는 없어요!

한자를 뜻(訓)으로 읽는 경우 : 훈독[訓読み, くんよみ]

한자를 일본어 고유어의 의미에 맞추어 읽는 것을 '훈독'이라고 한다. 한국 한자에는 일본 한자와 같이 뜻으로 읽는 훈독이 없기 때문에 일본 한자의 뜻으로 읽는 음은 따로 외울 수밖에 없다.

일본 한자의 훈독은 오랜 세월을 거쳐 오면서 널리 사용되어 온 발음이기 때문에, 이 훈독 안에는 일본 고유의 관습과 문화가 녹아 있다. 다음을 보면서 일본 한자의 훈독이 어떠한 것인지 알아보자.

人		犬		足		月	
뜻	훈독	뜻	훈독	뜻	훈독	뜻	훈독
사람	ひと	개	いぬ	발	あし	달	つき

덤 챙겨가세요! **훈독으로만 읽는 한자**

1. 한자 한 글자로 된 단어

예 人[ひと] 사람 / 口[くち] 입 / 日[ひ] 해, 날 / 手[て] 손

2. 送り仮名[おくりがな]가 붙어 있는 단어

예 大きい[おおきい] 크다 / 静か[しずか] 조용함 / 食べる[たべる] 먹다

★ 送り仮名란 한자 뒤에 붙는 히라가나[大きい의 きい, 静か의 か, 食べる의 べる]를 가리켜요!

3. 사람 이름

예 山田[やまだ] 야마다 / 木村[きむら] 기무라 / 高橋[たかはし] 다카하시

: 일본어 한자어는 어떻게 읽을까?

일본어 한자어를 읽는 방법 일본어 한자는 음으로 읽는 '음독'과 뜻으로 읽는 '훈독'의 두 가지 방법으로 읽는다고 배웠는데, 한자와 한자가 합쳐져 쓰이는 두 글자 이상의 한자어는 읽는 방법이 다양하다.

앞뒤 한자를 모두 음[音]으로 읽는 경우 : 음 + 음

예

안	전
安	全
あん	ぜん
음	음

가	족
家	族
か	ぞく
음	음

신	문
新	聞
しん	ぶん
음	음

앞뒤 한자를 모두 뜻[訓]으로 읽는 경우 : 뜻 + 뜻

예

오른손	
右	手
みぎ	て
뜻	뜻

꽃구경	
花	見
はな	み
뜻	뜻

표시	
目	印
め	じるし
뜻	뜻

앞 한자는 음[音]으로, 뒷 한자는 뜻[訓]으로 읽는 경우 : 음 + 뜻

★ 重箱読み[じゅうばこよみ]라고 해요!

예

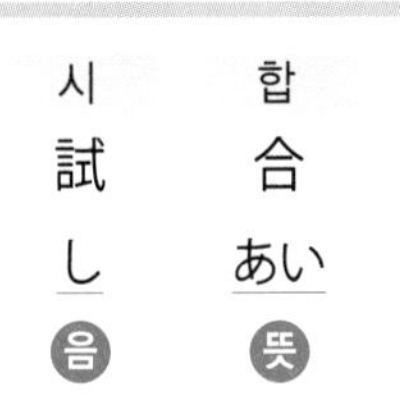

경	단
団	子
だん	ご
음	뜻

신	형
新	型
しん	がた
음	뜻

앞 한자는 뜻[訓]으로, 뒷 한자는 음[音]으로 읽는 경우 : 뜻 + 음

★ 湯桶読み[ゆとうよみ]라고 해요!

예

신	분
身	分
み	ぶん
뜻	음

견	본
見	本
み	ほん
뜻	음

앞뒤 한자를 하나의 뜻[訓]으로 합쳐서 읽는 경우 : 뜻

★ 当て字[あてじ]라고 해요!

예

오늘	어른	한 사람
今日	大人	一人
きょう	おとな	ひとり
뜻	뜻	뜻

02 일본 한자와 한국 한자의 차이점

일본 한자는 한자의 획수를 줄이거나 모양이 쉬운 약자를 쓴다.

: 일본 한자는 한국 한자와 무엇이 다를까?

일본 한자와 한국 한자의 차이점 일본 한자가 한국 한자와 가장 다른 점은 한자를 쓰기 쉽고 읽기 쉽도록 간단하게 표기한다는 점이다. 일본어와 한국어 모두 한자를 사용하는 언어이지만, 표기법이 다른 한자도 있고 일본어에만 존재하는 한자도 있다. 일본 한자에 대해 정확하게 알고 있어야 정확한 일본어를 공부해 나갈 수 있을 것이다.

일본 한자는 한자의 획수를 줄인 약자를 쓴다.

일본 한자는 주로 한자의 획수를 줄여서 간략하게 쓰는 약자로 쓰기 때문에, 한국 한자와 음과 뜻은 같아도 모양이 다른 한자가 의외로 많다. 다음을 보면서 한자의 모양이 어떻게 다른지 비교해 보자.

	나라 **국**	배울 **학**	일만 **만**	모일 **회**	몸 **체**	구역 **구**	기운 **기**
한국	國	學	萬	會	體	區	氣
일본	国	学	万	会	体	区	気

	사람 **자**	바다 **해**	읽을 **독**	나쁠 **악**	즐거울 **락**	약할 **약**	미리 **예**
한국	者	海	讀	惡	樂	弱	豫
일본	者	海	読	悪	楽	弱	予

★ 일본 한자에서의 者(자)는 점 하나만 없어지므로 틀리기 쉬워요!

	변할 **변**	마땅할 **당**	수 **수**	팔 **매**	올 **래**	그림 **화**	돌아갈 **귀**
한국	變	當	數	賣	來	畫	歸
일본	変	当	数	売	来	画	帰

	반 반	보낼 송	낮 주	참 진	강할 강	그림 도	떠날 발
한국	半	送	晝	眞	强	圖	發
일본	半	送	昼	真	強	図	発

★ 일본 한자에서의 半(반)과 送(송)은 획의 방향이 다르니 주의하세요!

일본 한자어는 모양이 쉬운 한자를 쓴다.

일본에서는 획순이 복잡하고 어려운 한자는 모양이 쉬운 한자로 대체하여 쓰기 때문에 뜻과 음이 다른 한자어도 있다. 따라서 한국 한자어와 의미는 같지만 쓰이는 한자가 다른 경우도 많다. 다음을 보면서 뜻과 음이 달라진 일본 한자어에 대해 알아보자.

	편집	연합	양해	여론	차량
한국	編輯	聯合	諒解	輿論	車輛
일본	編集 [へんしゅう]	連合 [れんごう]	了解 [りょうかい]	世論 [せろん]	車両 [しゃりょう]

덤 챙겨가세요! **일본에서만 쓰이는 한자**

일본어에는 한국과 중국에는 존재하지 않는 한자도 쓰이고 있다. 즉, 일본에서 직접 만들어서 쓰는 한자이므로 한국어로는 읽는 음이 없다. 이렇게 일본에서만 쓰이는 한자는 보통 뜻으로만 읽으므로 꼭 기억해 두자.

畑(밭)	枠(틀)	匂い(냄새)	働く(일하다)	込む(붐비다)
はたけ	わく	におい	はたらく	こむ

참고 문헌 및 누리집

漢和辞典 第4版 (三省堂, 1999) / 例解小学漢字辞典 第3版 (三省堂, 2005) / 日本語教育辞典 (大修館書店, 1992)

漢字辞典ネット www.kanjijiten.net / 超早引き漢字検索サイト[漢ぺき君/漢たん君] www.sanrui.co.jp/web/index.html

일본어
한자

| 첫째마당 |

우리말 발음 그대로 읽는 한자

일본어 한자 읽기의 입문 단계입니다. 일본어 한자 중에서 우리말 발음 그대로 읽히는 한자만 실었기 때문에 일본어 한자 읽기 공부를 쉽게 받아들일 수 있습니다. 특히, 우리말 발음 그대로 읽히는 한자어도 따로 모아 정리한 곳도 있어서 더욱 쉽게 다가갈 수 있습니다.

01 받침이 없는 한자

01 度(도)는 ど라고 읽는다!

02 路(로)는 ろ라고 읽는다!

03 理(리)는 り라고 읽는다!

04 無(무)는 む라고 읽는다!

05 味(미)는 み라고 읽는다!

06 部(부)는 ぶ라고 읽는다!

07 世(세)는 せ라고 읽는다!

08 市(시)는 し라고 읽는다!

09 夜(야)는 や라고 읽는다!

10 雨(우)는 う라고 읽는다!

11 油(유)는 ゆ라고 읽는다!

12 以(이)는 い라고 읽는다!

13 持(지)는 じ라고 읽는다!

02 받침이 있는 한자

ㄱ받침이 들어 있는 한자

14 読(독)은 どく라고 읽는다!

15 楽(락)은 らく라고 읽는다!

16 木(목)은 もく라고 읽는다!

17 目(목)은 もく라고 읽는다!

18 悪(악)은 あく라고 읽는다!

19 薬(약)은 やく라고 읽는다!

20 族(족)은 ぞく라고 읽는다!

ㄴ받침이 들어 있는 한자

21 間(간)은 かん이라고 읽는다!

22 論(론)은 ろん이라고 읽는다!

23 民(민)은 みん이라고 읽는다!

24 分(분)은 ぶん이라고 읽는다!

25 山(산)은 さん이라고 읽는다!

26 新(신)은 しん이라고 읽는다!

27 安(안)은 あん이라고 읽는다!

28 運(운)은 うん이라고 읽는다!

29 引(인)은 いん이라고 읽는다!

01 度[도]는 ど라고 읽는다!

1단계 오디오를 먼저 들어 보세요. ▶ **2단계** 책을 보면서 학습해 보세요. ▶ **3단계** 직접 써 보세요.

1-1.mp3

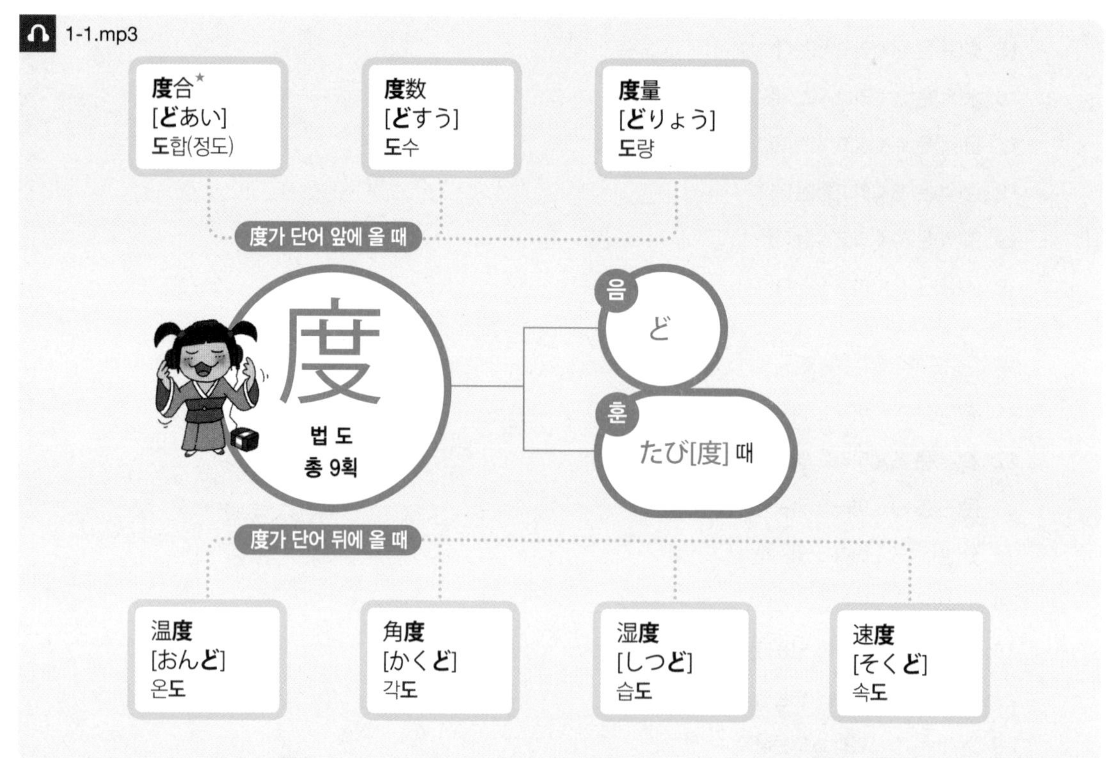

★ 度合(정도)는 度合い의 형태로도 쓰여요!

무작정 따라하기 1-2.mp3

高い[たかい] 높다
部屋[へや] 방
低い[ひくい] 낮다
寒い[さむい] 춥다
合わせる[あわせる] 맞추다
夏[なつ] 여름

밑줄 친 한자어에 유의하면서 아래 문장을 읽어 보세요.

このウイスキーはアルコール<u>度数</u>が高いです。 이 위스키는 알코올 도수가 높습니다.

部屋の<u>温度</u>が低くて寒いです。 방의 온도가 낮아서 춥습니다.

きちんと<u>角度</u>を合わせてください。 정확히 각도를 맞춰 주세요.

夏になると、<u>湿度</u>が高くなります。 여름이 되면 습도가 높아집니다.

직접 써 보세요! 1 度量 ＿＿りょう 2 温度 おん＿＿ 3 도수 ＿＿数 4 속도 速＿＿

02 路^로는 ろ라고 읽는다!

1단계 오디오를 먼저 들어 보세요. ▶ **2단계** 책을 보면서 학습해 보세요. ▶ **3단계** 직접 써 보세요.

1-3.mp3

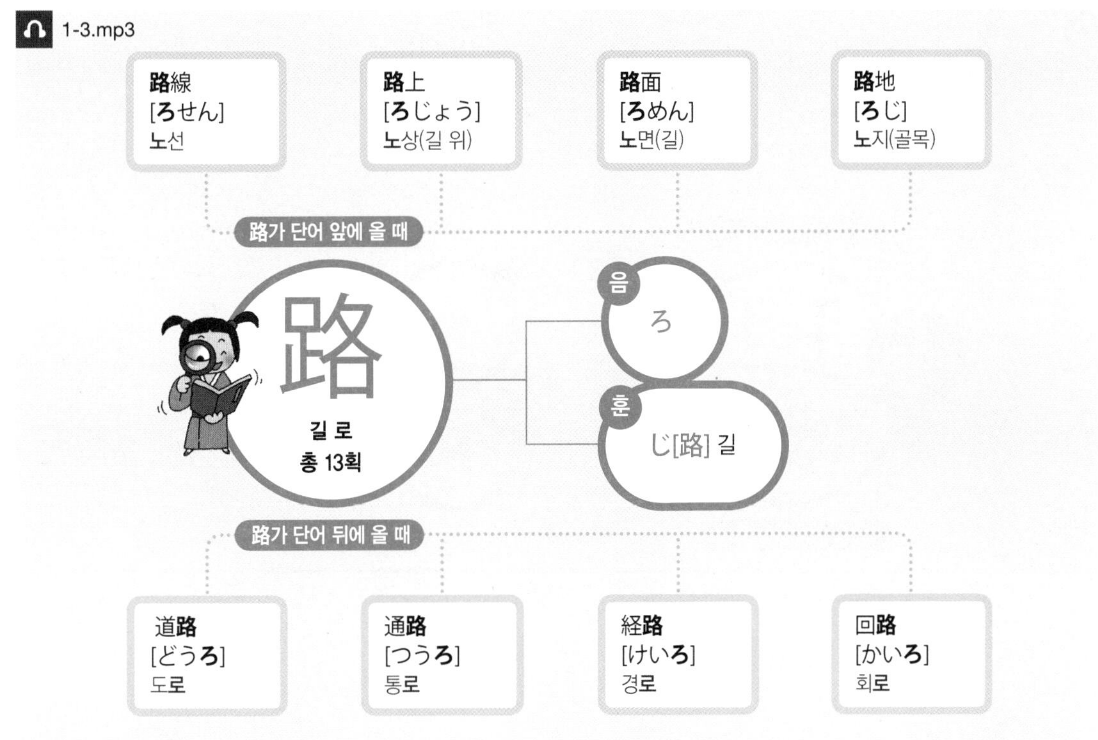

1-4.mp3

무작정 따라하기

日本[にほん] 일본
長い[ながい] 길다
濡れる[ぬれる] 젖다
滑る[すべる] 미끄러지다
金曜日[きんようび] 금요일
午後[ごご] 오후
渋滞[じゅうたい] 정체
狭い[せまい] 좁다
通る[とおる] 지나가다, 통과하다

밑줄 친 한자어에 유의하면서 아래 문장을 읽어 보세요.

このバスの路線は日本でいちばん長いです。
이 버스 노선은 일본에서 가장 깁니다.

路面が濡れていて滑りました。 노면이 젖어 있어서 미끄러졌습니다.

金曜日の午後は道路が渋滞します。 금요일 오후는 도로가 정체됩니다.

通路が狭くて通りにくいです。 통로가 좁아서 지나가기 어렵습니다.

직접 써 보세요! 1 路上 ______ じょう 2 経路 けい ______ 3 노면 ______ 面 4 통로 通 ______

03 理[리]는 り라고 읽는다!

1단계 오디오를 먼저 들어 보세요. ▶ **2단계** 책을 보면서 학습해 보세요. ▶ **3단계** 직접 써 보세요.

1-5.mp3

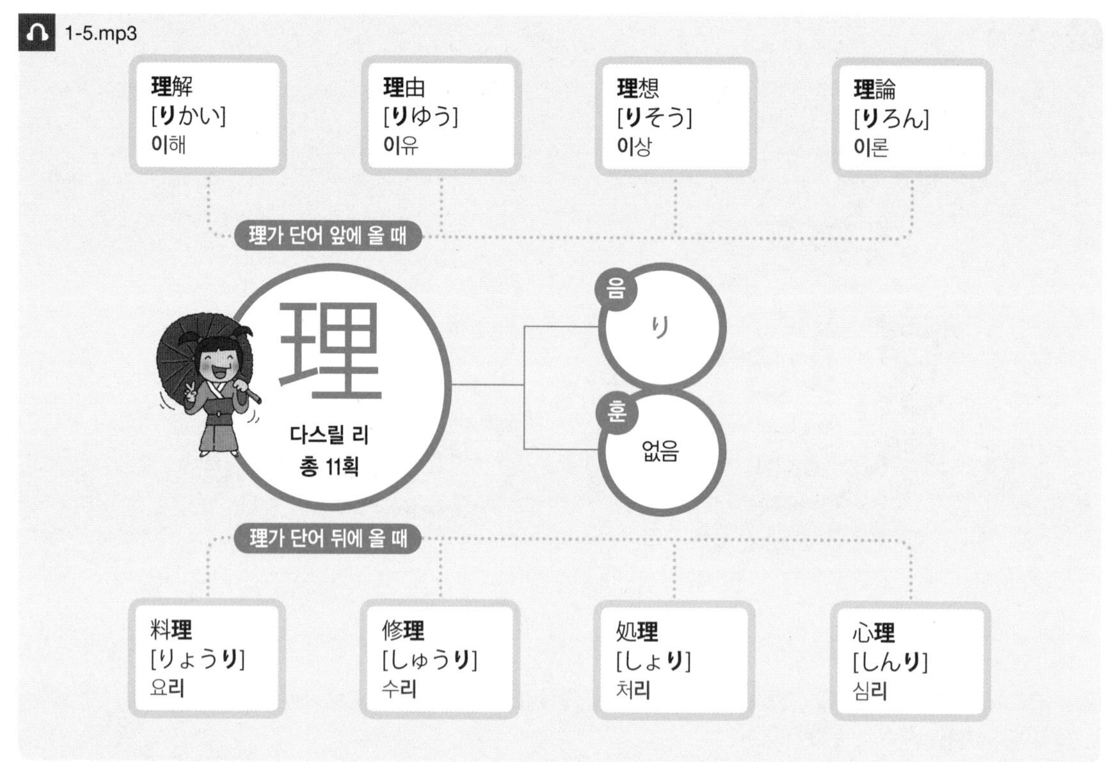

1-6.mp3

무작정 따라하기

説明[せつめい] 설명
難しい[むずかしい] 어렵다
彼女[かのじょ] 그녀, 여자친구
別れる[わかれる] 헤어지다
何[なん] 무엇
おいしい 맛있다
件[けん] 건
午前[ごぜん] 오전
～中[ちゅう] ～중

밑줄 친 한자어에 유의하면서 아래 문장을 읽어 보세요.

説明が難しくて<u>理解</u>できません。 설명이 어려워서 이해할 수 없습니다.

彼女と別れた<u>理由</u>は何ですか。 여자친구와 헤어진 이유가 무엇입니까?

この<u>料理</u>はとてもおいしいです。 이 요리는 매우 맛있습니다.

その件は午前中に<u>処理</u>します。 그 건은 오전 중에 처리하겠습니다.

직접 써 보세요! 1 理由 ＿＿ ゆう 2 料理 りょう ＿＿ 3 이상 ＿＿ 想 4 심리 心 ＿＿

04 無[무]는 む라고 읽는다!

1단계 오디오를 먼저 들어 보세요. ▶ **2단계** 책을 보면서 학습해 보세요. ▶ **3단계** 직접 써 보세요.

1-7.mp3

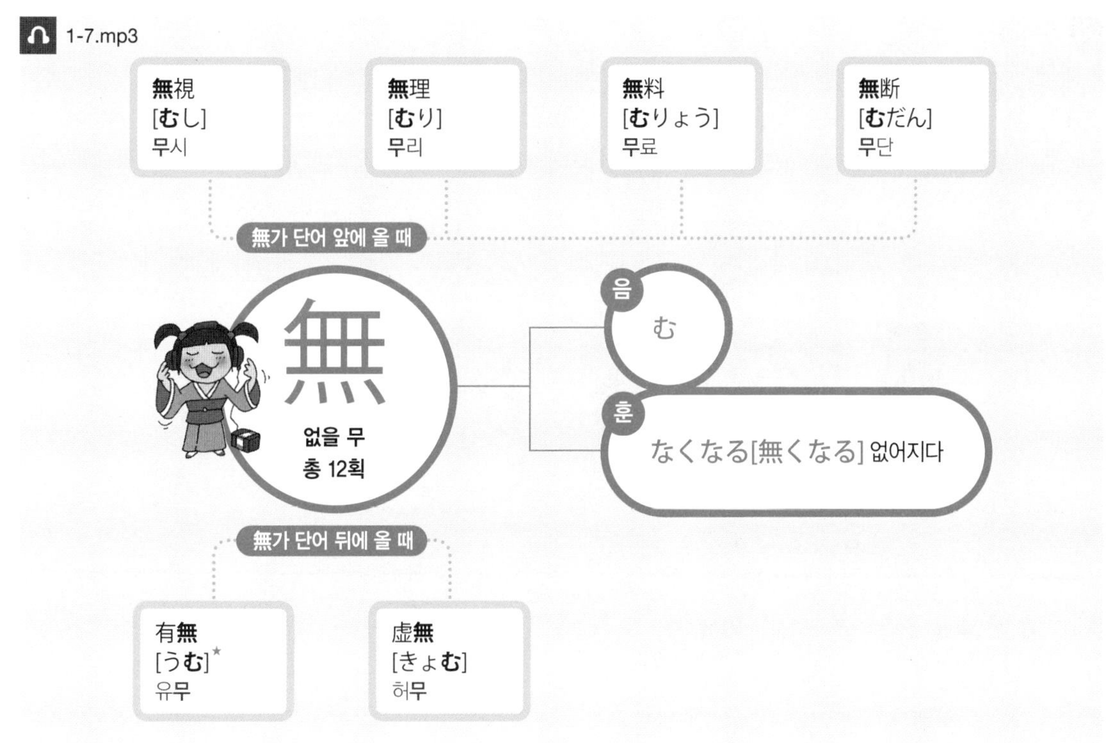

★ 有無의 有[ゆう](유)는 예외적으로 う라고 읽어요!

1-8.mp3

무작정 따라하기

밑줄 친 한자어에 유의하면서 아래 문장을 읽어 보세요.

- 人[ひと] 사람, 남
- 学校[がっこう] 학교
- 欠席[けっせき] 결석
- 着く[つく] 도착하다
- 経験[けいけん] 경험
- 聞く[きく] 듣다, 묻다

人を<u>無視</u>するのはよくないです。 남을 무시하는 것은 좋지 않습니다.

学校を<u>無断</u>で欠席してはいけません。 학교를 무단으로 결석해서는 안 됩니다.

3時までに着くのは<u>無理</u>です。 3시까지 도착하는 것은 무리입니다.

経験の<u>有無</u>を聞いたほうがいいです。 경험의 유무를 물어보는 편이 좋습니다.

직접 써 보세요! 1 無視 ____し 2 有無 う____ 3 무리 ____理 4 허무 虚____

05 味[미]는 み라고 읽는다!

1단계 오디오를 먼저 들어 보세요. ▶ **2단계** 책을 보면서 학습해 보세요. ▶ **3단계** 직접 써 보세요

1-9.mp3

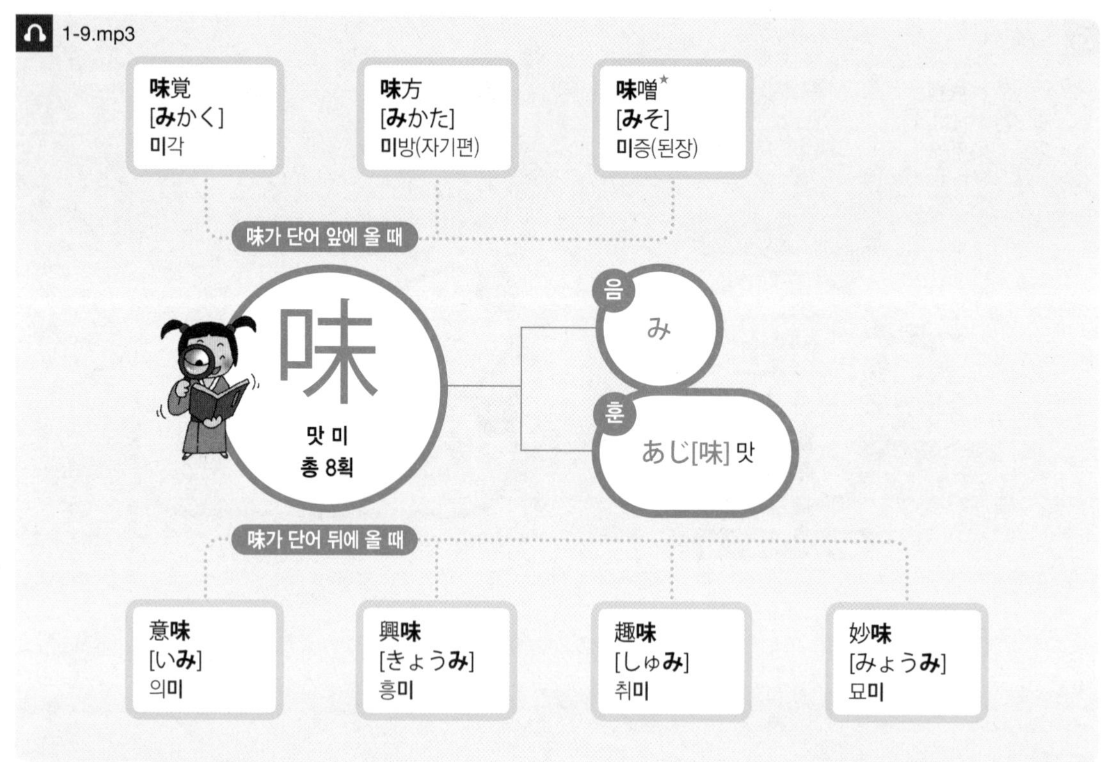

★ 味噌는 보통 히라가나 みそ로 많이 쓰여요!

1-10.mp3

무작정 따라하기

なくなる 없어지다
病気[びょうき] 병
単語[たんご] 단어
わかる 알다, 이해하다
彼[かれ] 그
変わった[かわった] 별난, 색다른
持つ[もつ] 가지다, 지니다

밑줄 친 한자어에 유의하면서 아래 문장을 읽어 보세요.

私の味方になってください。 제 편이 되어 주세요.

味覚がなくなる病気があります。 미각이 없어지는 병이 있습니다.

単語の意味がよくわかりません。 단어의 의미를 잘 모르겠습니다.

彼は変わった趣味を持っています。 그는 별난 취미를 가지고 있습니다.

직접 써 보세요! 1 味噌 ＿＿ そ 2 興味 きょう＿＿ 3 미각 ＿＿ 覚 4 취미 趣＿＿

덤 챙겨가세요!

味方[みかた]

味方라는 한자어를 처음 대했을 때 도대체 어떤 뜻인지 참 막막하게 느껴졌을 것입니다. 왜냐하면, 이 한자어에 쓰인 味[み]는 '맛'이라는 한자 본래의 뜻을 잃어버렸기 때문이죠. 즉, 한자 자체의 뜻과는 전혀 상관없는 의미로 쓰이게 되어 '(자기) 편, 아군'의 뜻으로 쓰입니다.

味方 [みかた] (자기) 편	私はいつでもあなたの味方です。 저는 언제나 당신 편입니다.

참고로, 味方는 뒤에 する 또는 なる를 붙여서 쓰는 경우가 많으니 함께 알아 두세요.

味方する [みかたする] 편을 들다	母はいつも弟に味方します。 엄마는 늘 남동생을 편듭니다.

味方になる [みかたになる] 편이 되다	その先生は学生の味方になってくれました。 그 선생님은 학생들의 편이 되어 주었습니다.

いつでも 언제든지, 언제라도　母[はは] 어머니　いつも 늘, 항상, 언제나
弟[おとうと] 남동생　先生[せんせい] 선생님　学生[がくせい] 학생

06 部[부]는 ぶ라고 읽는다!

1단계 오디오를 먼저 들어 보세요. ▶ 2단계 책을 보면서 학습해 보세요. ▶ 3단계 직접 써 보세요.

1-11.mp3

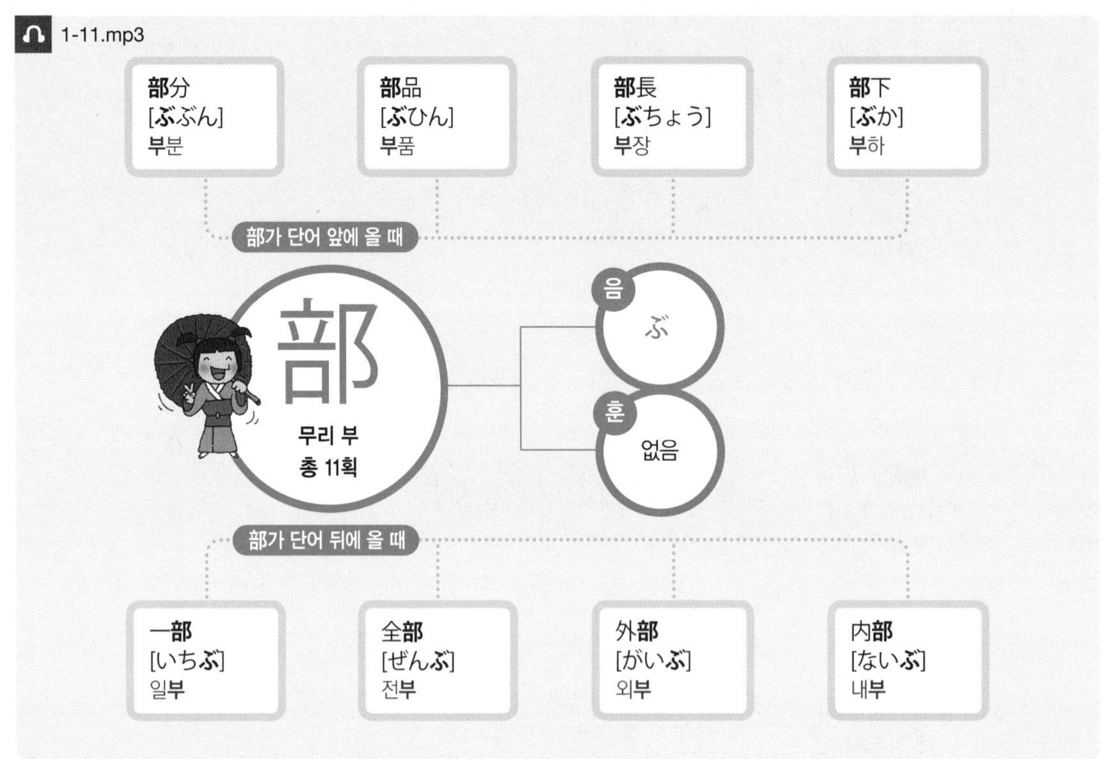

1-12.mp3

무작정 따라하기

新しい[あたらしい] 새롭다
取り替える[とりかえる] 교체하다
遅刻[ちこく] 지각
叱る[しかる] 혼내다
内容[ないよう] 내용
見せる[みせる] 보여 주다
せい 탓

밑줄 친 한자어에 유의하면서 아래 문장을 읽어 보세요.

新しい<u>部品</u>に取り替えてください。 새 부품으로 교체해 주세요.

遅刻をして、<u>部長</u>に叱られました。 지각을 해서 부장님께 혼났습니다.

内容の<u>一部</u>を見せてあげました。 내용의 일부를 보여 주었습니다.

それは<u>全部</u>私のせいです。 그것은 전부 제 탓입니다.

직접 써 보세요! 1 部下 か 2 一部 いち 3 부분 分 4 외부 外

07 世^세는 せ라고 읽는다!

1단계 오디오를 먼저 들어 보세요. ▶ **2단계** 책을 보면서 학습해 보세요. ▶ **3단계** 직접 써 보세요.

1-13.mp3

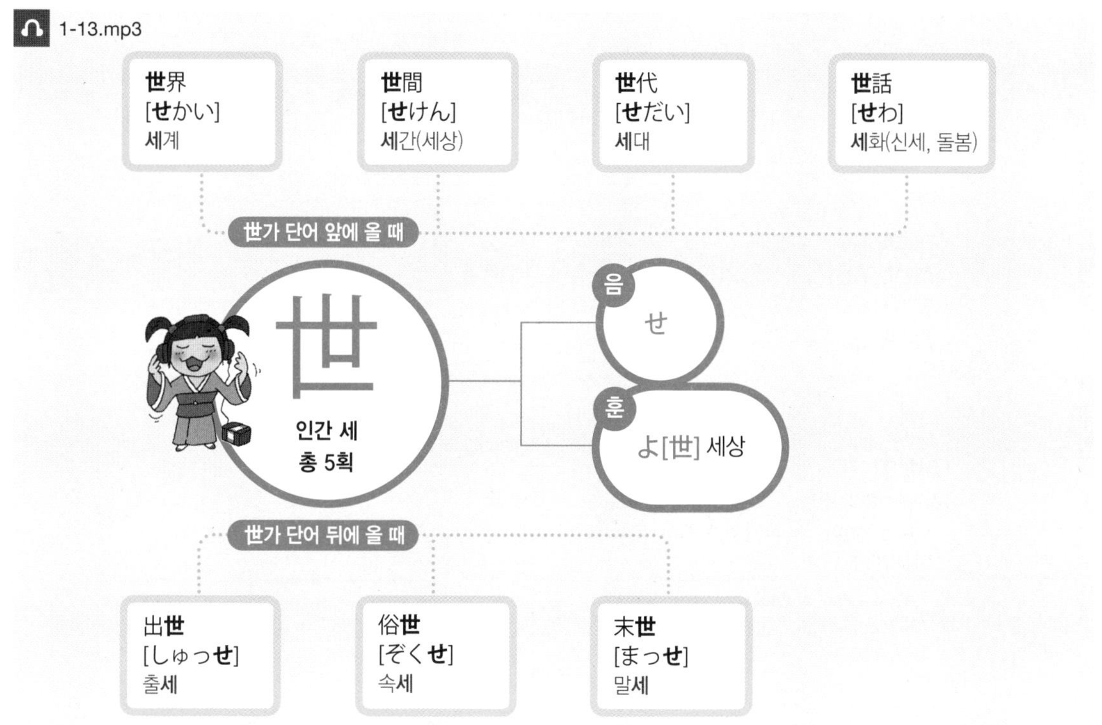

1-14.mp3

무작정 따라하기

- いちばん 가장, 제일
- 高い[たかい] 높다, 비싸다
- 次[つぎ] 다음
- 伝える[つたえる] 전하다
- 何[なん] 무엇
- いろいろと 여러 가지로
- 夫[おっと] (나의) 남편
- なかなか 좀처럼

밑줄 친 한자어에 유의하면서 아래 문장을 읽어 보세요.

これが世界でいちばん高いビルです。 이것이 세계에서 가장 높은 빌딩입니다.

次の世代に伝えたいことは何ですか。 다음 세대에 전하고 싶은 것은 무엇입니까?

いろいろとお世話になりました。 여러 가지로 신세졌습니다.

夫がなかなか出世できません。 남편이 좀처럼 출세하지 못합니다.

직접 써 보세요! 1 世間 ＿＿けん 2 出世 しゅっ＿＿ 3 세계 ＿＿界 4 말세 末＿＿

世話[せわ]

世話는 앞뒤 모두 음으로 읽는 단어라서 せわ라고 읽습니다. 한자어를 그대로 해석하면 '세상 이야기'라는 뜻이지만, 실제 쓰이는 의미는 '도움, 돌봄, 시중' 또는 '신세, 폐'의 두 가지입니다.

世話는 뒤에 をする 또는 になる를 붙인 형태로 많이 쓰입니다. 숙어처럼 쓰이므로 꼭 기억해 두세요.

世話をする **[せわをする]** 돌봐주다, 보살펴주다, 시중을 들다	親のいない子供の世話をしています。 부모가 없는 아이를 돌봐주고 있습니다.

(お)世話になる **[(お)せわになる]** 신세를 지다, 폐를 끼치다	長い間お世話になりました。 오랫동안 신세졌습니다. [인사말]

親[おや] 부모　　**子供[こども]** 아이, 자식　　**長い間[ながい あいだ]** 오랫동안

08 市[시]는 し라고 읽는다!

1단계 오디오를 먼저 들어 보세요. ▶ **2단계** 책을 보면서 학습해 보세요. ▶ **3단계** 직접 써 보세요.

1-15.mp3

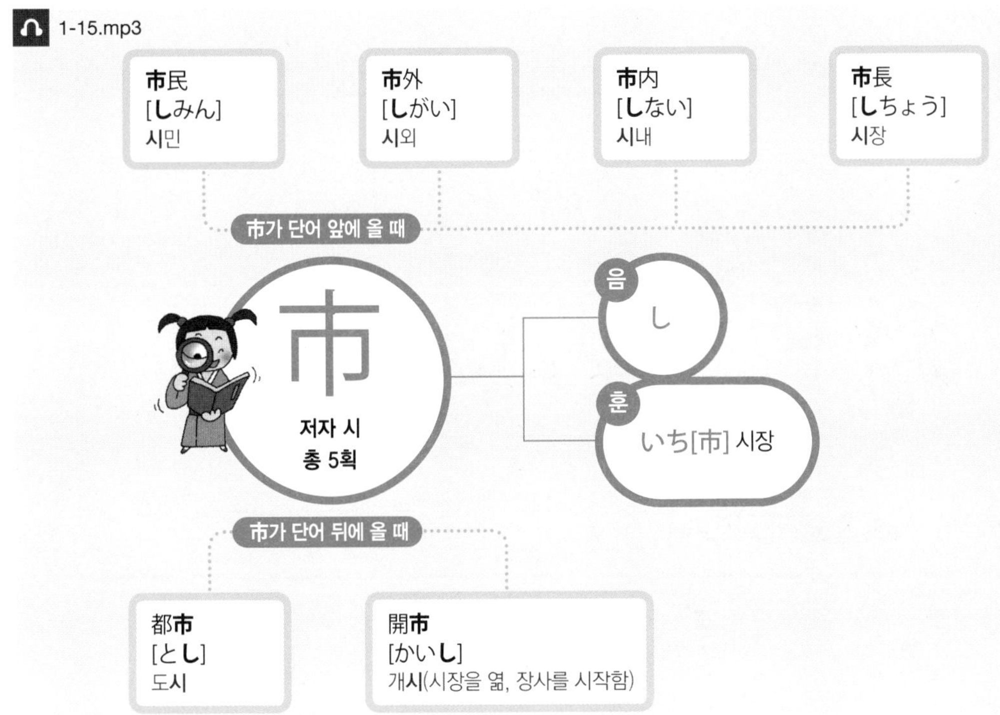

1-16.mp3

무작정 따라하기

意見[いけん] 의견
聞く[きく] 듣다, 묻다
案内[あんない] 안내
先週[せんしゅう] 지난주
選ぶ[えらぶ] 뽑다
選挙[せんきょ] 선거
世界[せかい] 세계
いちばん 가장, 제일
住む[すむ] 살다

밑줄 친 한자어에 유의하면서 아래 문장을 읽어 보세요.

市民の意見を聞くアンケートです。 시민들의 의견을 묻는 앙케트입니다.

ソウル市内を案内してください。 서울 시내를 안내해 주세요.

先週、市長を選ぶ選挙がありました。 지난주에 시장을 뽑는 선거가 있었습니다.

世界でいちばん住みやすい都市はバンクーバーだそうです。 세계에서 가장 살기 좋은 도시는 밴쿠버라고 합니다.

직접 써 보세요! 1 市民 ＿＿みん 2 開市 かい＿＿ 3 시외 ＿＿外 4 도시 都＿＿

09 夜[야]는 や라고 읽는다!

1단계 오디오를 먼저 들어 보세요. ▶ **2단계** 책을 보면서 학습해 보세요. ▶ **3단계** 직접 써 보세요.

1-17.mp3

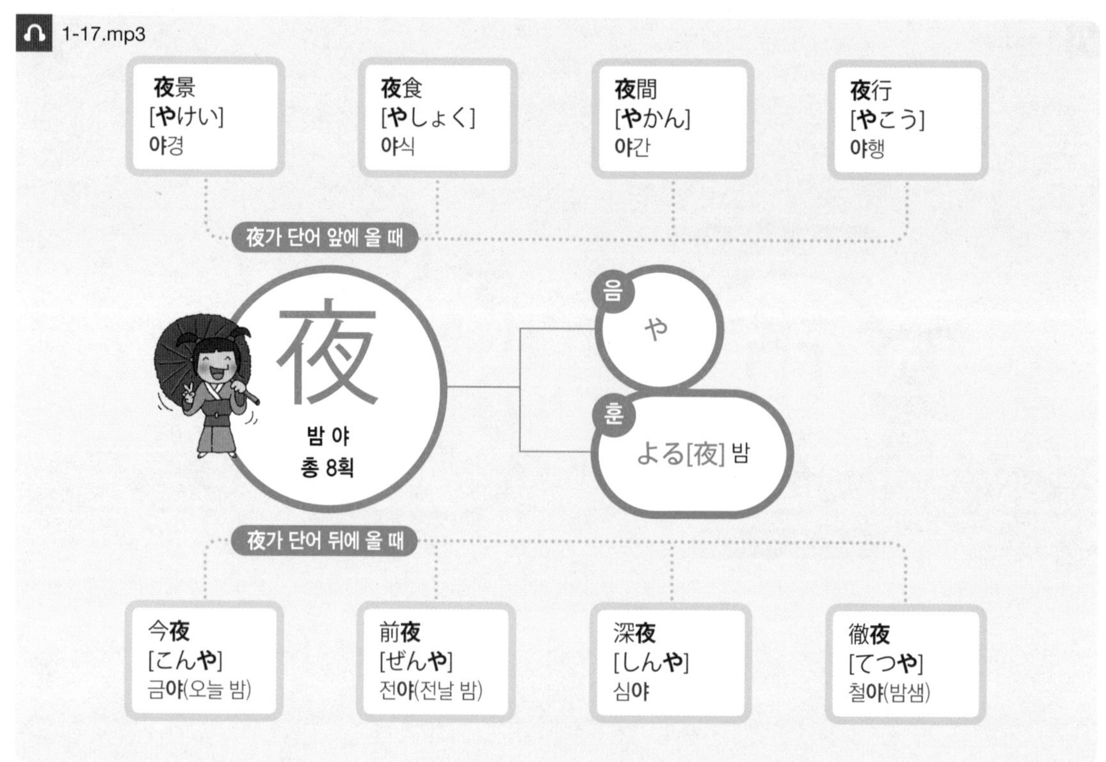

1-18.mp3

무작정 따라하기

見る[みる] 보다
最高[さいこう] 최고
おなか 배
空く[すく] (속이) 비다
食べる[たべる] 먹다
雨[あめ] 비
降る[ふる] 내리다
昨日[きのう] 어제
勉強[べんきょう] 공부

밑줄 친 한자어에 유의하면서 아래 문장을 읽어 보세요.

ここから見る夜景は最高です。 여기에서 보는 야경은 최고입니다.

おなかが空いたので、夜食を食べました。 배가 고파서 야식을 먹었습니다.

今夜も雨が降っています。 오늘밤도 비가 내리고 있습니다.

昨日は徹夜で勉強をしました。 어제는 밤을 새워 공부를 했습니다.

직접 써 보세요! 1 夜間 かん 2 今夜 こん 3 야식 食 4 철야 徹

10 雨^우는 う라고 읽는다!

1단계 오디오를 먼저 들어 보세요. ▶ **2단계** 책을 보면서 학습해 보세요. ▶ **3단계** 직접 써 보세요.

1-19.mp3

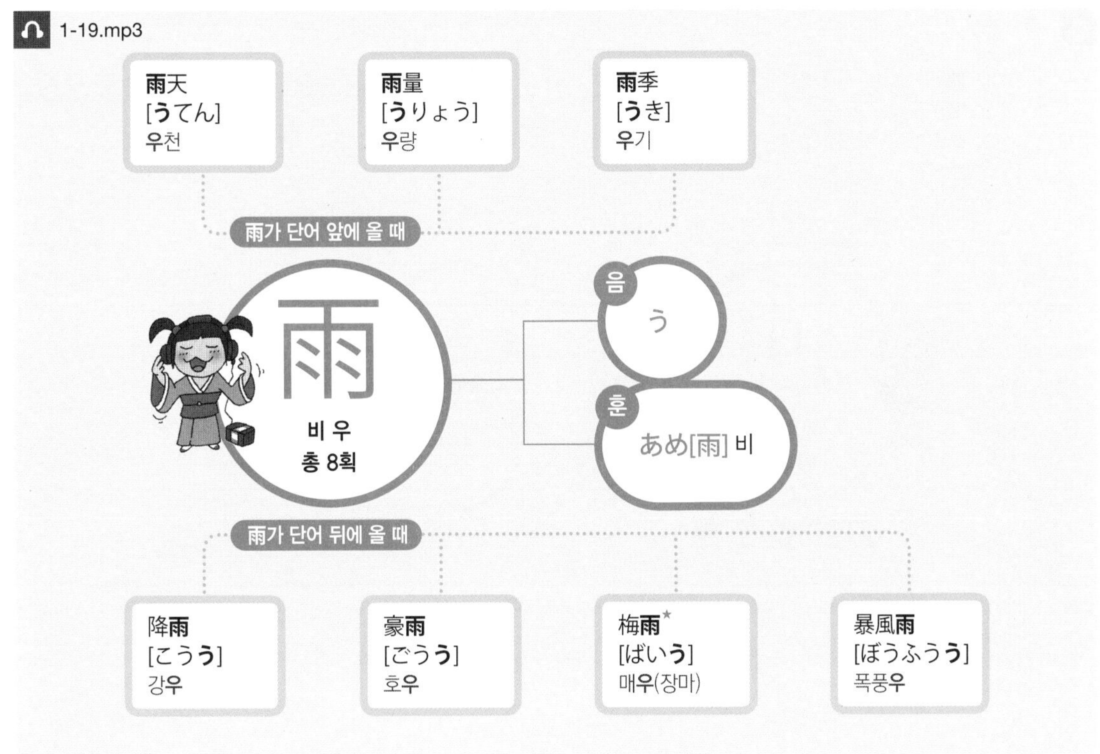

★ 梅雨는 つゆ라고도 읽어요!

1-20.mp3

무작정 따라하기

밑줄 친 한자어에 유의하면서 아래 문장을 읽어 보세요.

- 試合[しあい] 시합
- 中止[ちゅうし] 중지, 취소
- 前線[ぜんせん] 전선
- 近付く[ちかづく] 다가오다, 접근하다
- 聞く[きく] 듣다
- 去年[きょねん] 작년
- 10倍[じゅうばい] 10배
- 44人[よんじゅうよにん] 44명
- 亡くなる[なくなる] 돌아가시다, 죽다

雨天のため、試合が中止になりました。 비가 내려서 시합이 취소되었습니다.

梅雨前線が近付いていると聞きました。 장마 전선이 다가오고 있다고 들었습니다.

6月の雨量が去年の10倍だったそうです。 6월의 우량이 작년의 10배였다고 합니다.

暴風雨で44人の人が亡くなりました。 폭풍우로 44명의 사람이 사망했습니다.

직접 써 보세요! 1 雨天 ＿＿てん 2 降雨 こう＿＿ 3 우량 ＿＿量 4 호우 豪＿＿

11 油[유]는 ゆ라고 읽는다!

1단계 오디오를 먼저 들어 보세요. ▶ **2단계** 책을 보면서 학습해 보세요. ▶ **3단계** 직접 써 보세요.

1-21.mp3

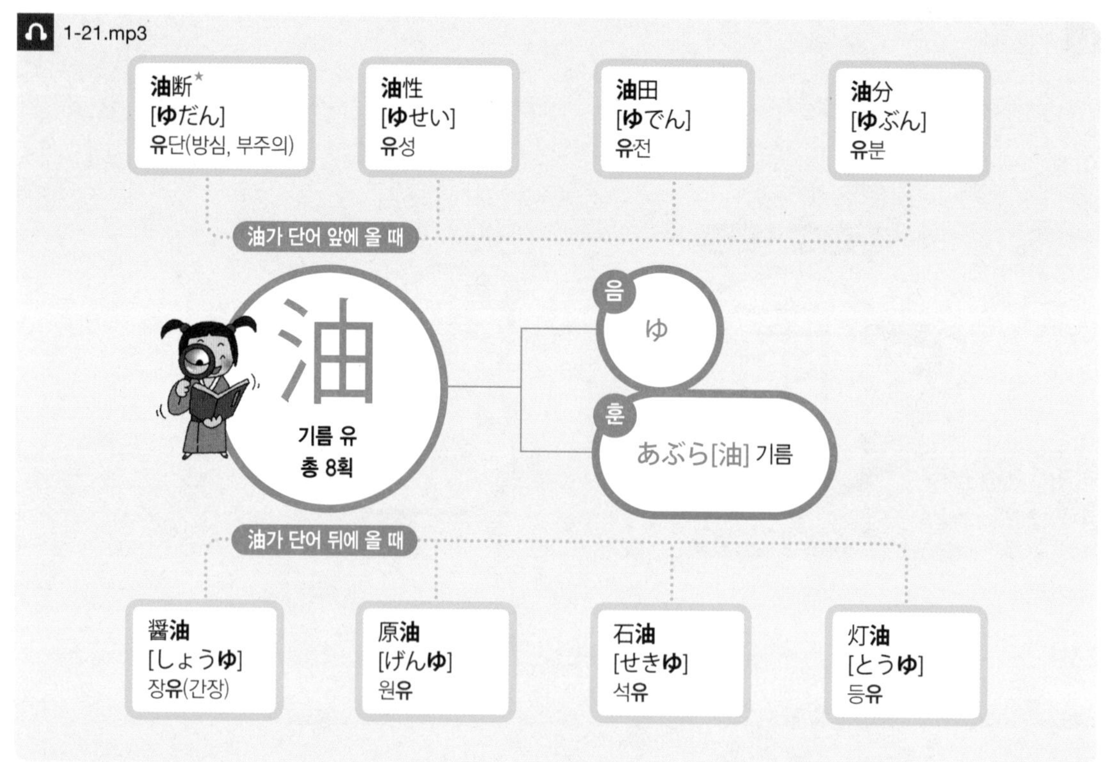

1-22.mp3

무작정 따라하기

砂漠[さばく] 사막
新しい[あたらしい] 새롭다
発見[はっけん] 발견
名前[なまえ] 이름
書く[かく] 쓰다
多い[おおい] 많다
入れる[いれる] 넣다
しょっぱい (맛이) 짜다

밑줄 친 한자어에 유의하면서 아래 문장을 읽어 보세요.

砂漠で新しい油田が発見されました。 사막에서 새로운 유전이 발견되었습니다.

名前は油性ペンで書いてください。 이름은 유성 펜으로 써 주세요.

このクリームは油分が多いですね。 이 크림은 유분이 많네요.

醤油を入れすぎて、しょっぱくなりました。 간장을 너무 많이 넣어서 짜졌습니다.

직접 써 보세요! 1 油断 ＿＿だん 2 灯油 とう＿＿ 3 유성 ＿＿性 4 석유 石＿＿

12 以^{이}는 い라고 읽는다!

1단계 오디오를 먼저 들어 보세요. ▶ **2단계** 책을 보면서 학습해 보세요. ▶ **3단계** 직접 써 보세요.

1-23.mp3

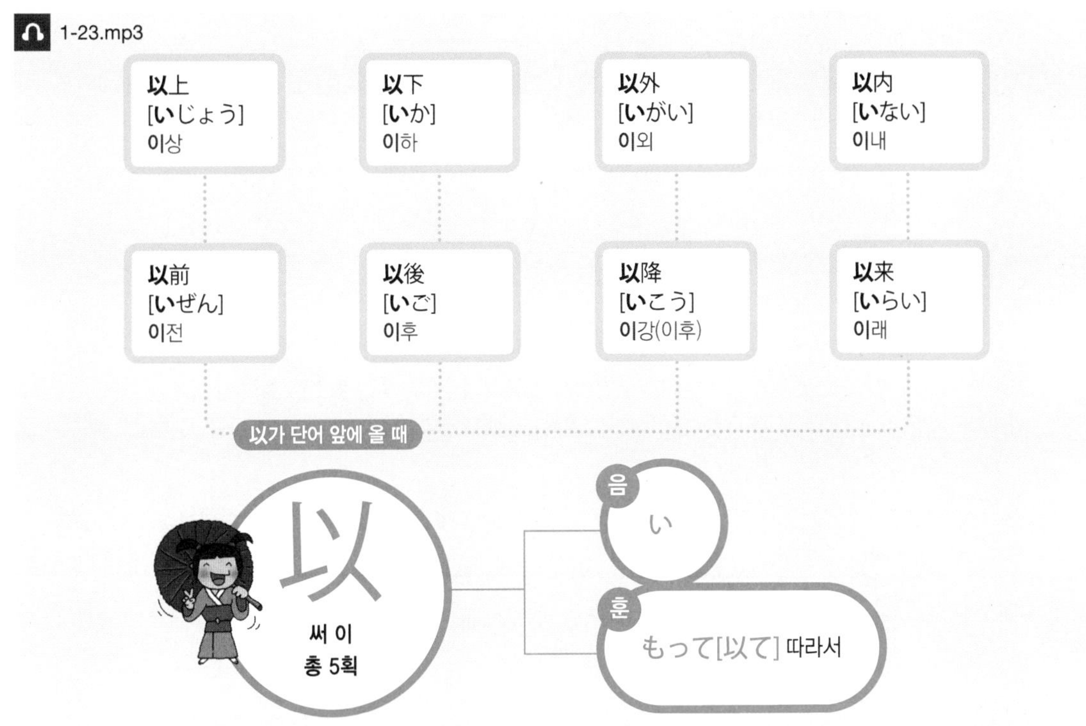

⊙ 以가 단어 뒤에 오는 한자어는 없어요!

1-24.mp3

무작정 따라하기

興味[きょうみ] 흥미, 관심
関係者[かんけいしゃ] 관계자
入る[はいる] 들어오다, 들어가다
夜[よる] 밤
何も[なにも] 아무것도
食べる[たべる] 먹다
会う[あう] 만나다

밑줄 친 한자어에 유의하면서 아래 문장을 읽어 보세요.

<u>以前</u>からテニスに興味がありました。 예전부터 테니스에 관심이 있었습니다.

関係者<u>以外</u>の人は入らないでください。 관계자 이외의 사람은 들어오지 마세요.

夜8時<u>以降</u>は何も食べません。 밤 8시 이후에는 아무것도 먹지 않습니다.

それ<u>以来</u>、会ったことがありません。 그 이후에 만난 적이 없습니다.

직접 써 보세요! 1 以来 ＿＿らい 2 以下 ＿＿か 3 이전 ＿＿前 4 이외 ＿＿外

덤 챙겨가세요!

以降[いこう]

어느 시점의 '나중, 뒤'를 가리키는 말인 '이후'는 일본어로 두 가지 한자어가 있습니다. 바로 한자음 그대로 쓰는 以後[いご](이후)와 우리말에서는 쓰지 않는 以降[いこう](이강)입니다. 이 두 가지 한자어 모두 똑같은 뜻으로 쓰이지만, 실제 회화에서 '이후'라는 뜻으로 쓰이는 말은 以降입니다. 以後는 문장 속에서 쓰는 경우가 많습니다.

以降 [いこう] 이후	3時以降は予約できません。 3시 이후는 예약할 수 없습니다.

오히려 단독 한자인 後[ご](후)가 단어 뒤에 접미사로 붙어서 '~후'라는 뜻으로 쓰이는 경우가 더 많습니다. 예를 들면, 放課後[ほうかご](방과 후)처럼 放課[ほうか](방과)라는 단어 뒤에 後[ご]만 붙는 형식을 말합니다.

~後 [ご] ~후	放課後はサッカーをします。 방과 후에는 축구를 합니다.

참고로, その後(그 후)라는 단어에서의 後는 ご라고도 읽고 あと라고도 읽으니 꼭 기억하세요.

その後 [そのご / そのあと] 그 후	その後、彼女は一人で帰りました。 그 후, 그녀는 혼자서 집에 갔습니다.

단어

予約[よやく] 예약
サッカー 축구
彼女[かのじょ] 그녀
一人で[ひとりで] 혼자서
帰る[かえる] 집에 가다

13 持[지]는 じ라고 읽는다!

1단계 오디오를 먼저 들어 보세요. ▶ **2단계** 책을 보면서 학습해 보세요. ▶ **3단계** 직접 써 보세요.

1-25.mp3

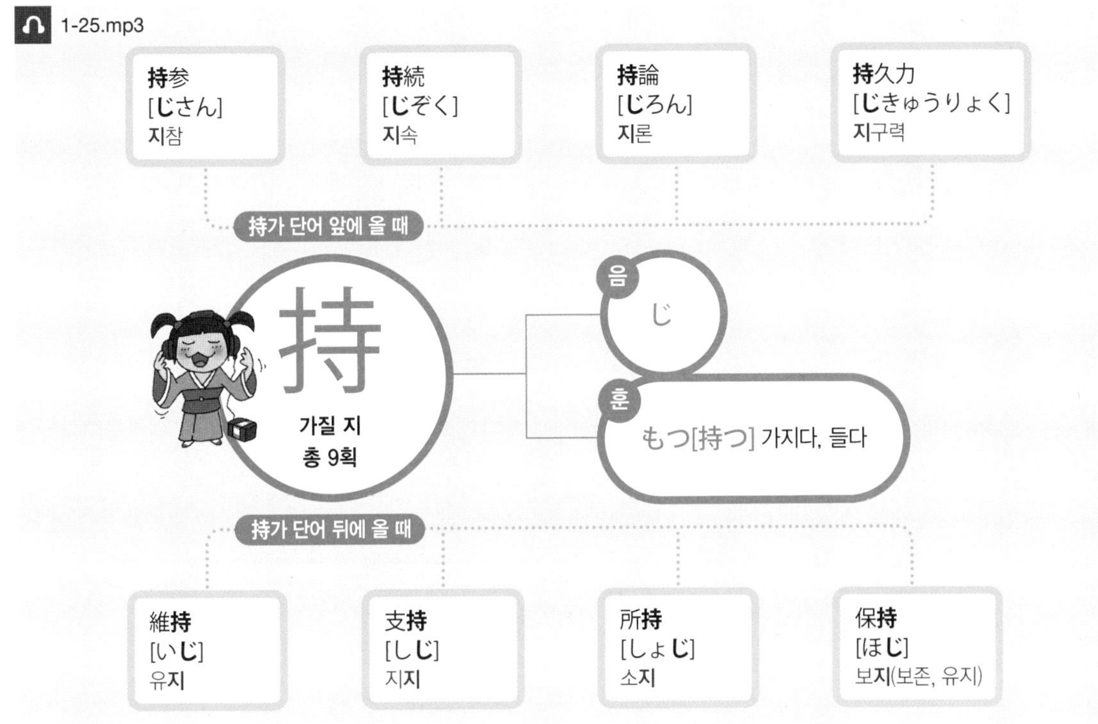

1-26.mp3

무작정 따라하기

銀行[ぎんこう] 은행
来る[くる] 오다
印鑑[いんかん] 도장, 인감
選手[せんしゅ] 선수
足りない[たりない] 부족하다
思う[おもう] 생각하다
成績[せいせき] 성적
難しい[むずかしい] 어렵다
人[ひと] 사람

밑줄 친 한자어에 유의하면서 아래 문장을 읽어 보세요.

銀行に来るときは印鑑を持参してください。
은행에 올 때는 도장을 지참해 주세요.

その選手は持久力が足りないと思います。
그 선수는 지구력이 부족하다고 생각합니다.

この成績を維持するのは難しいです。 이 성적을 유지하는 것은 어렵습니다.

そんな人を支持する人はいません。 그런 사람을 지지하는 사람은 없습니다.

직접 써 보세요! 1 持続 ぞく 2 所持 しょ 3 지론 論 4 유지 維

확인문제

1 밑줄 친 한자의 읽는 음을 보기에서 골라 보세요.

보기

① ぶ	② ゆ	③ り	④ み	⑤ せ
⑥ じ	⑦ ど	⑧ ろ	⑨ む	⑩ い

01 世代 (　　　　　　)　　02 温度 (　　　　　　)

03 以前 (　　　　　　)　　04 経路 (　　　　　　)

05 部分 (　　　　　　)　　06 意味 (　　　　　　)

07 無視 (　　　　　　)　　08 維持 (　　　　　　)

09 油断 (　　　　　　)　　10 料理 (　　　　　　)

2 밑줄 친 한자의 읽는 음을 히라가나로 직접 써 보세요.

01 理想 (　　　　)そう　　02 速度 そく(　　　　)

03 無理 (　　　　)り　　04 道路 どう(　　　　)

05 味覚 (　　　　)かく　　06 内部 ない(　　　　)

07 市外 (　　　　)がい　　08 降雨 こう(　　　　)

09 夜景 (　　　　)けい　　10 以来 (　　　　)らい

※ 정답&해설은 278쪽에 있습니다.

3 한자의 읽는 음에 해당하는 한자를 보기에서 골라 보세요.

보기

① 世	② 一	③ 路	④ 部	⑤ 度
⑥ 量	⑦ 合	⑧ 妙	⑨ 修	⑩ 市
⑪ 回	⑫ 長	⑬ 間	⑭ 雨	⑮ 味
⑯ 理	⑰ 持	⑱ 無	⑲ 所	⑳ 虚

01 ど・あい 도합 ( )( )　　02 いち・ぶ 일부 ( )( )

03 せ・けん 세간 ( )( )　　04 きょ・む 허무 ( )( )

05 う・りょう 우량 ( )( )　　06 しょ・じ 소지 ( )( )

07 し・ちょう 시장 ( )( )　　08 みょう・み 묘미 ( )( )

09 かい・ろ 회로 ( )( )　　10 しゅう・り 수리 ( )( )

4 밑줄 친 한자의 읽는 음에 해당하는 한자를 직접 써 보세요.

01 ろせん 노선 ( )線　　02 かくど 각도 角 ( )

03 むりょう 무료 ( )料　　04 しょり 처리 処 ( )

05 うてん 우천 ( )天　　06 とし 도시 都 ( )

07 じさん 지참 ( )参　　08 こんや 금야 今 ( )

09 ぶちょう 부장 ( )長　　10 きょうみ 흥미 興 ( )

14 読[독]은 どく라고 읽는다!

도[ど] + ㄱ[く] = 독[どく]

1단계 오디오를 먼저 들어 보세요. ▶ **2단계** 책을 보면서 학습해 보세요. ▶ **3단계** 직접 써 보세요.

1-27.mp3

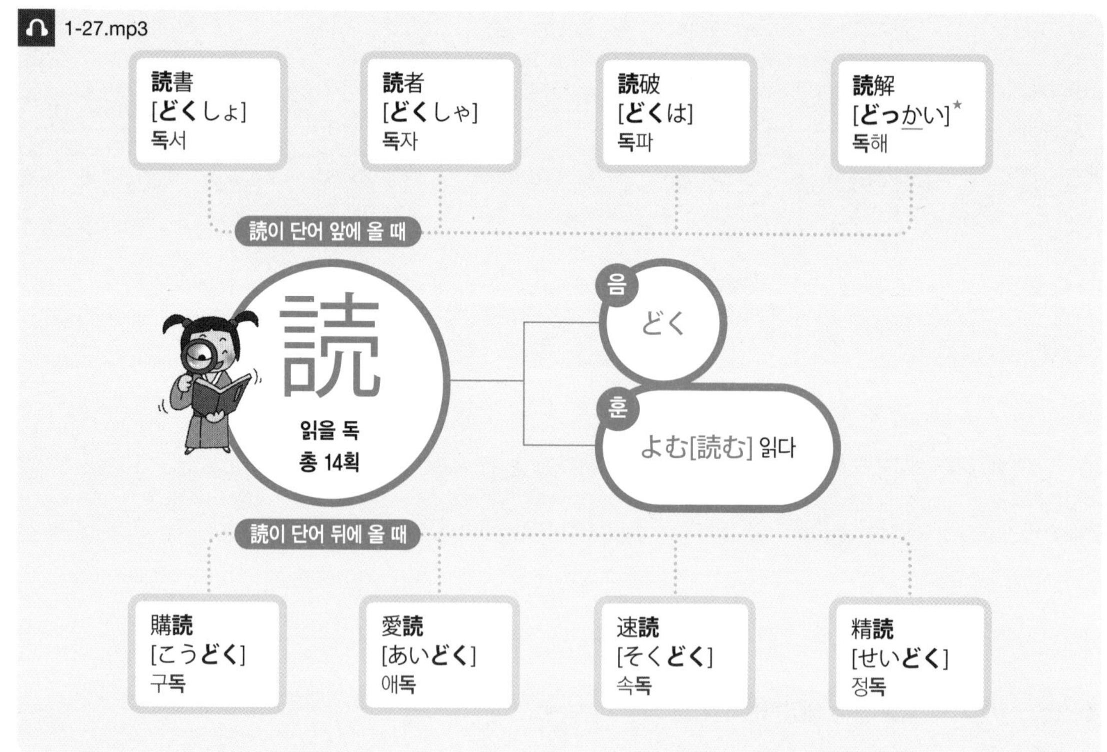

★ 読 뒤에 か행의 한자음이 올 때는 どく가 どっ으로 변해요!

1-28.mp3

무작정 따라하기

秋[あき] 가을
季節[きせつ] 계절
問題[もんだい] 문제
難しい[むずかしい] 어렵다
毎月[まいつき] 매월, 매달
雑誌[ざっし] 잡지
本[ほん] 책
速い[はやい] 빠르다
読む[よむ] 읽다

밑줄 친 한자어에 유의하면서 아래 문장을 읽어 보세요.

秋は読書の季節です。 가을은 독서의 계절입니다.

読解の問題のほうが難しかったです。 독해 문제가 더 어려웠습니다.

毎月ファッション雑誌を愛読しています。 매월 패션 잡지를 애독하고 있습니다.

速読というのは本を速く読むことです。 속독이라는 것은 책을 빨리 읽는 것입니다.

직접 써 보세요! 1 読者 ______しゃ 2 精読 せい______ 3 독해 ______解 4 구독 購______

15 楽[라]은 らく라고 읽는다!

라[ら] + ㄱ[く] = 락[らく]

1단계 오디오를 먼저 들어 보세요. ▶ **2단계** 책을 보면서 학습해 보세요. ▶ **3단계** 직접 써 보세요.

1-29.mp3

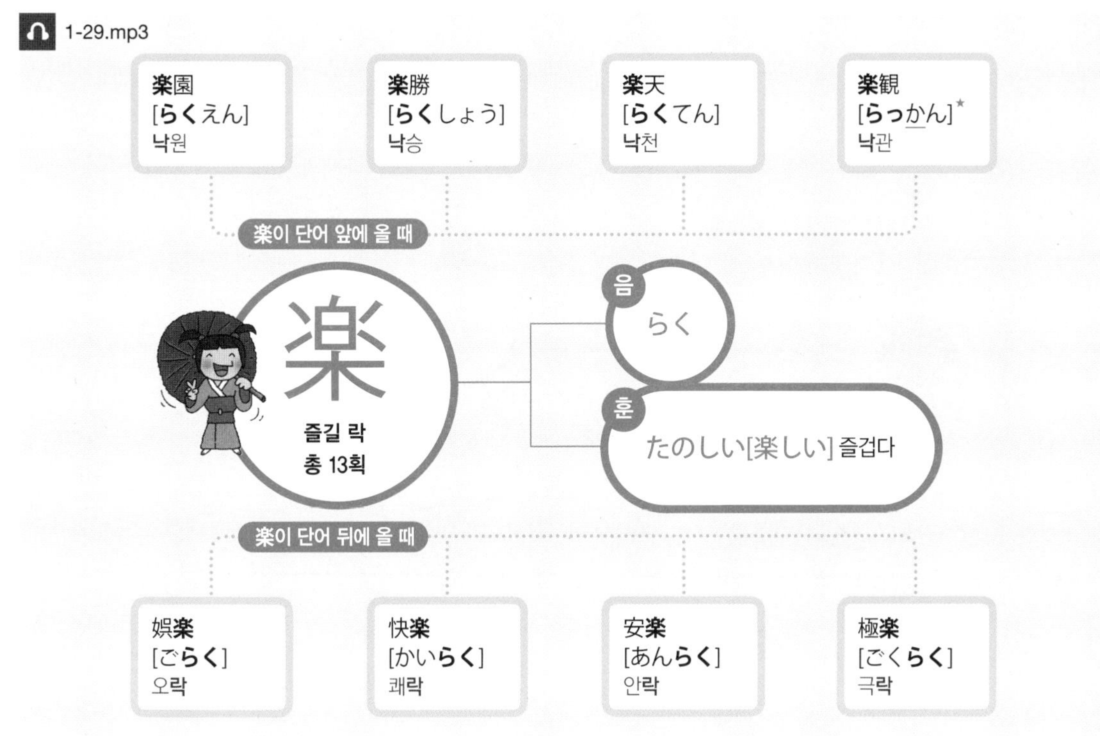

★ 楽 뒤에 か행의 한자음이 올 때는 らく가 らっ으로 변해요!

1-30.mp3

무작정 따라하기

彼[かれ] 그
~的[てき] ~적
性格[せいかく] 성격
ずいぶん 꽤, 상당히
考える[かんがえる] 생각하다
相手[あいて] 상대(방)
弱い[よわい] 약하다
試合[しあい] 시합
番組[ばんぐみ] 프로그램
好き[すき] 좋아함

밑줄 친 한자어에 유의하면서 아래 문장을 읽어 보세요.

彼は楽天的な性格です。 그는 낙천적인 성격입니다.

ずいぶん楽観的に考えますね。 꽤 낙관적으로 생각하네요.

相手のチームが弱くて試合は楽勝でした。 상대 팀이 약해서 시합은 낙승이었습니다.

私は娯楽番組が好きです。 저는 오락 프로그램을 좋아합니다.

직접 써 보세요! 1 楽園 ＿＿えん 2 娯楽 ご＿＿ 3 낙관 ＿＿観 4 쾌락 快＿＿

16 木[목]은 もく라고 읽는다!

모[も] + ㄱ[く] = 목[もく]

1단계 오디오를 먼저 들어 보세요. ▶ **2단계** 책을 보면서 학습해 보세요. ▶ **3단계** 직접 써 보세요.

1-31.mp3

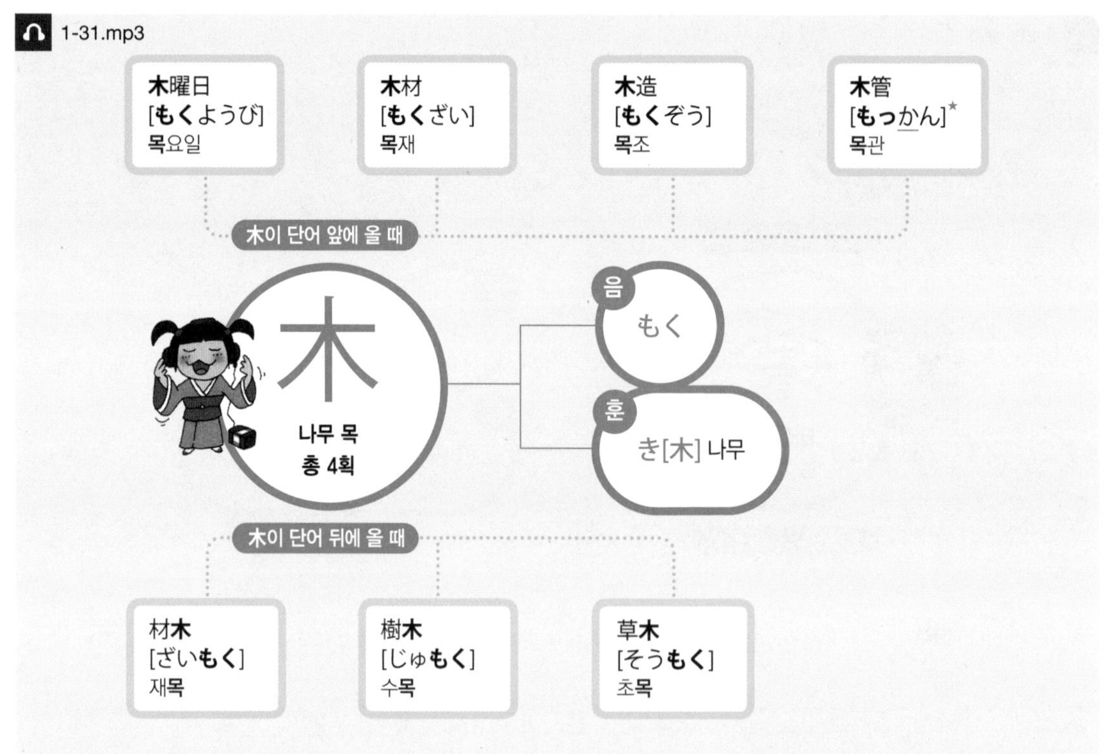

★ 木 뒤에 か행의 한자음이 올 때는 もく가 もっ으로 변해요!

1-32.mp3

무작정 따라하기

輸入[ゆにゅう] 수입
もの 것, 물건
来週[らいしゅう] 다음 주
会議[かいぎ] 회의
見える[みえる] 보이다
山[やま] 산
色々[いろいろ] 여러 가지임, 다양함
種類[しゅるい] 종류

밑줄 친 한자어에 유의하면서 아래 문장을 읽어 보세요.

この木材はドイツから輸入したものです。 이 목재는 독일에서 수입한 것입니다.

来週の会議は木曜日にあります。 다음 주 회의는 목요일에 있습니다.

あそこに見えるアパートは木造ですか。 저기 보이는 연립주택은 목조입니까?

山には色々な種類の樹木があります。 산에는 여러 종류의 나무들이 있습니다.

직접 써 보세요! 1 木造 ぞう 2 材木 ざい 3 목관 管 4 수목 樹

17 目^목^은 もく라고 읽는다!

모[も] + ㄱ[く] = 목[もく]

1단계 오디오를 먼저 들어 보세요. ▶ **2단계** 책을 보면서 학습해 보세요. ▶ **3단계** 직접 써 보세요.

1-33.mp3

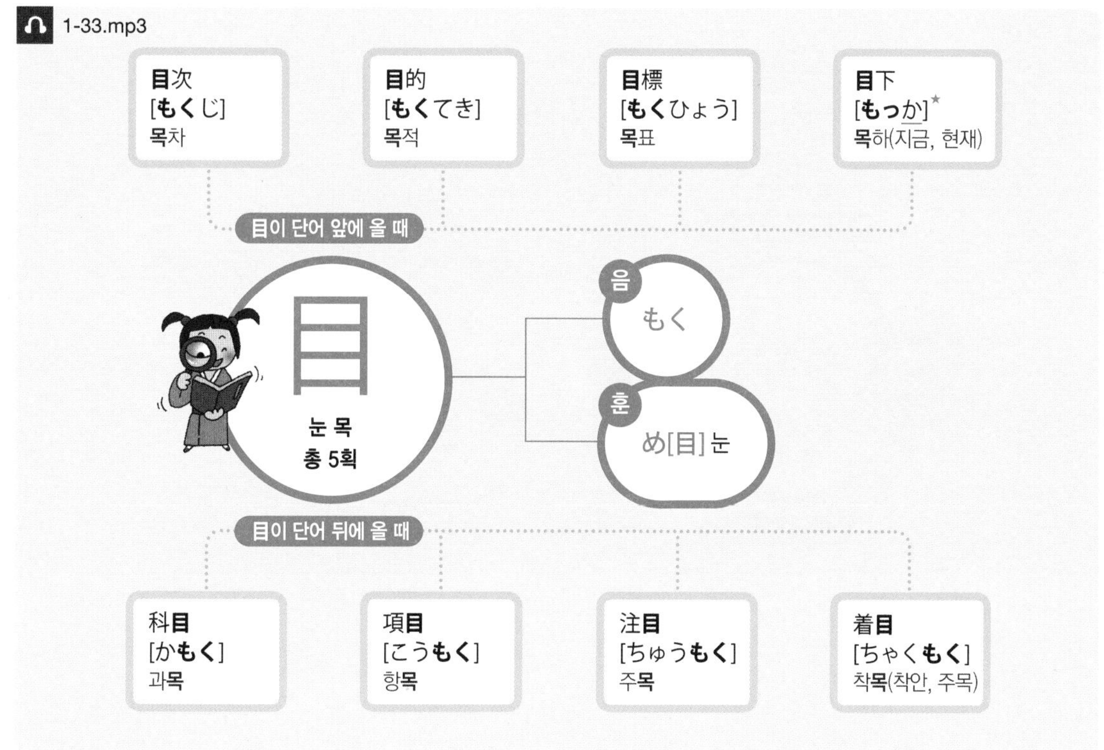

★ 目 뒤에 か행의 한자음이 올 때는 もく가 もっ으로 변해요!

무작정 따라하기

1-34.mp3

밑줄 친 한자어에 유의하면서 아래 문장을 읽어 보세요.

本を読むときは、目次から見たほうがいいです。
책을 읽을 때는 목차부터 보는 편이 좋습니다.

大学に受かるのが今の私の目標です。
대학에 붙는 것이 지금의 제 목표입니다.

いちばん好きな科目は数学です。
가장 좋아하는 과목은 수학입니다.

次の項目について説明してください。
다음 항목에 대해 설명해 주세요.

- 本[ほん] 책
- 読む[よむ] 읽다
- 見る[みる] 보다
- 大学[だいがく] 대학(교)
- 受かる[うかる] 붙다, 합격하다
- 好き[すき] 좋아함
- 数学[すうがく] 수학
- 次[つぎ] 다음
- 説明[せつめい] 설명

직접 써 보세요! 1 目下 ______ か 2 科目 か ______ 3 목적 ______ 的 4 주목 注 ______

18 悪[악]은 あく라고 읽는다!

아[あ] + ㄱ[く] = 악[あく]

1단계 오디오를 먼저 들어 보세요. ▶ **2단계** 책을 보면서 학습해 보세요. ▶ **3단계** 직접 써 보세요.

1-35.mp3

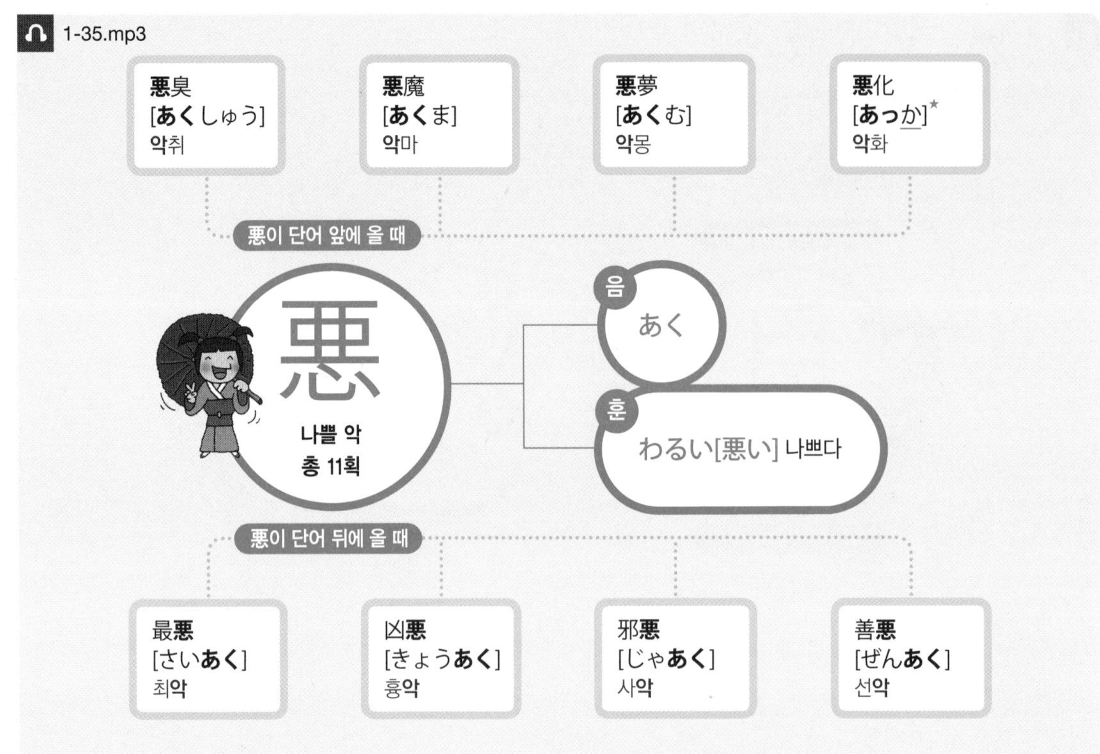

★ 悪 뒤에 か행의 한자음이 올 때는 あく가 あっ으로 변해요!

1-36.mp3

무작정 따라하기

目が覚める[めがさめる] 잠이 깨다, 눈이 떠지다
結局[けっきょく] 결국
二人[ふたり] 두 사람
関係[かんけい] 관계
最近[さいきん] 최근, 요즘
犯罪[はんざい] 범죄
増える[ふえる] 늘다, 증가하다
今日[きょう] 오늘
天気[てんき] 날씨

밑줄 친 한자어에 유의하면서 아래 문장을 읽어 보세요.

悪夢を見て、目が覚めてしまいました。 악몽을 꾸어 잠이 깨고 말았습니다.

結局、二人の関係は悪化しました。 결국 두 사람의 관계는 악화되었습니다.

最近、凶悪な犯罪が増えています。 요즘 흉악한 범죄가 늘고 있습니다.

今日の天気は最悪ですね。 오늘 날씨는 최악이네요.

직접 써 보세요! 1 悪魔 ____ ま 2 最悪 さい ____ 3 악화 ____ 化 4 선악 善 ____

19 薬[약]은 やく라고 읽는다!

야[や] + ㄱ[く] = 약[やく]

1단계 오디오를 먼저 들어 보세요. ▶ **2단계** 책을 보면서 학습해 보세요. ▶ **3단계** 직접 써 보세요.

1-37.mp3

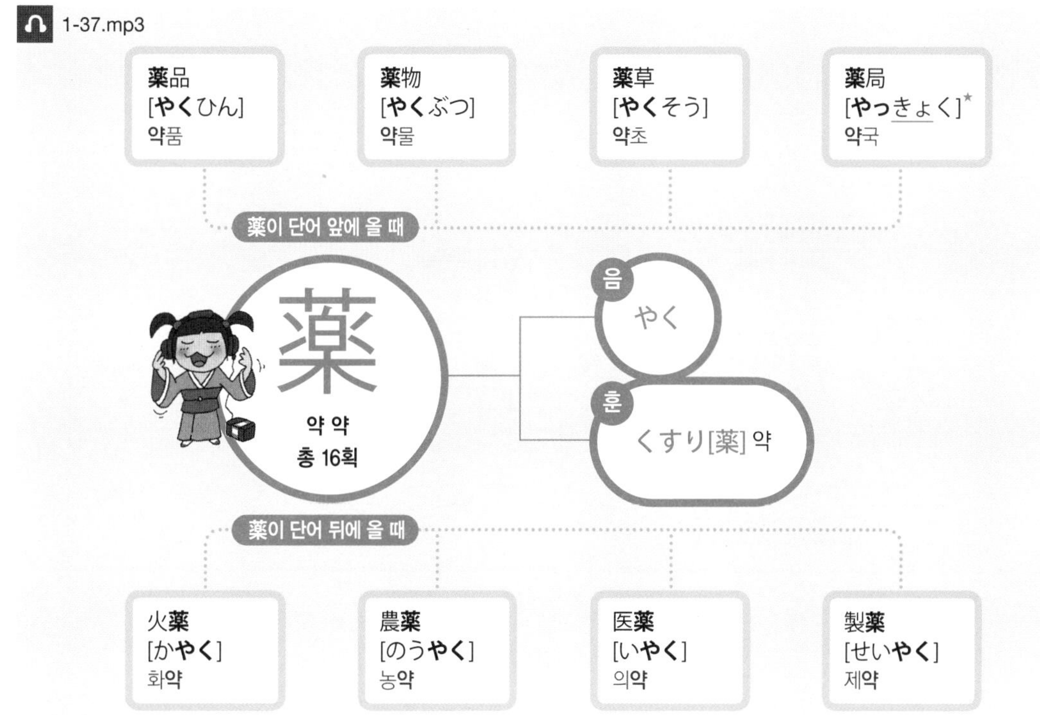

★ 薬 뒤에 か행의 한자음이 올 때는 やく가 やっ으로 변해요!

1-38.mp3

무작정 따라하기

頭痛[ずつう] 두통
ひどい 심하다
寄る[よる] 들르다
入る[はいる] 들어가다, 들어오다
姉[あね] 언니, 누나
~会社[がいしゃ] ~회사
勤める[つとめる] 근무하다
危ない[あぶない] 위험하다
気を付ける[きを つける] 조심하다, 주의하다

밑줄 친 한자어에 유의하면서 아래 문장을 읽어 보세요.

頭痛がひどくて、薬局に寄りました。 두통이 심해서 약국에 들렀습니다.

ここにはどんな薬品が入っていますか。 여기에는 어떤 약품이 들어있습니까?

姉は製薬会社に勤めています。 언니는 제약회사에 근무하고 있습니다.

火薬は危ないから気を付けてください。 화약은 위험하니까 조심해 주세요.

직접 써 보세요! 1 薬品 ＿＿ひん 2 火薬 か＿＿ 3 약국 ＿＿局 4 농약 農＿＿

20 族^족은 ぞく라고 읽는다!

조[ぞ] + ㄱ[く] = 족[ぞく]

1단계 오디오를 먼저 들어 보세요. ▶ **2단계** 책을 보면서 학습해 보세요. ▶ **3단계** 직접 써 보세요.

1-39.mp3

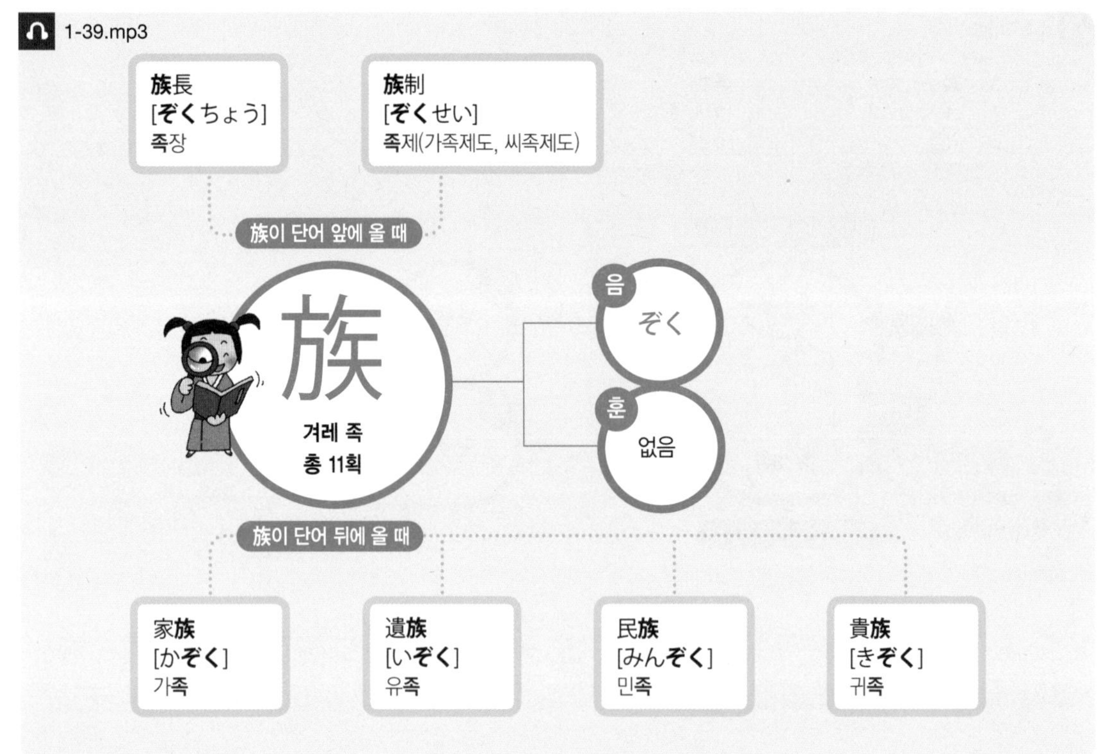

1-40.mp3

무작정 따라하기

男の人[おとこのひと] 남자
部族[ぶぞく] 부족
うちの~ 우리~
卓球[たっきゅう] 탁구
得意[とくい] 잘함, 능숙함
悲しみ[かなしみ] 슬픔
感じる[かんじる] 느끼다
文化[ぶんか] 문화
紹介[しょうかい] 소개
本[ほん] 책

밑줄 친 한자어에 유의하면서 아래 문장을 읽어 보세요.

あの男の人がこの部族の<u>族長</u>だそうです。 저 남자가 이 부족의 족장이라고 합니다.

うちの<u>家族</u>はみんな卓球が得意です。 우리 가족은 모두 탁구를 잘 칩니다.

<u>遺族</u>の悲しみが感じられてつらいです。 유족의 슬픔이 느껴져서 괴롭습니다.

これはその<u>民族</u>の文化を紹介する本です。 이것은 그 민족의 문화를 소개하는 책입니다.

직접 써 보세요! 1 族長 ______ ちょう 2 民族 みん ______ 3 유족 遺 ______ 4 귀족 貴 ______

21 間[간]은 かん이라고 읽는다!

가[か] + ㄴ[ん] = 간[かん]

1단계 오디오를 먼저 들어 보세요. ▶ **2단계** 책을 보면서 학습해 보세요. ▶ **3단계** 직접 써 보세요.

1-41.mp3

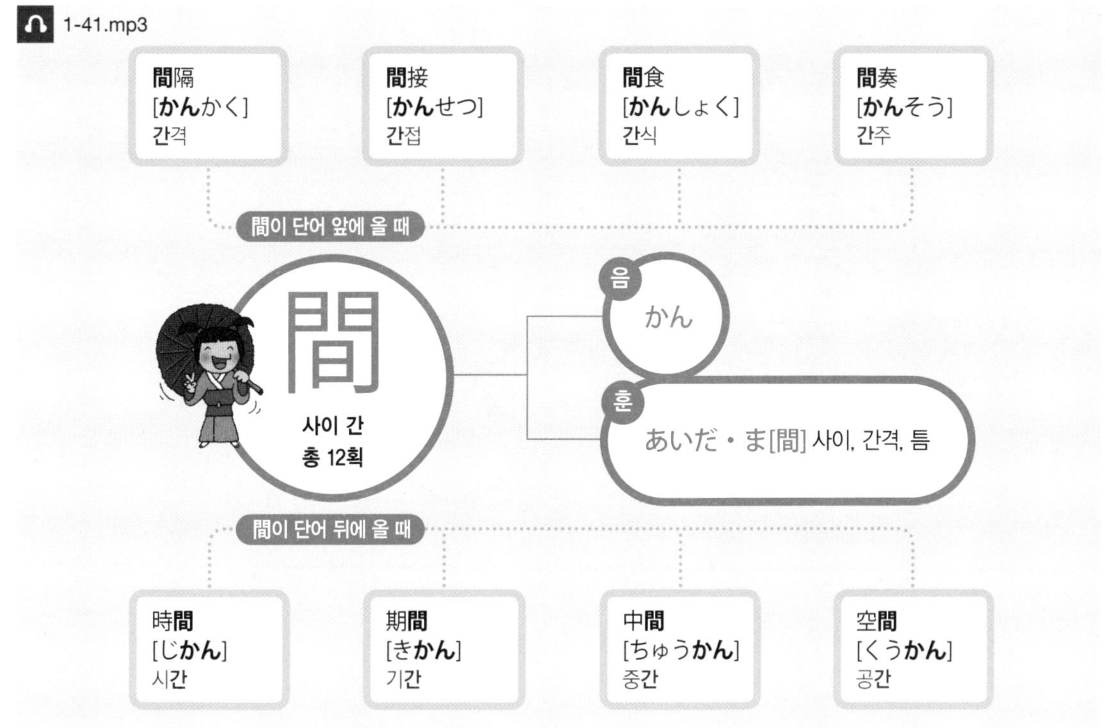

1-42.mp3

무작정 따라하기

並べる[ならべる] 늘어놓다, 나열하다
曲[きょく] 곡
ところ 곳, 부분
練習[れんしゅう] 연습
足りる[たりる] 충분하다
申し込み[もうしこみ] 신청
何日[なんにち] 며칠

밑줄 친 한자어에 유의하면서 아래 문장을 읽어 보세요.

1メートル<u>間隔</u>で並べてください。 1m 간격으로 나열해 주세요.

この曲は<u>間奏</u>のところがいいですね。 이 곡은 간주 부분이 좋네요.

練習する<u>時間</u>が足りませんでした。 연습할 시간이 부족했습니다.

申し込み<u>期間</u>は何日からですか。 신청 기간은 며칠부터입니까?

직접 써 보세요! 1 間接 ______ せつ 2 中間 ちゅう ______ 3 간주 ______ 奏 4 공간 空 ______

22 論[론]은 ろん이라고 읽는다!

로[ろ] + ㄴ[ん] = 론[ろん]

1단계 오디오를 먼저 들어 보세요. ▶ **2단계** 책을 보면서 학습해 보세요. ▶ **3단계** 직접 써 보세요.

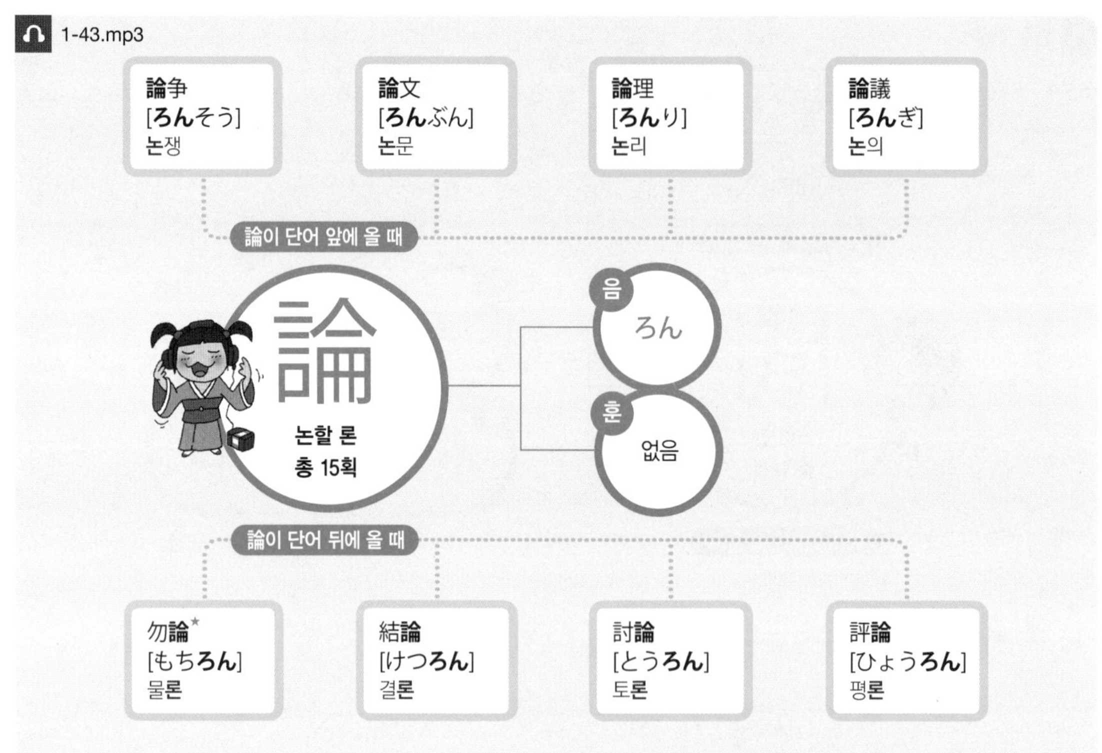

★ 勿論(물론)과 같은 뜻으로 쓰이는 말로 **無論[むろん]**(무론)도 있어요!

1-44.mp3

무작정 따라하기

彼[かれ] 그
まったく 전혀
理解[りかい] 이해
必要[ひつよう] 필요
資料[しりょう] 자료
探す[さがす] 찾다
今日[きょう] 오늘
会議[かいぎ] 회의
出る[でる] 나오다
予定[よてい] 예정

밑줄 친 한자어에 유의하면서 아래 문장을 읽어 보세요.

彼の<u>論理</u>はまったく理解できません。 그의 논리는 전혀 이해할 수 없습니다.

<u>論文</u>に必要な資料を探しています。 논문에 필요한 자료를 찾고 있습니다.

今日の会議でも<u>結論</u>が出ませんでした。 오늘 회의에서도 결론이 나오지 않았습니다.

何について<u>討論</u>する予定ですか。 무엇에 대해 토론할 예정입니까?

직접 써 보세요! 1 論理 ＿＿り 2 結論 けつ＿＿ 3 논의 ＿＿議 4 평론 評＿＿

23 民[민]은 みん이라고 읽는다!

미[み] + ㄴ[ん] = 민[みん]

1단계 오디오를 먼저 들어 보세요. ▶ **2단계** 책을 보면서 학습해 보세요. ▶ **3단계** 직접 써 보세요.

1-45.mp3

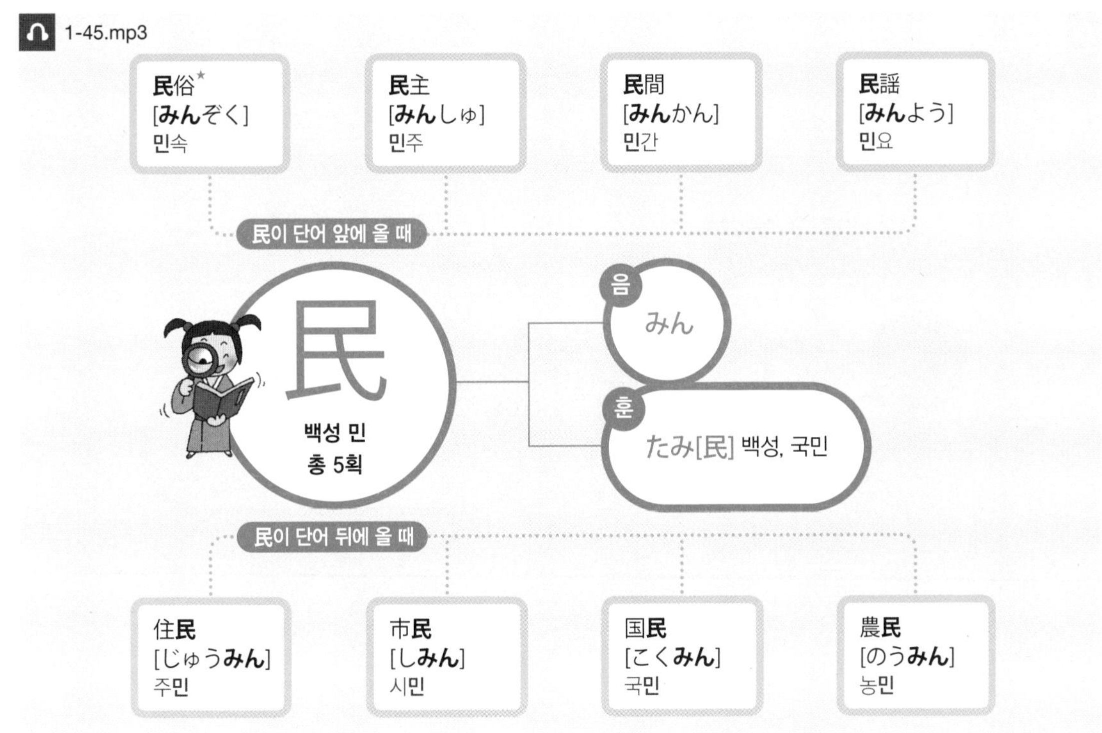

★ **民俗**(민속)과 **民族**(민족)은 똑같이 みんぞく라고 읽어요!

무작정 따라하기

1-46.mp3

~学[がく] ~학
専攻[せんこう] 전공
韓国[かんこく] 한국
代表[だいひょう] 대표
考える[かんがえる] 생각하다
ほとんど 거의, 대부분
賛成[さんせい] 찬성

밑줄 친 한자어에 유의하면서 아래 문장을 읽어 보세요.

私は民俗学を専攻しています。 저는 민속학을 전공하고 있습니다.

アリランは韓国を代表する民謡です。 아리랑은 한국을 대표하는 민요입니다.

国民がどう考えるかを考えなければなりません。 국민들이 어떻게 생각하는지를 생각해야 합니다.

ほとんどの住民が賛成したそうです。 대부분의 주민들이 찬성했다고 합니다.

직접 써 보세요! 1 民主 ______ しゅ 2 国民 こく ______ 3 민요 ______ 謡 4 주민 住 ______

24 分[분]은 ぶん이라고 읽는다!

부[ぶ] + ㄴ[ん] = 분[ぶん]

1단계 오디오를 먼저 들어 보세요. ▶ **2단계** 책을 보면서 학습해 보세요. ▶ **3단계** 직접 써 보세요.

1-47.mp3

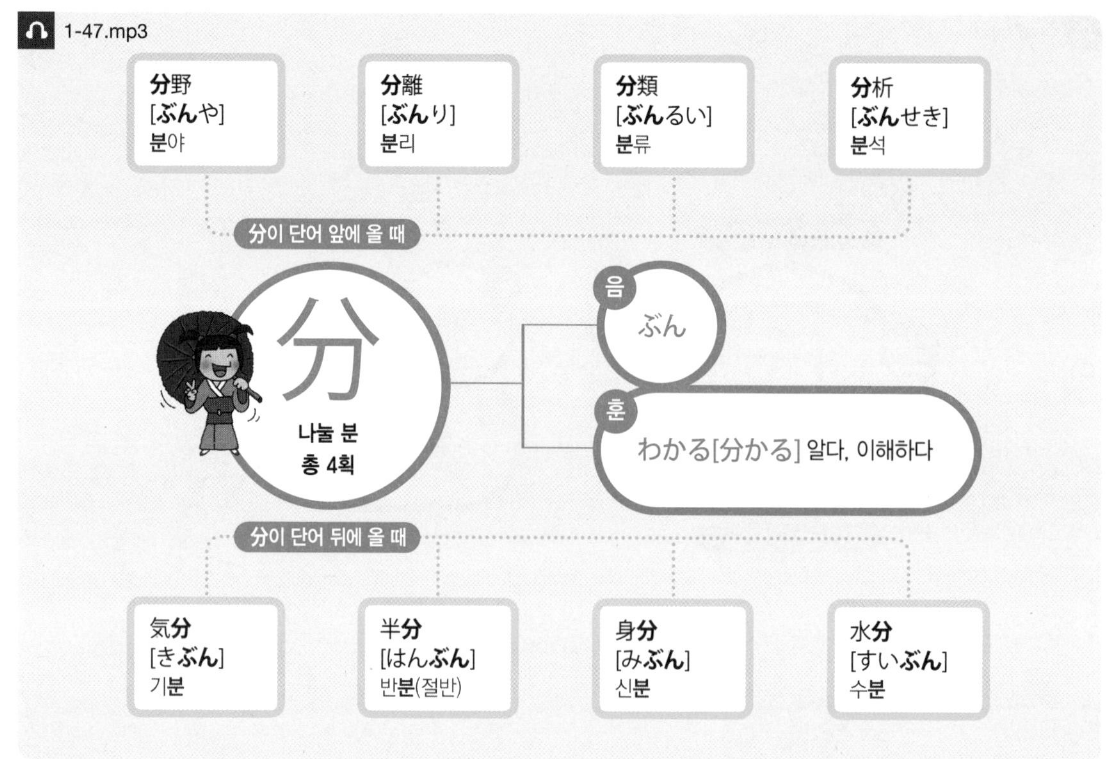

1-48.mp3

무작정 따라하기

記事[きじ] 기사
～しか ～밖에
読む[よむ] 읽다
歌[うた] 노래
聞く[きく] 듣다
切る[きる] 자르다

밑줄 친 한자어에 유의하면서 아래 문장을 읽어 보세요.

スポーツ分野の記事しか読みません。 스포츠 분야의 기사밖에 읽지 않습니다.

このデータを分析してくださいませんか。 이 데이터를 분석해 주시지 않겠습니까?

歌を聞いて、気分がよくなりました。 노래를 듣고 기분이 좋아졌습니다.

ケーキを半分に切ってもいいですか。 케이크를 반으로 잘라도 됩니까?

직접 써 보세요! 1 分類 ＿＿るい 2 水分 すい＿＿ 3 분야 ＿＿野 4 신분 身＿＿

25 山[산]은 さん이라고 읽는다!

사[さ] + ㄴ[ん] = 산[さん]

1단계 오디오를 먼저 들어 보세요. ▶ **2단계** 책을 보면서 학습해 보세요. ▶ **3단계** 직접 써 보세요.

1-49.mp3

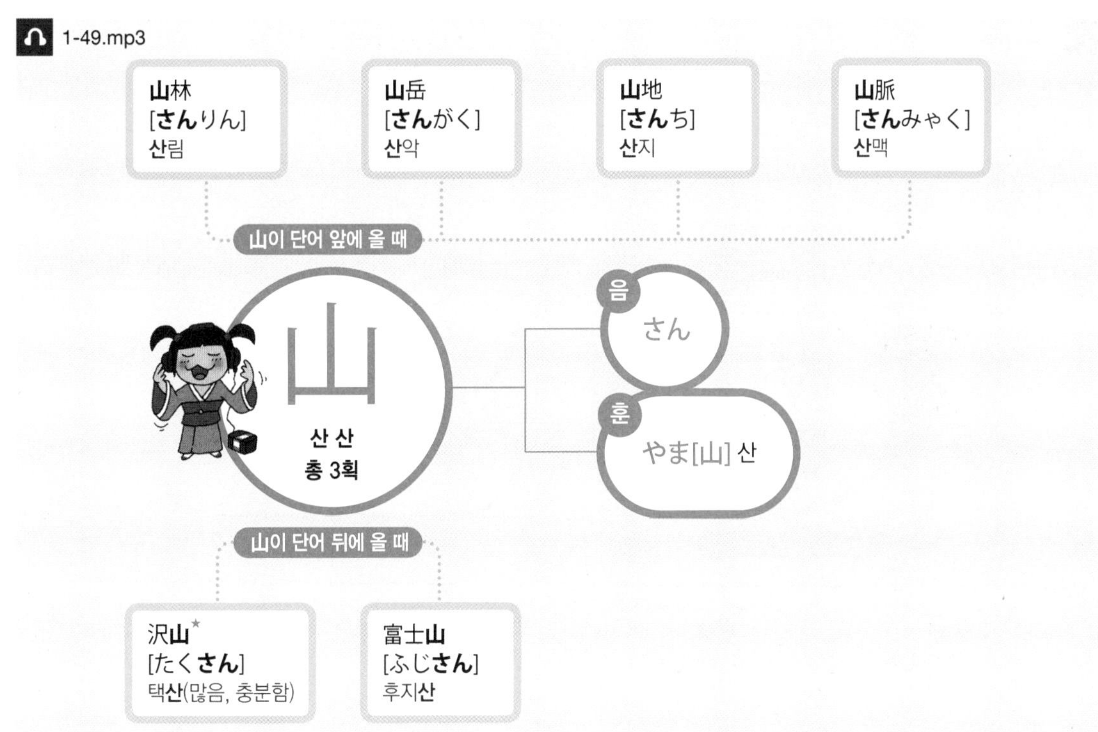

★ 沢山(택산)은 주로 히라가나 たくさん으로 써요!

무작정 따라하기

1-50.mp3

- 気温[きおん] 기온
- ～より ～보다
- 低い[ひくい] 낮다
- 誕生日[たんじょうび] 생일
- もらう 받다
- 日本[にほん] 일본
- 高い[たかい] 높다

밑줄 친 한자어에 유의하면서 아래 문장을 읽어 보세요.

山地の気温は低いです。 산지의 기온은 낮습니다.

アルプス山脈に行ってみたいです。 알프스 산맥에 가 보고 싶습니다.

誕生日のプレゼントを沢山もらいました。 생일 선물을 많이 받았습니다.

富士山は日本でいちばん高い山です。 후지산은 일본에서 가장 높은 산입니다.

직접 써 보세요! 1 山林 ______ りん 2 沢山 たく ______ 3 산맥 ______ 脈 4 후지산 富士 ______

26 新[신]은 しん이라고 읽는다!

시[し] + ㄴ[ん] = 신[しん]

1단계 오디오를 먼저 들어 보세요. ▶ **2단계** 책을 보면서 학습해 보세요. ▶ **3단계** 직접 써 보세요.

1-51.mp3

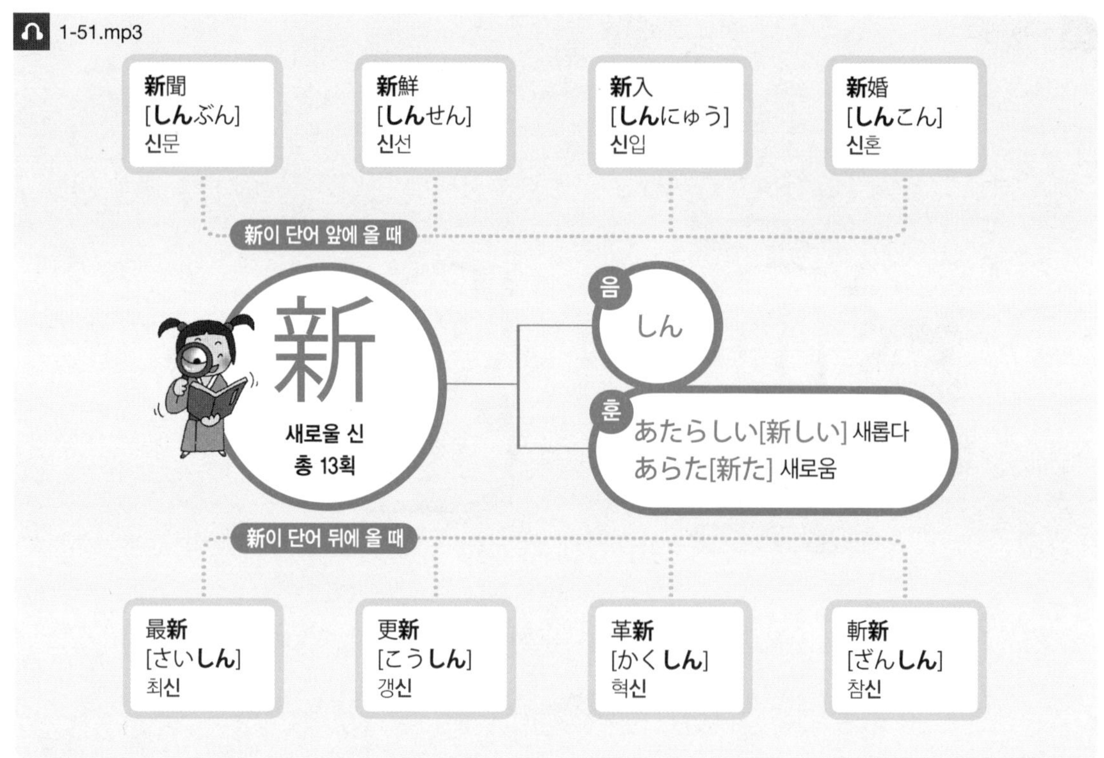

1-52.mp3

무작정 따라하기

毎日[まいにち] 매일
読む[よむ] 읽다
出かける[でかける] 나가다, 외출하다
来年[らいねん] 내년
社員[しゃいん] 사원
採用[さいよう] 채용
見る[みる] 보다
今年[ことし] 올해

밑줄 친 한자어에 유의하면서 아래 문장을 읽어 보세요.

毎日新聞を読んでから出かけます。 매일 신문을 읽고 나서 외출합니다.

来年も新入社員を採用しますか。 내년에도 신입사원을 채용합니까?

インターネットで最新ニュースを見ました。 인터넷으로 최신 뉴스를 보았습니다.

今年はビザを更新しなければなりません。 올해는 비자를 갱신해야 합니다.

직접 써 보세요! 1 新入 にゅう 2 最新 さい 3 신혼 婚 4 혁신 革

27 安[안]은 あん이라고 읽는다!

아[あ] + ㄴ[ん] = 안[あん]

1단계 오디오를 먼저 들어 보세요. ▶ **2단계** 책을 보면서 학습해 보세요. ▶ **3단계** 직접 써 보세요.

1-53.mp3

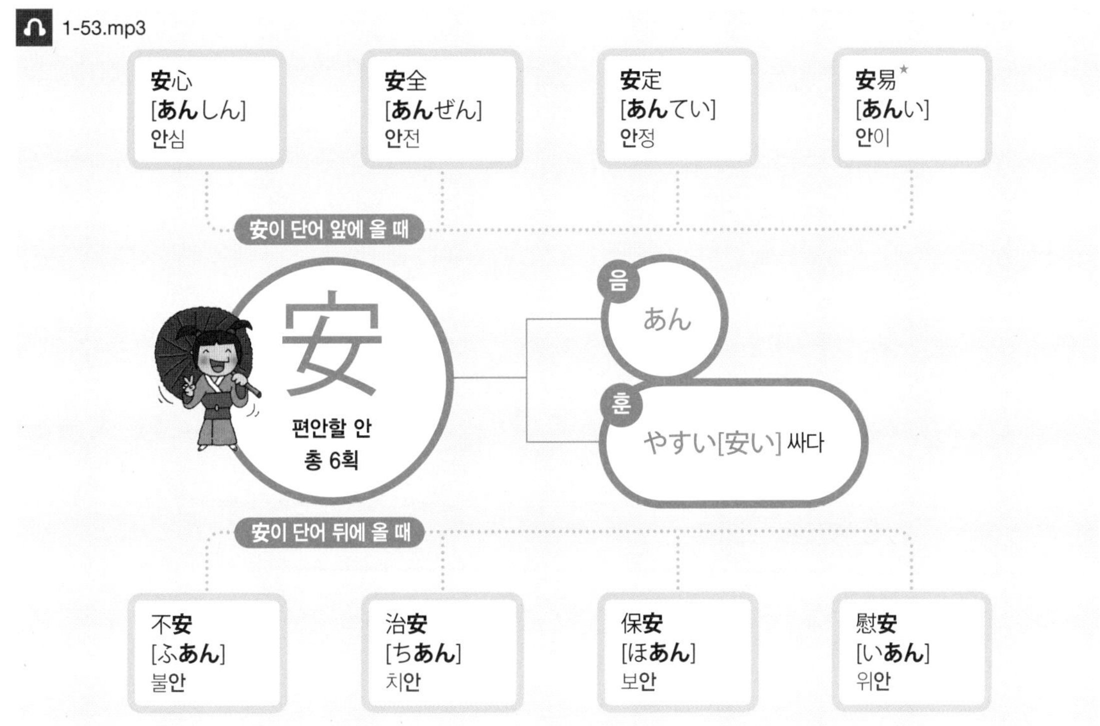

★ **安易**(안이)는 '손쉬움, 용이함'과 '안이함'의 두 가지 뜻으로 쓰여요!

1-54.mp3

무작정 따라하기

行動[こうどう] 행동
彼女[かのじょ] 그녀
仕事[しごと] 일
任せる[まかせる] 맡기다
外国[がいこく] 외국
生活[せいかつ] 생활
日本[にほん] 일본
最近[さいきん] 최근, 요즘
悪い[わるい] 나쁘다

밑줄 친 한자어에 유의하면서 아래 문장을 읽어 보세요.

そんな安易な行動はしないでください。 그런 안이한 행동은 하지 마세요.

彼女なら安心して仕事を任せられます。 그녀라면 안심하고 일을 맡길 수 있습니다.

外国で生活するのは不安です。 외국에서 생활하는 것은 불안합니다.

日本も最近は治安が悪くなりました。 일본도 요즘은 치안이 나빠졌습니다.

직접 써 보세요! 1 安全 ＿＿ぜん 2 慰安 い＿＿ 3 안정 ＿＿定 4 치안 治＿＿

28 運^운은 うん이라고 읽는다!

우[う] + ㄴ[ん] = 운[うん]

1단계 오디오를 먼저 들어 보세요. ▶ **2단계** 책을 보면서 학습해 보세요. ▶ **3단계** 직접 써 보세요.

1-55.mp3

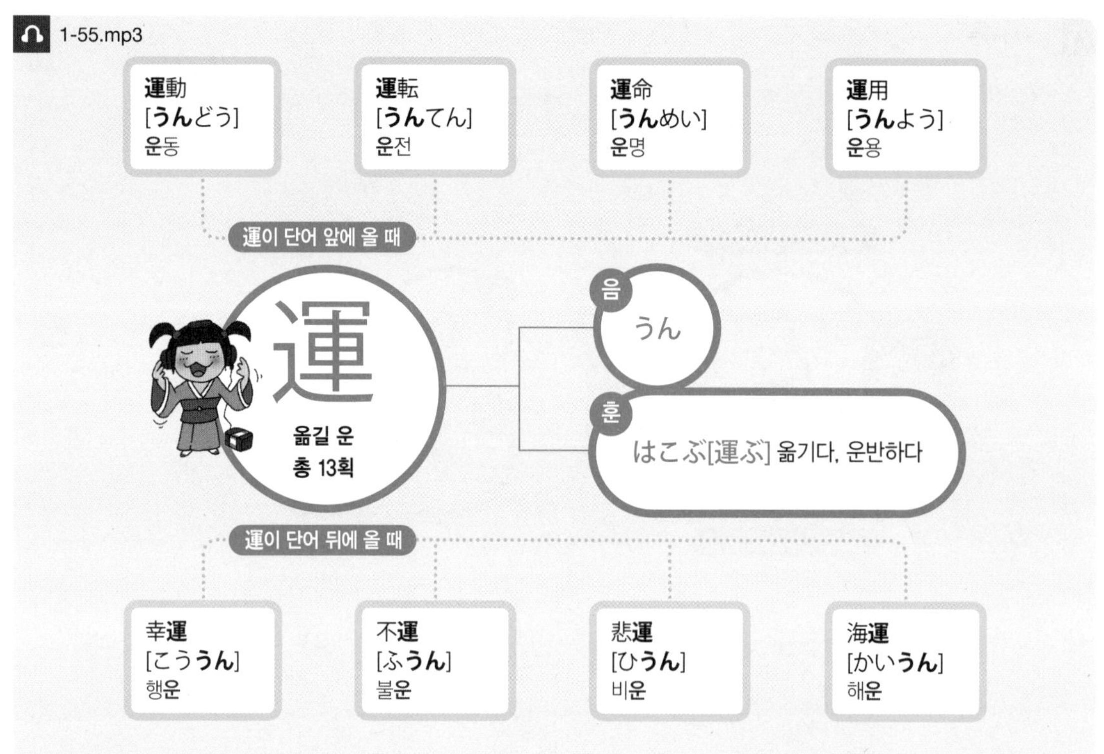

1-56.mp3

무작정 따라하기

春[はる] 봄
何か[なにか] 뭔가
始める[はじめる] 시작하다
つもり 생각, 작정
免許[めんきょ] 면허
呼ぶ[よぶ] 부르다
一生[いっしょう] 일생, 평생
送る[おくる] 보내다

밑줄 친 한자어에 유의하면서 아래 문장을 읽어 보세요.

春になったら、何か運動を始めるつもりです。
봄이 되면 뭔가 운동을 시작할 생각입니다.

まだ免許がなくて運転ができません。
아직 면허가 없어서 운전을 못합니다.

これは幸運を呼ぶアクセサリーです。
이것은 행운을 부르는 액세서리입니다.

彼は不運な一生を送りました。
그는 불운한 일생을 보냈습니다.

직접 써 보세요! 1 運転 ＿＿ てん 2 幸運 こう ＿＿ 3 운명 ＿＿ 命 4 해운 海 ＿＿

29 引[인]은 いん이라고 읽는다!

이[い] + ㄴ[ん] = 인[いん]

1단계 오디오를 먼저 들어 보세요. ▶ **2단계** 책을 보면서 학습해 보세요. ▶ **3단계** 직접 써 보세요.

1-57.mp3

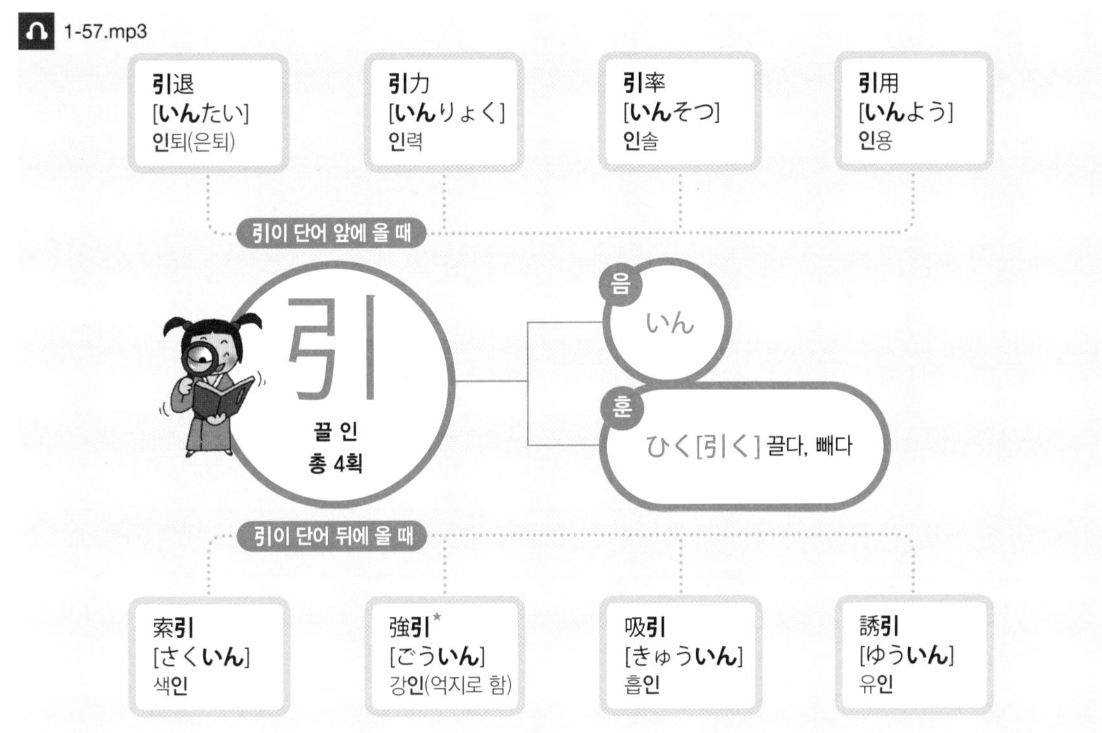

★ 強引(강인)이 부사로 쓰일 때는 強引に(억지로)의 형태로 쓰여요!

무작정 따라하기

1-58.mp3

밑줄 친 한자어에 유의하면서 아래 문장을 읽어 보세요.

生徒たちを<u>引率</u>して見学に行きます。	학생들을 인솔하여 견학하러 갑니다.
この文章はどの本から<u>引用</u>しましたか。	이 문장은 어느 책에서 인용했습니까?
よくわからない単語は<u>索引</u>で探します。	잘 모르는 단어는 색인에서 찾습니다.
<u>強引</u>に仕事を進めては困ります。	억지로 일을 진행시키면 곤란합니다.

生徒[せいと] (중, 고등학교의) 학생
見学[けんがく] 견학
文章[ぶんしょう] 문장
単語[たんご] 단어
探す[さがす] 찾다
仕事[しごと] 일
進める[すすめる] 나아가다, 진행시키다
困る[こまる] 곤란하다, 난처하다

직접 써 보세요! 1 引退 ______ たい 2 強引 ごう ______ 3 인용 ______ 用 4 흡인 吸 ______

확인문제

1 밑줄 친 한자의 읽는 음을 보기에서 골라 보세요.

보기				
① あん	② あく	③ ぶん	④ どく	⑤ らく
⑥ ぞく	⑦ ろん	⑧ うん	⑨ かん	⑩ もく

01 分類 (　　　　　　)　　02 材木 (　　　　　　)

03 安全 (　　　　　　)　　04 貴族 (　　　　　　)

05 悪魔 (　　　　　　)　　06 空間 (　　　　　　)

07 運命 (　　　　　　)　　08 購読 (　　　　　　)

09 論文 (　　　　　　)　　10 娯楽 (　　　　　　)

2 밑줄 친 한자의 읽는 음을 히라가나로 직접 써 보세요.

01 読解 (　　　　)かい　　02 不運 ふ(　　　　)

03 間接 (　　　　)せつ　　04 最悪 さい(　　　　)

05 目的 (　　　　)てき　　06 水分 すい(　　　　)

07 山林 (　　　　)りん　　08 快楽 かい(　　　　)

09 薬品 (　　　　)ひん　　10 保安 ほ(　　　　)

＊ 정답&해설은 278쪽에 있습니다.

3 한자의 읽는 음에 해당하는 한자를 보기에서 골라 보세요.

보기

① 読	② 安	③ 新	④ 医	⑤ 論
⑥ 中	⑦ 用	⑧ 民	⑨ 木	⑩ 分
⑪ 者	⑫ 聞	⑬ 俗	⑭ 薬	⑮ 引
⑯ 討	⑰ 離	⑱ 間	⑲ 造	⑳ 治

01 いん・よう 인용 (　　)(　　)　　02 ちゅう・かん 중간 (　　)(　　)

03 どく・しゃ 독자 (　　)(　　)　　04 い・やく 의약 (　　)(　　)

05 しん・ぶん 신문 (　　)(　　)　　06 とう・ろん 토론 (　　)(　　)

07 もく・ぞう 목조 (　　)(　　)　　08 みん・ぞく 민속 (　　)(　　)

09 ぶん・り 분리 (　　)(　　)　　10 ち・あん 치안 (　　)(　　)

4 밑줄 친 한자의 읽는 음에 해당하는 한자를 직접 써 보세요.

01 あんしん 안심 (　　)心　　02 たくさん 택산 沢(　　)

03 らくてん 낙천 (　　)天　　04 のうやく 농약 農(　　)

05 しんにゅう 신입 (　　)入　　06 こくみん 국민 国(　　)

07 もくじ 목차 (　　)次　　08 かぞく 가족 家(　　)

09 うんどう 운동 (　　)動　　10 けつろん 결론 結(　　)

일본어
한자

| 둘째마당 |

첫소리 자음을 읽는 법칙

본격적인 일본어 한자 읽기의 시작 단계입니다. 먼저 우리말 자음을 읽는 법칙부터 배우면 셋째마당과 넷째마당에서 배우게 되는 모음과 받침에 관한 법칙을 이해하는 데 큰 도움이 됩니다.

자음ㄱ은 か행 · が행으로 읽는다!

01 자음 ㄱ을 か행으로 읽는 한자 _ 家(가)는 か라고 읽는다!
02 자음 ㄱ을 が행으로 읽는 한자 _ 技(기)는 ぎ라고 읽는다!
| **예외 한자 법칙** | 気(기)는 자음 ㄱ을 が행인 ぎ·げ로도 읽는다!

자음ㄴ은 な행으로 읽는다!

03 자음 ㄴ을 な행으로 읽는 한자 _ 内(내)는 ない라고 읽는다!
| **예외 한자 법칙** | 男(남)은 자음 ㄴ을 だ행인 だん으로도 읽는다!

자음ㄷ은 た행 · だ행으로 읽는다!

04 자음 ㄷ을 た행으로 읽는 한자 _ 待(대)는 たい라고 읽는다!
05 자음 ㄷ을 だ행으로 읽는 한자 _ 代(대)는 だい라고 읽는다!
06-1 자음 ㄷ을 た행과 だ행으로 읽는 한자 _ 大(대)는 たい라고 읽는다!
06-2 자음 ㄷ을 た행과 だ행으로 읽는 한자 _ 大(대)는 だい라고 읽는다!

자음ㄹ은 ら행으로 읽는다!

07 자음 ㄹ을 ら행으로 읽는 한자 _ 来(래)는 らい라고 읽는다!

자음ㅁ은 ま행 · ば행으로 읽는다!

08 자음 ㅁ을 ま행으로 읽는 한자 _ 名(명)은 めい라고 읽는다!
09 자음 ㅁ을 ば행으로 읽는 한자 _ 売(매)는 ばい라고 읽는다!

자음ㅂ은 は행 · ば행으로 읽는다!

10 자음 ㅂ을 は행으로 읽는 한자 _ 半(반)은 はん이라고 읽는다!
11 자음 ㅂ을 ば행으로 읽는 한자 _ 防(방)은 ぼう라고 읽는다!

자음ㅅ은 さ행 · ざ행으로 읽는다!

12 자음 ㅅ을 さ행으로 읽는 한자 _ 使(사)는 し라고 읽는다!
13 자음 ㅅ을 ざ행으로 읽는 한자 _ 上(상)은 じょう라고 읽는다!

자음ㅇ은 あ행 · が행 · な행으로 읽는다!

14 자음 ㅇ을 あ행으로 읽는 한자 _ 意(의)는 い라고 읽는다!
15 자음 ㅇ을 が행으로 읽는 한자 _ 外(외)는 がい라고 읽는다!
16 자음 ㅇ을 な행으로 읽는 한자 _ 入(입)은 にゅう라고 읽는다!
| **예외 한자 법칙** | 柔(유)는 자음 ㅇ을 ざ행인 じゅう로 읽는다!
賃(임)은 자음 ㅇ을 た행인 ちん으로 읽는다!

자음ㅈ은 さ행・ざ행・た행・だ행으로 읽는다!

17 자음 ㅈ을 さ행으로 읽는 한자 _ 紙(지)는 し라고 읽는다!
18 자음 ㅈ을 ざ행으로 읽는 한자 _ 自(자)는 じ라고 읽는다!
| 예외 한자 법칙 | 子(자)는 자음 ㅈ을 さ행 · ざ행으로 읽는다!
19 자음 ㅈ을 た행으로 읽는 한자 _ 知(지)는 ち라고 읽는다!
20 자음 ㅈ을 だ행으로 읽는 한자 _ 電(전)은 でん이라고 읽는다!
21-1 자음 ㅈ을 た행과 ざ행으로 읽는 한자 _ 地(지)는 ち라고 읽는다!
21-2 자음 ㅈ을 た행과 ざ행으로 읽는 한자 _ 地(지)는 じ라고 읽는다!

자음ㅊ은 さ행・ざ행・た행으로 읽는다!

22 자음 ㅊ을 さ행으로 읽는 한자 _ 親(친)은 しん이라고 읽는다!
23 자음 ㅊ을 ざ행으로 읽는 한자 _ 次(차)는 じ라고 읽는다!
24 자음 ㅊ을 た행으로 읽는 한자 _ 天(천)은 てん이라고 읽는다!

자음ㅋ은 か행으로 읽는다!

25 자음 ㅋ을 か행으로 읽는 한자 _ 快(쾌)는 かい라고 읽는다!

자음ㅌ은 た행・だ행으로 읽는다!

26 자음 ㅌ을 た행으로 읽는 한자 _ 通(통)은 つう라고 읽는다!
27 자음 ㅌ을 だ행으로 읽는 한자 _ 土(토)는 ど라고 읽는다!

자음ㅍ은 は행・ば행으로 읽는다!

28 자음 ㅍ을 は행으로 읽는 한자 _ 破(파)는 は라고 읽는다!
29 자음 ㅍ을 ば행으로 읽는 한자 _ 爆(폭)은 ばく라고 읽는다!
| 예외 한자 법칙 | 便(편)은 자음 ㅍ을 ば행인 びん · べん으로 읽는다!

자음ㅎ은 か행・が행・わ행으로 읽는다!

30 자음 ㅎ을 か행으로 읽는 한자 _ 火(화)는 か라고 읽는다!
31 자음 ㅎ을 が행으로 읽는 한자 _ 画(화)는 が라고 읽는다!
32-1 자음 ㅎ을 か행과 が행으로 읽는 한자 _ 下(하)는 か라고 읽는다!
32-2 자음 ㅎ을 か행과 が행으로 읽는 한자 _ 下(하)는 げ라고 읽는다!
33 자음 ㅎ을 わ행으로 읽는 한자 _ 話(화)는 わ라고 읽는다!
| 예외 한자 법칙 | 黄 · 皇(황) / 横(횡)은 자음 ㅎ을 あ행인 おう로 읽는다!

01

자음 ㄱ을 か행으로 읽는 한자

家가는 か라고 읽는다!

1단계 오디오를 먼저 들어 보세요. ▶ **2단계** 책을 보면서 학습해 보세요. ▶ **3단계** 직접 써 보세요.

2-1.mp3

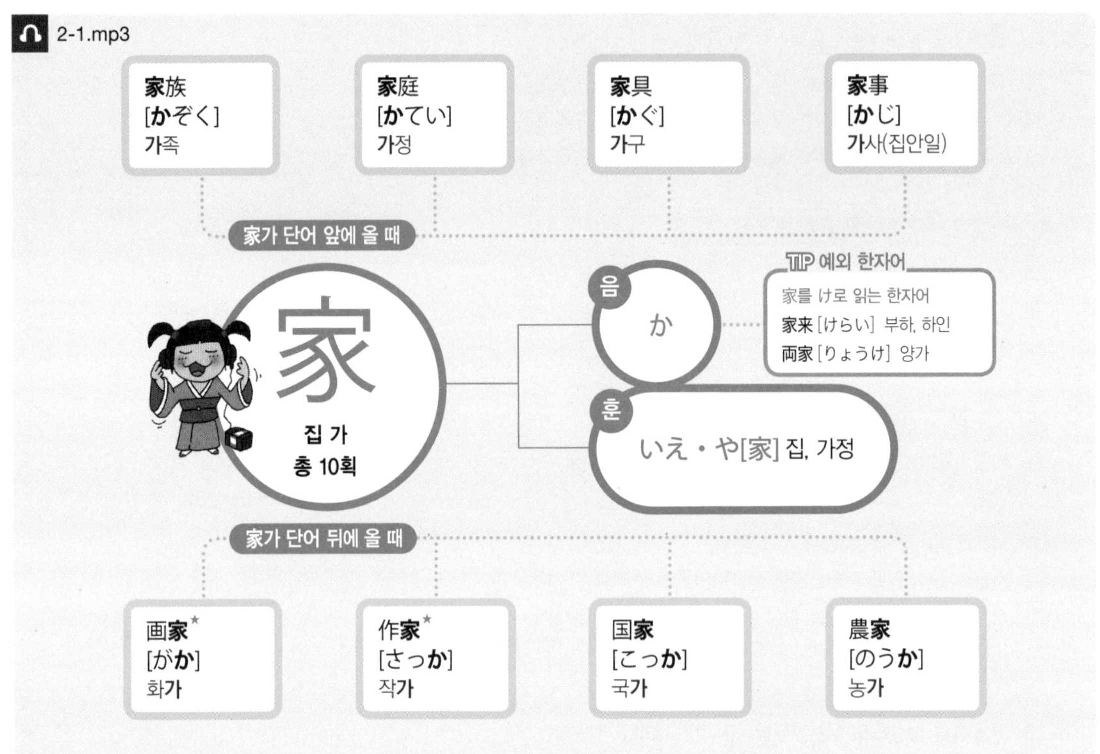

★ 家(가)가 어떤 전문 분야를 나타내는 말 뒤에 붙으면 '~에 관한 전문가'를 뜻하는 말이 돼요!

2-2.mp3

무작정 따라하기

掃除[そうじ] 청소
洗濯[せんたく] 빨래, 세탁
忙しい[いそがしい] 바쁘다
久しぶり[ひさしぶり] 오랜만임
みんな 모두, 다, 전부
外食[がいしょく] 외식
小説[しょうせつ] 소설
書く[かく] 쓰다
名前[なまえ] 이름
有名[ゆうめい] 유명함
夢[ゆめ] 꿈

밑줄 친 한자어에 유의하면서 아래 문장을 읽어 보세요.

掃除や洗濯などの家事で忙しいです。 청소나 빨래 등의 집안일로 바쁩니다.

久しぶりに家族みんなで外食に行きました。 오랜만에 가족 모두 외식하러 갔습니다.

この小説を書いた作家の名前は何ですか。 이 소설을 쓴 작가의 이름은 무엇입니까?

有名な画家になるのが私の夢です。 유명한 화가가 되는 것이 제 꿈입니다.

직접 써 보세요! 1 家庭 ____ てい 2 作家 さっ ____ 3 가족 ____ 族 4 국가 国 ____

02

자음 ㄱ을 が행으로 읽는 한자

技[기]는 ぎ라고 읽는다!

1단계 오디오를 먼저 들어 보세요. ▶ **2단계** 책을 보면서 학습해 보세요. ▶ **3단계** 직접 써 보세요.

2-3.mp3

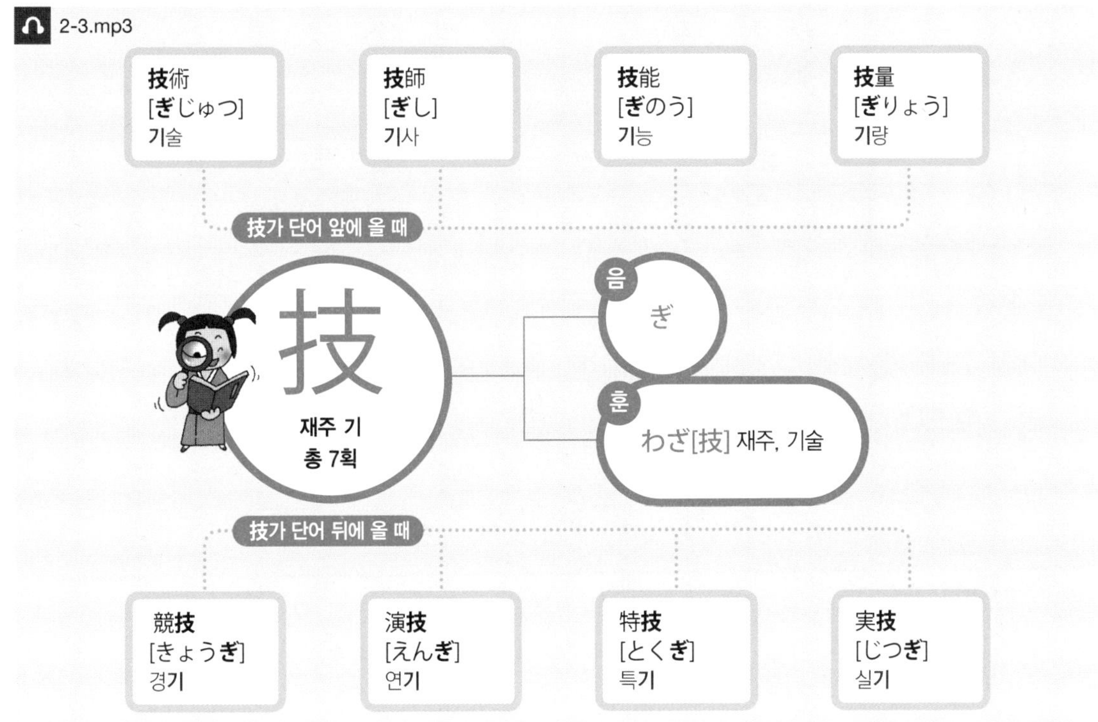

2-4.mp3

무작정 따라하기

自分[じぶん] 자기, 자신
知る[しる] 알다
大切[たいせつ] 중요함
外国語[がいこくご] 외국어
話す[はなす] 말하다
一つ[ひとつ] 하나
俳優[はいゆう] 배우
感動的[かんどうてき] 감동적
参加[さんか] 참가
選手[せんしゅ] 선수
集まる[あつまる] 모이다

밑줄 친 한자어에 유의하면서 아래 문장을 읽어 보세요.

自分の<u>技量</u>を知ることが大切です。 자기 기량을 아는 것이 중요합니다.

外国語で話すことも一つの<u>技術</u>です。 외국어로 말하는 것도 하나의 기술입니다.

あの俳優の<u>演技</u>はとても感動的でした。 저 배우의 연기는 무척 감동적이었습니다.

<u>競技</u>に参加する選手たちが集まっています。 경기에 참가할 선수들이 모여 있습니다.

직접 써 보세요! 1 技能 ______ のう 2 実技 じつ ______ 3 기술 ______ 術 4 특기 特 ______

예외 한자 법칙

気[기]는 자음 ㄱ을 が행인 ぎ・げ로도 읽는다!

▶ 気(기)를 か행[き・け]으로 읽는 경우

き로 읽는 気

気分 [きぶん] 기분	気温 [きおん] 기온	天気 [てんき] 천기(날씨)	元気 [げんき] 원기(기운, 건강)

いい天気が続いて、気分もいいです。 좋은 날씨가 계속되어 기분도 좋습니다.

け로 읽는 気

気配 [けはい] 기배(기색)	吐気 [はきけ] 토기(구역질)	湿気 [しっけ] 습기	寒気 [さむけ] 한기(오한)

トイレが臭くて、吐気がしました。 화장실 냄새가 고약해서 구역질이 났습니다.

TIP ~気[け]의 형태로 쓰인 단어에는 '기미, 낌새, 기운'의 뜻이 있어요!

▶ 気(기)를 が행[ぎ・げ]으로 읽는 경우

ぎ로 읽는 気

悪気 [わるぎ] 악기(악의, 나쁜 뜻)	堅気 [かたぎ] 견기(고지식함)

悪気は全然ありませんでした。 악의는 전혀 없었습니다.

TIP ~気[ぎ]의 형태로 쓰인 단어에는 '뜻, 마음, 정신'의 뜻이 있어요!

げ로 읽는 気

湯気 [ゆげ] 탕기(김, 수증기)	健気 [けなげ] 건기(기특함, 갸륵함)

カップから湯気が立っていました。 컵에서 김이 나고 있었습니다.

TIP ~気[げ]의 형태로 쓰인 단어에는 '~한 듯함, ~스러움'의 뜻이 있어요!

続く[つづく] 계속되다 **臭い**[くさい] 고약한 냄새가 나다 **全然**[ぜんぜん] 전혀

03

자음 ㄴ을 な행으로 읽는 한자

内[내]는 ない라고 읽는다!

1단계 오디오를 먼저 들어 보세요. ▶ **2단계** 책을 보면서 학습해 보세요. ▶ **3단계** 직접 써 보세요.

2-5.mp3

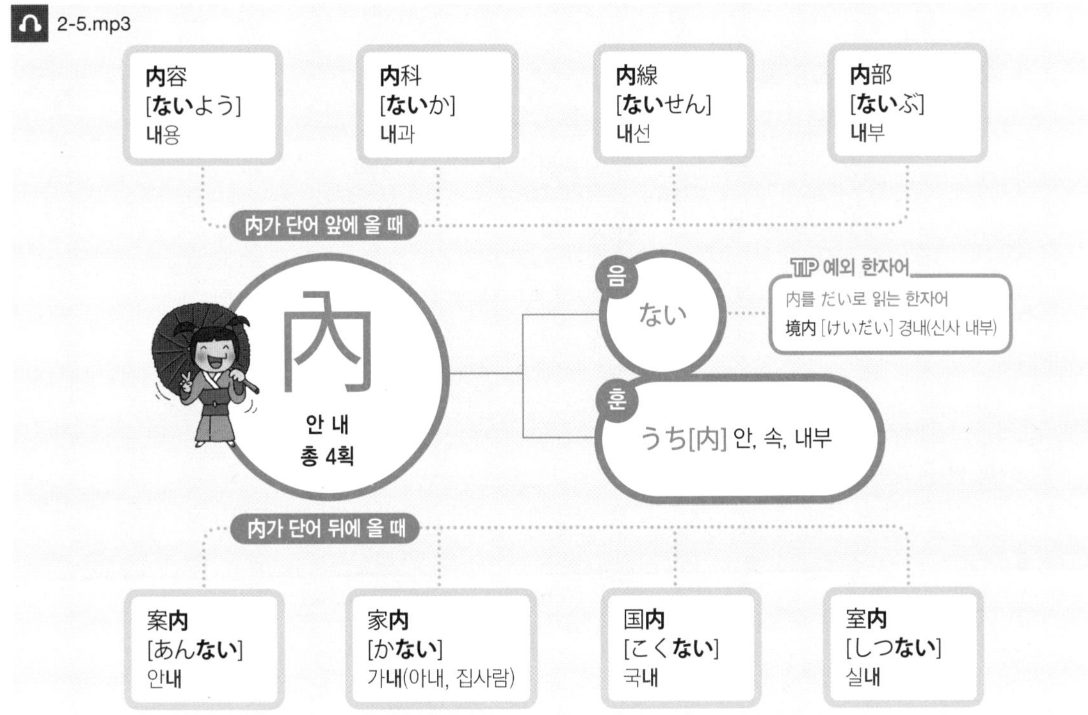

2-6.mp3

무작정 따라하기

会社[かいしゃ] 회사
事情[じじょう] 사정
わかる 알다
胃[い] 위, 위장
調子[ちょうし] 상태, 컨디션
悪い[わるい] 나쁘다
行く[いく] 가다
つもり 생각, 작정
生産[せいさん] 생산
帽子[ぼうし] 모자
脱ぐ[ぬぐ] 벗다

밑줄 친 한자어에 유의하면서 아래 문장을 읽어 보세요.

会社の内部の事情についてはよくわかりません。
회사 내부 사정에 대해서는 잘 모릅니다.

胃の調子が悪いので、内科に行くつもりです。
위가 안 좋아서 내과에 갈 생각입니다.

このデジタルカメラは国内で生産されたものです。
이 디지털카메라는 국내에서 생산된 것입니다.

室内では帽子を脱ぐのがマナーです。
실내에서는 모자를 벗는 것이 예의입니다.

직접 써 보세요! 1 内科 ______ か 2 室内 しつ ______ 3 내용 ______ 容 4 안내 案 ______

예외 한자 법칙

男[남]은 자음 ㄴ을 だ행인 だん으로도 읽는다!

▶ 男(남)을 な행[なん]으로 읽는 경우

なん으로 읽는 **男**

長**男** [ちょう**なん**] 장남	次**男** [じ**なん**] 차남	美**男** [び**なん**] 미남

僕は長男で、弟が一人います。 저는 장남으로, 남동생이 한 명 있습니다.

TIP 美男(미남)은 びだん으로 읽는 경우도 있어요!

▶ 男(남)을 だ행[だん]으로 읽는 경우

だん으로 읽는 **男**

男性 [**だん**せい] 남성	**男**子 [**だん**し] 남자	**男**女 [**だん**じょ] 남녀

あの男性は背が低いほうです。 저 남자는 키가 작은 편입니다.

TIP 男女(남녀)는 なんにょ로 읽는 경우도 있어요!

단어

僕[ぼく] 나(남자)　　弟[おとうと] 남동생　　一人[ひとり] 한 명
背[せ] 키, 신장　　低い[ひくい] 작다

04

자음 ㄷ을 た행으로 읽는 한자

待^대^는 たい라고 읽는다!

1단계 오디오를 먼저 들어 보세요. ▶ **2단계** 책을 보면서 학습해 보세요. ▶ **3단계** 직접 써 보세요.

2-7.mp3

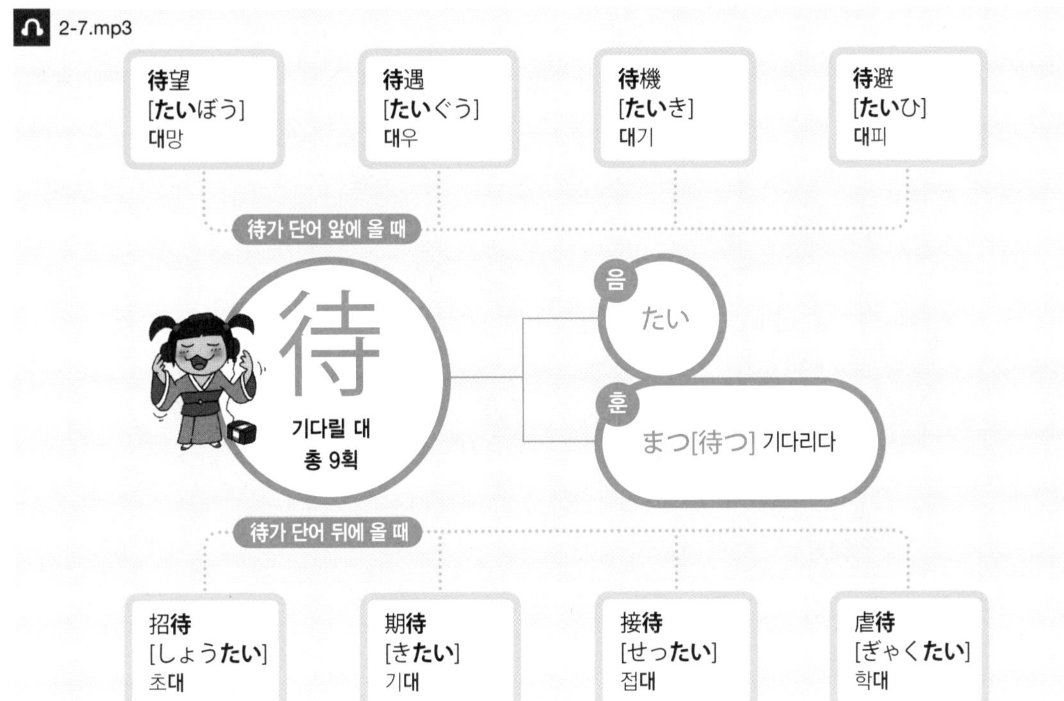

2-8.mp3

무작정 따라하기

地震[じしん] 지진
起きる[おきる] 일어나다
すぐに 곧, 바로
決勝戦[けっしょうせん] 결승전
日曜日[にちようび] 일요일
結果[けっか] 결과
出る[でる] 나오다
こと 일, 것
結婚式[けっこんしき] 결혼식

밑줄 친 한자어에 유의하면서 아래 문장을 읽어 보세요.

地震が起きたら、すぐに待避してください。
지진이 일어나면 바로 대피해 주세요.

待望の決勝戦が日曜日にあるそうです。 대망의 결승전이 일요일에 있다고 합니다.

いい結果が出ることを期待しています。 좋은 결과가 나오기를 기대하고 있습니다.

結婚式に招待してくださって、ありがとうございます。
결혼식에 초대해 주셔서 감사합니다.

직접 써 보세요! 1 待避 ＿＿ ひ 2 招待 しょう ＿＿ 3 대망 ＿＿ 望 4 기대 期 ＿＿

05

자음 ㄷ을 だ행으로 읽는 한자

代[대]는 だい라고 읽는다!

1단계 오디오를 먼저 들어 보세요. ▶ **2단계** 책을 보면서 학습해 보세요. ▶ **3단계** 직접 써 보세요.

2-9.mp3

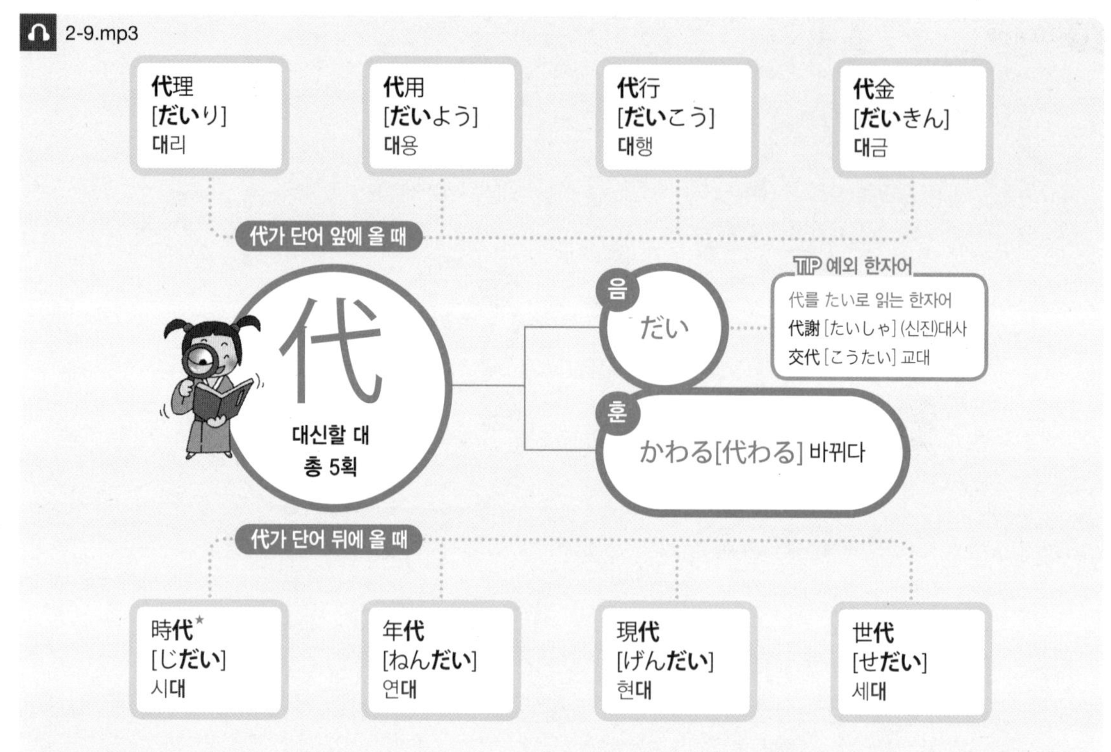

★ 時代는 '시대'라는 뜻 외에 '시절'이라는 뜻도 있어요!

2-10.mp3

무작정 따라하기

手続き[てつづき] 수속
会社[かいしゃ] 회사
冷蔵庫[れいぞうこ] 냉장고
払う[はらう] 지불하다, 돈을 내다
好き[すき] 좋아함
音楽[おんがく] 음악
違う[ちがう] 다르다
高校[こうこう] 고등학교
~部[ぶ] ~부, ~동아리
弾く[ひく] (악기를) 켜다, 연주하다

밑줄 친 한자어에 유의하면서 아래 문장을 읽어 보세요.

ビザの手続きを代行してくれる会社もあります。
비자 수속을 대행해 주는 회사도 있습니다.

冷蔵庫の代金を払ってきました。
냉장고 대금을 지불하고 왔습니다.

世代によって好きな音楽のジャンルが違います。
세대에 따라 좋아하는 음악 장르가 다릅니다.

高校時代にはバンド部でギターを弾いていました。
고교 시절에는 밴드부에서 기타를 쳤습니다.

직접 써 보세요! 1 代用 ____よう 2 時代 じ____ 3 대리 ____理 4 현대 現____

덤 챙겨가세요!

~代[だい]

代(대)가 사용요금이 부과되는 수도, 가스 등의 공공요금이나 전철, 버스 등의 교통수단을 나타내는 말 뒤에 연결되어 쓰이면 하나의 단어로 취급되어 '~비, ~세, ~요금' 등으로 해석됩니다.

한국에서는 일반적으로 '~요금'이라는 말을 많이 쓰고 있지만, 아직도 '수도세'와 같이 '~세(税)'라는 말도 쓰이고, '가스비'와 같이 '~비(費)'라는 말도 함께 쓰이고 있습니다. 그러나 일본에서는 料金[りょうきん](요금)이라는 한자어가 좀 딱딱한 느낌이 들기 때문에, 일상 회화에서는 代[だい]를 많이 쓰고 있지요.

그럼, 공공요금이나 교통수단 등과 관련된 단어 뒤에 代를 연결한 한자어를 배워 봅시다.

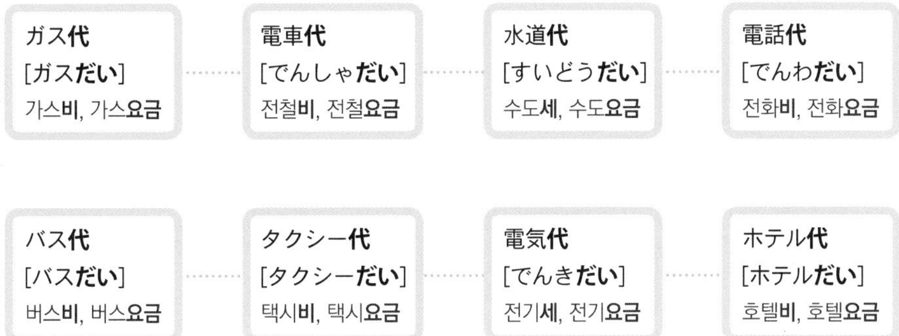

06-1 자음 ㄷ을 た행과 だ행으로 읽는 한자

大[대]는 たい・だい라고 읽는다!

1단계 오디오를 먼저 들어 보세요. ▶ **2단계** 책을 보면서 학습해 보세요. ▶ **3단계** 직접 써 보세요.

2-11.mp3

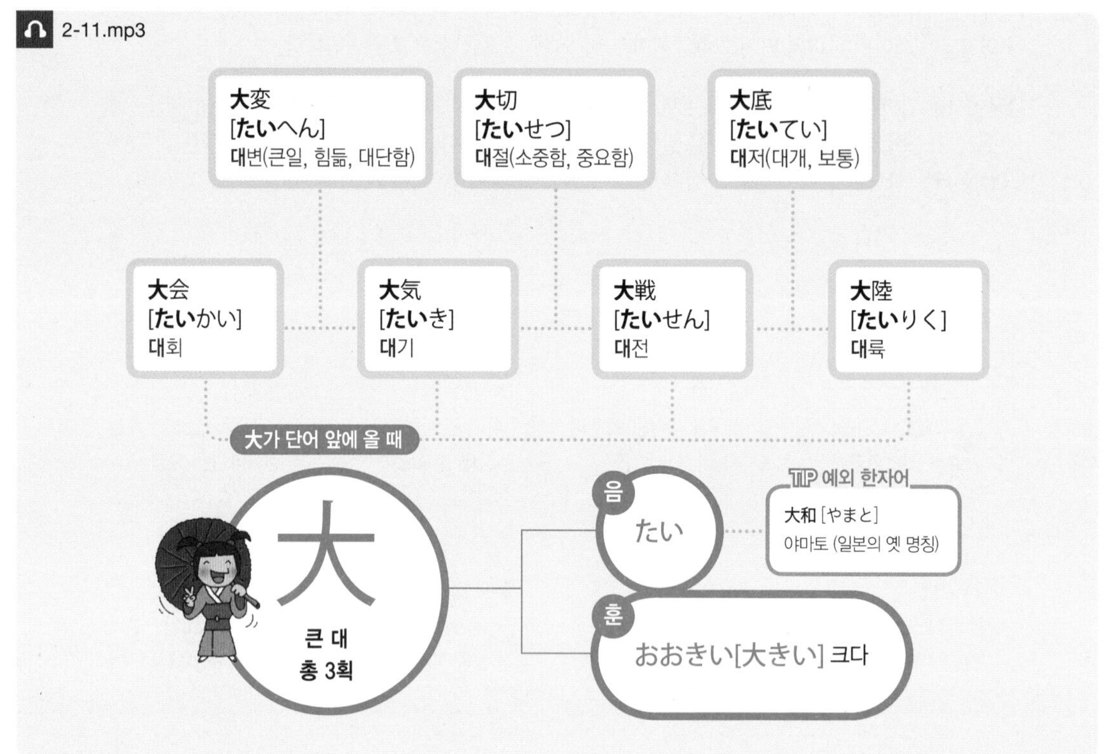

◎ 大를 たい로 읽을 때 단어 뒤에 오는 한자어는 없어요!

2-12.mp3

무작정 따라하기

水泳[すいえい] 수영
優勝[ゆうしょう] 우승
自転車[じてんしゃ] 자전거
横断[おうだん] 횡단
忘れる[わすれる] 잊다, 잊어버리다
英語[えいご] 영어
手紙[てがみ] 편지
書く[かく] 쓰다
難しい[むずかしい] 어렵다

밑줄 친 한자어에 유의하면서 아래 문장을 읽어 보세요.

水泳大会で優勝しました。 수영 대회에서 우승했습니다.

アメリカ大陸を自転車で横断しました。 미국 대륙을 자전거로 횡단했습니다.

大切なことを忘れていました。 중요한 것을 잊어버리고 있었습니다.

英語で手紙を書くのは大変難しいです。 영어로 편지를 쓰는 것은 대단히 어렵습니다.

직접 써 보세요! 1 大切 ＿＿ せつ 2 大変 ＿＿ へん 3 대회 ＿＿ 会 4 대전 ＿＿ 戦

06-2

자음 ㄷ을 た행과 だ행으로 읽는 한자

大[대]는 たい・だい라고 읽는다!

1단계 오디오를 먼저 들어 보세요. ▶ **2단계** 책을 보면서 학습해 보세요. ▶ **3단계** 직접 써 보세요.

2-13.mp3

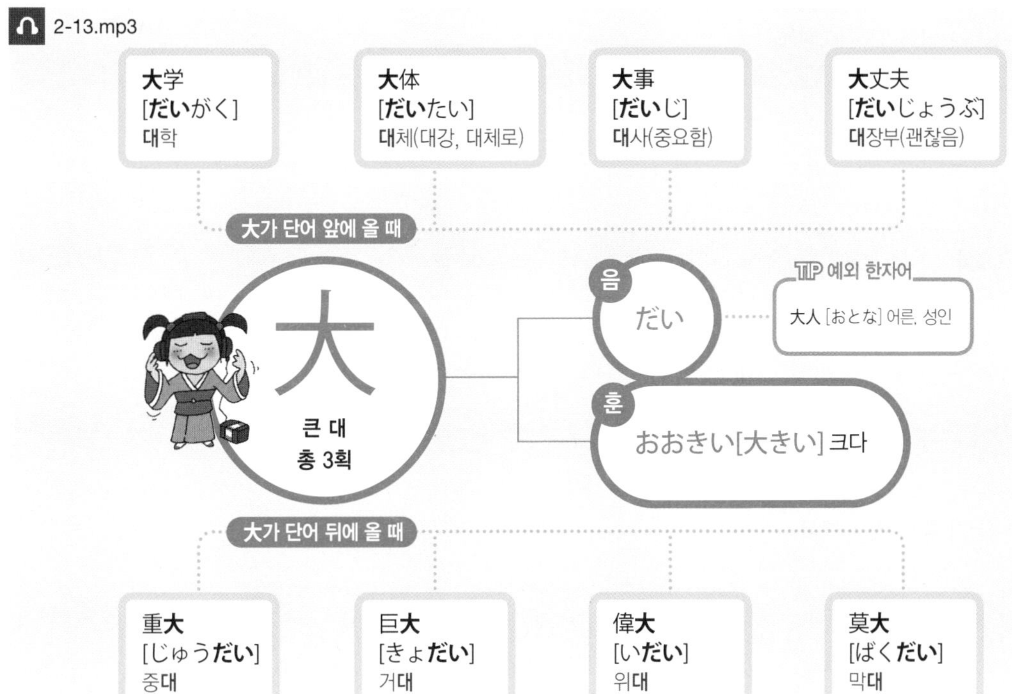

◎**大**로 끝나는 한자어는 **だい**로만 읽어요!

2-14.mp3

무작정 따라하기

밑줄 친 한자어에 유의하면서 아래 문장을 읽어 보세요.

<u>大学</u>に入ってから全然勉強しなくなりました。
대학교에 들어가고 나서 전혀 공부하지 않게 되었습니다.

会議に必要な報告書の準備は<u>大体</u>済ませました。
회의에 필요한 보고서 준비는 대강 끝냈습니다.

公園の中に<u>巨大</u>な彫刻があります。
공원 안에 거대한 조각상이 있습니다.

今日は<u>重大</u>な発表があります。
오늘은 중대한 발표가 있습니다.

- 大学[だいがく] 대학교
- 入る[はいる] 들어가다
- 全然[ぜんぜん] 전혀
- 勉強[べんきょう] 공부
- 会議[かいぎ] 회의
- 報告書[ほうこくしょ] 보고서
- 準備[じゅんび] 준비
- 済ませる[すませる] 끝내다
- 公園[こうえん] 공원
- 彫刻[ちょうこく] 조각(상)
- 今日[きょう] 오늘
- 発表[はっぴょう] 발표

직접 써 보세요! 1 大事 ＿＿ じ 2 巨大 きょ ＿＿ 3 대학 ＿＿ 学 4 중대 重 ＿＿

大(대)가 たい인지 だい인지 헷갈리는 한자어

▶ 大가 들어 있는 な형용사

たい로 읽는 **大**	**大**切な[**たい**せつな] 소중한, 중요한 **大**変な[**たい**へんな] 힘든, 대단한

TIP 大変な를 大変의 형태로 쓰면 '대단히, 굉장히, 매우'라는 뜻의 부사가 돼요!

だい로 읽는 **大**	**大**丈夫な[**だい**じょうぶな] 괜찮은

▶ 大가 들어 있는 부사

たい로 읽는 **大**	**大**した[**たい**した] 대단한, 엄청난 **大**して[**たい**して] 그다지, 별로 **大**抵[**たい**てい] 대강, 대개

だい로 읽는 **大**	**大**体[**だい**たい] 대부분, 대체로 **大**分[**だい**ぶ] 꽤, 매우

TIP 大分는 だいぶ 또는 だいぶん으로도 읽히는데, 보통 히라가나로 쓰이는 경우가 많아요!

07

자음 ㄹ을 ら행으로 읽는 한자

来[래]는 らい라고 읽는다!

1단계 오디오를 먼저 들어 보세요. ▶ **2단계** 책을 보면서 학습해 보세요. ▶ **3단계** 직접 써 보세요.

2-15.mp3

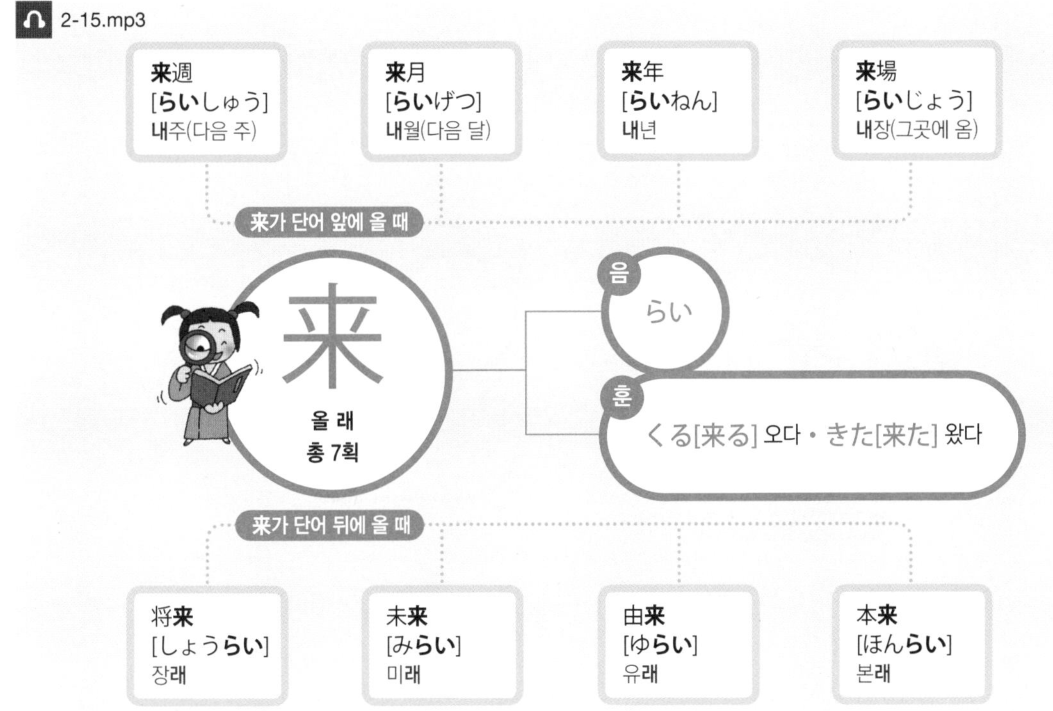

2-16.mp3

무작정 따라하기

決まる[きまる] 정해지다, 결정되다
彼女[かのじょ] 그녀, 여자친구
結婚[けっこん] 결혼
つもり 생각, 작정
こと 일, 것
誰にも[だれにも] 누구에게도
わかる 알다, 이해하다
自分[じぶん] 자기, 자신
考える[かんがえる] 생각하다

밑줄 친 한자어에 유의하면서 아래 문장을 읽어 보세요.

来月のスケジュールはまだ決まっていません。
다음 달 스케줄은 아직 정해지지 않았습니다.

来年、彼女と結婚するつもりです。 내년에 여자친구와 결혼할 생각입니다.

未来のことは誰にもわかりません。 미래의 일은 누구에게도 알 수 없습니다.

自分の将来について考えたことがありますか。
자신의 장래에 대해 생각한 적이 있습니까?

직접 써 보세요! 1 来週 ______ しゅう 2 未来 み ______ 3 내년 ______ 年 4 장래 将 ______

08

자음 ㅁ을 ま행으로 읽는 한자

名[명]은 めい라고 읽는다!

1단계 오디오를 먼저 들어 보세요. ▶ **2단계** 책을 보면서 학습해 보세요. ▶ **3단계** 직접 써 보세요.

2-17.mp3

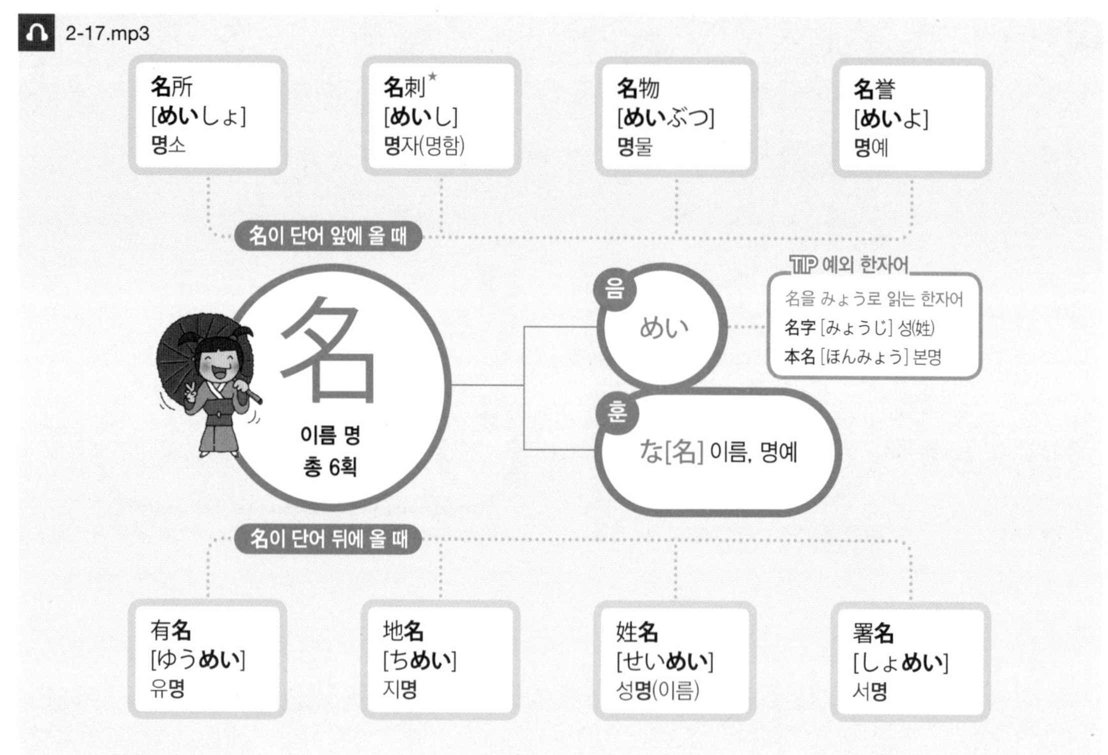

★ 名刺(명자)와 名詞(명사)는 똑같이 めいし라고 읽어요!

2-18.mp3

무작정 따라하기

- 地方[ちほう] 지방
- 何[なん] 무엇
- 新しい[あたらしい] 새롭다
- 漢字[かんじ] 한자
- 難しい[むずかしい] 어렵다
- 読む[よむ] 읽다
- 彼[かれ] 그
- 出る[でる] 나오다

밑줄 친 한자어에 유의하면서 아래 문장을 읽어 보세요.

この地方の<u>名物</u>は何ですか。 이 지방의 명물은 무엇입니까?

これが私の新しい<u>名刺</u>です。 이것이 저의 새 명함입니다.

この<u>地名</u>は漢字が難しくて読めません。 이 지명은 한자가 어려워서 읽을 수가 없습니다.

彼はテレビに出てから<u>有名</u>になりました。 그는 TV에 나오고 나서 유명해졌습니다.

직접 써 보세요! 1 名刺 ＿＿し 2 有名 ゆう＿＿ 3 명소 ＿＿所 4 지명 地＿＿

09

자음 ㅁ을 ば행으로 읽는 한자

売^매는 ばい라고 읽는다!

1단계 오디오를 먼저 들어 보세요. ▶ **2단계** 책을 보면서 학습해 보세요. ▶ **3단계** 직접 써 보세요.

2-19.mp3

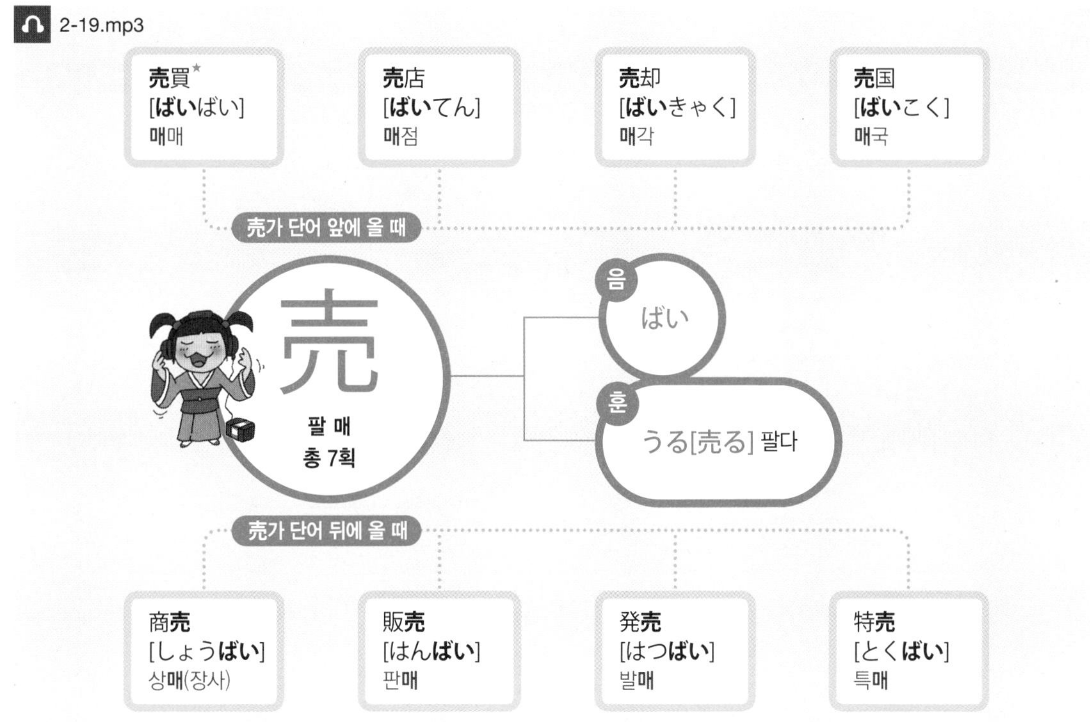

★ 売(팔 매)와 買(살 매)는 똑같이 ばい라고 읽어요!

2-20.mp3

무작정 따라하기

学校[がっこう] 학교
買う[かう] 사다
物[もの] 물건, 사물
売る[うる] 팔다
新しい[あたらしい] 새롭다
未成年者[みせいねんしゃ] 미성년자

밑줄 친 한자어에 유의하면서 아래 문장을 읽어 보세요.

このパンは学校の売店で買いました。 이 빵은 학교 매점에서 샀습니다.

売買というのは物を売ったり買ったりすることです。
'매매'라는 것은 물건을 팔거나 사는 것입니다.

新しいゲームソフトはいつ発売されますか。
새로운 게임 소프트웨어는 언제 발매됩니까?

未成年者にはタバコを販売してはいけません。
미성년자에게는 담배를 판매해서는 안 됩니다.

직접 써 보세요! 1 売買 ＿＿ ばい 2 商売 しょう ＿＿ 3 판매 販 ＿＿ 4 매점 ＿＿ 店

10

자음 ㅂ을 は행으로 읽는 한자

半[반]은 はん이라고 읽는다!

1단계 오디오를 먼저 들어 보세요. ▶ **2단계** 책을 보면서 학습해 보세요. ▶ **3단계** 직접 써 보세요.

2-21.mp3

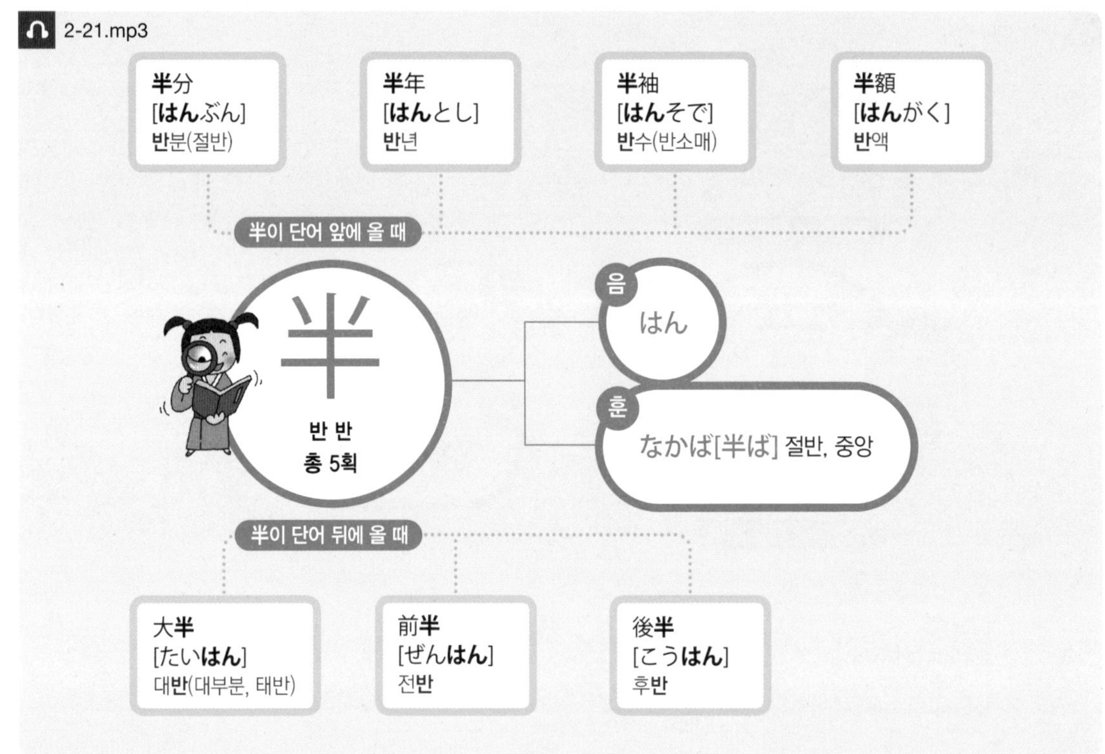

2-22.mp3

무작정 따라하기

大学[だいがく] 대학(교)
卒業[そつぎょう] 졸업
過ぎる[すぎる] 지나다
今日[きょう] 오늘
暑い[あつい] 덥다
着る[きる] 입다
試合[しあい] 시합
差[さ] 차, 차이
大きい[おおきい] 크다
意見[いけん] 의견
反対[はんたい] 반대

밑줄 친 한자어에 유의하면서 아래 문장을 읽어 보세요.

大学を卒業してからもう半年が過ぎました。

대학을 졸업한지 벌써 반년이 지났습니다.

今日は暑いので、半袖のシャツを着ました。

오늘은 더워서 반소매 셔츠를 입었습니다.

試合の後半でスコアの差が大きくなりました。

시합 후반에서 점수 차가 커졌습니다.

大半の人が私の意見に反対しています。

대부분의 사람들이 제 의견에 반대하고 있습니다.

직접 써 보세요! 1 半分 ____ ぶん 2 大半 たい ____ 3 반액 ____ 額 4 전반 前 ____

11

자음 ㅂ을 ば행으로 읽는 한자

防[방]은 ぼう라고 읽는다!

1단계 오디오를 먼저 들어 보세요. ▶ **2단계** 책을 보면서 학습해 보세요. ▶ **3단계** 직접 써 보세요.

2-23.mp3

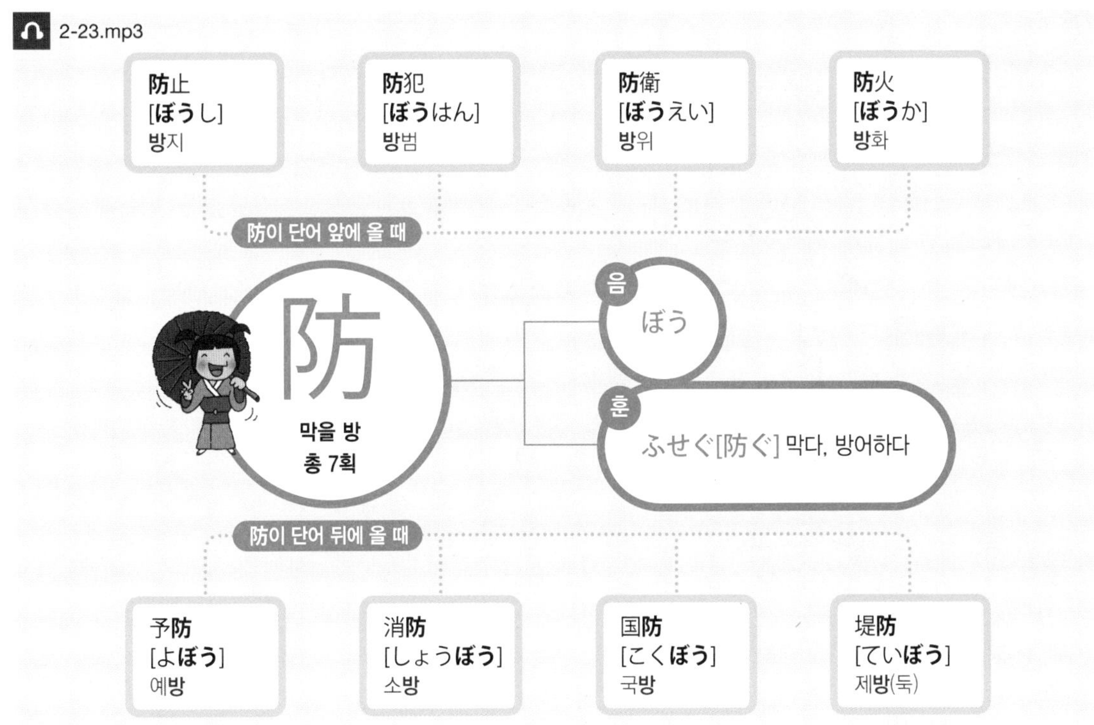

2-24.mp3

무작정 따라하기

玄関[げんかん] 현관
設置[せっち] 설치
火災[かさい] 화재
方法[ほうほう] 방법
教える[おしえる] 가르치다
風邪[かぜ] 감기
手[て] 손
洗う[あらう] 씻다
古い[ふるい] 오래되다, 낡다
新しい[あたらしい] 새롭다
作り直す[つくりなおす] 다시 만들다

밑줄 친 한자어에 유의하면서 아래 문장을 읽어 보세요.

玄関に防犯ベルを設置しました。 현관에 방범 벨을 설치했습니다.

火災を防止できる方法を教えてください。 화재를 방지할 수 있는 방법을 가르쳐 주세요.

風邪を予防するために手を洗いましょう。 감기를 예방하기 위해 손을 씻읍시다.

堤防が古いので新しく作り直しています。 둑이 오래되어 새로 다시 만들고 있습니다.

직접 써 보세요! 1 防犯 ＿＿ はん 2 予防 よ ＿＿ 3 방지 ＿＿ 止 4 소방 消 ＿＿

12

자음 ㅅ을 さ행으로 읽는 한자

使[사]는 し라고 읽는다!

1단계 오디오를 먼저 들어 보세요. ▶ **2단계** 책을 보면서 학습해 보세요. ▶ **3단계** 직접 써 보세요.

2-25.mp3

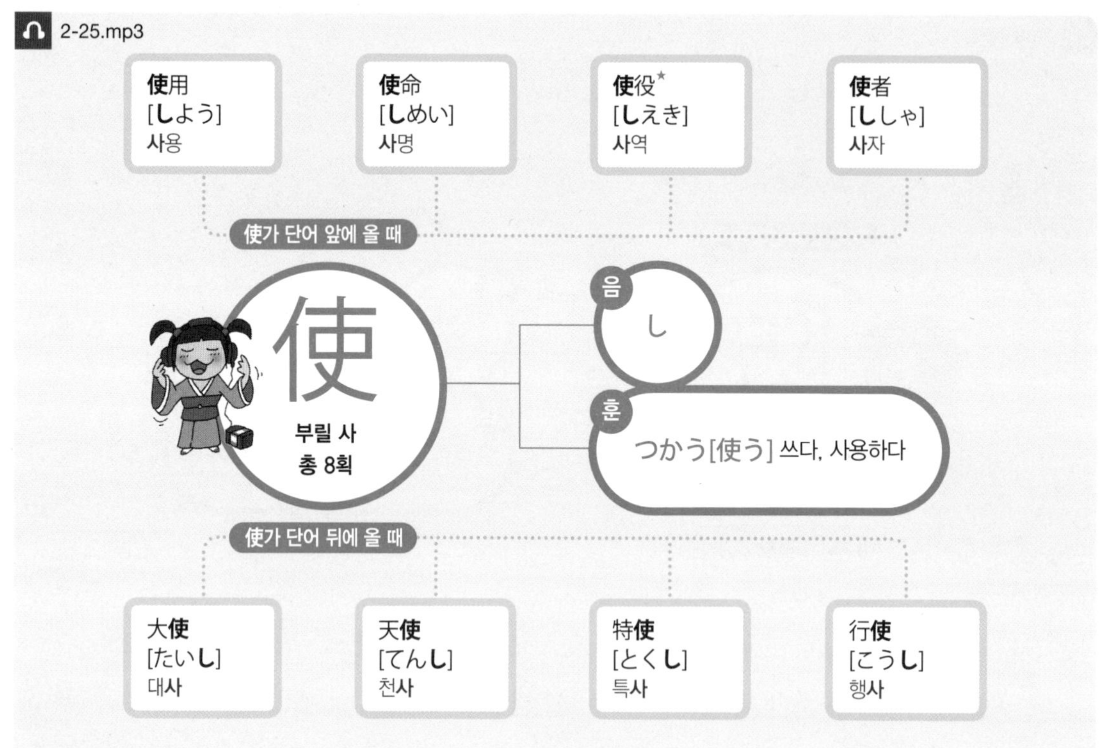

★ **使役**(사역)이란 누군가에게 뭔가를 시킨다는 뜻으로, 일본어의 사역표현에는 **せる**와 **させる**가 있어요!

2-26.mp3

무작정 따라하기

說明書[せつめいしょ] 설명서
読む[よむ] 읽다
方法[ほうほう] 방법
わかる 알다, 이해하다
日本語[にほんご] 일본어
表現[ひょうげん] 표현
難しい[むずかしい] 어렵다
彼女[かのじょ] 그녀, 여자친구
まるで 마치
権利[けんり] 권리
当然[とうぜん] 당연

밑줄 친 한자어에 유의하면서 아래 문장을 읽어 보세요.

説明書を読んでも<u>使用</u>方法がわかりません。 설명서를 읽어도 사용 방법을 모르겠습니다.

日本語の<u>使役</u>表現がいちばん難しいです。 일본어의 사역표현이 가장 어렵습니다.

彼女はまるで<u>天使</u>のようです。 그녀는 마치 천사 같습니다.

権利を<u>行使</u>するのは当然です。 권리를 행사하는 것은 당연합니다.

직접 써 보세요! 1 使役 ＿＿ えき 2 天使 てん＿＿ 3 사용 ＿＿ 用 4 행사 行 ＿＿

13

자음 ㅅ을 ざ행으로 읽는 한자

上[상]은 じょう라고 읽는다!

1단계 오디오를 먼저 들어 보세요. ▶ **2단계** 책을 보면서 학습해 보세요. ▶ **3단계** 직접 써 보세요.

2-27.mp3

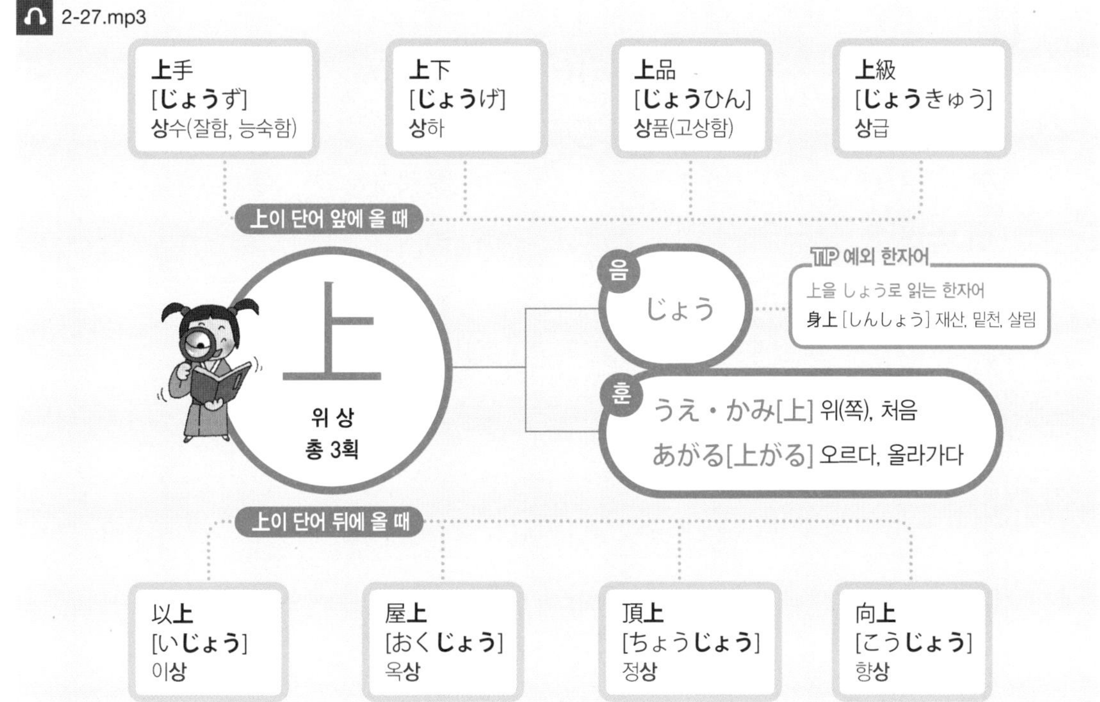

2-28.mp3

무작정 따라하기

- 言葉[ことば] 말
- 使う[つかう] 쓰다, 사용하다
- 英語[えいご] 영어
- 数学[すうがく] 수학
- 試験[しけん] 시험
- 80点[はちじゅうてん・はちじゅってん] 80점
- 取る[とる] 얻다, 받다
- 登る[のぼる] (산에) 오르다
- 無理[むり] 무리
- 思う[おもう] 생각하다

밑줄 친 한자어에 유의하면서 아래 문장을 읽어 보세요.

彼女はいつも<u>上品</u>な言葉を使います。 그녀는 항상 고상한 말을 사용합니다.

英語はまだ<u>上級</u>レベルではありません。 영어는 아직 상급 레벨이 아닙니다.

数学の試験で80点<u>以上</u>を取ったことがありません。 수학시험에서 80점 이상을 받은 적이 없습니다.

<u>頂上</u>まで登るのは無理だと思います。 정상까지 올라가는 것은 무리라고 생각합니다.

직접 써 보세요! 1 上下 ＿＿げ 2 屋上 おく＿＿ 3 상급 ＿＿級 4 향상 向＿＿

확인문제

1. 밑줄 친 한자의 읽는 음을 보기에서 골라 보세요.

보기

① ぎ	② か	③ し	④ らい	⑤ き
⑥ ない	⑦ たい	⑧ ばい	⑨ はん	⑩ だい

01 来年 (　　　　　　)　　02 競技 (　　　　　　)

03 売店 (　　　　　　)　　04 国内 (　　　　　　)

05 使命 (　　　　　　)　　06 世代 (　　　　　　)

07 大気 (　　　　　　)　　08 前半 (　　　　　　)

09 家事 (　　　　　　)　　10 元気 (　　　　　　)

2. 밑줄 친 한자의 읽는 음을 히라가나로 직접 써 보세요.

01 技術 (　　　　)じゅつ　　02 画家 が(　　　　)

03 大事 (　　　　)じ　　04 天気 てん(　　　　)

05 名所 (　　　　)しょ　　06 案内 あん(　　　　)

07 防犯 (　　　　)はん　　08 招待 しょう(　　　　)

09 上品 (　　　　)ひん　　10 販売 はん(　　　　)

※ 정답&해설은 279쪽에 있습니다.

3. 한자의 읽는 음에 해당하는 한자를 보기에서 골라 보세요.

보기

① 特	② 気	③ 内	④ 代	⑤ 大
⑥ 予	⑦ 上	⑧ 未	⑨ 名	⑩ 期
⑪ 下	⑫ 物	⑬ 科	⑭ 時	⑮ 技
⑯ 来	⑰ 待	⑱ 湿	⑲ 防	⑳ 重

01 とく・ぎ 특기 ( ) ( )　02 しっ・け 습기 ( ) ( )

03 ない・か 내과 ( ) ( )　04 じ・だい 시대 ( ) ( )

05 じゅう・だい 중대 ( ) ( )　06 き・たい 기대 ( ) ( )

07 めい・ぶつ 명물 ( ) ( )　08 み・らい 미래 ( ) ( )

09 じょう・げ 상하 ( ) ( )　10 よ・ぼう 예방 ( ) ( )

4. 밑줄 친 한자의 읽는 음에 해당하는 한자를 직접 써 보세요.

01 かてい 가정 ( )庭　02 あんない 안내 案 ( )

03 だいり 대리 ( )理　04 ちめい 지명 地 ( )

05 しよう 사용 ( )用　06 せったい 접대 接 ( )

07 たいかい 대회 ( )会　08 しょうらい 장래 将 ( )

09 はんぶん 반분 ( )分　10 おくじょう 옥상 屋 ( )

14

자음 ㅇ을 あ행으로 읽는 한자

意[의]는 い라고 읽는다!

1단계 오디오를 먼저 들어 보세요. ▶ **2단계** 책을 보면서 학습해 보세요. ▶ **3단계** 직접 써 보세요.

2-29.mp3

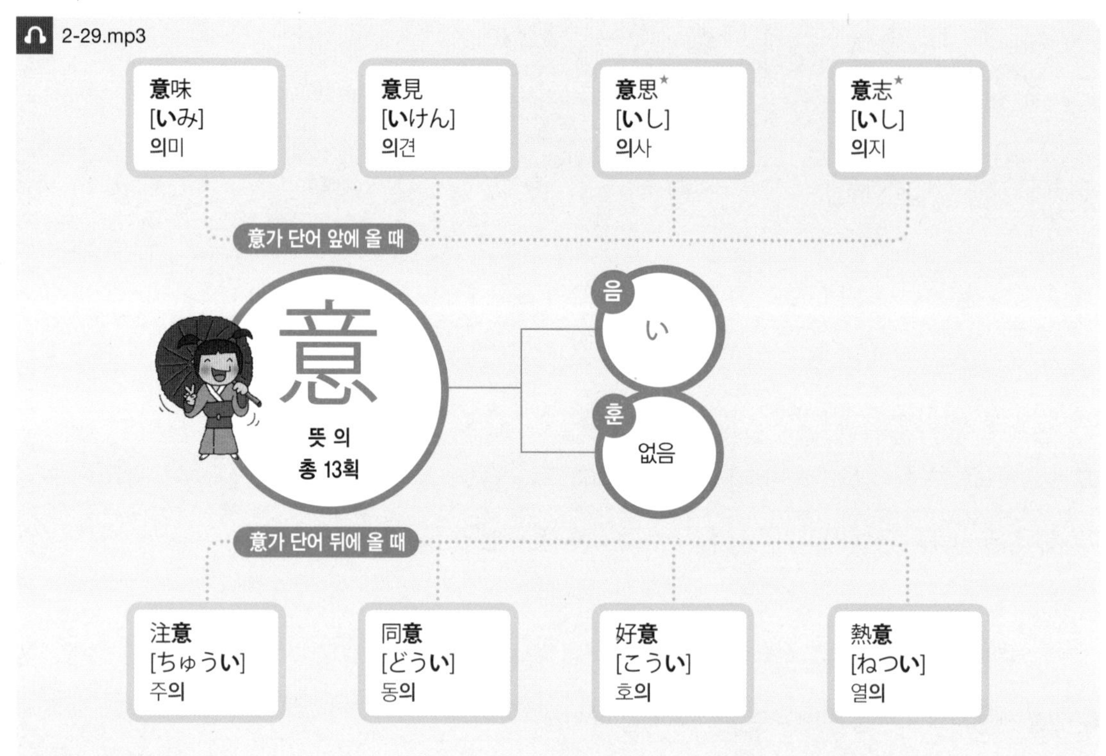

★意思(의사)와 意志(의지)는 똑같이 いし라고 읽어요!

2-30.mp3

무작정 따라하기

밑줄 친 한자어에 유의하면서 아래 문장을 읽어 보세요.

その<u>意見</u>には絶対に賛成できません。 그 의견에는 절대로 찬성할 수 없습니다.

単語の<u>意味</u>を辞書で調べてみました。 단어의 의미를 사전에서 찾아보았습니다.

ナイフは危ないので、<u>注意</u>してください。 칼은 위험하니까 주의해 주세요.

僕は彼女に<u>好意</u>を持っています。 나는 그녀에게 호의를 가지고 있습니다.

- 絶対[ぜったい] 절대
- 賛成[さんせい] 찬성
- 単語[たんご] 단어
- 辞書[じしょ] 사전
- 調べる[しらべる] 찾아보다, 조사하다
- 危ない[あぶない] 위험하다
- 僕[ぼく] 나(남자)
- 持つ[もつ] 가지다, 들다

직접 써 보세요! 1 意味 ___ み 2 同意 どう ___ 3 의견 ___ 見 4 호의 好 ___

意地[いじ]

意地(의지)는 한자음과는 전혀 관련이 없는 '심술, 고집, 욕심'의 뜻으로 쓰이는 말입니다. 문맥에 맞는 적절한 뜻을 골라내는 것이 까다롭지요. 意地가 들어있는 관용표현들을 배워 볼까요?

▶ 意地가 '심술'의 뜻으로 쓰이는 표현

意地が悪い [いじが わるい] 심술궂다	あの男の子はいつも意地悪なことを言います。 저 남자아이는 늘 심술궂은 말을 합니다.

TIP 意地悪[いじわる]는 '심술쟁이'라는 뜻의 명사이고, **意地悪な**는 '심술궂은'이라는 뜻의 **な**형용사예요!

▶ 意地가 '고집, 오기'의 뜻으로 쓰이는 표현

意地を張る [いじを はる] 고집을 부리다	意地を張っても何も変わりませんでした。 고집을 부려도 아무것도 바뀌지 않았습니다.

TIP 意地っ張り[いじっぱり]는 '고집쟁이'라는 뜻의 명사이고, **意地っ張りな**는 '고집 센'이라는 뜻의 **な**형용사예요!

▶ 意地가 '욕심'의 뜻으로 쓰이는 표현

意地が汚い [いじが きたない] 탐욕스럽다	あの人は意地が汚いという話を聞きました。 저 사람은 탐욕스럽다는 얘기를 들었습니다.

TIP 意地汚い[いじきたない]의 형태도 많이 쓰여요!

悪い[わるい] 나쁘다
何も[なにも] 아무것도
～という ~라는
男の子[おとこのこ] 남자아이
変わる[かわる] 바뀌다, 변하다
話[はなし] 이야기, 말
張る[はる] 뻗다, 펴다
汚い[きたない] 더럽다
聞く[きく] 듣다

15

자음 ㅇ을 が행으로 읽는 한자

外[외]는 がい라고 읽는다!

1단계 오디오를 먼저 들어 보세요. ▶ **2단계** 책을 보면서 학습해 보세요. ▶ **3단계** 직접 써 보세요.

2-31.mp3

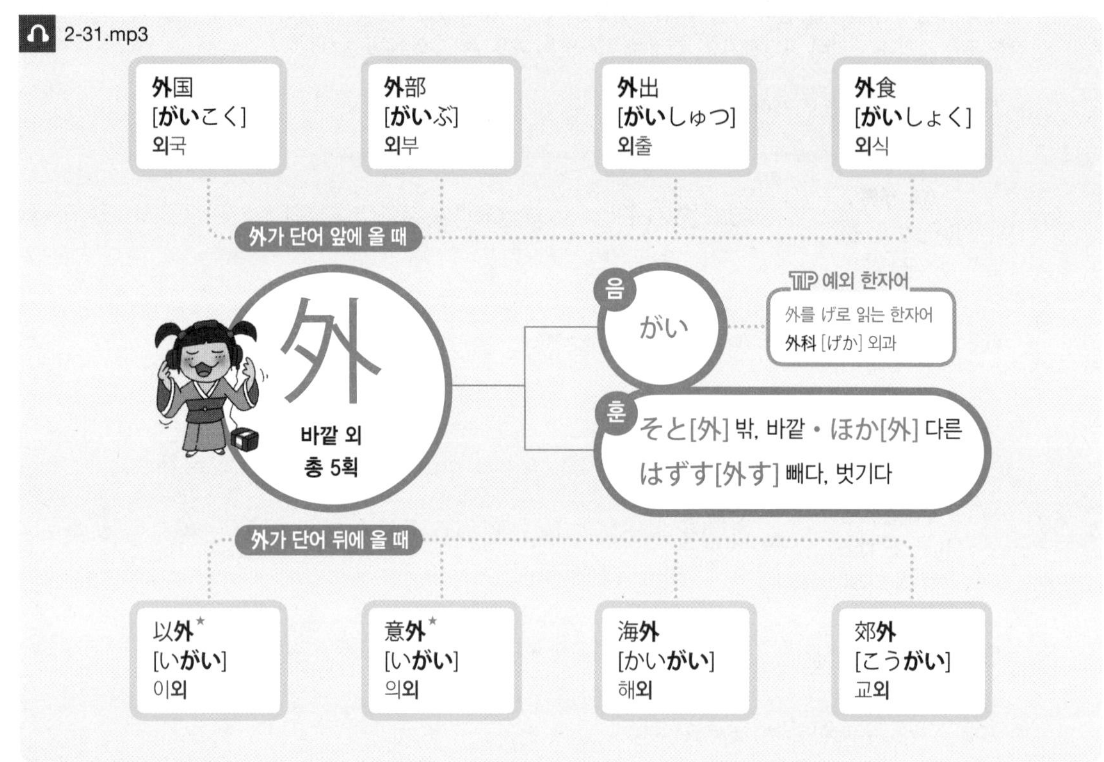

★ 以外(이외)와 意外(의외)는 똑같이 いがい라고 읽어요!

2-32.mp3

무작정 따라하기

행く[いく] 가다
週末[しゅうまつ] 주말
出張[しゅっちょう] 출장
彼女[かのじょ] 그녀, 여자친구
お酒[おさけ] 술
強い[つよい] 강하다, 세다

밑줄 친 한자어에 유의하면서 아래 문장을 읽어 보세요.

まだ外国に行ったことがありません。 아직 외국에 간 적이 없습니다.

週末は外食をしたいです。 주말은 외식을 하고 싶습니다.

海外に出張に行くことになりました。 해외로 출장 가게 되었습니다.

彼女は意外にお酒に強いです。 그녀는 의외로 술이 셉니다.

직접 써 보세요! 1 外出 ____ しゅつ 2 意外 い ____ 3 외국 ____ 国 4 해외 海 ____

16

자음 ㅇ을 な행으로 읽는 한자

入[입]은 にゅう라고 읽는다!

1단계 오디오를 먼저 들어 보세요. ▶ **2단계** 책을 보면서 학습해 보세요. ▶ **3단계** 직접 써 보세요.

2-33.mp3

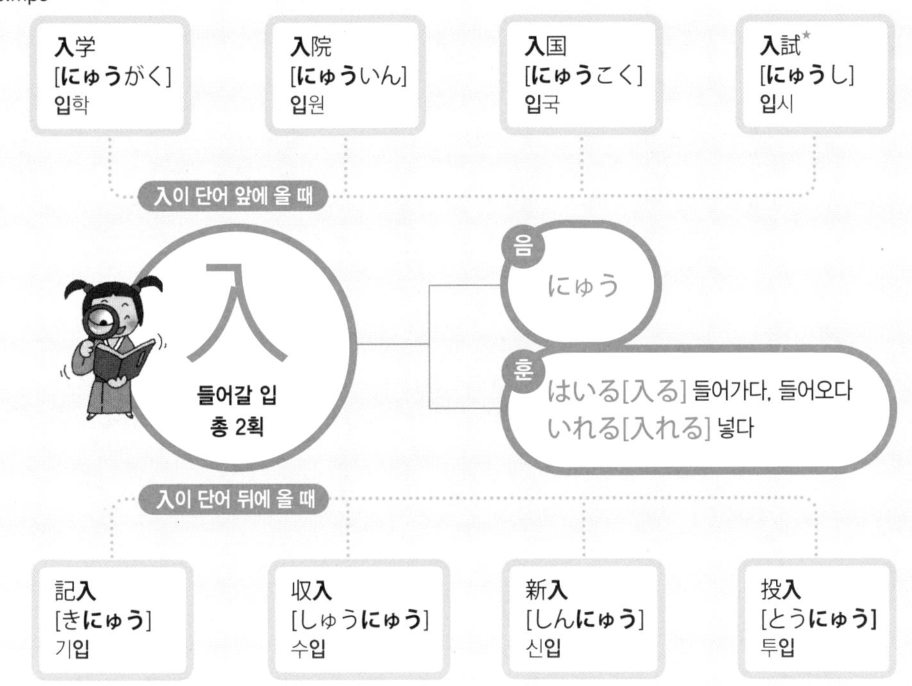

★入試(입시)는 入学試験[にゅうがく しけん](입학시험)의 줄임말이에요!

2-34.mp3

무작정 따라하기

- 息子[むすこ] 아들
- 今年[ことし] 올해
- 小学校[しょうがっこう] 초등학교
- 車[くるま] 차
- ひかれる (차에) 치이다
- 病院[びょういん] 병원
- お名前[おなまえ] 성함
- 今月[こんげつ] 이번 달
- 先月[せんげつ] 지난달
- 減る[へる] 줄다

밑줄 친 한자어에 유의하면서 아래 문장을 읽어 보세요.

息子が今年小学校に入学しました。 아들이 올해 초등학교에 입학했습니다.

車にひかれて病院に入院しています。 차에 치여서 병원에 입원해 있습니다.

ここにお名前を記入してください。 여기에 성함을 기입해 주세요.

今月は先月より収入が減りました。 이번 달은 지난달보다 수입이 줄었습니다.

직접 써 보세요! 1 入学 ______がく 2 記入 き______ 3 입원 ______院 4 수입 収______

예외 한자 법칙

柔[유]는 자음 ㅇ을 ざ행인 じゅう로 읽는다!

▶ **柔(유)는 ざ행인 じゅう로 읽는다!**

じゅう로 읽는 柔	柔道 [じゅうどう] 유도	柔軟 [じゅうなん] 유연	柔順 [じゅうじゅん] 유순

僕も柔道を習ってみたいです。 나도 유도를 배워 보고 싶습니다.

僕[ぼく] 나(남자)　習う[ならう] 배우다

예외 한자 법칙

賃[임]은 자음 ㅇ을 た행인 ちん으로 읽는다!

▶ **賃(임)은 た행인 ちん으로 읽는다!**

ちん으로 읽는 賃	賃金 [ちんぎん] 임금	家賃 [やちん] 가임(집세)	運賃 [うんちん] 운임

部屋は狭いのに、家賃は高いですね。 방은 좁은데, 집세는 비싸네요.

部屋[へや] 방　狭い[せまい] 좁다　高い[たかい] 비싸다, 높다

17

자음 ㅅ을 さ행으로 읽는 한자

紙[지]는 し라고 읽는다!

1단계 오디오를 먼저 들어 보세요. ▶ **2단계** 책을 보면서 학습해 보세요. ▶ **3단계** 직접 써 보세요.

2-35.mp3

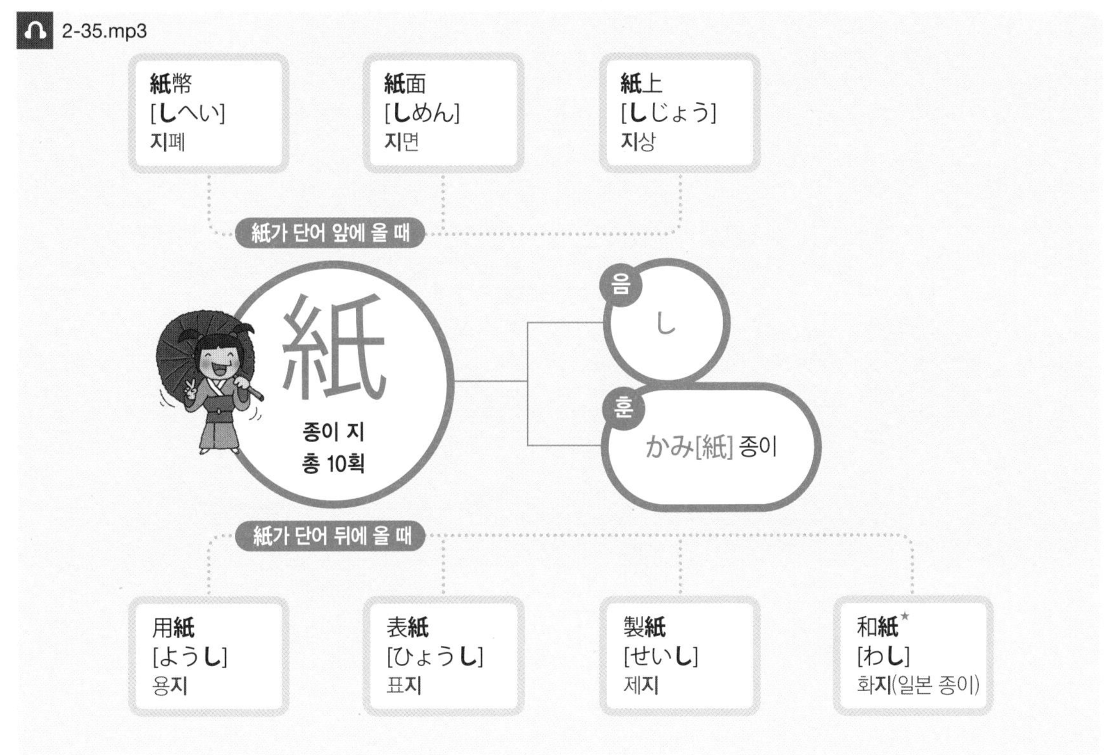

★**和紙**(화지)의 **和[わ]**는 '일본'을 나타내는 말이에요!

2-36.mp3

무작정 따라하기

封筒[ふうとう] 봉투
中[なか] 안, 속
広告[こうこく] 광고
全然[ぜんぜん] 전혀
答え[こたえ] 답
必ず[かならず] 반드시, 꼭
答案[とうあん] 답안
書く[かく] 쓰다
伝統的[でんとうてき] 전통적
紙[かみ] 종이
言う[いう] 말하다

밑줄 친 한자어에 유의하면서 아래 문장을 읽어 보세요.

封筒の中には紙幣しかありませんでした。 봉투 속에는 지폐밖에 없었습니다.

この紙面には広告が全然ありません。 이 지면에는 광고가 전혀 없습니다.

答えは必ず答案用紙に書いてください。 답은 반드시 답안용지에 써 주세요.

日本の伝統的な紙を和紙と言います。 일본의 전통적인 종이를 '화지'라고 합니다.

직접 써 보세요! 1 紙幣 ____ へい 2 用紙 よう ____ 3 지면 ____ 面 4 표지 表 ____

18

자음 ㅈ을 ざ행으로 읽는 한자

自^자는 じ라고 읽는다!

1단계 오디오를 먼저 들어 보세요. ▶ **2단계** 책을 보면서 학습해 보세요. ▶ **3단계** 직접 써 보세요.

2-37.mp3

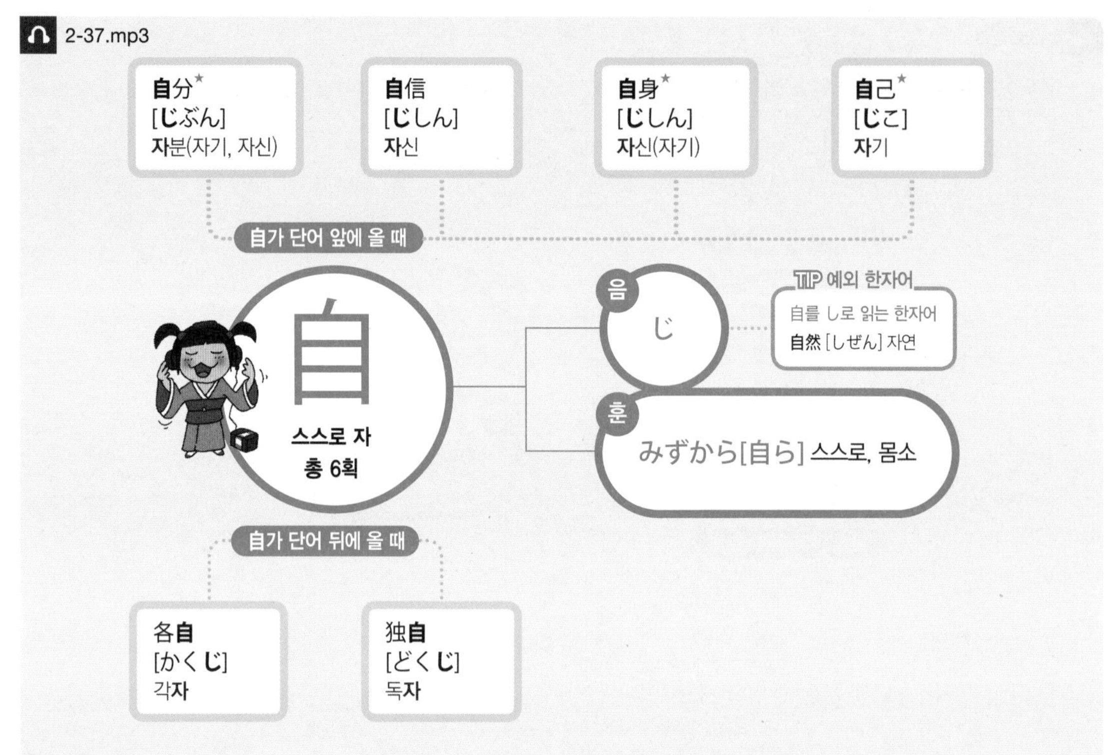

★**自分**(자분), **自身**(자신), **自己**(자기)는 모두 '자기 자신'을 뜻하는 말인데, 일상적으로는 **自分**을 많이 써요!

무작정 따라하기

2-38.mp3

밑줄 친 한자어에 유의하면서 아래 문장을 읽어 보세요.

漢字には<u>自信</u>があります。 한자에는 자신이 있습니다.

<u>自分</u>の部屋は自分で片付けなさい。 자기 방은 스스로 정리해라.

飲み物は<u>各自</u>準備してください。 마실 것은 각자 준비해 주세요.

これは<u>独自</u>に調査した結果ですか。 이것은 독자적으로 조사한 결과입니까?

漢字[かんじ] 한자
部屋[へや] 방
自分で[じぶんで] 스스로
片付ける[かたづける] 정리정돈하다
飲み物[のみもの] 마실 것, 음료
準備[じゅんび] 준비
調査[ちょうさ] 조사
結果[けっか] 결과

직접 써 보세요! 1 자분 ＿＿ぶん 2 独自 どく＿＿ 3 자신 ＿＿信 4 각자 各＿＿

예외 한자 법칙

子^자는 자음 ㅈ을 さ행・ざ행으로 읽는다!

▶ **子(자)를 さ행[し・す]으로 읽는 경우**

し로 읽는 子

帽**子**	菓**子**	男**子**	女**子**
[ぼう**し**]	[か**し**]	[だん**し**]	[じょ**し**]
모**자**	과**자**	남**자**	여**자**

このクラスは男子より女子の方が多いです。 이 반은 남자보다 여자가 더 많습니다.

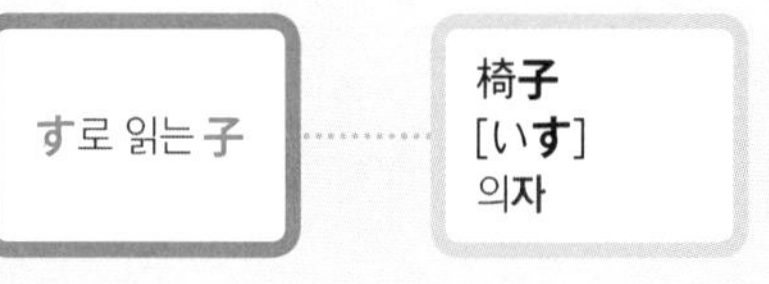

す로 읽는 子

椅**子**	様**子**	扇**子**
[い**す**]	[よう**す**]	[せん**す**]
의**자**	양**자**(모양, 모습)	선**자**(접부채)

この椅子は安いですが、丈夫です。 이 의자는 싸지만 튼튼합니다.

▶ **子(자)를 ざ행[じ・ず]으로 읽는 경우**

じ로 읽는 子

王**子**	障**子**	楊**子**
[おう**じ**]	[しょう**じ**]	[よう**じ**]
왕**자**	장**자**(장지문)	양**자**(이쑤시개)

彼は王子様のようにかっこいいです。 그는 왕자님처럼 멋있습니다.

TIP ~気[き]의 형태로 쓰인 단어에는 '뜻, 마음, 정신'의 뜻이 들어 있어요!

ず로 읽는 子

杏**子**	柚**子**
[あん**ず**]	[ゆ**ず**]
행**자**(살구)	유**자**

私は柚子の香りが好きです。 저는 유자 향기를 좋아합니다.

多い[おおい] 많다　安い[やすい] 싸다　丈夫[じょうぶ] 튼튼함　~様[さま] ~님　かっこいい 멋있다　香り[かおり] 향기

19

자음 ㅈ을 た행으로 읽는 한자

知지는 ち라고 읽는다!

1단계 오디오를 먼저 들어 보세요 ▶ **2단계** 책을 보면서 학습해 보세요 ▶ **3단계** 직접 써 보세요

2-39.mp3

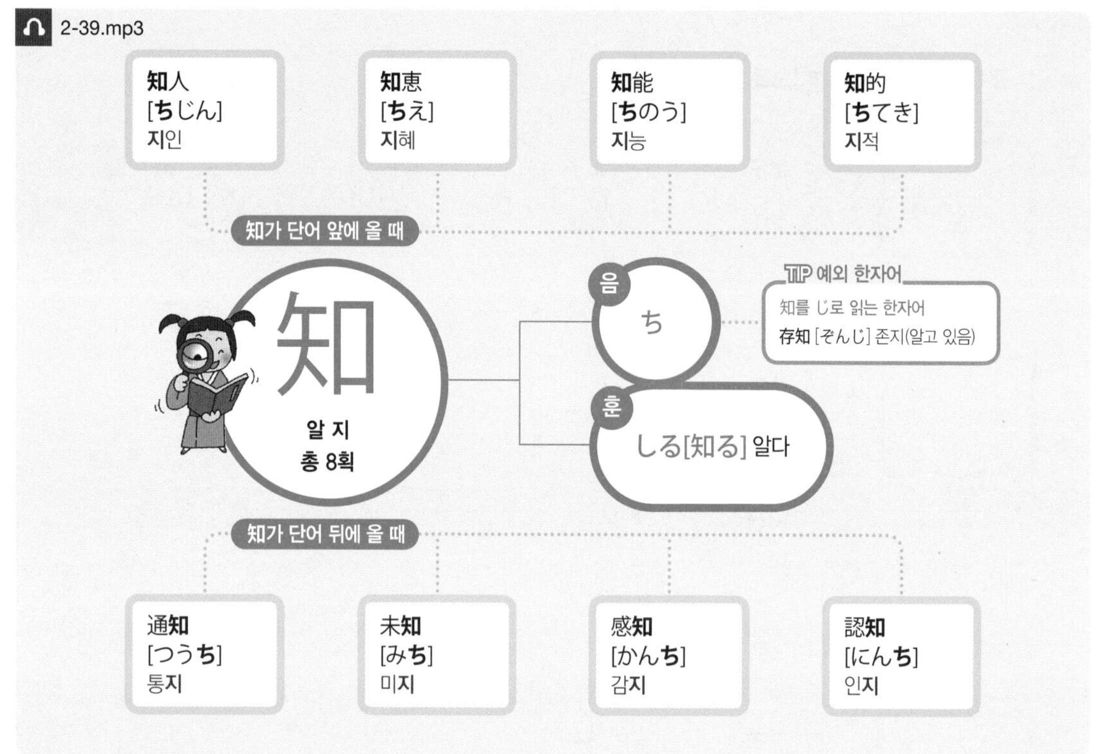

2-40.mp3

무작정 따라하기

彼[かれ] 그, 남자친구
紹介[しょうかい] 소개
知り合う[しりあう] 알게 되다
彼女[かのじょ] 그녀, 여자친구
女性[じょせい] 여성
生物[せいぶつ] 생물
発見[はっけん] 발견
面接[めんせつ] 면접
結果[けっか] 결과
来る[くる] 오다

밑줄 친 한자어에 유의하면서 아래 문장을 읽어 보세요.

彼とは知人の紹介で知り合いました。 그와는 지인의 소개로 알게 되었습니다.

彼女はとても知的な女性です。 그녀는 매우 지적인 여성입니다.

未知の生物が発見されたそうです。 미지의 생물이 발견되었다고 합니다.

面接の結果の通知が来ました。 면접 결과의 통지가 왔습니다.

직접 써 보세요! 1 知恵 ___え 2 通知 つう___ 3 지능 ___能 4 감지 感___

자음 ㅈ을 だ행으로 읽는 한자

20 電[전]은 でん이라고 읽는다!

1단계 오디오를 먼저 들어 보세요. ▶ **2단계** 책을 보면서 학습해 보세요. ▶ **3단계** 직접 써 보세요.

2-41.mp3

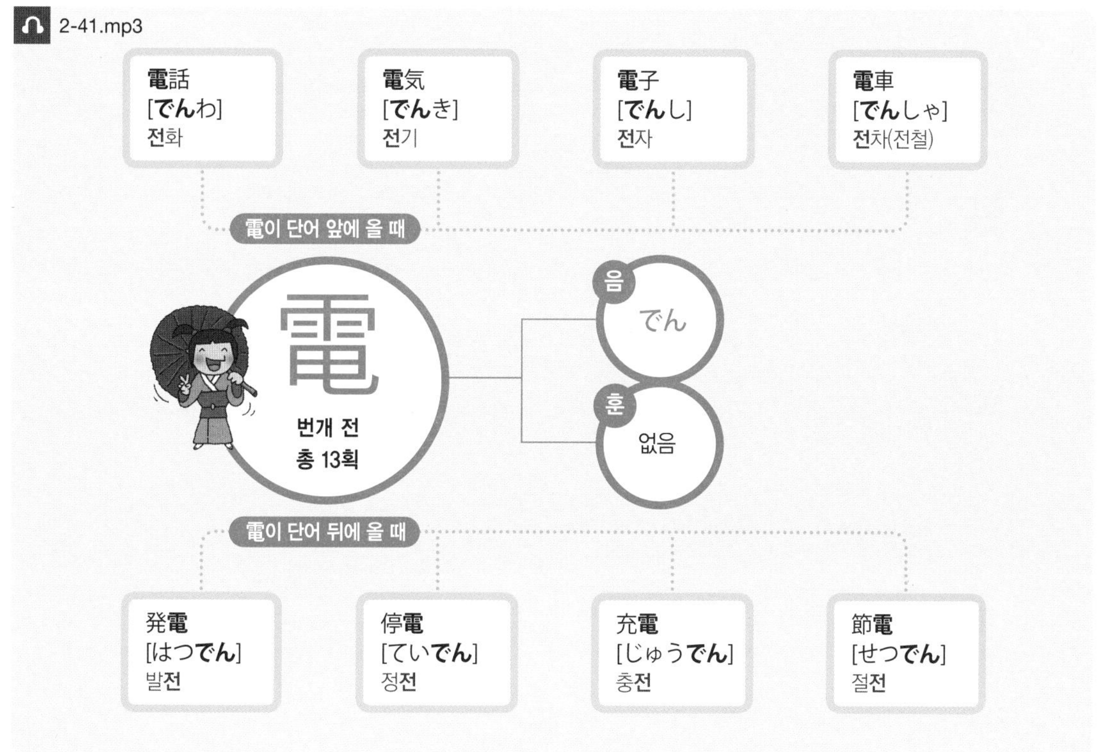

2-42.mp3

무작정 따라하기

- 次[つぎ] 다음
- 後[ご] 후, 뒤
- 来る[くる] 오다
- 地下[ちか] 지하
- つながる 연결되다
- 電球[でんきゅう] 전구
- 買う[かう] 사다
- 午前[ごぜん] 오전
- 9時[くじ] 9시
- 1時間[いちじかん] 1시간
- くらい 정도, 만큼

밑줄 친 한자어에 유의하면서 아래 문장을 읽어 보세요.

次の電車は5分後に来ます。 다음 전철은 5분 후에 옵니다.

地下では電話がつながらないこともあります。 지하에서는 전화가 연결되지 않는 경우도 있습니다.

節電できる電球を買いました。 절전할 수 있는 전구를 샀습니다.

午前9時から1時間くらい停電になりました。 오전 9시부터 1시간 정도 정전이 되었습니다.

직접 써 보세요! 1 電話 ______わ 2 節電 せつ______ 3 전자 ______子 4 정전 停______

電話[でんわ]

電話(전화)는 일상생활과 너무나도 밀접하기 때문에 전화와 관련된 관용표현이 참 많습니다. 일상회화에서도 쓰이는 경우가 많으므로 기본적인 관용표현은 꼭 기억해 두세요.

전화를 걸다	**電話をかける** **[でんわを かける]**

TIP かける(걸다) 대신에 **する**를 써도 돼요.

전화를 받다	**電話に出る** **[でんわに でる]**

TIP '받다'의 뜻으로 **受ける[うける]**도 쓰이는데, 이때는 조사 **を**를 써서 **電話を受ける**라고 써요! 하지만 **電話に出る**가 일상적으로 더 많이 쓰여요.

전화를 끊다	**電話を切る** **[でんわを きる]**

TIP **切る[きる]**는 '자르다, 끊다'라는 뜻이에요.

참고로, 전화의 종류를 나타내는 말도 함께 배워 봅시다.

公衆**電話**
[こうしゅう **でんわ**]
공중 **전화**

市内**電話**
[しない **でんわ**]
시내 **전화**

緊急**電話**
[きんきゅう **でんわ**]
긴급 **전화**

いたずら**電話**
[いたずら **でんわ**]
장난 **전화**

携帯**電話**
[けいたい **でんわ**]
휴대 **전화**

国際**電話**
[こくさい **でんわ**]
국제 **전화**

留守番**電話**
[るすばん **でんわ**]
자동응답 **전화**, 부재중 **전화**

コレクトコール / フリーダイヤル
[collect call] / [free dial]
수신자 부담 전화, 무료 전화

자음 ㅈ을 た행과 ざ행으로 읽는 한자

21-1 地[지]는 ち・じ라고 읽는다!

1단계 오디오를 먼저 들어 보세요. ▶ **2단계** 책을 보면서 학습해 보세요. ▶ **3단계** 직접 써 보세요.

2-43.mp3

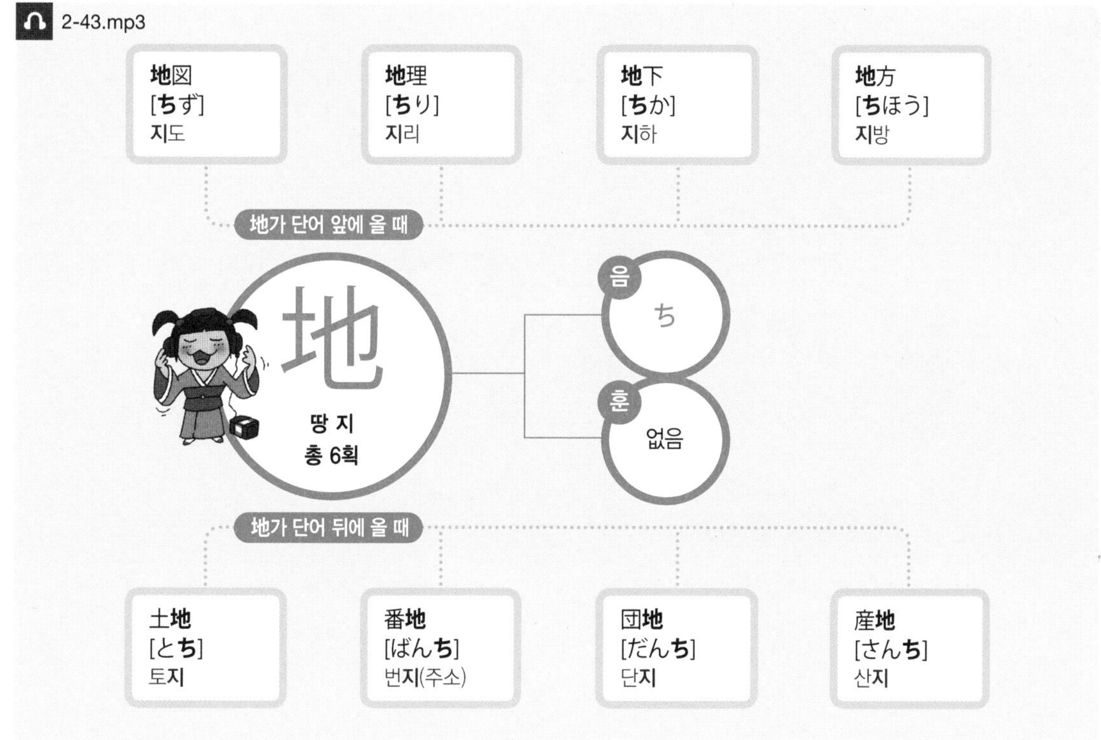

2-44.mp3

무작정 따라하기

月[つき] 월, 달
1回[いっかい] 1회, 한 번
出張[しゅっちょう] 출장
行く[いく] 가다
駐車場[ちゅうしゃじょう] 주차장
面積[めんせき] 면적
直接[ちょくせつ] 직접
送る[おくる] 보내다

밑줄 친 한자어에 유의하면서 아래 문장을 읽어 보세요.

月に1回は出張で地方に行きます。 한 달에 한 번은 출장으로 지방에 갑니다.

このビルの地下には駐車場があります。 이 빌딩 지하에는 주차장이 있습니다.

この土地の面積はどのくらいですか。 이 토지의 면적은 어느 정도입니까?

これは産地から直接送ってきたものです。 이것은 산지에서 직접 보내온 것입니다.

직접 써 보세요! 1 地理 ______り 2 団地 だん______ 3 지방 ______方 4 토지 土______

21-2

자음 ㅈ을 た행과 ざ행으로 읽는 한자

地지는 ち · じ라고 읽는다!

1단계 오디오를 먼저 들어 보세요. ▶ **2단계** 책을 보면서 학습해 보세요. ▶ **3단계** 직접 써 보세요.

2-45.mp3

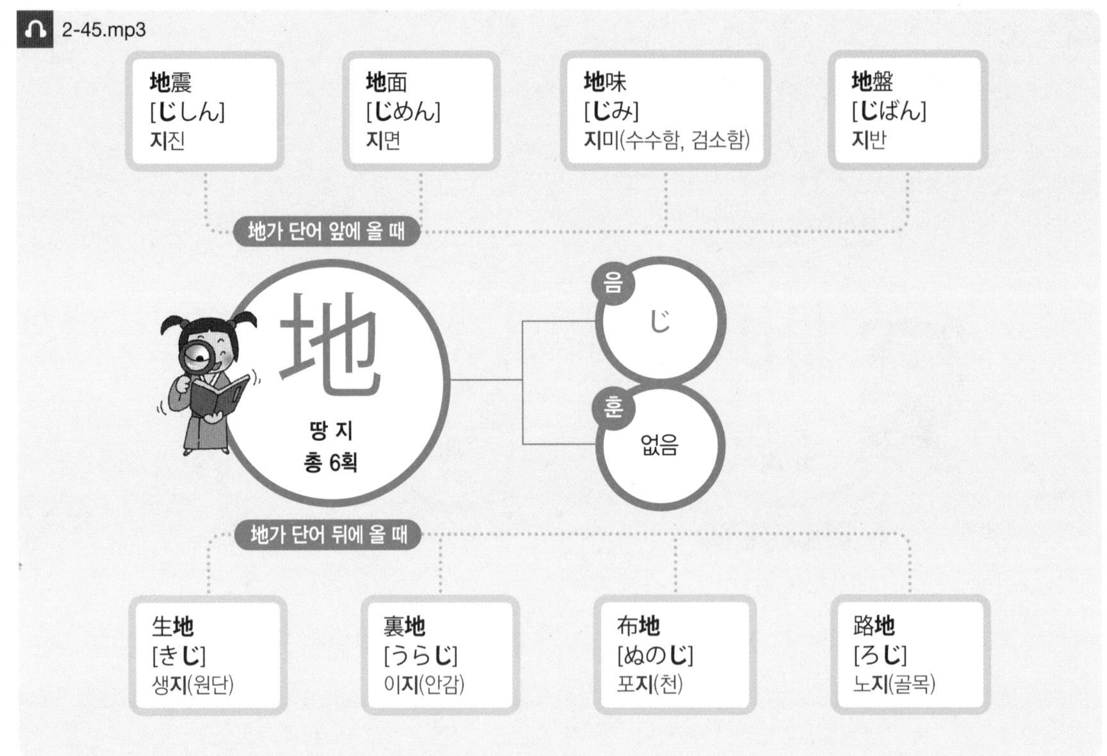

2-46.mp3

무작정 따라하기

部屋[へや] 방
起きる[おきる] 일어나다
彼女[かのじょ] 그녀
服[ふく] 옷
~ばかり ~뿐, ~만
着る[きる] 입다
いい 좋다
角[かど] 모퉁이
曲がる[まがる] 돌다
見える[みえる] 보이다

밑줄 친 한자어에 유의하면서 아래 문장을 읽어 보세요.

部屋にいるときに地震が起きました。 방에 있을 때 지진이 일어났습니다.

彼女は地味な服ばかり着ます。 그녀는 수수한 옷만 입습니다.

このブラウスは生地がいいです。 이 블라우스는 원단이 좋습니다.

角を曲がると路地が見えます。 모퉁이를 돌면 골목이 보입니다.

직접 써 보세요! 1 地味 ___み 2 裏地 うら___ 3 지면 ___面 4 생지(원단) 生___

22

자음 ㅊ을 ㅅ행으로 읽는 한자

親[친]은 しん이라고 읽는다!

1단계 오디오를 먼저 들어 보세요. ▶ **2단계** 책을 보면서 학습해 보세요. ▶ **3단계** 직접 써 보세요.

2-47.mp3

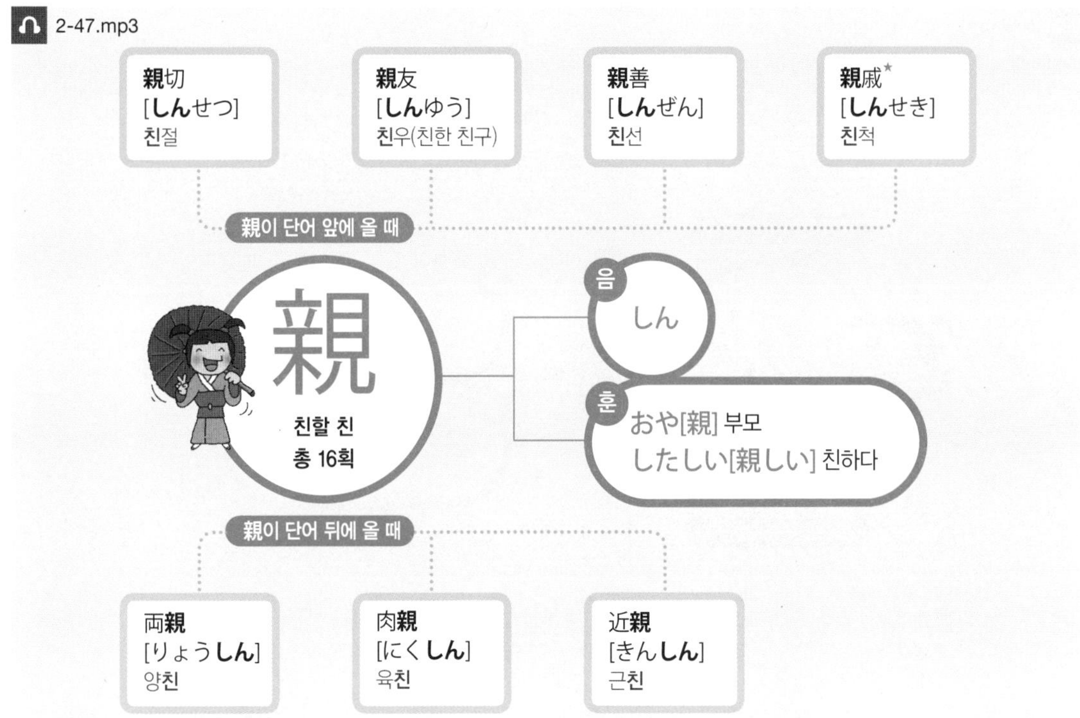

★ **親戚**(친척)과 같은 뜻으로 쓰이는 말로 **親類[しんるい]**(친류)도 있어요!

2-48.mp3

무작정 따라하기

밑줄 친 한자어에 유의하면서 아래 문장을 읽어 보세요.

私たちは小学生のころからの親友です。
우리들은 초등학생 때부터의 친한 친구입니다.

昨日、親戚のうちに遊びに行ってきました。 어제 친척 집에 놀러 갔다 왔습니다.

両親は地方に住んでいます。 부모님은 지방에 살고 있습니다.

この試合は両国の親善試合だそうです。 이 시합은 양국의 친선 경기라고 합니다.

私たち[わたしたち] 우리들
小学生[しょうがくせい] 초등학생
ころ 때, 시절
昨日[きのう] 어제
うち 집
遊ぶ[あそぶ] 놀다
地方[ちほう] 지방
住む[すむ] 살다
試合[しあい] 시합
両国[りょうこく] 양국

직접 써 보세요! 1 親友 ＿＿ ゆう 2 肉親 にく ＿＿ 3 친절 ＿＿ 切 4 양친 両 ＿＿

23 자음 ㅊ을 ざ행으로 읽는 한자
次[차]는 じ라고 읽는다!

1단계 오디오를 먼저 들어 보세요. ▶ **2단계** 책을 보면서 학습해 보세요. ▶ **3단계** 직접 써 보세요.

2-49.mp3

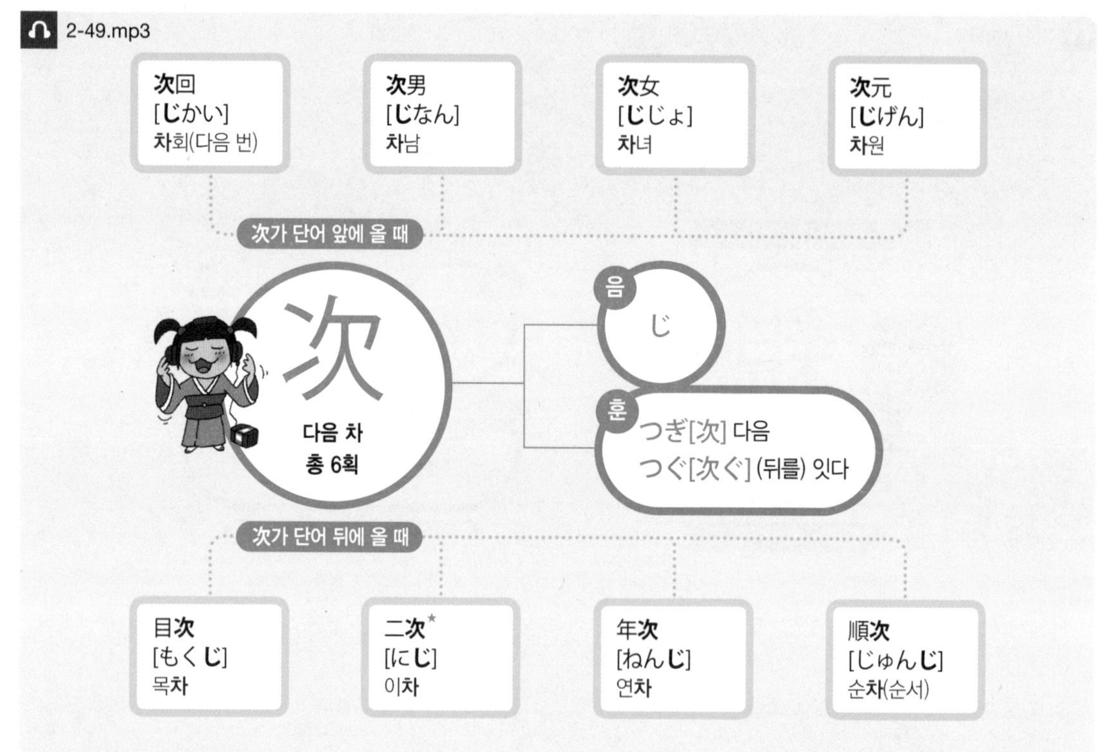

★ 술자리 등의 '2차'는 二次 뒤에 会를 붙여서 二次会[にじかい]라고 해요!

2-50.mp3

무작정 따라하기

展開[てんかい] 전개
楽しみ[たのしみ] 기대, 즐거움
今年[ことし] 올해
うちの~ 우리 ~
大学生[だいがくせい] 대학생
試験[しけん] 시험
気になる[きになる] 신경 쓰이다, 걱정되다
眠る[ねむる] 잠들다
内容[ないよう] 내용

밑줄 친 한자어에 유의하면서 아래 문장을 읽어 보세요.

次回はどんな展開になるか、楽しみです。 다음 회는 어떤 전개가 될지 기대됩니다.

今年うちの次女が大学生になりました。 올해 우리 둘째 딸이 대학생이 되었습니다.

二次試験が気になって眠れませんでした。
2차 시험이 걱정되어서 잠을 잘 수 없었습니다.

目次には本の内容とページが書いてあります。
목차에는 책의 내용과 쪽수가 쓰여 있습니다.

직접 써 보세요! 1 次回 ＿＿かい 2 順次 じゅん＿＿ 3 차남 ＿＿男 4 목차 目＿＿

24

자음 ㅊ을 た행으로 읽는 한자

天[천]은 てん이라고 읽는다!

1단계 오디오를 먼저 들어 보세요. ▶ **2단계** 책을 보면서 학습해 보세요. ▶ **3단계** 직접 써 보세요.

2-51.mp3

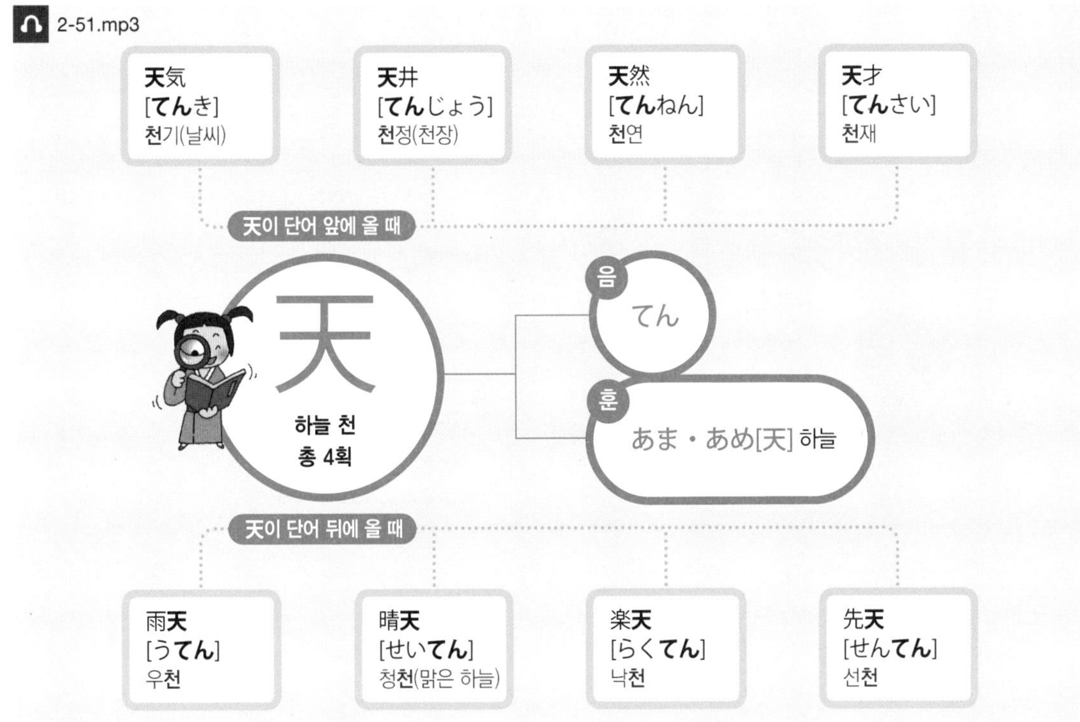

2-52.mp3

무작정 따라하기

いい 좋다
続く[つづく] 계속되다
気持ちいい[きもち いい] 기분 좋다
部屋[へや] 방
高い[たかい] 높다, 비싸다
気に入る[きに いる] 마음에 들다
試合[しあい] 시합
中止[ちゅうし] 중지, 취소
~的[てき] ~적

밑줄 친 한자어에 유의하면서 아래 문장을 읽어 보세요.

いい天気が続いて気持ちいいですね。 좋은 날씨가 계속되어 기분 좋네요.

この部屋は天井が高いのが気に入りました。 이 방은 천정(천장)이 높은 것이 마음에 들었습니다.

雨天のときは試合が中止になります。 우천 시에는 시합이 취소됩니다.

私はとても楽天的です。 저는 매우 낙천적입니다.

직접 써 보세요! 1 天気 ＿＿ き 2 楽天 らく ＿＿ 3 천연 ＿＿ 然 4 우천 雨 ＿＿

25

자음 ㅋ을 か행으로 읽는 한자

快[쾌]는 かい라고 읽는다!

1단계 오디오를 먼저 들어 보세요. ▶ **2단계** 책을 보면서 학습해 보세요. ▶ **3단계** 직접 써 보세요.

2-53.mp3

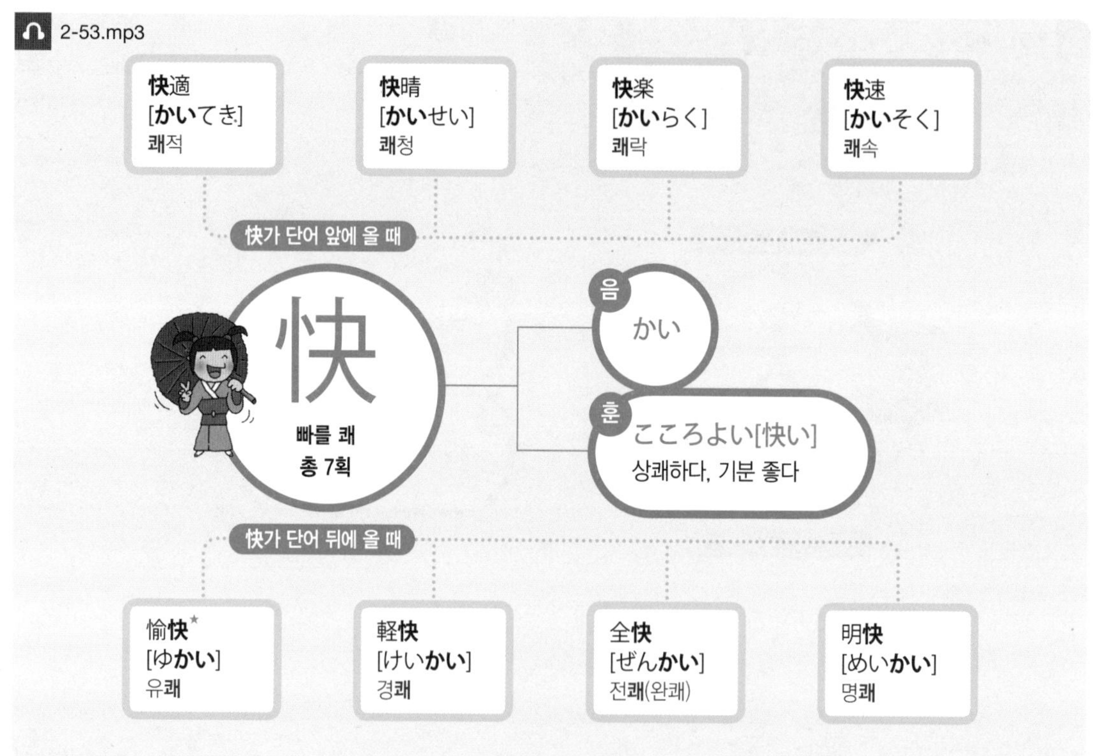

★愉快(유쾌)의 반대말인 '불쾌'는 앞에 不[ふ]를 붙여서 不愉快(불유쾌)라고 해요!

2-54.mp3

무작정 따라하기

駅[えき] 역
電車[でんしゃ] 전철
止まる[とまる] 멈추다, 서다
家[いえ] 집
曲[きょく] 곡
聞く[きく] 듣다
気分[きぶん] 기분
話[はなし] 이야기
笑える[わらえる] 웃음이 나다, 웃을 수 있다

밑줄 친 한자어에 유의하면서 아래 문장을 읽어 보세요.

この駅に<u>快速</u>電車は止まりません。 이 역에 쾌속 전철은 서지 않습니다.

リフォームして家をもっと<u>快適</u>にしたいです。 리폼해서 집을 더 쾌적하게 하고 싶습니다.

<u>軽快</u>な曲を聞くと、気分がよくなります。 경쾌한 곡을 들으면 기분이 좋아집니다.

この話は<u>愉快</u>で笑えます。 이 이야기는 유쾌해서 웃음이 납니다.

직접 써 보세요! 1 快適 ＿＿てき 2 愉快 ゆ＿＿ 3 쾌속 ＿＿速 4 경쾌 軽＿＿

26

자음 ㅌ을 た행으로 읽는 한자

通[통]은 つう라고 읽는다!

1단계 오디오를 먼저 들어 보세요. ▶ **2단계** 책을 보면서 학습해 보세요. ▶ **3단계** 직접 써 보세요.

2-55.mp3

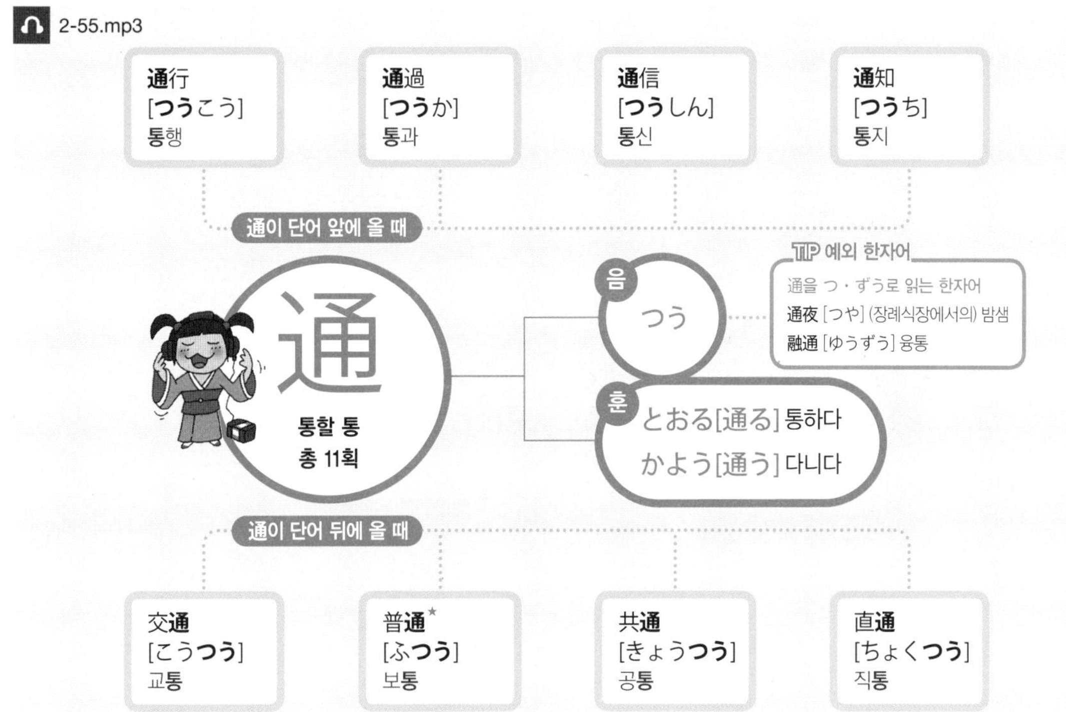

★ **普通**(보통)과 **不通**(불통)은 똑같이 **ふつう**라고 읽어요!

2-56.mp3

무작정 따라하기

列車[れっしゃ] 열차
今[いま] 지금
道[みち] 길
車[くるま] 차, 차량
多い[おおい] 많다
きちんと 제대로, 정확히
守る[まもる] 지키다
話題[わだい] 화제
全然[ぜんぜん] 전혀

밑줄 친 한자어에 유의하면서 아래 문장을 읽어 보세요.

列車が今トンネルを<u>通過</u>しています。 열차가 지금 터널을 통과하고 있습니다.

この道は車の<u>通行</u>が多いです。 이 길은 차량 통행이 많습니다.

<u>交通</u>ルールをきちんと守りましょう。 교통 규칙을 제대로 지킵시다.

あの人とは<u>共通</u>の話題が全然ありません。 저 사람과는 공통 화제가 전혀 없습니다.

직접 써 보세요! 1 通行 ______ こう 2 普通 ふ ______ 3 통신 ______ 信 4 직통 直 ______

27

자음 ㅌ을 だ행으로 읽는 한자

土^토는 ど라고 읽는다!

1단계 오디오를 먼저 들어 보세요. ▶ **2단계** 책을 보면서 학습해 보세요. ▶ **3단계** 직접 써 보세요.

2-57.mp3

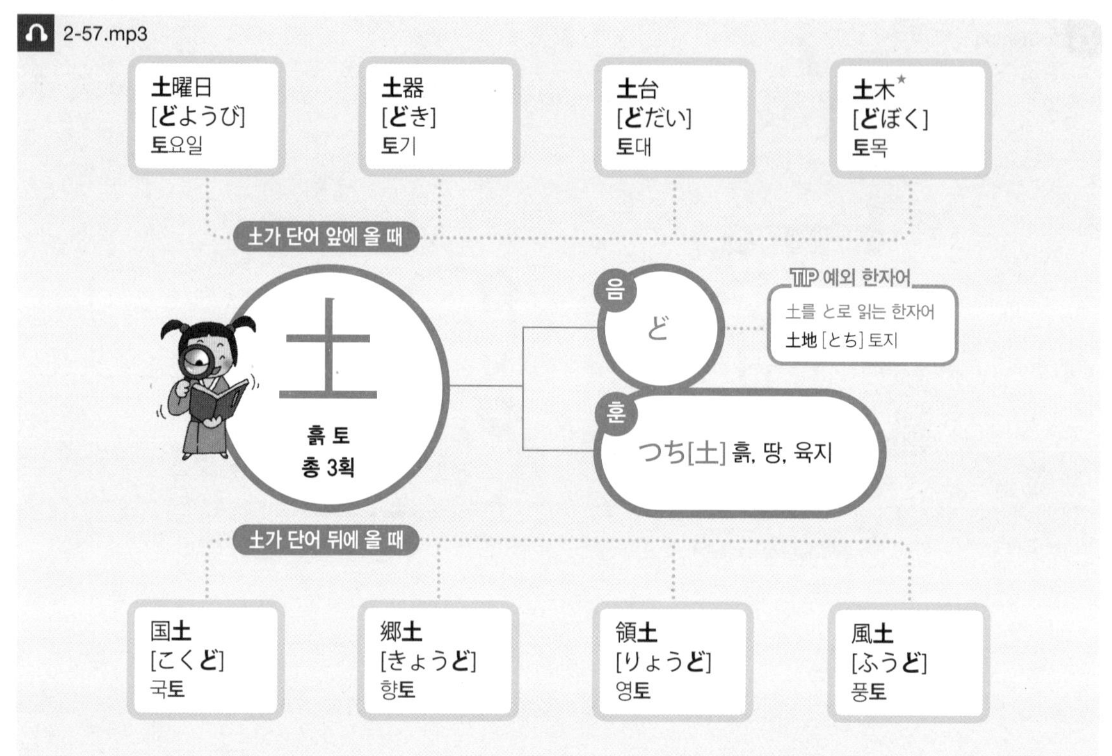

★ 土木(토목)은 どもく로 잘못 읽기 쉬우니 주의하세요!

2-58.mp3

무작정 따라하기

- 今週[こんしゅう] 이번 주
- 見る[みる] 보다
- 守る[まもる] 지키다
- 戦争[せんそう] 전쟁
- 起こす[おこす] 일으키다
- 発見[はっけん] 발견
- 日本[にほん] 일본
- 半分[はんぶん] 반, 절반
- 以上[いじょう] 이상
- 森林[しんりん] 삼림

밑줄 친 한자어에 유의하면서 아래 문장을 읽어 보세요.

今週の土曜日にミュージカルを見に行きます。

이번 주 토요일에 뮤지컬을 보러 갑니다.

領土を守るために戦争を起こしました。 영토를 지키기 위하여 전쟁을 일으켰습니다.

この土器はいつ発見されたものですか。 이 토기는 언제 발견된 것입니까?

日本は国土の半分以上が森林だそうです。

일본은 국토의 반 이상이 삼림이라고 합니다.

직접 써 보세요! 1 土木 ぼく 2 郷土 きょう 3 토기 器 4 국토 国

지음 ㅍ을 は행으로 읽는 한자

28 破[파]는 は라고 읽는다!

1단계 오디오를 먼저 들어 보세요. ▶ **2단계** 책을 보면서 학습해 보세요. ▶ **3단계** 직접 써 보세요.

2-59.mp3

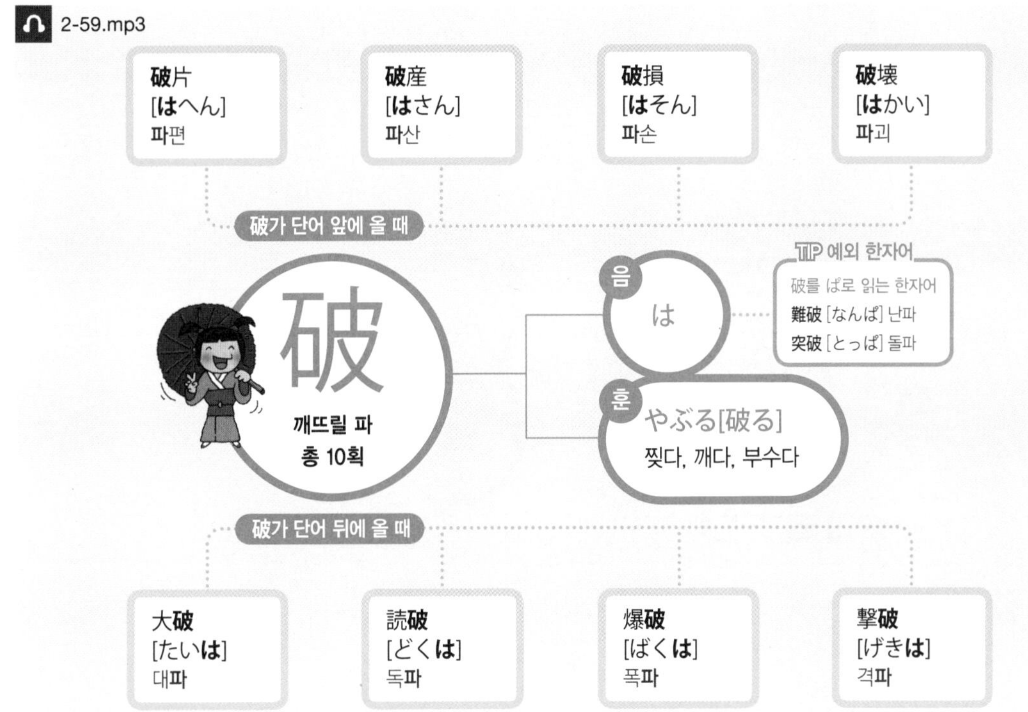

2-60.mp3

무작정 따라하기

以上[いじょう] 이상
自然[しぜん] 자연
床[ゆか] 바닥, 마루
残る[のこる] 남다
1週間[いっしゅうかん] 일주일
本[ほん] 책
事故[じこ] 사고
車[くるま] 차, 자동차

밑줄 친 한자어에 유의하면서 아래 문장을 읽어 보세요.

これ以上自然を破壊してはいけません。 더 이상 자연을 파괴해서는 안 됩니다.

ガラスの破片がまだ床に残っています。 유리 파편이 아직 바닥에 남아 있습니다.

1週間でこの本を読破しました。 일주일 만에 이 책을 독파했습니다.

事故で車が大破しました。 사고로 차가 대파했습니다.

직접 써 보세요! 1 破産 ____ さん 2 読破 どく ____ 3 파괴 ____ 壊 4 폭파 爆 ____

29

자음 ㅍ을 ば행으로 읽는 한자

爆[폭]은 ばく라고 읽는다!

1단계 오디오를 먼저 들어 보세요. ▶ **2단계** 책을 보면서 학습해 보세요 ▶ **3단계** 직접 써 보세요

2-61.mp3

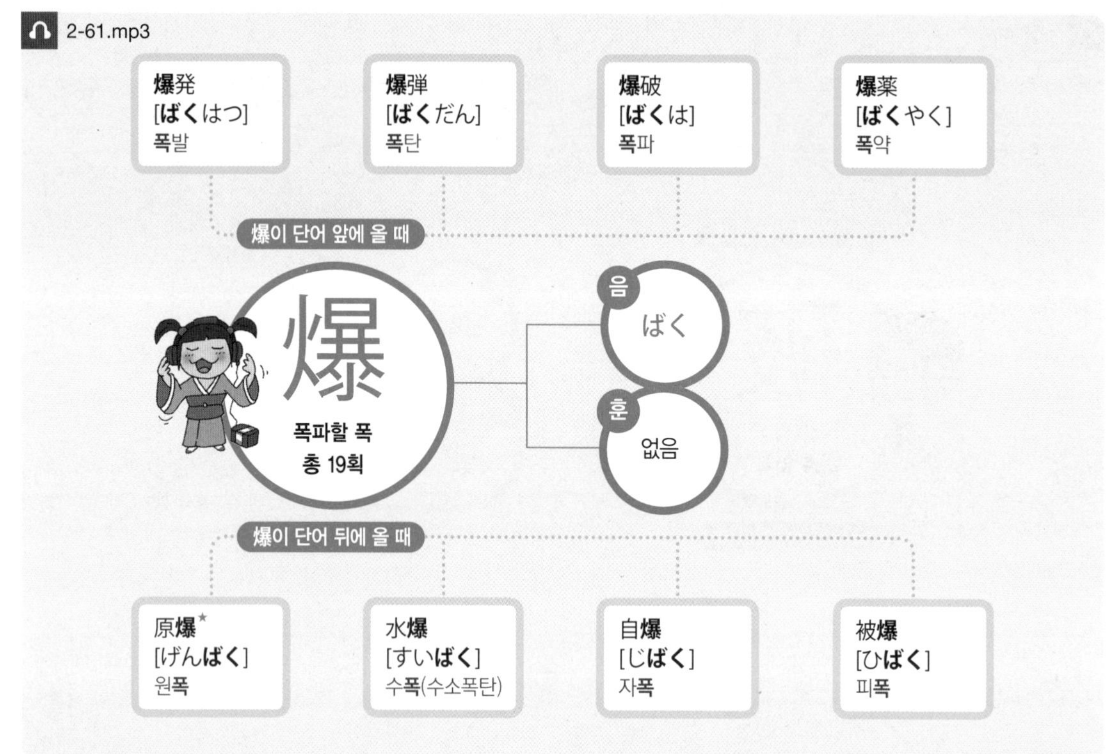

★ 原爆(원폭)은 原子爆弾[げんし ばくだん](원자폭탄)의 줄임말이에요!

2-62.mp3

무작정 따라하기

落とす[おとす] 떨어뜨리다
建物[たてもの] 건물
破壊[はかい] 파괴
5人[ごにん] 5명
けがをする 다치다
彼ら[かれら] 그들
被害[ひがい] 피해
受ける[うける] 받다
新しい[あたらしい] 새롭다
開発[かいはつ] 개발
公開[こうかい] 공개

밑줄 친 한자어에 유의하면서 아래 문장을 읽어 보세요.

爆弾を落として建物を破壊しました。 폭탄을 떨어뜨려서 건물을 파괴했습니다.

ガスが爆発して、5人の人がけがをしました。 가스가 폭발해서 5명의 사람이 다쳤습니다.

彼らは原爆の被害を受けた人たちです。 그들은 원자폭탄의 피해를 입은 사람들입니다.

新しく開発された水爆が公開されました。 새로 개발된 수소폭탄이 공개되었습니다.

직접 써 보세요! 1 爆破 ＿＿は 2 自爆 じ＿＿ 3 폭발 ＿＿発 4 원폭 原＿＿

예외 한자 법칙

便[편]은 자음 ㅍ을 ば행인 びん・べん으로 읽는다!

▶ **便(편)을 びん으로 읽는 경우**

びん으로 읽는 **便**

便箋	郵便	航空便	船便
[びんせん]	[ゆうびん]	[こうくうびん]	[ふなびん]
편선(편지지)	우편	항공편	선편(배편)

航空便は船便より料金が高いです。 항공편은 선편보다 요금이 비쌉니다.

TIP 便箋(편선)은 한자 箋이 어려워서 히라가나 せん으로 쓰는 便せん이 많이 쓰여요!

▶ **便(편)을 べん으로 읽는 경우**

べん으로 읽는 **便**

便利	便宜	不便	方便
[べんり]	[べんぎ]	[ふべん]	[ほうべん]
편리	편의	불편	방편

このドライバーは便利なので、よく使います。 이 드라이버는 편리해서 자주 씁니다.

かばんが小さくてとても不便です。 가방이 작아서 매우 불편합니다.

단어

~より ~보다
よく 잘, 자주
小さい[ちいさい] 작다
料金[りょうきん] 요금
使う[つかう] 쓰다, 사용하다
とても 매우, 무척
高い[たかい] 비싸다, 높다
かばん 가방

30

자음 ㅎ을 か행으로 읽는 한자

火[화]는 か라고 읽는다!

1단계 오디오를 먼저 들어 보세요 ▶ **2단계** 책을 보면서 학습해 보세요 ▶ **3단계** 직접 써 보세요

2-63.mp3

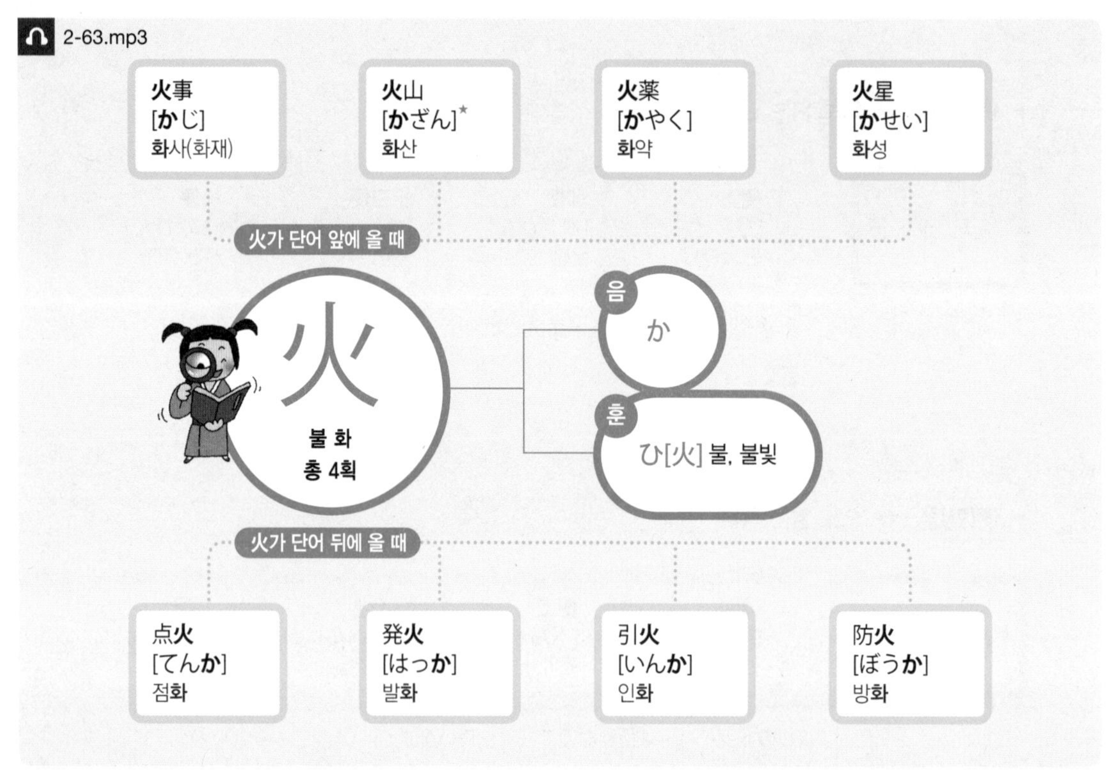

★火山의 山[さん](산)은 예외적으로 ざん이라고 읽어요!

2-64.mp3

무작정 따라하기

全部[ぜんぶ] 전부
焼ける[やける] 불타다
爆発[ばくはつ] 폭발
見る[みる] 보다
木[き] 나무
紙[かみ] 종이
など 등
赤[あか] 빨강, 빨간색
変わる[かわる] 바뀌다, 변하다

밑줄 친 한자어에 유의하면서 아래 문장을 읽어 보세요.

火事で全部焼けてしまいました。 화재로 전부 불에 타 버렸습니다.

火山が爆発するのを見たことがありますか。 화산이 폭발하는 것을 본 적이 있습니까?

木や紙などは引火しやすいです。 나무랑 종이 등은 불이 붙기 쉽습니다.

点火するとランプが赤に変わります。 점화하면 램프가 빨간색으로 바뀝니다.

직접 써 보세요! 1 火事 ＿＿じ 2 点火 てん＿＿ 3 화성 ＿＿星 4 인화 引＿＿

31

자음 ㅎ을 が행으로 읽는 한자

画[화]는 が라고 읽는다!

1단계 오디오를 먼저 들어 보세요. ▶ **2단계** 책을 보면서 학습해 보세요. ▶ **3단계** 직접 써 보세요.

2-65.mp3

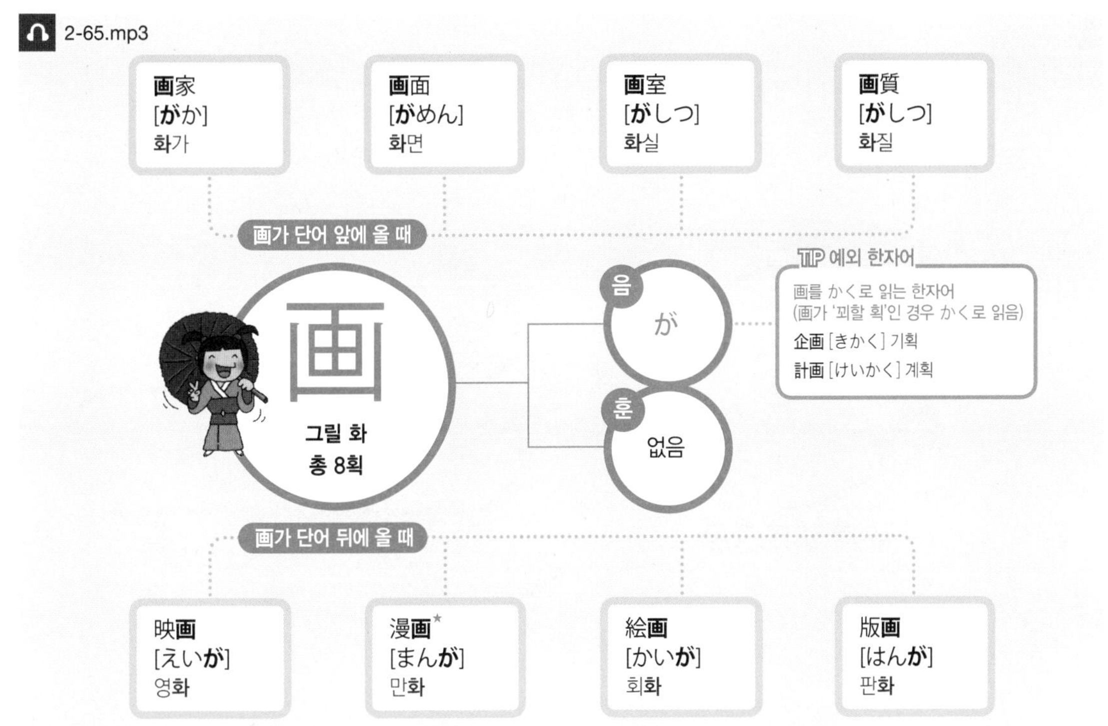

★ 漫画(만화)는 보통 まんが나 マンガ의 형태로 많이 쓰여요!

2-66.mp3

무작정 따라하기

美術[びじゅつ] 미술
専攻[せんこう] 전공
毎日[まいにち] 매일
2時間[にじかん] 2시간
絵[え] 그림
描く[かく] 그리다
休みの日[やすみの ひ] 쉬는 날, 휴일
のんびりと 느긋하게
読む[よむ] 읽다
明日[あした] 내일
見る[みる] 보다

밑줄 친 한자어에 유의하면서 아래 문장을 읽어 보세요.

画家になりたくて、美術を専攻しています。
화가가 되고 싶어서 미술을 전공하고 있습니다.

画室で毎日2時間くらい絵を描きます。 화실에서 매일 2시간 정도 그림을 그립니다.

休みの日はのんびりと漫画を読みます。 쉬는 날에는 느긋하게 만화책을 읽습니다.

明日は彼女と映画を見に行きます。 내일은 여자친구와 영화를 보러 갑니다.

직접 써 보세요! 1 画面 ______めん 2 絵画 かい______ 3 화가 ______家 4 영화 映______

32-1

자음 ㅎ을 か행과 が행으로 읽는 한자

下하는 か・げ라고 읽는다!

1단계 오디오를 먼저 들어 보세요. ▶ **2단계** 책을 보면서 학습해 보세요. ▶ **3단계** 직접 써 보세요.

2-67.mp3

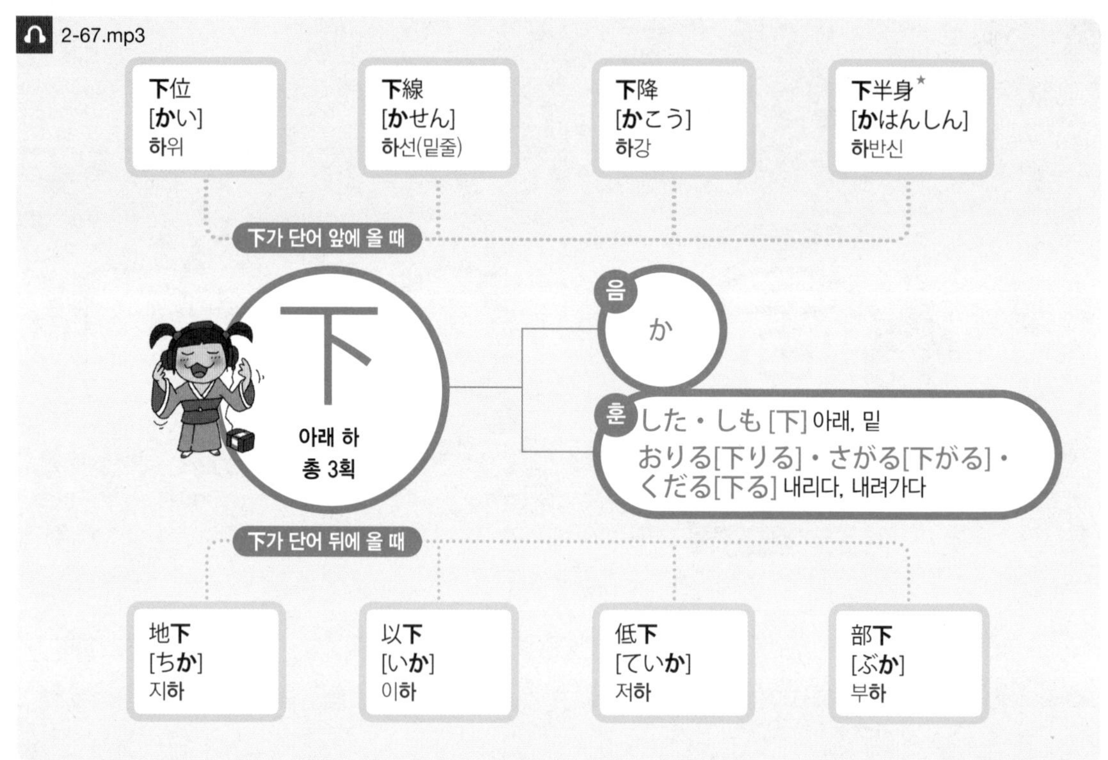

★下半身(하반신)의 반대말인 '상반신'은 上半身[じょうはんしん]이라고 해요!

2-68.mp3

무작정 따라하기

重要[じゅうよう] 중요함
部分[ぶぶん] 부분
ひく (줄, 선 등을) 긋다
交通[こうつう] 교통
事故[じこ] 사고
動く[うごく] 움직이다
駐車場[ちゅうしゃじょう] 주차장
2階[にかい] 2층
60点[ろくじゅってん] 60점
不合格[ふごうかく] 불합격

밑줄 친 한자어에 유의하면서 아래 문장을 읽어 보세요.

重要な部分には下線をひいてください。 중요한 부분에는 밑줄을 그어 주세요.

交通事故で下半身が動かなくなりました。 교통사고로 하반신이 움직이지 않게 되었습니다.

このビルの駐車場は地下2階です。 이 빌딩의 주차장은 지하 2층입니다.

60点以下は不合格になります。 60점 이하는 불합격이 됩니다.

직접 써 보세요! 1 下線 せん 2 低下 てい 3 하위 位 4 부하 部

32-2

자음 ㅎ을 か행과 が행으로 읽는 한자

下하는 か・げ라고 읽는다!

1단계 오디오를 먼저 들어 보세요. ▶ **2단계** 책을 보면서 학습해 보세요. ▶ **3단계** 직접 써 보세요.

2-69.mp3

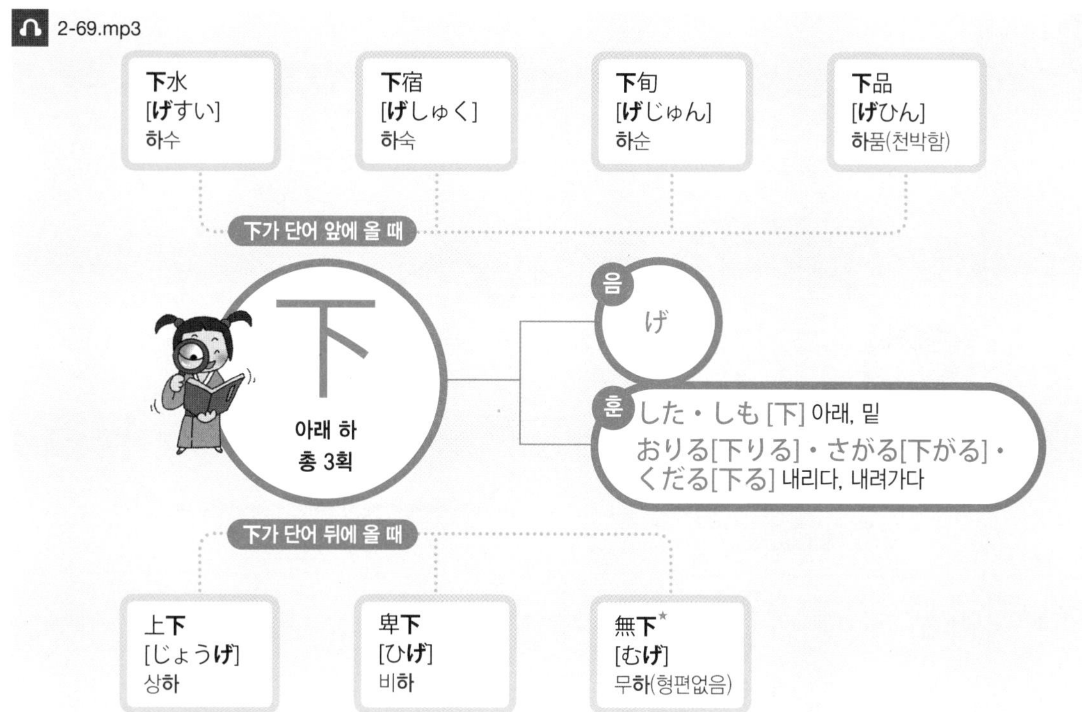

★ 無下に[むげに]는 '함부로, 무턱대고', '쌀쌀하게, 매정하게'라는 뜻이에요!

무작정 따라하기

2-70.mp3

밑줄 친 한자어에 유의하면서 아래 문장을 읽어 보세요.

外で下水工事をしていて、うるさいです。
밖에서 하수 공사를 하고 있어서 시끄럽습니다.

僕は学校の近くで下宿をしています。
나는 학교 근처에서 하숙을 하고 있습니다.

自分を卑下するのはよくないと思います。
자신을 비하하는 것은 좋지 않다고 생각합니다.

そんなに無下に断らないでください。
그렇게 매정하게 거절하지 말아 주세요.

外[そと] 밖, 바깥
工事[こうじ] 공사
うるさい 시끄럽다
僕[ぼく] 나(남자)
学校[がっこう] 학교
近く[ちかく] 근처
自分[じぶん] 자기, 자신
思う[おもう] 생각하다
断る[ことわる] 거절하다

직접 써 보세요! 1 下品 ＿＿＿ ひん 2 卑下 ひ ＿＿＿ 3 하수 ＿＿＿ 水 4 상하 上 ＿＿＿

33

자음 ㅎ을 わ행으로 읽는 한자

話[화]는 わ라고 읽는다!

1단계 오디오를 먼저 들어 보세요. ▶ **2단계** 책을 보면서 학습해 보세요. ▶ **3단계** 직접 써 보세요.

2-71.mp3

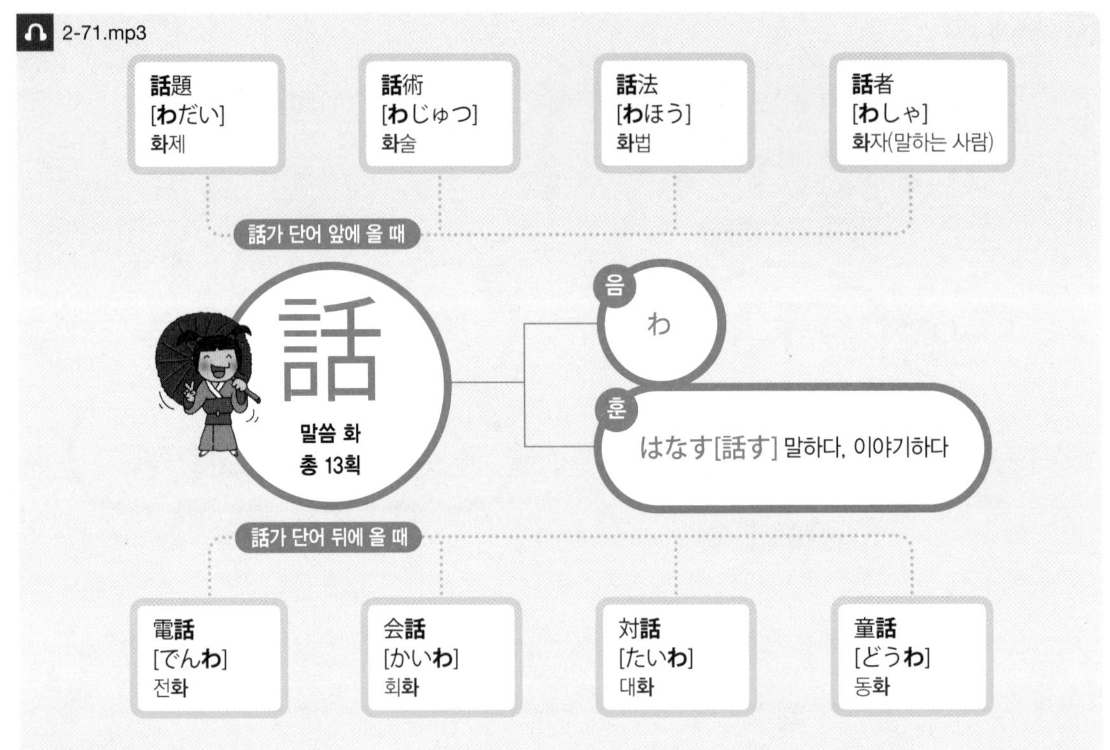

2-72.mp3

무작정 따라하기

最近[さいきん] 요즘, 최근
映画[えいが] 영화
見る[みる] 보다
磨く[みがく] 닦다, 연마하다
方法[ほうほう] 방법
知る[しる] 알다
伝える[つたえる] 전하다
こと 일, 것
かける 걸다
感動的[かんどうてき] 감동적

밑줄 친 한자어에 유의하면서 아래 문장을 읽어 보세요.

最近話題になっている映画を見ました。 요즘 화제가 되고 있는 영화를 보았습니다.

話術を磨く方法が知りたいです。 화술을 연마하는 방법을 알고 싶습니다.

伝えることがあって、電話をかけました。 전할 말이 있어서 전화를 걸었습니다.

この童話はとても感動的です。 이 동화는 무척 감동적입니다.

직접 써 보세요! 1 話題 だい 2 電話 でん 3 화술 術 4 동화 童

예외 한자 법칙

黄・皇[황]/横[횡]은 자음 ㅎ을 あ행인 おう로 읽는다!

▶ 黄(황)은 おう로 읽는다!

韓国では黄土で作られたものが人気です。

한국에서는 황토로 만들어진 물건이 인기 있습니다.

▶ 皇(황)은 おう로 읽는다!

TIP 일반적으로 皇女[おうじょ]는 王女(왕녀), 皇子[おうじ]는 王子(왕자)로 쓰는 경우가 많아요!

▶ 横(횡)은 おう로 읽는다!

自転車でアメリカを横断した人がいます。

자전거로 미국을 횡단한 사람이 있습니다.

韓国[かんこく] 한국　作る[つくる] 만들다　もの 것, 물건　人気[にんき] 인기　自転車[じてんしゃ] 자전거　人[ひと] 사람

확인문제

1. 밑줄 친 한자의 읽는 음을 보기에서 골라 보세요.

보기
① かい ② し ③ にゅう ④ か ⑤ がい
⑥ てん ⑦ つう ⑧ しん ⑨ じ ⑩ げ

01 入学 (　　　　　)　　02 海外 (　　　　　)
03 快速 (　　　　　)　　04 両親 (　　　　　)
05 天井 (　　　　　)　　06 点火 (　　　　　)
07 通行 (　　　　　)　　08 用紙 (　　　　　)
09 下水 (　　　　　)　　10 目次 (　　　　　)

2. 밑줄 친 한자의 읽는 음을 히라가나로 직접 써 보세요.

01 話題 (　　　　)だい　　02 停電 てい(　　　　)
03 火事 (　　　　)じ　　04 郵便 ゆう(　　　　)
05 地震 (　　　　)しん　　06 愉快 ゆ(　　　　)
07 知的 (　　　　)てき　　08 国土 こく(　　　　)
09 爆弾 (　　　　)だん　　10 交通 こう(　　　　)

※ 정답&해설은 279쪽에 있습니다.

3. 한자의 읽는 음에 해당하는 한자를 보기에서 골라 보세요.

보기

① 記	② 通	③ 同	④ 自	⑤ 外
⑥ 便	⑦ 画	⑧ 女	⑨ 会	⑩ 地
⑪ 話	⑫ 国	⑬ 入	⑭ 面	⑮ 意
⑯ 子	⑰ 信	⑱ 利	⑲ 下	⑳ 知

01 がい・こく 외국 (　　)(　　)　02 どう・い 동의 (　　)(　　)

03 べん・り 편리 (　　)(　　)　04 ち・か 지하 (　　)(　　)

05 じょ・し 여자 (　　)(　　)　06 き・にゅう 기입 (　　)(　　)

07 が・めん 화면 (　　)(　　)　08 つう・ち 통지 (　　)(　　)

09 じ・しん 자신 (　　)(　　)　10 かい・わ 회화 (　　)(　　)

4. 밑줄 친 한자의 읽는 음에 해당하는 한자를 직접 써 보세요.

01 いみ 의미 (　　)味　02 ふつう 보통 普(　　)

03 ちず 지도 (　　)図　04 いんか 인화 引(　　)

05 にゅういん 입원 (　　)院　06 まんが 만화 漫(　　)

07 でんき 전기 (　　)気　08 うてん 우천 雨(　　)

09 じかい 차회 (　　)回　10 じょうげ 상하 上(　　)

일본어
한자

| 셋째마당 |

가운뎃소리 모음을 읽는 법칙

일본어 한자 읽기의 기본 완성 단계입니다. 이미 둘째마당에서 우리말 자음을 읽는 법칙을 배웠기 때문에, 자음보다는 좀 더 복잡한 모음을 읽는 법칙을 배우게 됩니다. 우리말 모음을 1음절로 읽는 경우와 2음절로 읽는 경우로 나누어 실었기 때문에, 헷갈리기 쉬운 한자도 제대로 구별할 수 있습니다.

01 모음을 1음절로 읽는 법칙

모음 ㅏ는 あ단・い단・~ゃ로 읽는다!

01 모음 ㅏ를 あ단으로 읽는 한자 _ 多(다)는 た라고 읽는다!
02 모음 ㅏ를 い단으로 읽는 한자 _ 事(사)는 じ라고 읽는다!
03 모음 ㅏ를 ~ゃ로 읽는 한자 _ 車(차)는 しゃ라고 읽는다!

모음 ㅑ는 あ단으로 읽는다!

04 모음 ㅑ를 あ단으로 읽는 한자 _ 野(야)는 や라고 읽는다!

모음 ㅓ는 ~ょ・お단으로 읽는다!

05 모음 ㅓ를 ~ょ로 읽는 한자 _ 書(서)는 しょ라고 읽는다!
06 모음 ㅓ를 お단으로 읽는 한자 _ 語(어)는 ご라고 읽는다!

모음 ㅕ는 ~ょ로 읽는다!

07 모음 ㅕ를 ~ょ로 읽는 한자 _ 女(여)는 じょ라고 읽는다!
| **예외 한자 법칙** | 余・与(여)는 모음 ㅕ를 お단인 よ로 읽는다!

모음 ㅗ는 お단・~ょ・う단으로 읽는다!

08 모음 ㅗ를 お단으로 읽는 한자 _ 古(고)는 こ라고 읽는다!
09 모음 ㅗ를 ~ょ로 읽는 한자 _ 所(소)는 しょ라고 읽는다!
10 모음 ㅗ를 う단으로 읽는 한자 _ 苦(고)는 く라고 읽는다!

모음 ㅘ는 あ단으로 읽는다!

11 모음 ㅘ를 あ단으로 읽는 한자 _ 花(화)는 か라고 읽는다!

모음 ㅜ는 う단・~ゅ로 읽는다!

12 모음 ㅜ를 う단으로 읽는 한자 _ 区(구)는 く라고 읽는다!
13 모음 ㅜ를 ~ゅ로 읽는 한자 _ 手(수)는 しゅ라고 읽는다!

모음 ㅟ・ㅢ는 い단으로 읽는다!

14 모음 ㅟ를 い단으로 읽는 한자 _ 帰(귀)는 き라고 읽는다!
15 모음 ㅢ를 い단으로 읽는 한자 _ 議(의)는 ぎ라고 읽는다!

모음 ㅣ는 い단으로 읽는다!

16 모음 ㅣ를 い단으로 읽는 한자 _ 時(시)는 じ라고 읽는다!

02 모음을 2음절로 읽는 법칙

모음 ㅐ는 〈あ단+い〉로 읽는다!

17 모음 ㅐ를 〈あ단+い〉로 읽는 한자 _ 開(개)는 かい라고 읽는다!

모음 ㅓ는 〈え단+い〉로 읽는다!

18 모음 ㅓ를 〈え단+い〉로 읽는 한자 _ 底(저)는 てい라고 읽는다!

모음 ㅔ는 〈え단+い〉・〈あ단+い〉로 읽는다!

19 모음 ㅔ를 〈え단+い〉로 읽는 한자 _ 制(제)는 せい라고 읽는다!
20 모음 ㅔ를 〈あ단+い〉로 읽는 한자 _ 体(체)는 たい라고 읽는다!

모음 ㅖ는 〈え단+い〉・〈あ단+い〉로 읽는다!

21 모음 ㅖ를 〈え단+い〉로 읽는 한자 _ 計(계)는 けい라고 읽는다!
22 모음 ㅖ를 〈あ단+い〉로 읽는 한자 _ 界(계)는 かい라고 읽는다!

모음 ㅗ는 〈お단+う〉・〈~ょ+う〉로 읽는다!

23 모음 ㅗ를 〈お단+う〉로 읽는 한자 _ 考(고)는 こう라고 읽는다!
24 모음 ㅗ를 〈~ょ+う〉로 읽는 한자 _ 少(소)는 しょう라고 읽는다!

모음 ㅚ는 〈あ단+い〉로 읽는다!

25 모음 ㅚ를 〈あ단+い〉로 읽는 한자 _ 会(회)는 かい라고 읽는다!

모음 ㅛ는 〈~ょ+う〉・〈お단+う〉로 읽는다!

26 모음 ㅛ를 〈~ょ+う〉로 읽는 한자 _ 料(료)는 りょう라고 읽는다!
27 모음 ㅛ를 〈お단+う〉로 읽는 한자 _ 校(교)는 こう라고 읽는다!

모음 ㅜ는 〈う단+う〉・〈う단+い〉・〈~ゅ+う〉・〈お단+う〉로 읽는다!

28 모음 ㅜ를 〈う단+う〉로 읽는 한자 _ 数(수)는 すう라고 읽는다!
29 모음 ㅜ를 〈う단+い〉로 읽는 한자 _ 水(수)는 すい라고 읽는다!
30 모음 ㅜ를 〈~ゅ+う〉로 읽는 한자 _ 住(주)는 じゅう라고 읽는다!
31 모음 ㅜ를 〈お단+う〉로 읽는 한자 _ 口(구)는 こう라고 읽는다!

모음 ㅠ는 〈~ゅ+う〉・〈う단+う〉로 읽는다!

32 모음 ㅠ를 〈~ゅ+う〉로 읽는 한자 _ 流(류)는 りゅう라고 읽는다!
33 모음 ㅠ를 〈う단+う〉로 읽는 한자 _ 有(유)는 ゆう라고 읽는다!

| **예외 한자 법칙** | 類(류)는 모음 ㅠ를 〈う단+い〉인 るい로 읽는다!

01

모음 ㅏ를 あ단으로 읽는 한자

多다는 た라고 읽는다!

1단계 오디오를 먼저 들어 보세요 ▶ 2단계 책을 보면서 학습해 보세요 ▶ 3단계 직접 써 보세요

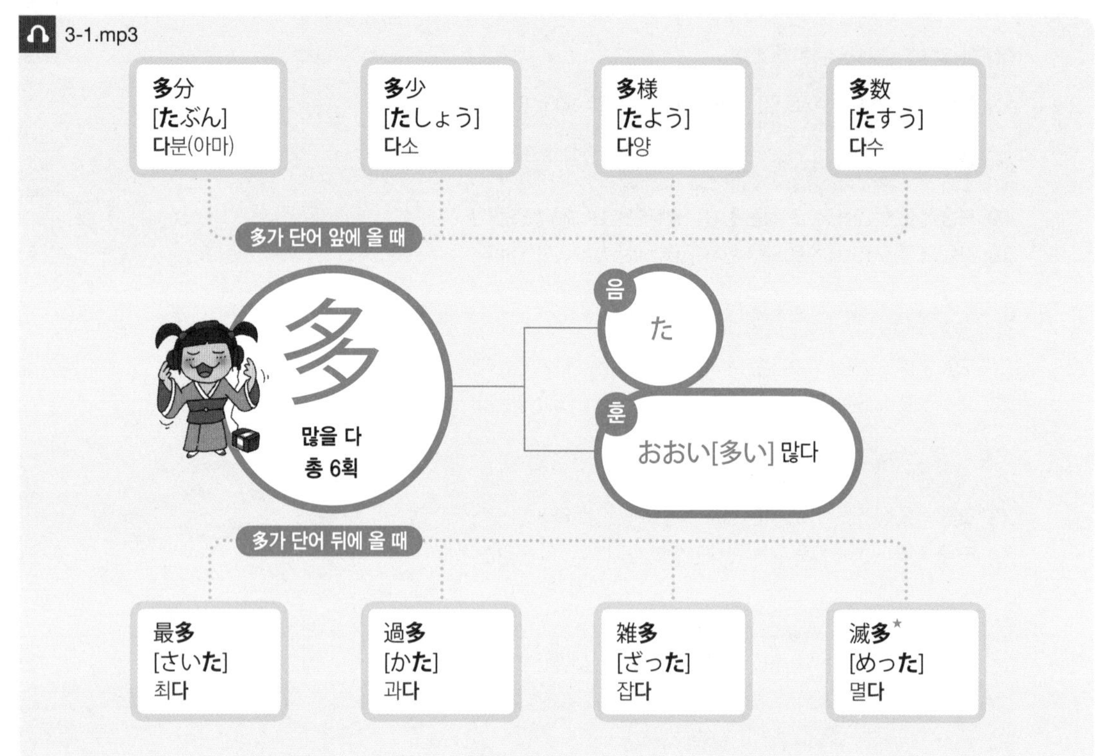

★ 滅多(멸다)가 滅多に[めったに]의 형태로 쓰이면 '좀처럼, 거의'라는 뜻이 돼요!

3-2.mp3

무작정 따라하기

今回[こんかい] 이번
前回[ぜんかい] 지난번
難しい[むずかしい] 어렵다
住民[じゅうみん] 주민
広場[ひろば] 광장
集まる[あつまる] 모이다
仕事[しごと] 일
忙しい[いそがしい] 바쁘다
週末[しゅうまつ] 주말
休む[やすむ] 쉬다
箱[はこ] 상자

밑줄 친 한자어에 유의하면서 아래 문장을 읽어 보세요.

今回のテストは前回より多少難しかったです。
이번 시험은 지난번보다 다소 어려웠습니다.

多数の住民が広場に集まっています。 많은 주민이 광장에 모여 있습니다.

仕事が忙しくて、週末も滅多に休めません。
일이 바빠서 주말도 거의 쉴 수 없습니다.

この箱には雑多なものが入っています。 이 상자에는 잡다한 물건이 들어 있습니다.

직접 써 보세요! 1 多分 ＿＿ぶん 2 過多 か＿＿ 3 다양 ＿＿様 4 최다 最＿＿

모음 ㅏ를 い단으로 읽는 한자

02 事^사는 じ라고 읽는다!

1단계 오디오를 먼저 들어 보세요. ▶ **2단계** 책을 보면서 학습해 보세요. ▶ **3단계** 직접 써 보세요.

3-3.mp3

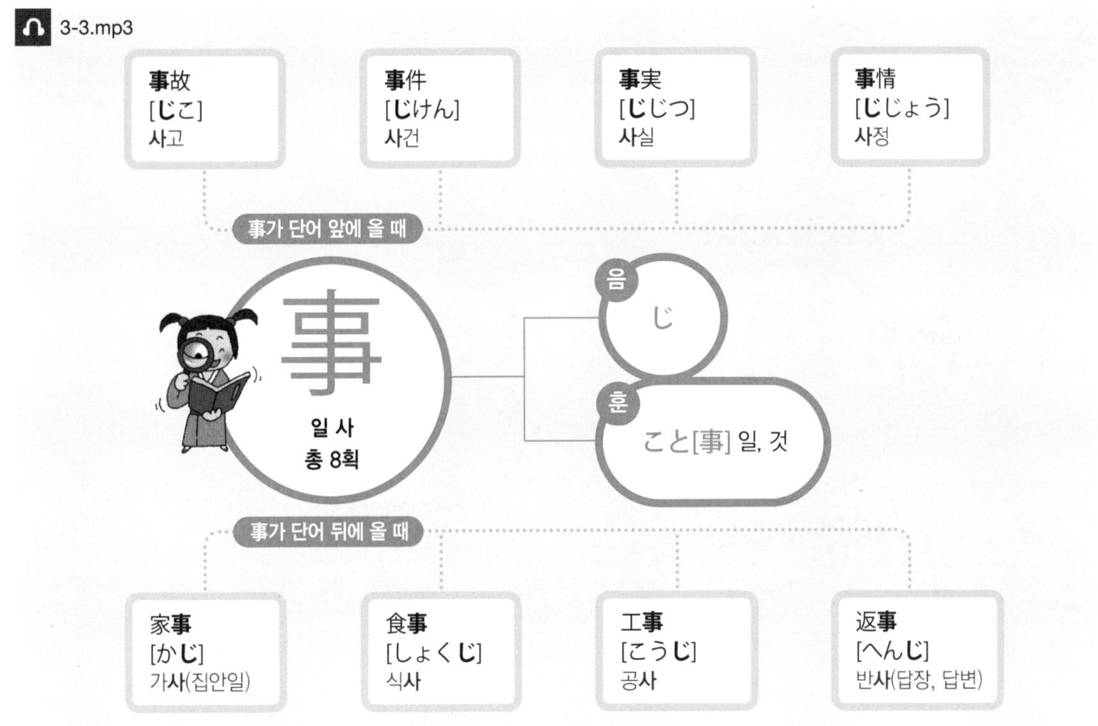

3-4.mp3

무작정 따라하기

밑줄 친 한자어에 유의하면서 아래 문장을 읽어 보세요.

事故が起きた原因を調べています。 사고가 일어난 원인을 조사하고 있습니다.

事情があって、会社をやめました。 사정이 있어서 회사를 그만두었습니다.

家事だけでも一日中忙しいです。 집안일만으로도 하루 종일 바쁩니다.

明日までに返事をください。 내일까지 답변을 주세요.

起きる[おきる] 일어나다
原因[げんいん] 원인
調べる[しらべる] 찾다, 조사하다
会社[かいしゃ] 회사
やめる 그만두다
~だけ ~뿐, ~만
一日中[いちにちじゅう] 하루 종일
忙しい[いそがしい] 바쁘다
明日[あした] 내일

직접 써 보세요! 1 事故 こ 2 工事 こう 3 사실 実 4 식사 食

03

모음 ㅏ를 ~ゃ로 읽는 한자

車차는 しゃ라고 읽는다!

1단계 오디오를 먼저 들어 보세요 ▶ **2단계** 책을 보면서 학습해 보세요 ▶ **3단계** 직접 써 보세요.

3-5.mp3

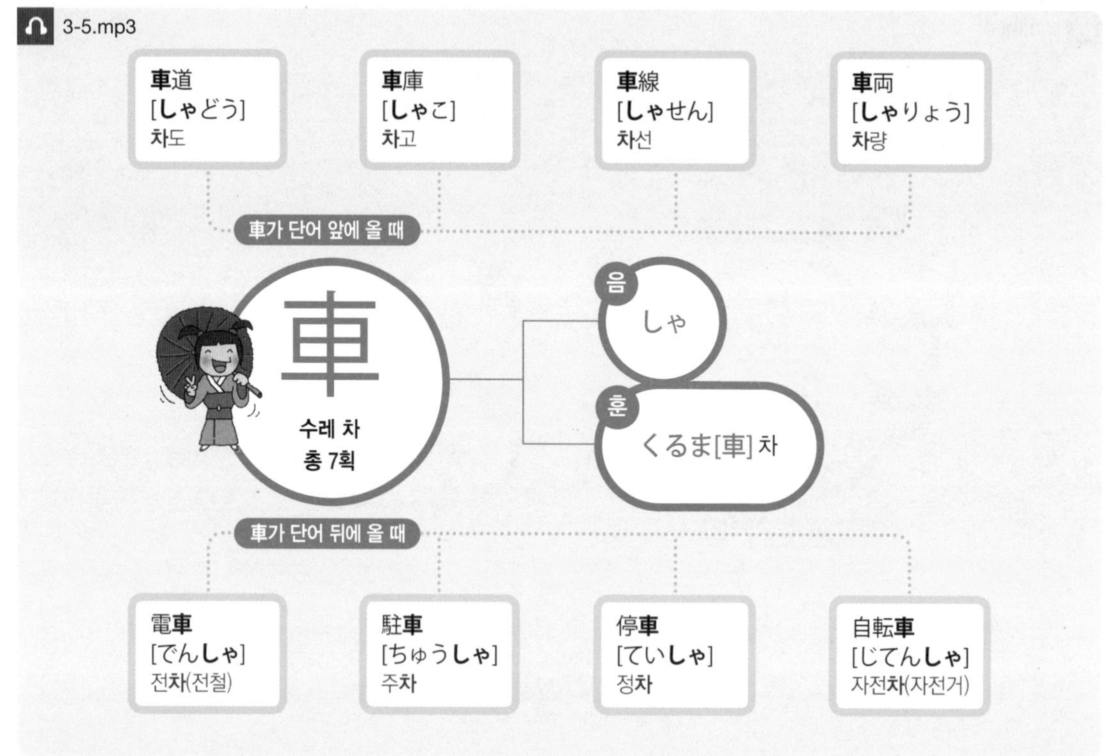

3-6.mp3

무작정 따라하기

父[ちち] 아버지
車[くるま] 차
止める[とめる] 세우다
運転[うんてん] 운전
守る[まもる] 지키다
駅[えき] 역
動く[うごく] 움직이다
近い[ちかい] 가깝다
ところ 곳, 장소
行く[いく] 가다

밑줄 친 한자어에 유의하면서 아래 문장을 읽어 보세요.

父の車は車庫に止めてあります。 아버지 차는 차고에 세워져 있습니다.

運転するときは車線を守ってください。 운전할 때는 차선을 지키세요.

電車が駅に停車したまま動きません。 전철이 역에 정차한 채 움직이지 않습니다.

近いところは自転車で行きます。 가까운 곳은 자전거로 갑니다.

직접 써 보세요! 1 車道 ____どう 2 電車 でん____ 3 차선 ____線 4 주차 駐____

04

모음 ㅏ를 あ단으로 읽는 한자

野야는 や라고 읽는다!

1단계 오디오를 먼저 들어 보세요. ▶ **2단계** 책을 보면서 학습해 보세요. ▶ **3단계** 직접 써 보세요.

3-7.mp3

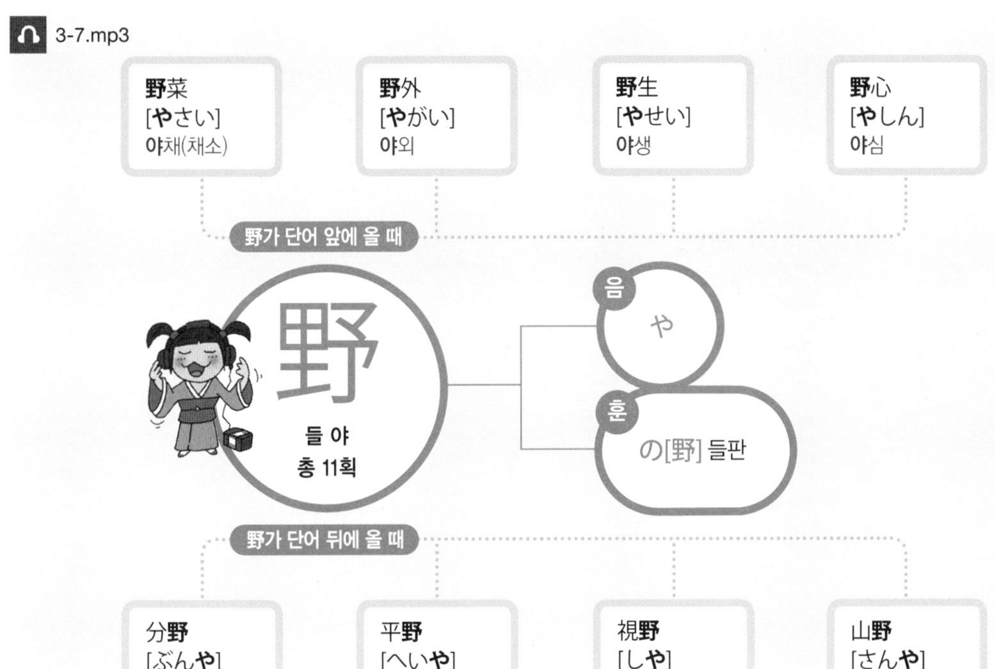

3-8.mp3

무작정 따라하기

- 彼[かれ] 그
- 政治家[せいじか] 정치가
- うちの～ 우리～
- 子[こ] 아이, 자식
- 嫌い[きらい] 싫어함
- 広い[ひろい] 넓다
- 持つ[もつ] 가지다, 들다
- 大切[たいせつ] 소중함, 중요함
- 本[ほん] 책
- 読む[よむ] 읽다

밑줄 친 한자어에 유의하면서 아래 문장을 읽어 보세요.

彼には政治家になりたいという野心があります。
그에게는 정치가가 되고 싶은 야심이 있습니다.

うちの子は野菜が嫌いです。 우리 아이는 채소를 싫어합니다.

広い視野を持つことが大切です。 넓은 시야를 갖는 것이 중요합니다.

いろいろな分野の本を読んでください。 여러 분야의 책을 읽으세요.

직접 써 보세요! 1 野菜 ＿＿ さい 2 分野 ぶん ＿＿ 3 야외 ＿＿ 外 4 시야 視 ＿＿

05

모음 ㅓ를 ~ょ로 읽는 한자

書서는 しょ라고 읽는다!

1단계 오디오를 먼저 들어 보세요. ▶ **2단계** 책을 보면서 학습해 보세요. ▶ **3단계** 직접 써 보세요.

3-9.mp3

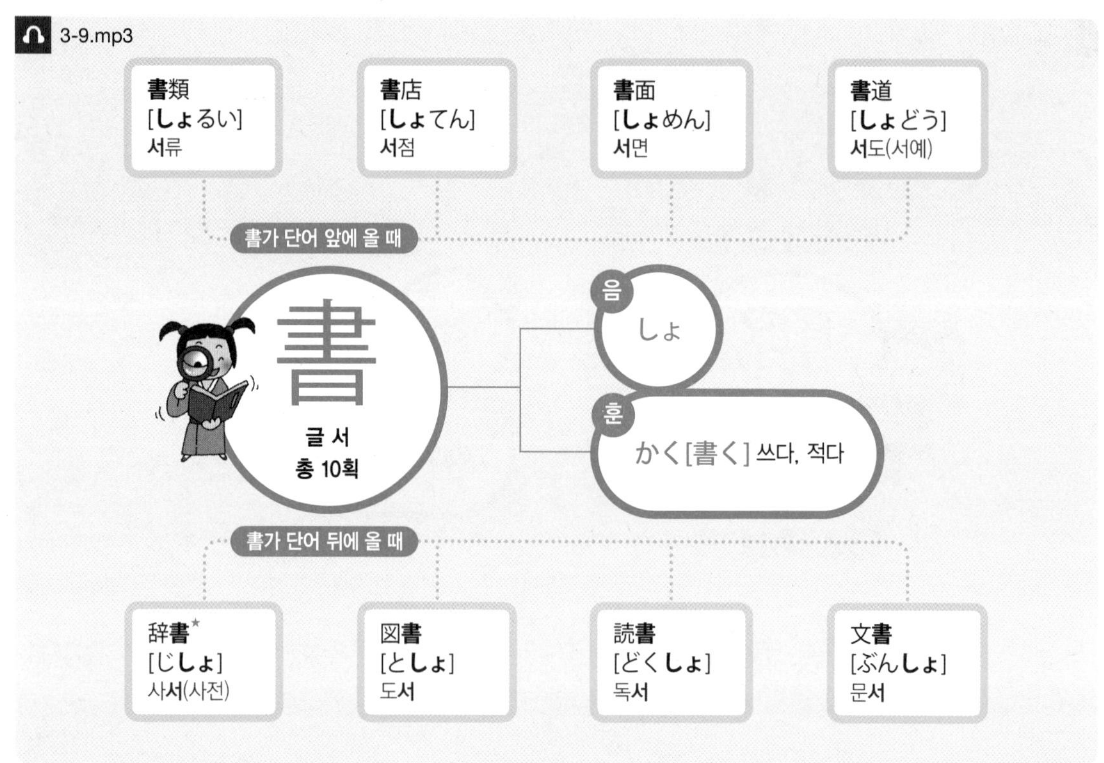

★ '사전'이라고 말할 때는 **辞典**[じてん](사전)을 쓰지 않고 **辞書**[じしょ](사서)를 써요!

3-10.mp3

무작정 따라하기

밑줄 친 한자어에 유의하면서 아래 문장을 읽어 보세요.

中学生のときから書道を習っています。 중학생 때부터 서예를 배우고 있습니다.

明日来るときに、その書類を持ってきてください。 내일 올 때, 그 서류를 가지고 오세요.

この文書はもう必要ありません。 이 문서는 이제 필요 없습니다.

私の趣味は読書です。 제 취미는 독서입니다.

中学生[ちゅうがくせい] 중학생
習う[ならう] 배우다
明日[あした] 내일
来る[くる] 오다
持ってくる[もってくる] 가지고 오다
もう 이제, 벌써
必要[ひつよう] 필요함
趣味[しゅみ] 취미

직접 써 보세요! 1 書類 ＿＿るい 2 文書 ぶん＿＿ 3 서점 ＿＿店 4 도서 図＿＿

06

모음 ㅓ를 お단으로 읽는 한자

語어는 ご라고 읽는다!

1단계 오디오를 먼저 들어 보세요. ▶ **2단계** 책을 보면서 학습해 보세요. ▶ **3단계** 직접 써 보세요.

3-11.mp3

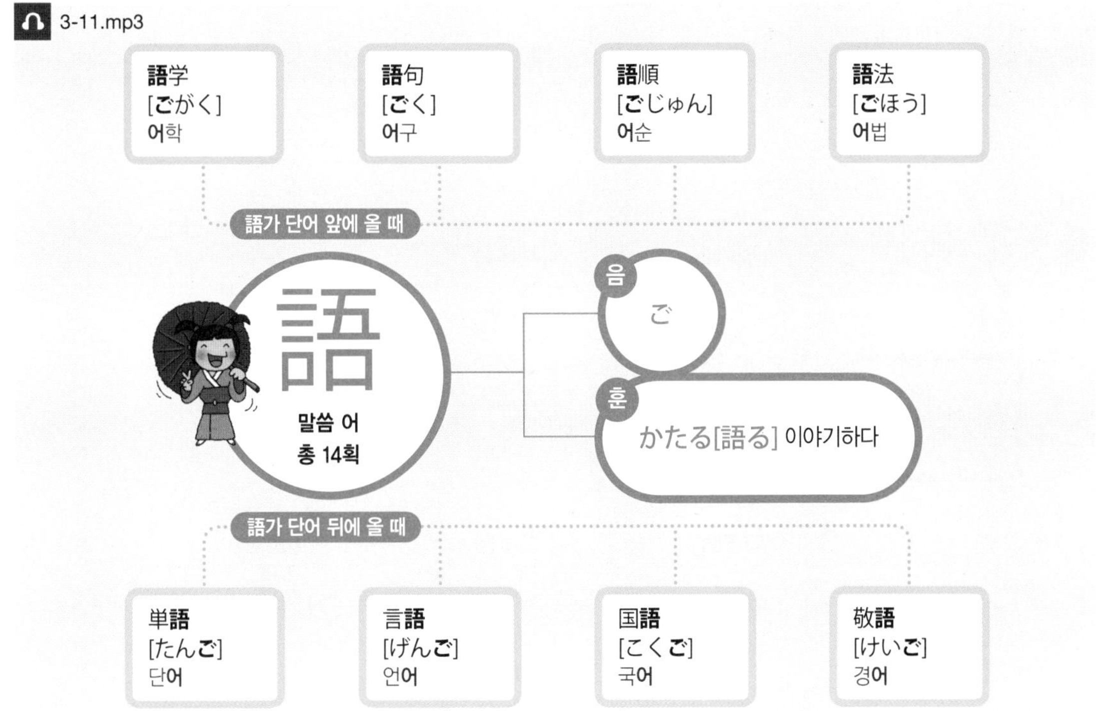

3-12.mp3

무작정 따라하기

日本語[にほんご] 일본어
韓国語[かんこくご] 한국어
同じ[おなじ] 똑같음
場合[ばあい] 경우
使う[つかう] 쓰다, 사용하다
意味[いみ] 의미, 뜻
教える[おしえる] 가르치다
難しい[むずかしい] 어렵다

밑줄 친 한자어에 유의하면서 아래 문장을 읽어 보세요.

日本語は韓国語と語順が同じです。 일본어는 한국어와 어순이 같습니다.

この語句はどんな場合に使いますか。 이 어구는 어떠한 경우에 씁니까?

この単語の意味を教えてください。 이 단어의 뜻을 가르쳐 주세요.

日本語の敬語は難しいです。 일본어의 경어는 어렵습니다.

직접 써 보세요! 1 語順 ＿＿じゅん 2 言語 げん＿＿ 3 어학 ＿＿学 4 단어 単＿＿

～語[ご]

語(어)를 단어의 맨뒤에 쓰면 '~어'라고 해석합니다. 즉, 한 나라에서 사용하는 말이나 언어를 가리키거나, 언어에서의 문법적인 요소인 품사를 가리킵니다.

그럼, 語로 끝나는 다양한 종류의 한자어에 대해 배워 봅시다.

언 어

母国語 [ぼこくご] 모국어	標準語 [ひょうじゅんご] 표준어	俗語 [ぞくご] 속어
外来語 [がいらいご] 외래어	外国語 [がいこくご] 외국어	英語 [えいご] 영어
韓国語 [かんこくご] 한국어	日本語 [にほんご] 일본어	中国語 [ちゅうごくご] 중국어

품 사

主語 [しゅご] 주어	目的語 [もくてきご] 목적어	述語 [じゅつご] 술어
同義語 [どうぎご] 동의어	類義語 [るいぎご] 유의어	反義語 [はんぎご] 반의어
擬態語 [ぎたいご] 의태어	擬声語 [ぎせいご] 의성어	熟語 [じゅくご] 숙어

07

모음 ㅓ를 ~ょ로 읽는 한자

女[여]는 じょ라고 읽는다!

1단계 오디오를 먼저 들어 보세요. ▶ **2단계** 책을 보면서 학습해 보세요. ▶ **3단계** 직접 써 보세요.

3-13.mp3

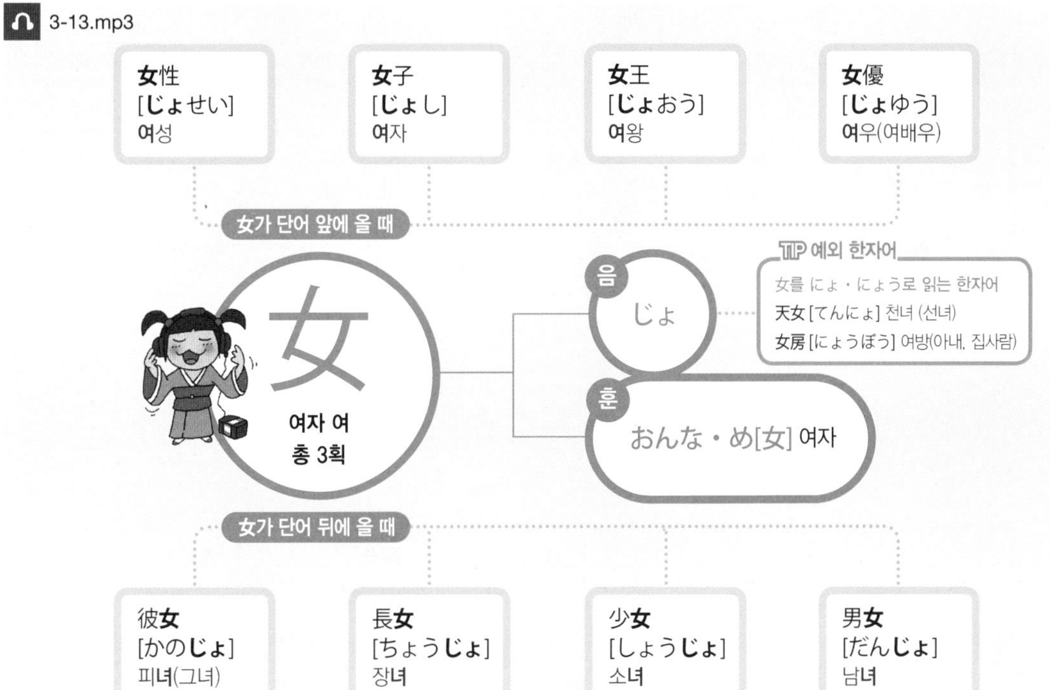

3-14.mp3

무작정 따라하기

方[かた] 분
午後[ごご] 오후
面接[めんせつ] 면접
あいかわらず 여전히, 변함없이
美しい[うつくしい] 아름답다
本当[ほんとう] 정말, 사실
歌[うた] 노래
上手[じょうず] 잘함, 능숙함
妹[いもうと] 여동생
一人[ひとり] 한 명

밑줄 친 한자어에 유의하면서 아래 문장을 읽어 보세요.

女性の方は午後から面接をします。 여성 분은 오후부터 면접을 하겠습니다.

その女優はあいかわらず美しいです。 그 여배우는 여전히 아름답습니다.

彼女は本当に歌が上手ですね。 그녀는 정말 노래를 잘하네요.

私は長女で、妹が一人います。 저는 장녀이고, 여동생이 한 명 있습니다.

직접 써 보세요! 1 女性 ______ せい 2 男女 だん ______ 3 여왕 ______ 王 4 장녀 長 ______

예외 한자 법칙

余・与[여]는 모음 ㅕ를 お단인 よ로 읽는다!

▶ **余(여)는 よ로 읽는다!**

よ로 읽는 **余**

余裕 [**よ**ゆう] 여유	余計 [**よ**けい] 여계(불필요함)	余分 [**よ**ぶん] 여분	余地 [**よ**ち] 여지

今はお金に余裕がありません。 지금은 돈에 여유가 없습니다.

余計な心配はしなくてもいいです。 쓸데없는 걱정은 하지 않아도 됩니다.

▶ **与(여)는 よ로 읽는다!**

よ로 읽는 **与**

与党 [**よ**とう] 여당	給与 [きゅう**よ**] 급여	関与 [かん**よ**] 관여	寄与 [き**よ**] 기여

私は与党を支持しています。 저는 여당을 지지하고 있습니다.

そのことには関与したくありません。 그 일에는 관여하고 싶지 않습니다.

단어

今[いま] 지금　お金[おかね] 돈　心配[しんぱい] 걱정

支持[しじ] 지지　こと 일, 것

모음 ㅗ를 お단으로 읽는 한지

08 古[고]는 こ라고 읽는다!

1단계 오디오를 먼저 들어 보세요. ▶ **2단계** 책을 보면서 학습해 보세요. ▶ **3단계** 직접 써 보세요.

3-15.mp3

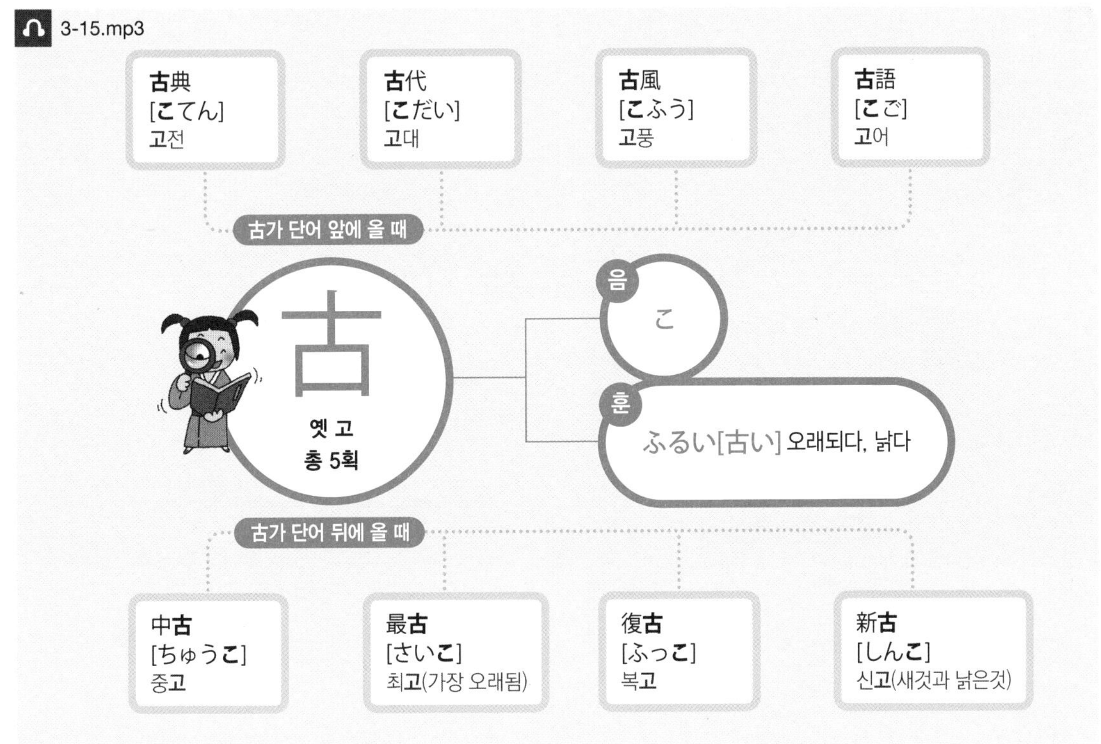

3-16.mp3

무작정 따라하기

博物館[はくぶつかん] 박물관
展示会[てんじかい] 전시회
難しい[むずかしい] 어렵다
わかる 알다, 이해하다
車[くるま] 차
買う[かう] 사다
発見[はっけん] 발견
化石[かせき] 화석
世界[せかい] 세계

밑줄 친 한자어에 유의하면서 아래 문장을 읽어 보세요.

その博物館で古代エジプトの展示会をしています。
그 박물관에서 고대 이집트의 전시회를 하고 있습니다.

古語は難しくてわかりにくいです。 고어는 어려워서 이해하기 힘듭니다.

この車は中古で買ったものです。 이 차는 중고로 산 것입니다.

オーストラリアで発見された化石が世界で最古の化石だそうです。
호주에서 발견된 화석이 세계에서 가장 오래된 화석이라고 합니다.

직접 써 보세요! 1 古典 ＿＿てん 2 最古 さい＿＿ 3 고대 ＿＿代 4 중고 中＿＿

09

모음 ㅛ를 ~ょ로 읽는 한자

所[소]는 しょ라고 읽는다!

1단계 오디오를 먼저 들어 보세요. ▶ **2단계** 책을 보면서 학습해 보세요. ▶ **3단계** 직접 써 보세요.

3-17.mp3

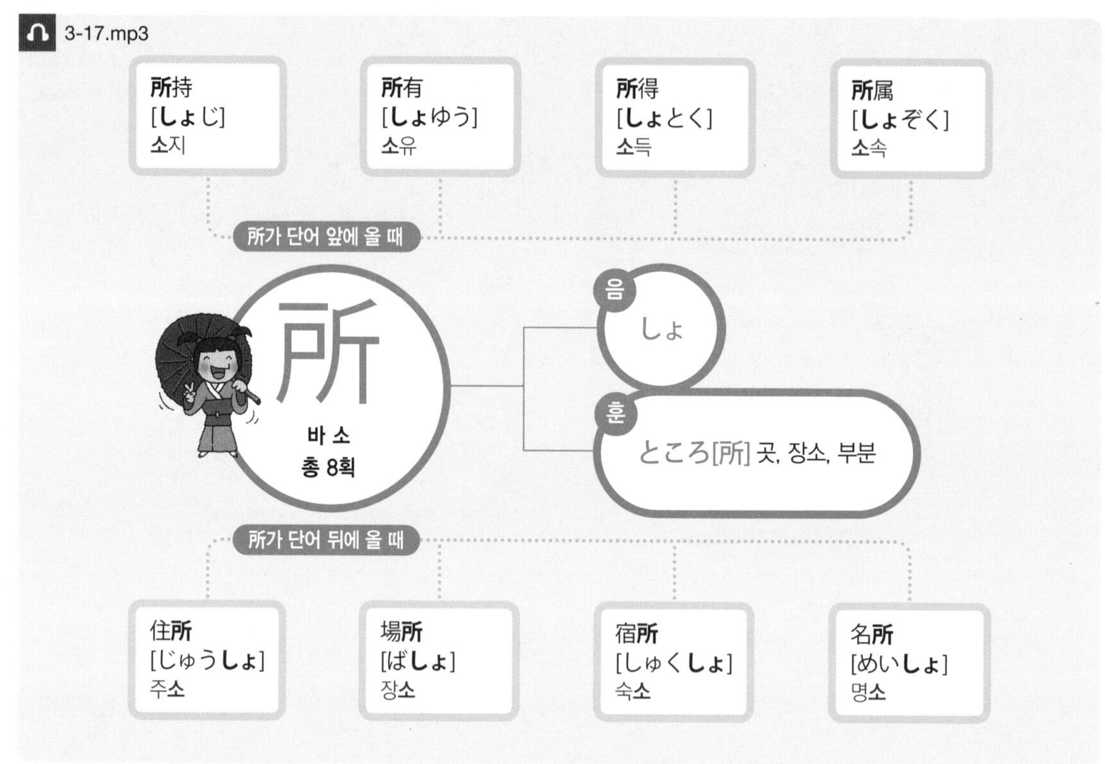

3-18.mp3

무작정 따라하기

- 彼[かれ] 그
- 人[ひと] 사람
- 新しい[あたらしい] 새롭다
- 教える[おしえる] 가르치다
- 約束[やくそく] 약속
- 間違える[まちがえる] 잘못 알다, 착각하다

밑줄 친 한자어에 유의하면서 아래 문장을 읽어 보세요.

彼はどのチームに所属していますか。 그는 어느 팀에 소속되어 있습니까?

その人はビルを所有しているそうです。 그 사람은 빌딩을 소유하고 있다고 합니다.

新しい住所を教えてください。 새 주소를 가르쳐 주세요.

約束した場所を間違えました。 약속한 장소를 잘못 알았습니다.

직접 써 보세요! 1 所持 ____ じ 2 名所 めい ____ 3 소유 ____ 有 4 주소 住 ____

10

모음 ㅗ를 う단으로 읽는 한자

苦고는 く라고 읽는다!

1단계 오디오를 먼저 들어 보세요. ▶ **2단계** 책을 보면서 학습해 보세요. ▶ **3단계** 직접 써 보세요.

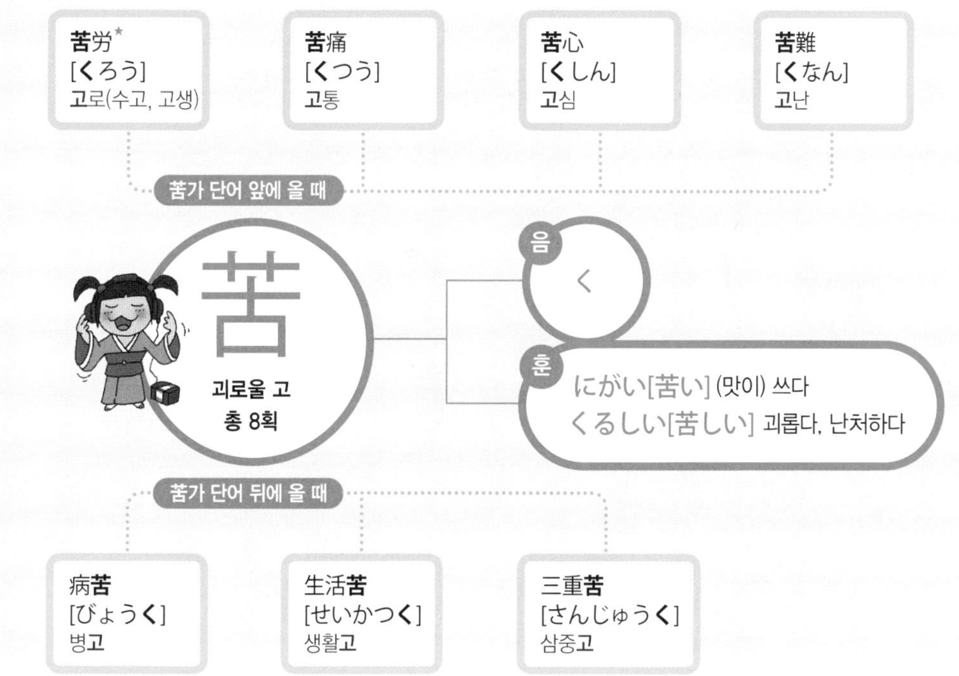

★ '수고했어!'라고 할 때는 ごくろうさま라고 해요!

3-20.mp3

무작정 따라하기

- いろいろと 여러 가지로
- かける 걸다, 끼치다
- すみません 죄송합니다
- ~の結果[のけっか] ~의 결과, ~한 끝에
- できる 되다, 만들어지다
- 作品[さくひん] 작품
- 自殺[じさつ] 자살
- 人[ひと] 사람
- 彼女[かのじょ] 그녀
- 悩む[なやむ] 고민하다

밑줄 친 한자어에 유의하면서 아래 문장을 읽어 보세요.

いろいろと苦労をかけてすみませんでした。
여러 가지로 수고를 끼쳐서 죄송했습니다.

苦心の結果、できた作品がこれです。 고신한 끝에 완성된 작품이 이것입니다.

病苦で自殺する人がたくさんいるそうです。
병고로 자살하는 사람이 많이 있다고 합니다.

彼女は生活苦に悩んでいます。 그녀는 생활고로 고민하고 있습니다.

직접 써 보세요! 1 苦労 ____ ろう 2 病苦 びょう ____ 3 고통 ____ 痛 4 생활고 生活 ____

11 모음 ㅘ를 あ단으로 읽는 한자

花[화]는 か라고 읽는다!

1단계 오디오를 먼저 들어 보세요. ▶ **2단계** 책을 보면서 학습해 보세요. ▶ **3단계** 직접 써 보세요.

3-21.mp3

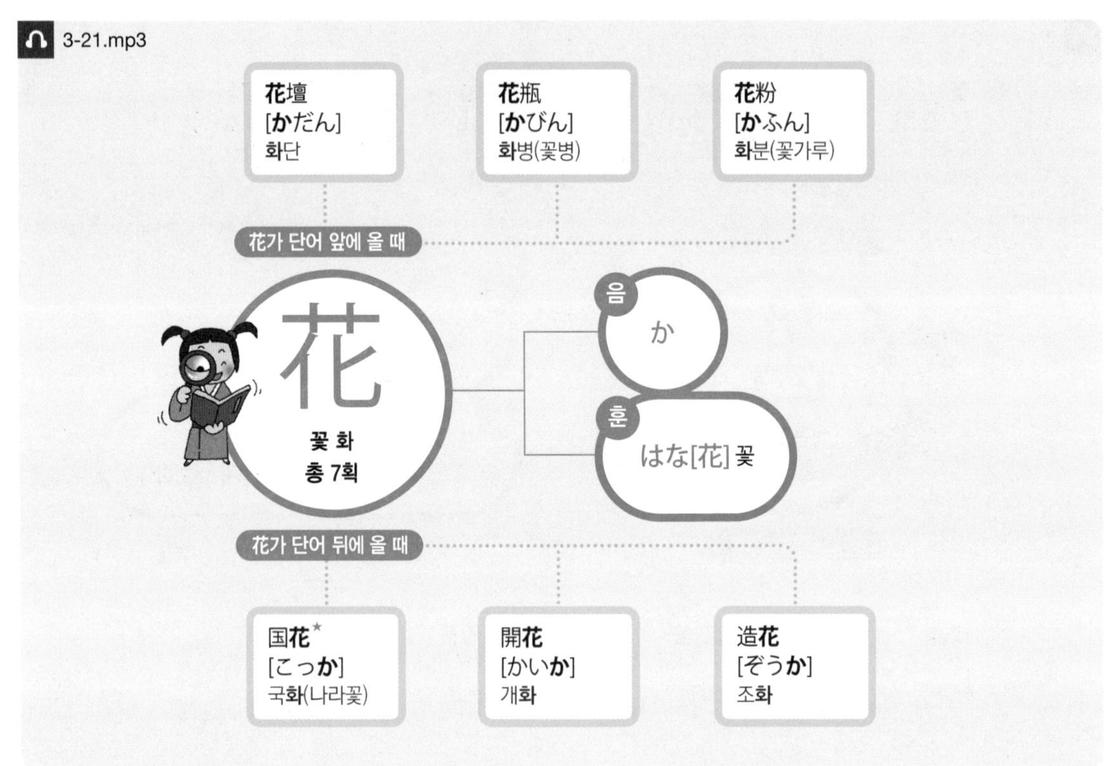

★ 国花(국화)와 国家/国歌(국가)는 똑같이 こっか라고 읽어요!

3-22.mp3

무작정 따라하기

割れる[われる] 깨지다
入る[はいる] 들어가다, 들어오다
香り[かおり] 향기
4月[しがつ] 4월
全国的[ぜんこくてき] 전국적
桜[さくら] 벚꽃

밑줄 친 한자어에 유의하면서 아래 문장을 읽어 보세요.

この花瓶はガラスなので、割れやすいです。 이 꽃병은 유리라서 깨지기 쉽습니다.

花壇には入らないでください。 화단에는 들어가지 마세요.

これは造花なので、香りがありません。 이것은 조화이기 때문에 향기가 없습니다.

４月には全国的に桜が開花します。 4월에는 전국적으로 벚꽃이 핍니다.

직접 써 보세요! 1 花粉 ______ ふん 2 開花 かい ______ 3 화병(꽃병) ______ 瓶 4 조화 造 ______

12

모음 ㅜ를 う단으로 읽는 한자

区[구]는 く라고 읽는다!

1단계 오디오를 먼저 들어 보세요. ▶ **2단계** 책을 보면서 학습해 보세요. ▶ **3단계** 직접 써 보세요.

3-23.mp3

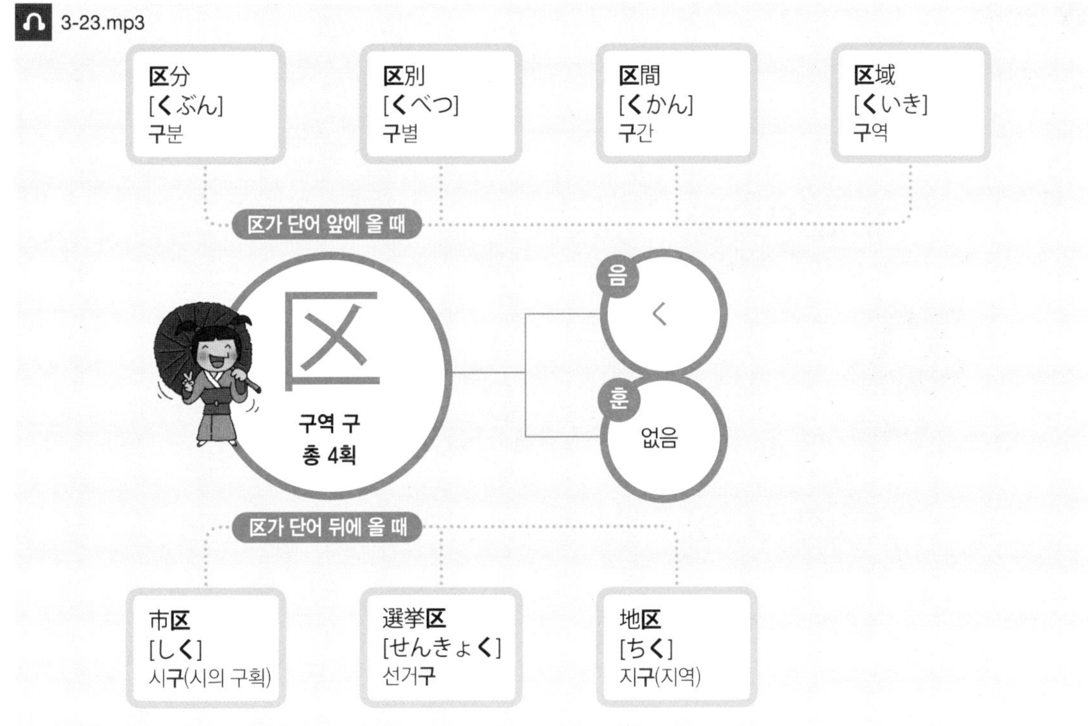

3-24.mp3

무작정 따라하기

双子[ふたご] 쌍둥이
似る[にる] 닮다
担当[たんとう] 담당
普通[ふつう] 보통
地域[ちいき] 지역
区切る[くぎる] 구분하다
代表[だいひょう] 대표
新しい[あたらしい] 새롭다
選ぶ[えらぶ] 고르다, 뽑다

밑줄 친 한자어에 유의하면서 아래 문장을 읽어 보세요.

その双子は区別ができないほど似ています。
그 쌍둥이는 구별하지 못할 정도로 닮았습니다.

私が担当する区域はどこですか。 제가 담당할 구역은 어디입니까?

選挙区は普通、地域ごとに区切ります。 선거구는 보통 지역마다 구분합니다.

地区の代表が新しく選ばれました。 지구 대표가 새로 뽑혔습니다.

직접 써 보세요! 1 区間 ____ かん 2 市区 し ____ 3 구별 ____ 別 4 지구 地 ____

13

모음 ㅜ를 ~ゅ로 읽는 한자

手^수는 しゅ라고 읽는다!

1단계 오디오를 먼저 들어 보세요. ▶ **2단계** 책을 보면서 학습해 보세요. ▶ **3단계** 직접 써 보세요.

3-25.mp3

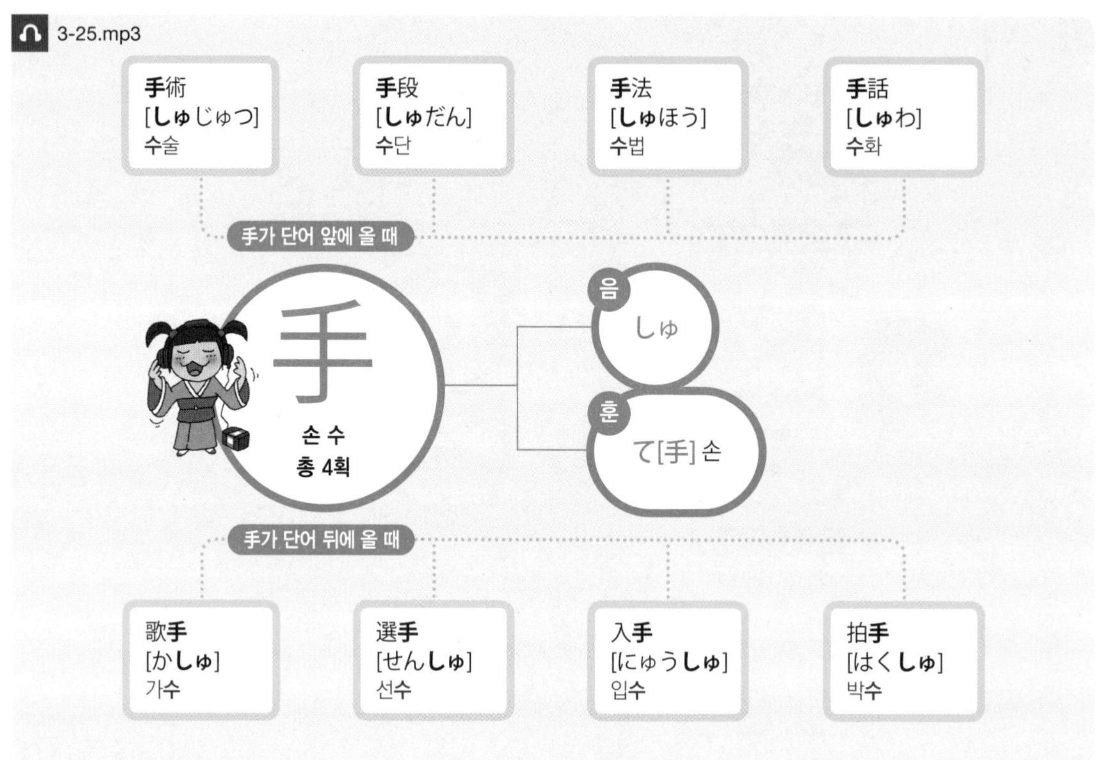

3-26.mp3

무작정 따라하기

ほかに 따로, 달리
解決[かいけつ] 해결
無事に[ぶじに] 무사히
終わる[おわる] 끝나다
聞く[きく] 듣다
金[きん] 금
取る[とる] 따다, 얻다
公演[こうえん] 공연
みんな 모두

밑줄 친 한자어에 유의하면서 아래 문장을 읽어 보세요.

ほかに解決できる手段がありません。 달리 해결할 수 있는 수단이 없습니다.

手術が無事に終わったと聞きました。 수술이 무사히 끝났다고 들었습니다.

あの選手みたいに金メダルを取りたいです。 저 선수처럼 금메달을 따고 싶습니다.

公演が終わったときにみんな拍手をしました。 공연이 끝났을 때 모두 박수를 쳤습니다.

직접 써 보세요! 1 手術 じゅつ 2 入手 にゅう 3 수단 段 4 선수 選

14

모음 ㅟ를 い단으로 읽는 한자

帰[귀]는 き라고 읽는다!

1단계 오디오를 먼저 들어 보세요. ▶ **2단계** 책을 보면서 학습해 보세요. ▶ **3단계** 직접 써 보세요.

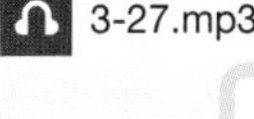 3-27.mp3

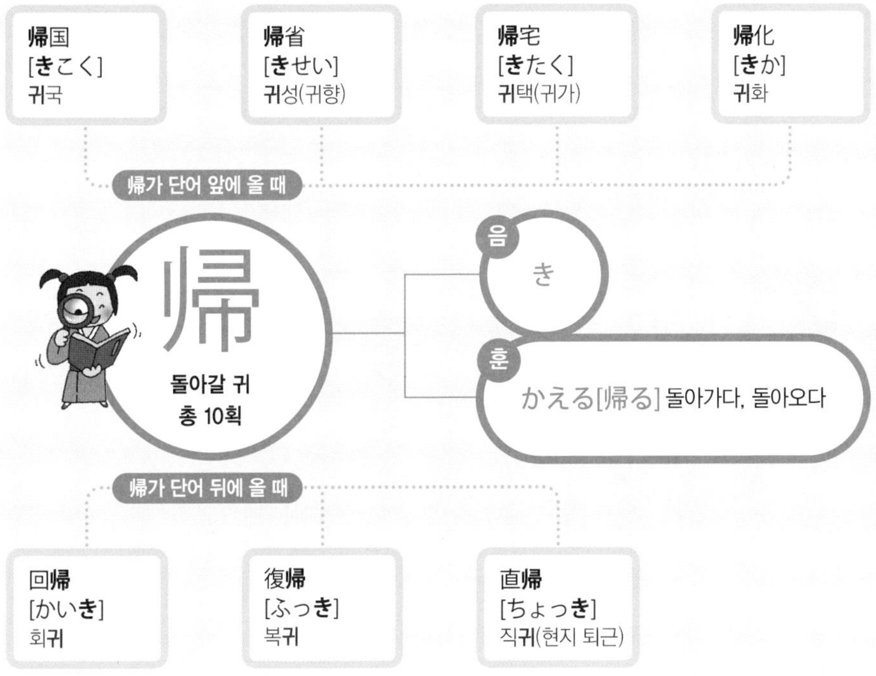

3-28.mp3

무작정 따라하기

- 社長[しゃちょう] 사장(님)
- 今週[こんしゅう] 이번 주
- 土曜日[どようび] 토요일
- 人たち[ひとたち] 사람들
- 空港[くうこう] 공항
- 混雑[こんざつ] 혼잡
- 退院[たいいん] 퇴원
- 会社[かいしゃ] 회사
- 仕事[しごと] 일, 업무
- 終わる[おわる] 끝나다

밑줄 친 한자어에 유의하면서 아래 문장을 읽어 보세요.

社長は今週の土曜日に帰国します。 사장님은 이번 주 토요일에 귀국합니다.

帰省する人たちで空港が混雑しています。 귀성하는 사람들로 공항이 혼잡합니다.

退院したら、すぐ会社に復帰するつもりです。 퇴원하면 바로 회사에 복귀할 생각입니다.

仕事が終わったら、直帰してもいいですか。 일이 끝나면 현지 퇴근해도 됩니까?

직접 써 보세요! 1 帰化 ＿＿か 2 回帰 かい＿＿ 3 귀국 ＿＿国 4 복귀 復＿＿

15 모음 ㅢ를 い단으로 읽는 한자

議의는 ぎ라고 읽는다!

1단계 오디오를 먼저 들어 보세요. ▶ **2단계** 책을 보면서 학습해 보세요. ▶ **3단계** 직접 써 보세요.

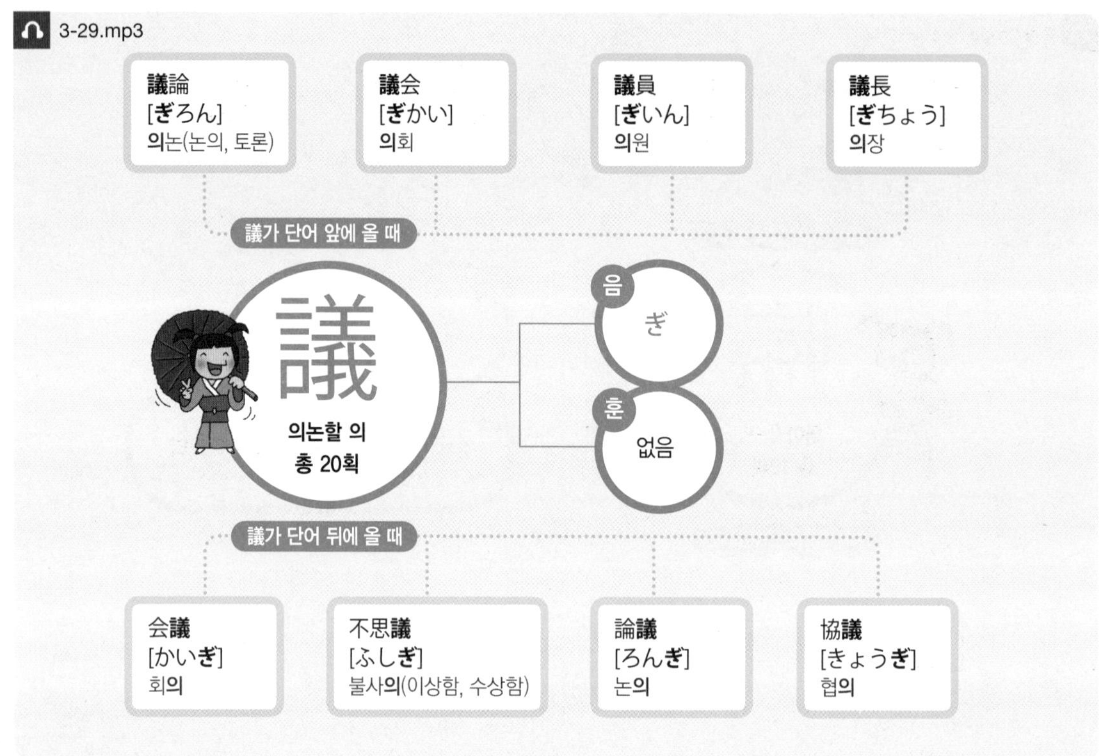

3-30.mp3

무작정 따라하기

- お互いに[おたがいに] 서로
- 決める[きめる] 정하다
- 何時[なんじ] 몇 시
- 会場[かいじょう] 회장
- 来る[くる] 오다
- 今日[きょう] 오늘
- 行動[こうどう] 행동
- 見る[みる] 보다
- 思う[おもう] 생각하다

밑줄 친 한자어에 유의하면서 아래 문장을 읽어 보세요.

お互いに議論して決めた方がいいです。 서로 의논해서 정하는 편이 좋습니다.

議員たちは何時までに会場に来ますか。 의원들은 몇 시까지 회장에 옵니까?

今日の会議はキャンセルになりました。 오늘 회의는 취소되었습니다.

彼女の行動を見て不思議に思いました。 그녀의 행동을 보고 이상하게 생각했습니다.

직접 써 보세요! 1 議論 ____ ろん 2 協議 きょう ____ 3 의원 ____ 員 4 회의 会 ____

16

모음 ㅣ를 이단으로 읽는 한자

時[시]는 じ라고 읽는다!

1단계 오디오를 먼저 들어 보세요. ▶ **2단계** 책을 보면서 학습해 보세요. ▶ **3단계** 직접 써 보세요.

3-31.mp3

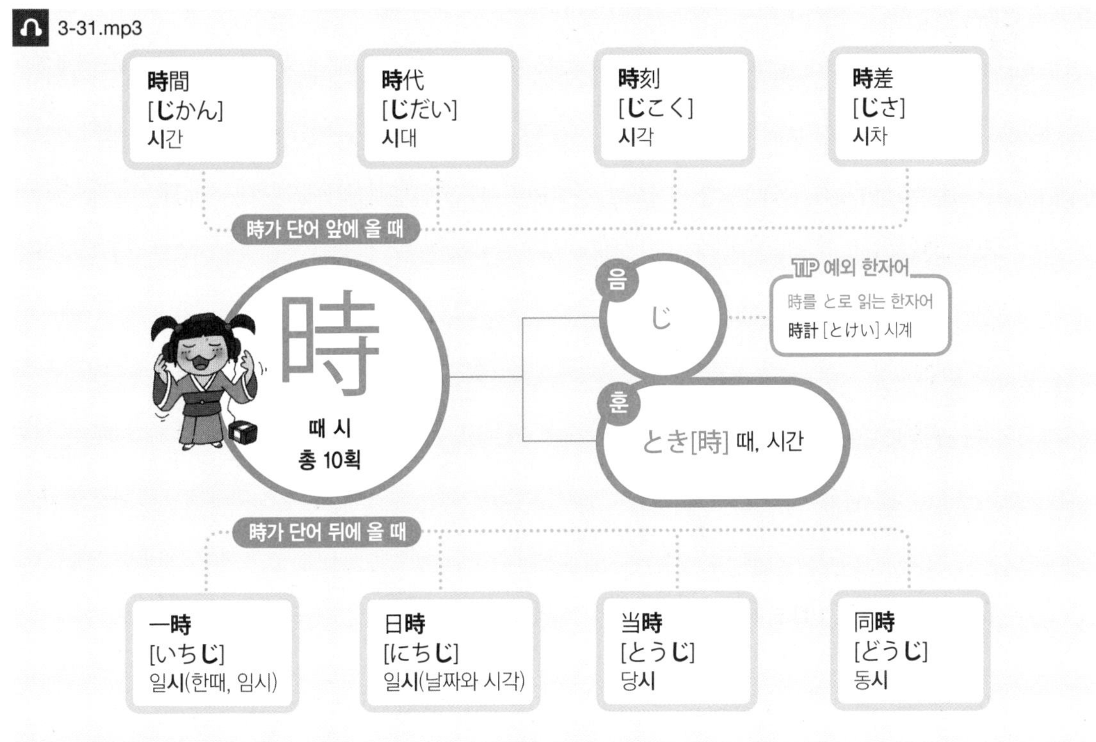

3-32.mp3

무작정 따라하기

밑줄 친 한자어에 유의하면서 아래 문장을 읽어 보세요.

- 急ぐ[いそぐ] 서두르다
- 考え方[かんがえかた] 사고방식
- 変わる[かわる] 바뀌다, 변하다
- 小学生[しょうがくせい] 초등학생
- 会議[かいぎ] 회의
- 変更[へんこう] 변경

時間がないから、急いでください。	시간이 없으니까 서둘러 주세요.
時代によって考え方も変わります。	시대에 따라 사고방식도 바뀝니다.
その当時、私はまだ小学生でした。	그 당시, 저는 아직 초등학생이었습니다.
会議の日時が変更になりました。	회의 일시가 변경되었습니다.

직접 써 보세요! 1 時間 ＿＿かん 2 日時 にち＿＿ 3 시대 ＿＿代 4 동시 同＿＿

확인문제

1. 밑줄 친 한자의 읽는 음을 보기에서 골라 보세요.

보기

① た	② しゃ	③ か	④ ご	⑤ ぎ
⑥ しょ	⑦ く	⑧ や	⑨ じ	⑩ しゅ

01 花粉 (　　　　　　)

02 病苦 (　　　　　　)

03 議員 (　　　　　　)

04 過多 (　　　　　　)

05 時代 (　　　　　　)

06 停車 (　　　　　　)

07 野菜 (　　　　　　)

08 言語 (　　　　　　)

09 手術 (　　　　　　)

10 名所 (　　　　　　)

2. 밑줄 친 한자의 읽는 음을 히라가나로 직접 써 보세요.

01 帰国 (　　　　)こく

02 食事 しょく(　　　　)

03 余裕 (　　　　)ゆう

04 国語 こく(　　　　)

05 女性 (　　　　)せい

06 場所 ば(　　　　)

07 区分 (　　　　)ぶん

08 選手 せん(　　　　)

09 古典 (　　　　)てん

10 雑多 ざっ(　　　　)

※ 정답&해설은 280쪽에 있습니다.

3. 한자의 읽는 음에 해당하는 한자를 보기에서 골라 보세요.

보기

① 書	② 苦	③ 多	④ 事	⑤ 歌
⑥ 同	⑦ 車	⑧ 長	⑨ 最	⑩ 単
⑪ 実	⑫ 店	⑬ 線	⑭ 語	⑮ 少
⑯ 時	⑰ 古	⑱ 痛	⑲ 女	⑳ 手

01 た・しょう 다소 (　　)(　　)　　02 か・しゅ 가수 (　　)(　　)

03 じ・じつ 사실 (　　)(　　)　　04 たん・ご 단어 (　　)(　　)

05 しゃ・せん 차선 (　　)(　　)　　06 ちょう・じょ 장녀 (　　)(　　)

07 く・つう 고통 (　　)(　　)　　08 どう・じ 동시 (　　)(　　)

09 しょ・てん 서점 (　　)(　　)　　10 さい・こ 최고 (　　)(　　)

4. 밑줄 친 한자의 읽는 음에 해당하는 한자를 직접 써 보세요.

01 じけん 사건 (　　)件　　02 かいか 개화 開(　　)

03 ごがく 어학 (　　)学　　04 ちゅうしゃ 주차 駐(　　)

05 じかん 시간 (　　)間　　06 ちゅうこ 중고 中(　　)

07 くべつ 구별 (　　)別　　08 ぶんや 분야 分(　　)

09 しょるい 서류 (　　)類　　10 じゅうしょ 주소 住(　　)

17

모음 ㅐ를 〈あ단+い〉로 읽는 한자

開[개]는 かい라고 읽는다!

1단계 오디오를 먼저 들어 보세요. ▶ **2단계** 책을 보면서 학습해 보세요. ▶ **3단계** 직접 써 보세요.

3-33.mp3

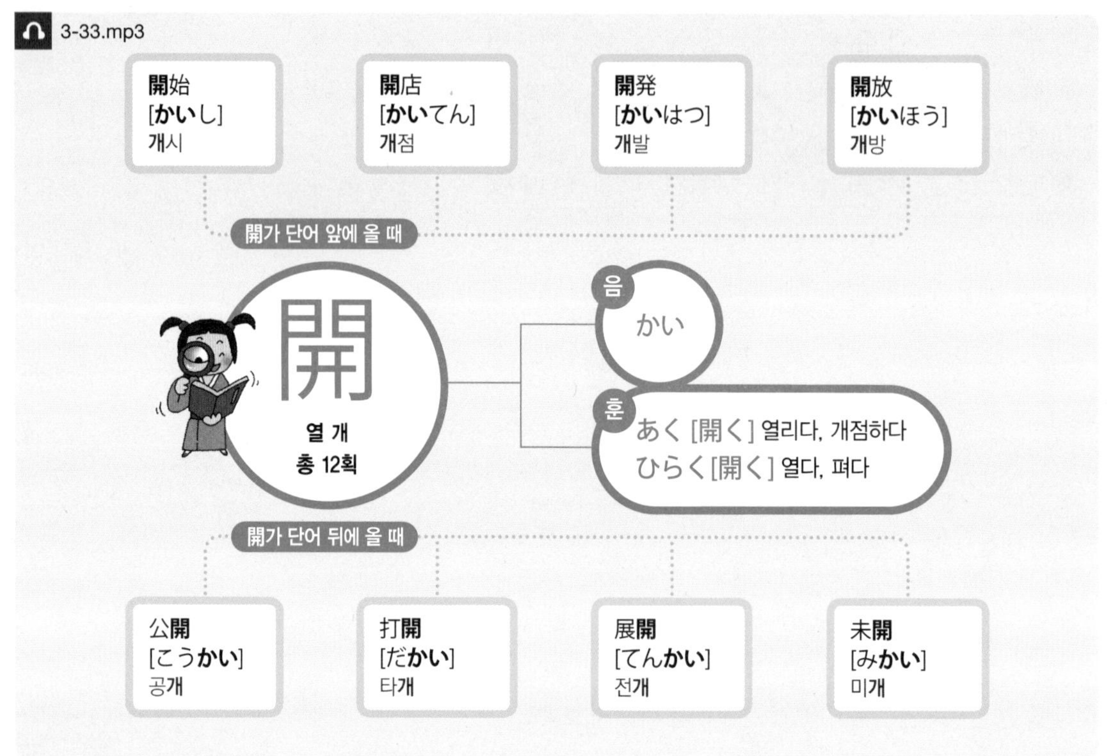

3-34.mp3

무작정 따라하기

新しい[あたらしい] 새롭다
製品[せいひん] 제품
時間[じかん] 시간
何時[なんじ] 몇 시
会議[かいぎ] 회의
内容[ないよう] 내용
遅い[おそい] 늦다

밑줄 친 한자어에 유의하면서 아래 문장을 읽어 보세요.

これが新しく開発された製品です。 이것이 새로 개발된 제품입니다.

デパートの開店時間は何時ですか。 백화점의 개점 시간은 몇 시입니까?

会議の内容については公開できません。 회의 내용에 대해서는 공개할 수 없습니다.

このドラマは内容の展開が遅いです。 이 드라마는 내용 전개가 느립니다.

직접 써 보세요! 1 開始 ___ し 2 展開 てん ___ 3 개방 ___ 放 4 공개 公 ___

18

모음 ㅓ를 〈え단+い〉로 읽는 한자

底[저]는 てい라고 읽는다!

1단계 오디오를 먼저 들어 보세요. ▶ **2단계** 책을 보면서 학습해 보세요. ▶ **3단계** 직접 써 보세요.

3-35.mp3

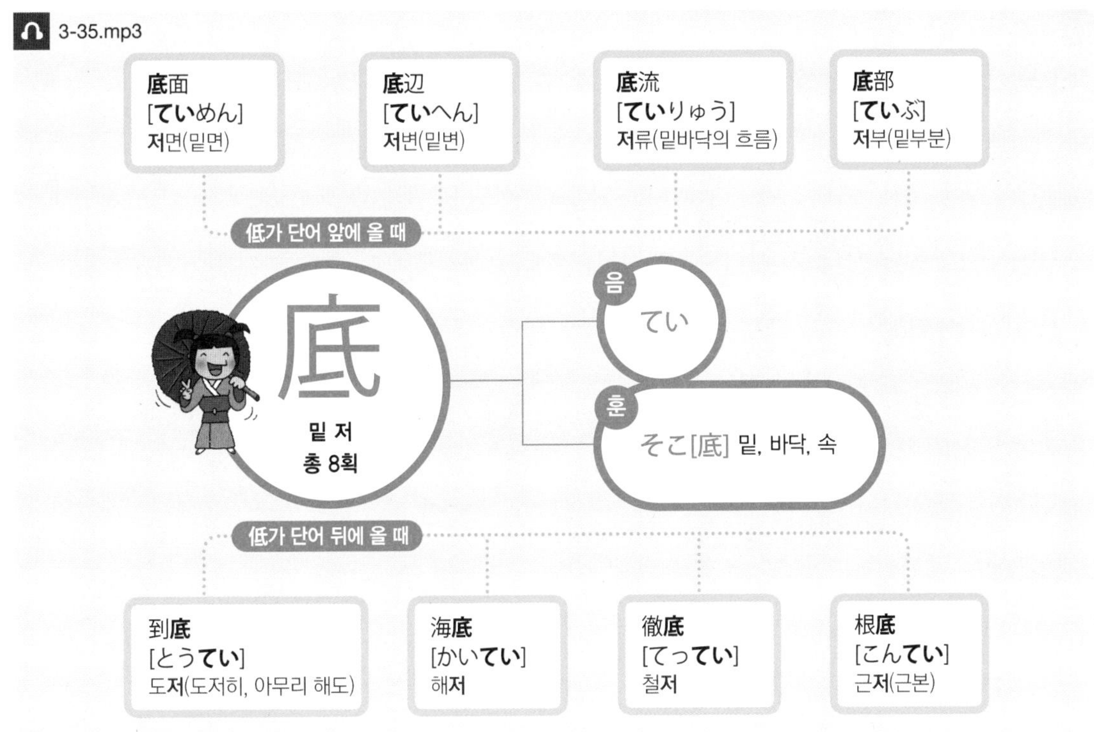

3-36.mp3

무작정 따라하기

밑줄 친 한자어에 유의하면서 아래 문장을 읽어 보세요.

川[かわ] 강
近く[ちかく] 근처
難破船[なんぱせん] 난파선
発見[はっけん] 발견
件[けん] 건
調査[ちょうさ] 조사
行う[おこなう] 행하다, 실시하다
計画[けいかく] 계획
見直す[みなおす] 다시 보다, 재점검하다
必要[ひつよう] 필요

この川の底流には何があるでしょうか。 이 강의 저류에는 무엇이 있을까요?

この近くの海底で難破船が発見されました。 이 근처의 해저에서 난파선이 발견되었습니다.

この件に関しては徹底した調査が行われました。 이 건에 관해서는 철저한 조사가 실시되었습니다.

この計画は根底から見直す必要があります。 이 계획은 근본부터 다시 볼 필요가 있습니다.

직접 써 보세요! 1 底面 ＿＿めん 2 徹底 てっ＿＿ 3 저부(밑부분) ＿＿部 4 해저 海＿＿

19

모음 ㅔ를 〈え단+い〉로 읽는 한자

制[제]는 せい라고 읽는다!

1단계 오디오를 먼저 들어 보세요. ▶ **2단계** 책을 보면서 학습해 보세요. ▶ **3단계** 직접 써 보세요.

3-37.mp3

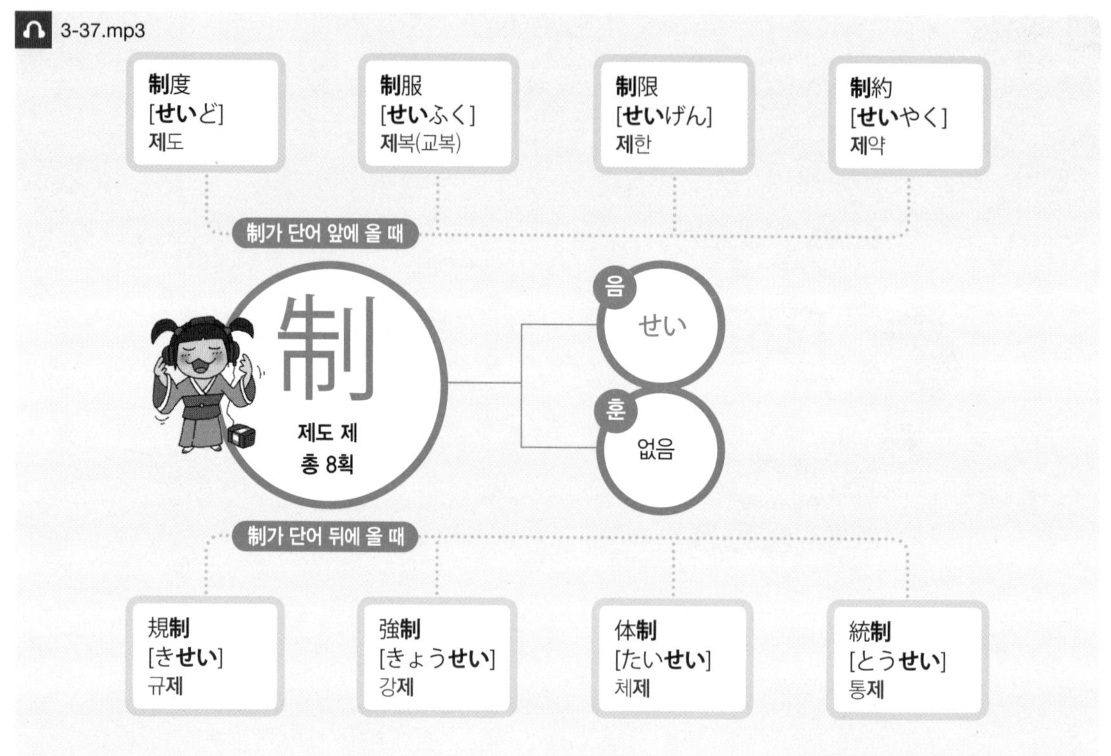

3-38.mp3

무작정 따라하기

少し[すこし] 조금, 약간
問題[もんだい] 문제
学校[がっこう] 학교
行く[いく] 가다
着る[きる] (옷을) 입다
こと 일, 것
法律[ほうりつ] 법률
情報[じょうほう] 정보
国[くに] 나라

밑줄 친 한자어에 유의하면서 아래 문장을 읽어 보세요.

その制度には少し問題がありました。 그 제도에는 조금 문제가 있었습니다.

学校に行くときは制服を着ます。 학교에 갈 때는 교복을 입습니다.

このことは法律で規制することができますか。 이 일은 법률로 규제할 수 있습니까?

マスコミの情報を統制している国もあります。 매스컴의 정보를 통제하고 있는 나라도 있습니다.

직접 써 보세요! 1 制服 ＿＿ふく 2 強制 きょう＿＿ 3 제한 ＿＿限 4 통제 統＿＿

20

모음 ㅔ를 〈あ단+い〉로 읽는 한자

体[체]는 たい라고 읽는다!

1단계 오디오를 먼저 들어 보세요. ▶ **2단계** 책을 보면서 학습해 보세요. ▶ **3단계** 직접 써 보세요.

3-39.mp3

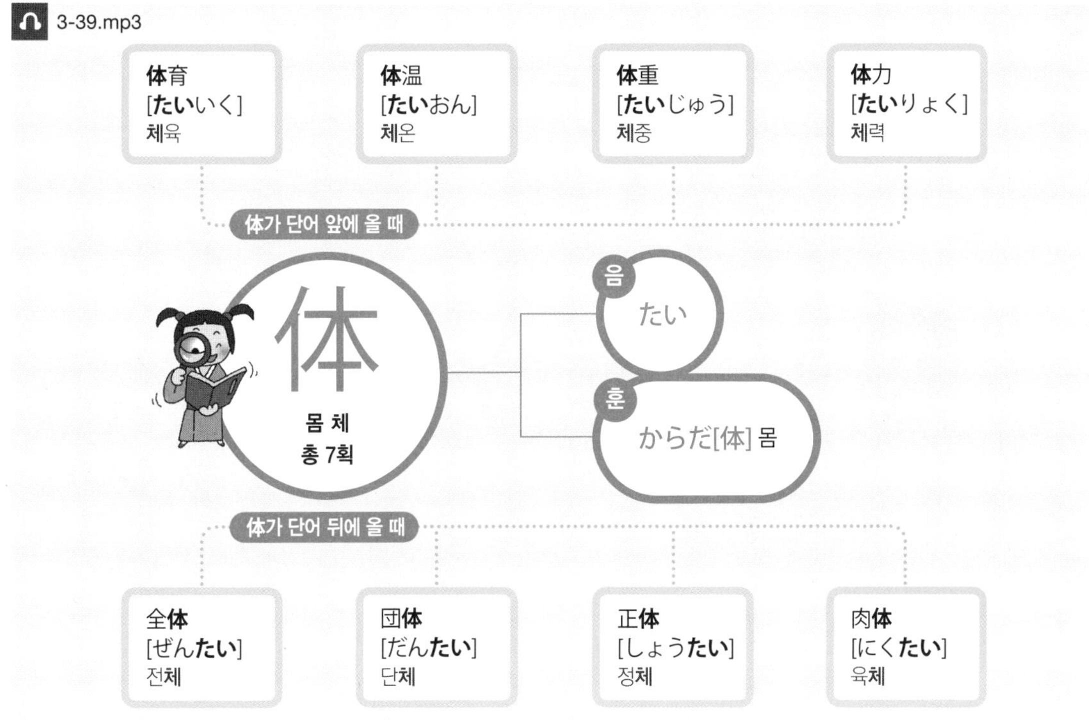

3-40.mp3

무작정 따라하기

增える[ふえる] 늘다, 증가하다
始める[はじめる] 시작하다
年[とし]をとる 나이를 먹다
落ちる[おちる] 떨어지다
意見[いけん] 의견
まとめる 한데 모으다, 정리하다
申し込む[もうしこむ] 신청하다
少し[すこし] 조금, 약간
安い[やすい] 싸다

밑줄 친 한자어에 유의하면서 아래 문장을 읽어 보세요.

体重が増えたので、ダイエットを始めました。
체중이 늘어서 다이어트를 시작했습니다.

年をとって、体力が落ちました。 나이를 먹어서 체력이 떨어졌습니다.

全体の意見を一つにまとめてください。 전체 의견을 하나로 모아 주세요.

団体で申し込むと、少し安くなりますか。 단체로 신청하면 좀 싸집니까?

직접 써 보세요! 1 体重 じゅう 2 肉体 にく 3 체육 育 4 단체 団

21

모음 ㅖ를 〈え단+い〉로 읽는 한자

計^계는 けい라고 읽는다!

1단계 오디오를 먼저 들어 보세요. ▶ **2단계** 책을 보면서 학습해 보세요. ▶ **3단계** 직접 써 보세요.

3-41.mp3

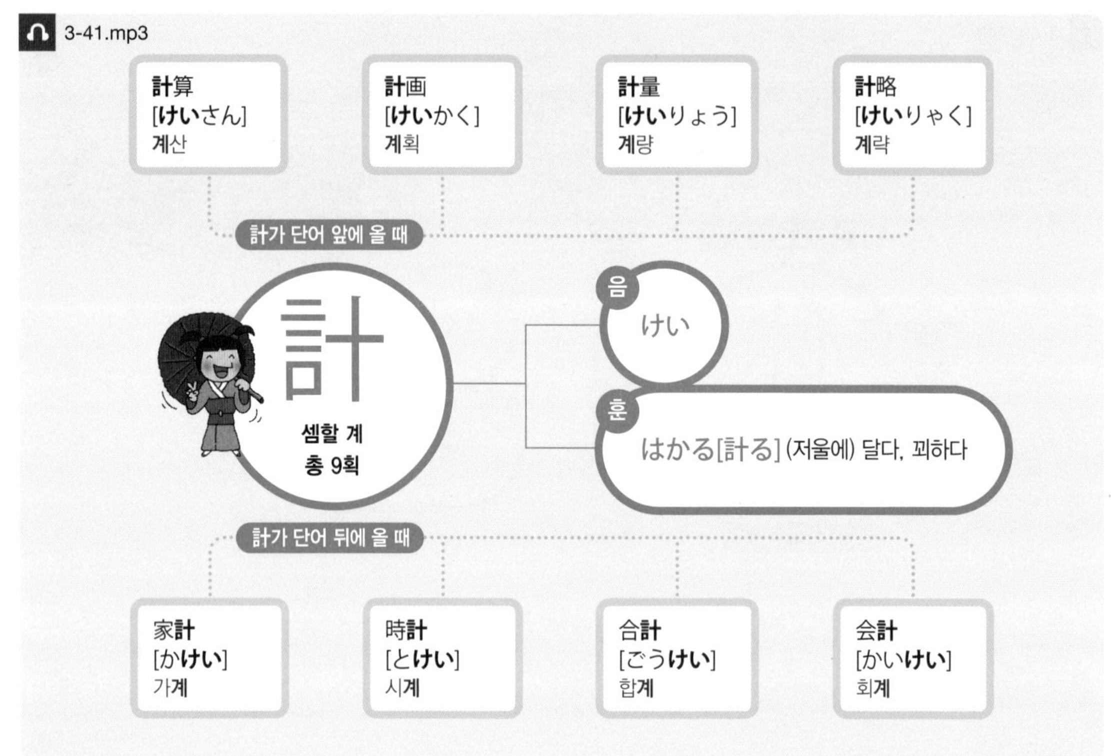

3-42.mp3

무작정 따라하기

밑줄 친 한자어에 유의하면서 아래 문장을 읽어 보세요.

私が計算を間違えたようです。 제가 계산을 잘못한 것 같습니다.

友だちと旅行の計画を立てています。 친구와 여행 계획을 세우고 있습니다.

新しく買った時計を無くしてしまいました。 새로 산 시계를 잃어버렸습니다.

僕は会計学に興味があります。 나는 회계학에 관심이 있습니다.

間違える[まちがえる] 틀리다, 잘못하다
友だち[ともだち] 친구
旅行[りょこう] 여행
立てる[たてる] 세우다
新しい[あたらしい] 새롭다
買う[かう] 사다
無くす[なくす] 잃다
僕[ぼく] 나(남자)
～学[がく] ～학
興味[きょうみ] 관심, 흥미

직접 써 보세요! 1 計画 ____ かく 2 合計 ごう ____ 3 계산 ____ 算 4 가계 家 ____

22 모음 ㅐ를 (あ단+い)로 읽는 한자

界계는 かい라고 읽는다!

1단계 오디오를 먼저 들어 보세요. ▶ **2단계** 책을 보면서 학습해 보세요. ▶ **3단계** 직접 써 보세요.

3-43.mp3

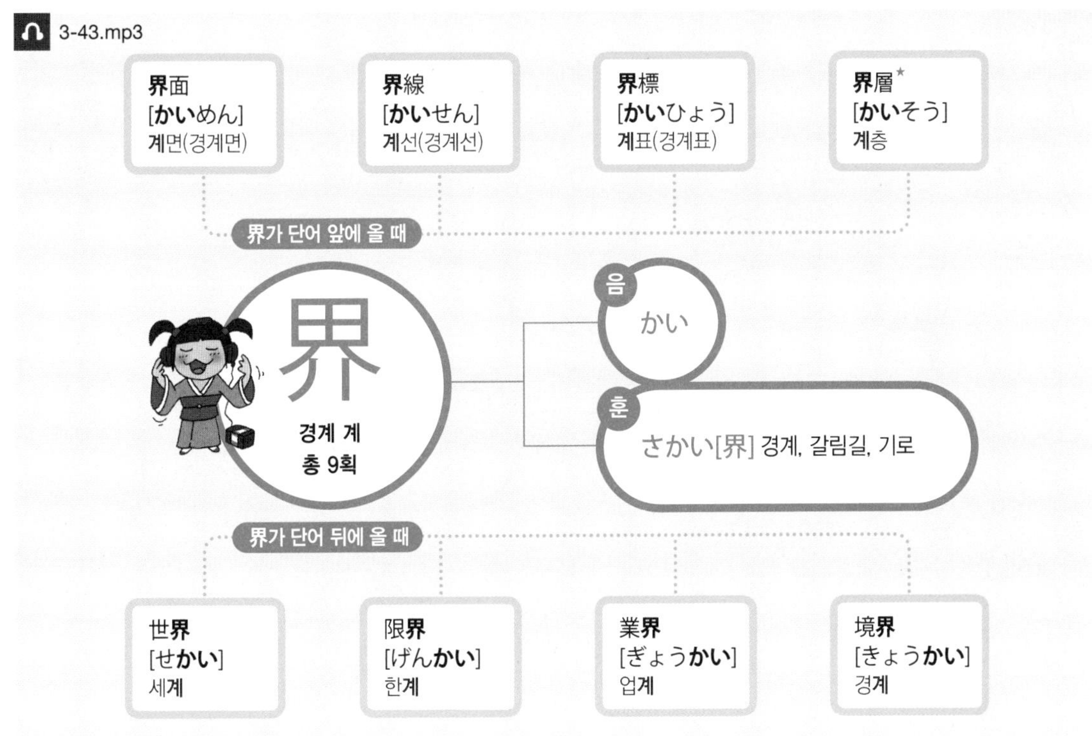

★ '계층'은 일반적으로는 **界** 대신 **階**를 써서 **階層**라고 해요!

3-44.mp3

무작정 따라하기

밑줄 친 한자어에 유의하면서 아래 문장을 읽어 보세요.

この界線は越えないでください。 이 경계선은 넘지 마세요.

運動を続けることに限界を感じています。 운동을 계속하는 것에 한계를 느끼고 있습니다.

このビルが世界でいちばん高いです。 이 빌딩이 세계에서 가장 높습니다.

その企業は業界で1位を占めています。 그 기업은 업계에서 1위를 차지하고 있습니다.

越える[こえる] 넘다
運動[うんどう] 운동
続ける[つづける] 계속하다
こと 일, 것
感じる[かんじる] 느끼다
高い[たかい] 높다, 비싸다
企業[きぎょう] 기업
1位[いちい] 1위
占める[しめる] 차지하다

직접 써 보세요! 1 界線 ＿＿せん 2 限界 げん＿＿ 3 계층 ＿＿層 4 세계 世＿＿

23

모음 ㅗ를 〈お단+う〉로 읽는 한자

考[고]는 こう라고 읽는다!

1단계 오디오를 먼저 들어 보세요. ▶ **2단계** 책을 보면서 학습해 보세요. ▶ **3단계** 직접 써 보세요

3-45.mp3

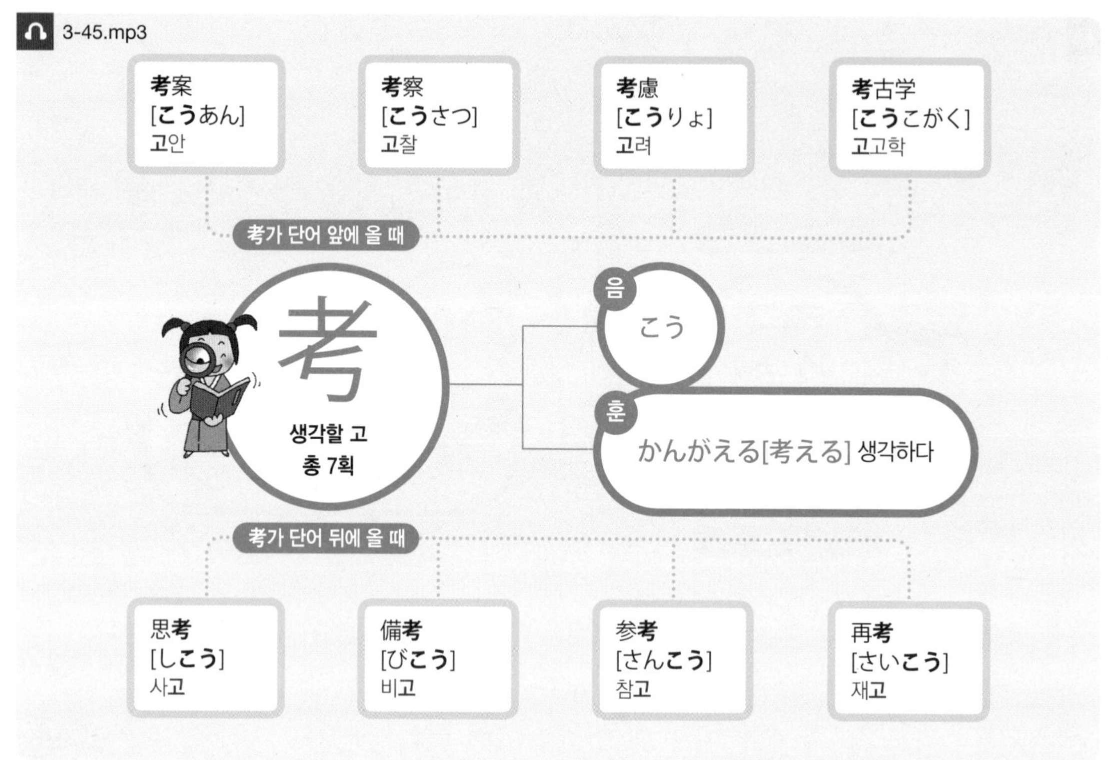

3-46.mp3

무작정 따라하기

他人[たにん] 타인, 남
立場[たちば] 입장
難しい[むずかしい] 어렵다
本[ほん] 책
何[なに] 무엇
書く[かく] 쓰다

밑줄 친 한자어에 유의하면서 아래 문장을 읽어 보세요.

他人の立場まで考慮することは難しいです。
타인의 입장까지 고려하는 것은 어렵습니다.

私がそのデザインを考案しました。 제가 그 디자인을 고안했습니다.

この本を参考にしてもいいですか。 이 책을 참고로 해도 됩니까?

備考には何を書くんですか。 비고에는 무엇을 쓰는 겁니까?

직접 써 보세요! 1 考察 ____さつ 2 思考 し____ 3 고안 ____案 4 참고 参____

모음 ㅗ를 〈・ょ｜う〉로 읽는 한자

24 少^소는 しょう라고 읽는다!

1단계 오디오를 먼저 들어 보세요. ▶ **2단계** 책을 보면서 학습해 보세요. ▶ **3단계** 직접 써 보세요.

3-47.mp3

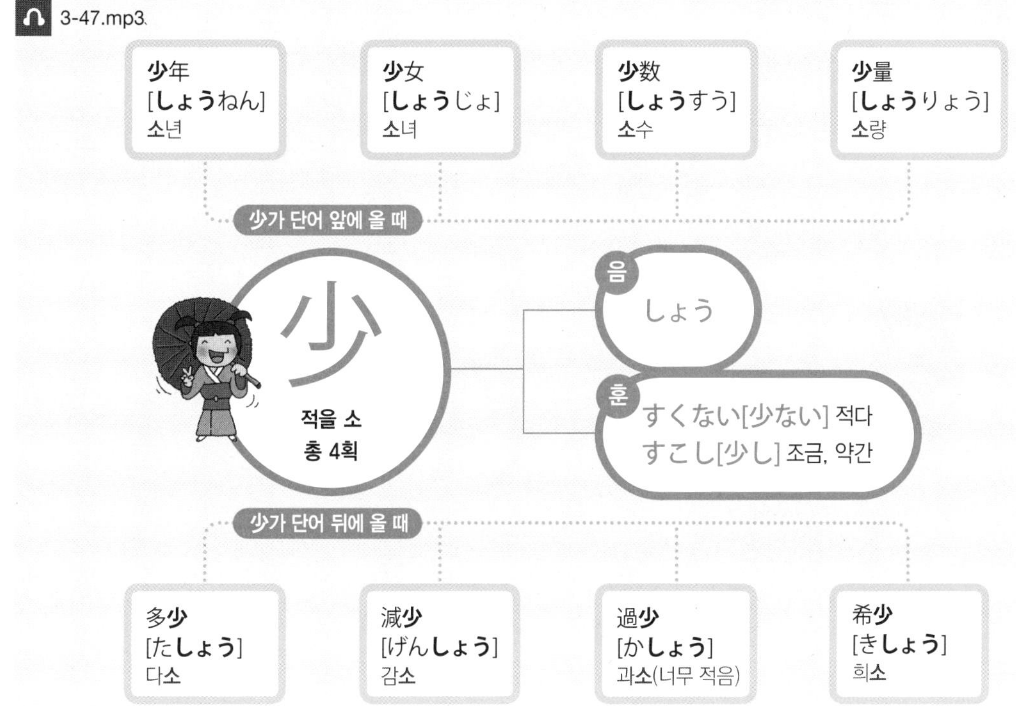

3-48.mp3

무작정 따라하기

밑줄 친 한자어에 유의하면서 아래 문장을 읽어 보세요.

- 人[ひと] 사람(들)
- 反対[はんたい] 반대
- 写真[しゃしん] 사진
- 中[なか] 속, 안
- 誰[だれ] 누구
- 最近[さいきん] 요즘, 최근
- 子ども[こども] 아이, 어린이
- 数[かず] 수
- 結果[けっか] 결과
- 予想[よそう] 예상
- 違う[ちがう] 다르다

少数の人が反対をしています。 소수의 사람들이 반대를 하고 있습니다.

この写真の中の少年は誰ですか。 이 사진 속의 소년은 누구입니까?

最近、子どもの数が減少しているそうです。 요즘 아이들 수가 감소하고 있다고 합니다.

結果が私の予想とは多少違いました。 결과가 제 예상과는 다소 달랐습니다.

직접 써 보세요! 1 少数 ______ すう 2 過少 か ______ 3 소년 ______ 年 4 감소 減 ______

25

모음 ㅚ를 〈あ단+い〉로 읽는 한자

会[회]는 かい라고 읽는다!

1단계 오디오를 먼저 들어 보세요. ▶ **2단계** 책을 보면서 학습해 보세요. ▶ **3단계** 직접 써 보세요.

3-49.mp3

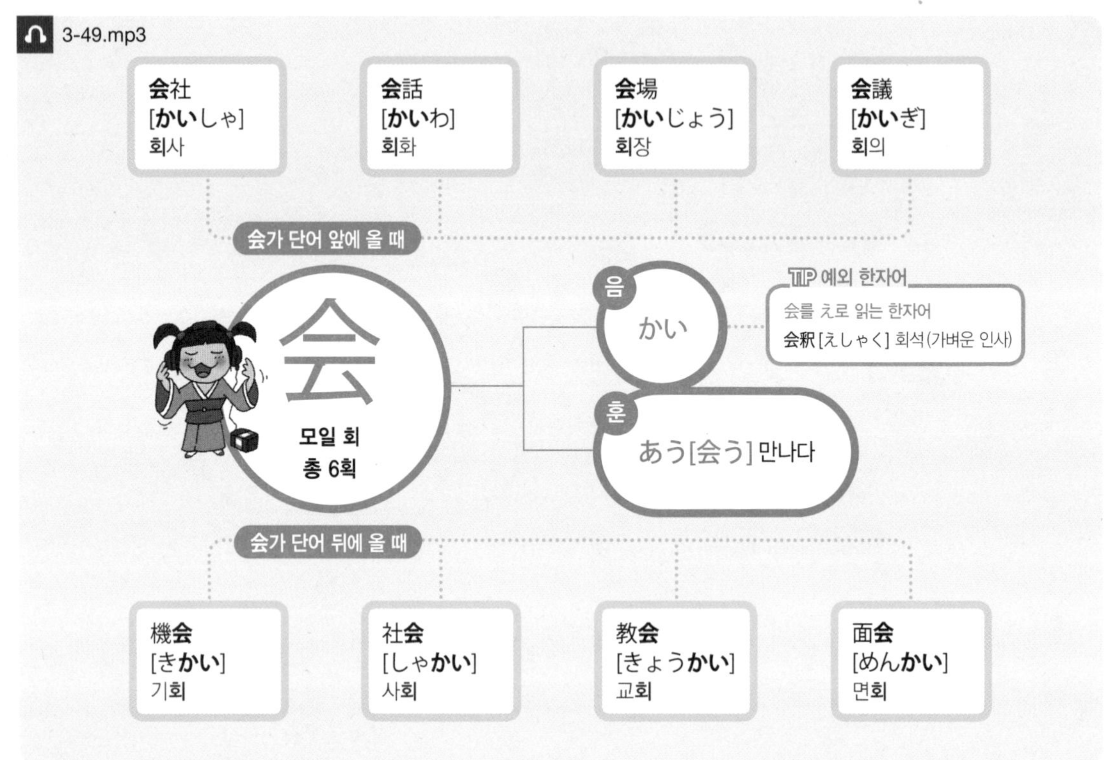

3-50.mp3

무작정 따라하기

밑줄 친 한자어에 유의하면서 아래 문장을 읽어 보세요.

<u>会社</u>までは地下鉄で30分くらいかかります。
회사까지는 지하철로 30분 정도 걸립니다.

今日の<u>会議</u>は午後2時にあります。 오늘 회의는 오후 2시에 있습니다.

こんな<u>機会</u>は二度とないと思います。 이런 기회는 두 번 다시 없을 것 같습니다.

毎週日曜日は<u>教会</u>に行っています。 매주 일요일은 교회에 가고 있습니다.

地下鉄[ちかてつ] 지하철
30分[さんじゅっぷん] 30분
かかる 걸리다
今日[きょう] 오늘
午後[ごご] 오후
二度[にど] 두 번
思う[おもう] 생각하다
毎週[まいしゅう] 매주
日曜日[にちようび] 일요일
行く[いく] 가다

직접 써 보세요! 1 会場 ______じょう 2 機会 き______ 3 회화 ______話 4 사회 社______

26

모음 ㅠ를 〈~ㅑ+う〉로 읽는 한자

料료는 りょう라고 읽는다!

1단계 오디오를 먼저 들어 보세요. ▶ **2단계** 책을 보면서 학습해 보세요. ▶ **3단계** 직접 써 보세요.

3-51.mp3

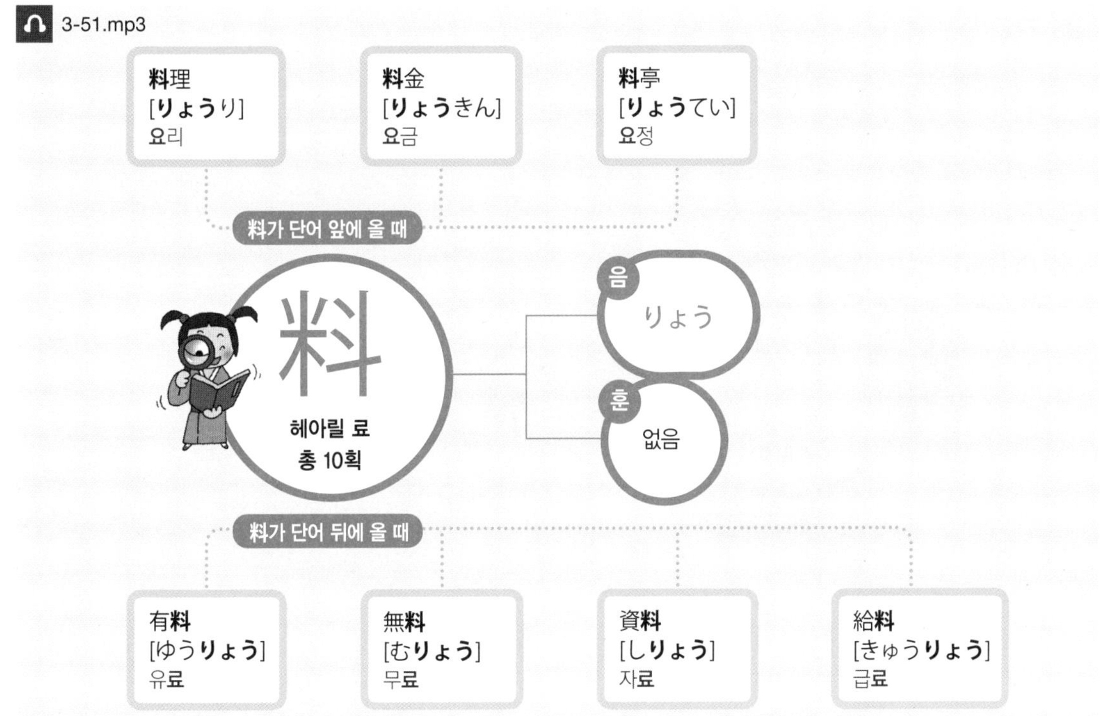

3-52.mp3

무작정 따라하기

作る[つくる] 만들다
あまり 그다지, 별로
おいしい 맛있다
消費税[しょうひぜい] 소비세
入る[はいる] 들어가다, 들어오다
全部[ぜんぶ] 전부
上がる[あがる] 오르다

밑줄 친 한자어에 유의하면서 아래 문장을 읽어 보세요.

私が作った料理はあまりおいしくありません。 제가 만든 요리는 별로 맛이 없습니다.

この料金に消費税も入っていますか。 이 요금에 소비세도 들어 있습니까?

この資料を全部コピーしてください。 이 자료를 전부 복사해 주세요.

給料が10パーセントくらい上がりました。 급료가 10% 정도 올랐습니다.

직접 써 보세요! 1 料金 ＿＿きん 2 無料 む＿＿ 3 요리 ＿＿理 4 자료 資＿＿

27

모음 ㅛ를 〈お단+う〉로 읽는 한자

校[교]는 こう라고 읽는다!

1단계 오디오를 먼저 들어 보세요. ▶ **2단계** 책을 보면서 학습해 보세요. ▶ **3단계** 직접 써 보세요.

3-53.mp3

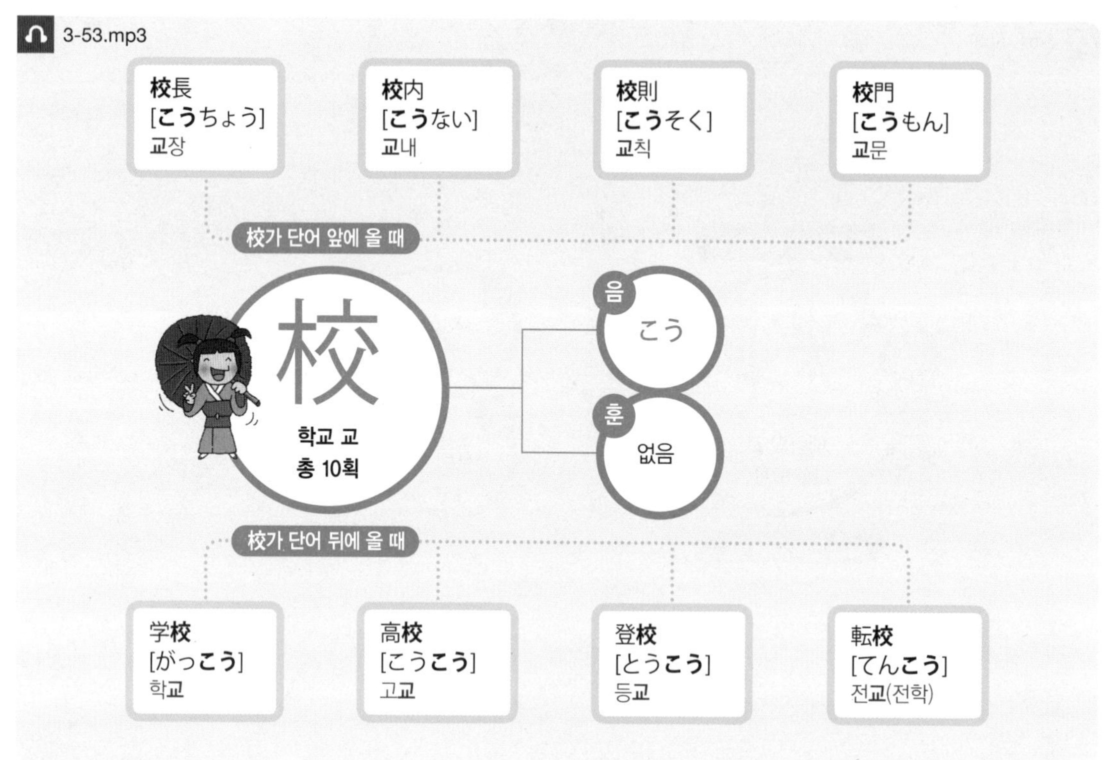

3-54.mp3

무작정 따라하기

学生[がくせい] 학생
必ず[かならず] 반드시, 꼭
守る[まもる] 지키다
携帯[けいたい] 휴대전화
使う[つかう] 쓰다, 사용하다
夫[おっと] 남편
英語[えいご] 영어
教える[おしえる] 가르치다
来月[らいげつ] 다음 달

밑줄 친 한자어에 유의하면서 아래 문장을 읽어 보세요.

学生なら、必ず校則を守ってください。 학생이라면 반드시 교칙을 지키세요.

校内では携帯を使ってはいけません。 교내에서는 휴대전화를 써서는 안 됩니다.

夫は高校で英語を教えています。 남편은 고등학교에서 영어를 가르치고 있습니다.

来月、転校しなければならなくなりました。 다음 달에 전학가야 하게 되었습니다.

직접 써 보세요! 1 校長 ______ちょう 2 高校 こう______ 3 교문 ______門 4 학교 学______

28

모음 ㅜ를 〈う단+う〉로 읽는 한자

数^수는 すう라고 읽는다!

1단계 오디오를 먼저 들어 보세요. ▶ **2단계** 책을 보면서 학습해 보세요. ▶ **3단계** 직접 써 보세요.

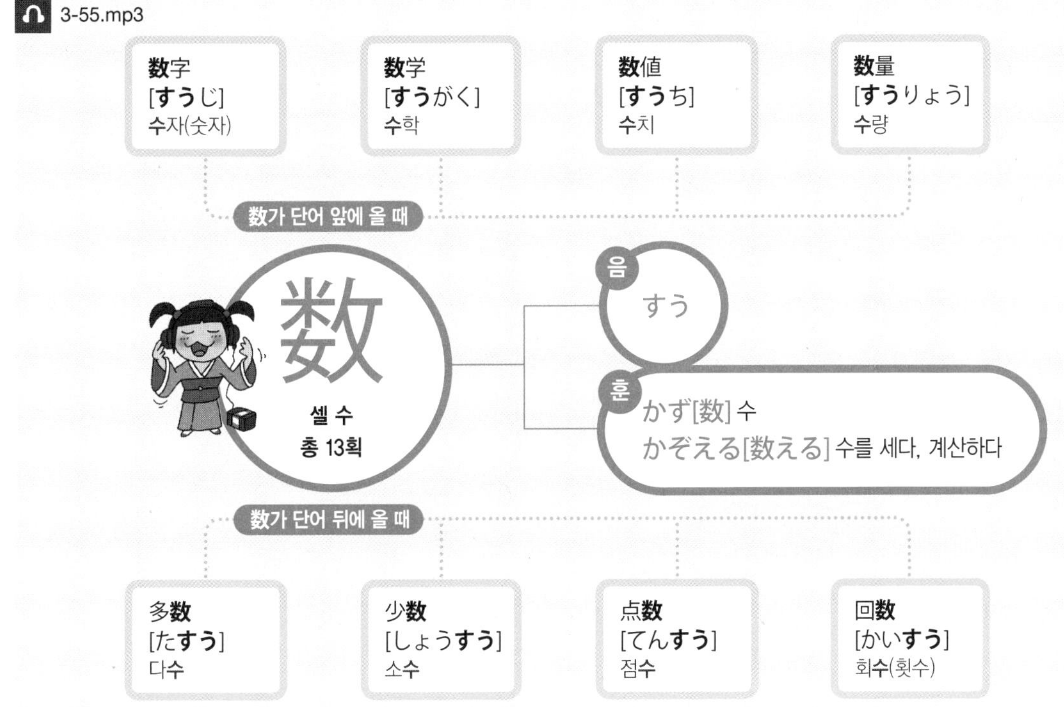

3-56.mp3

무작정 따라하기

밑줄 친 한자어에 유의하면서 아래 문장을 읽어 보세요.

数字を書くときはわかりやすく書きましょう。
숫자를 쓸 때는 알아보기 쉽게 씁시다.

私は英語より数学のほうが得意です。 저는 영어보다 수학을 더 잘합니다.

練習する回数を2倍に増やしました。 연습하는 횟수를 두 배로 늘렸습니다.

私の点数は友だちより10点も低いです。 제 점수는 친구보다 10점이나 낮습니다.

書く[かく] 쓰다
わかる 알다, 이해하다
英語[えいご] 영어
得意[とくい] 잘함
練習[れんしゅう] 연습
2倍[にばい] 2배
増やす[ふやす] 늘리다
友だち[ともだち] 친구
10点[じゅってん] 10점
低い[ひくい] 낮다

직접 써 보세요! 1 数字 ＿＿ じ 2 回数 かい ＿＿ 3 수학 ＿＿ 学 4 점수 点 ＿＿

29

모음 ㅜ를 〈う단+い〉로 읽는 한자

水^수는 すい라고 읽는다!

1단계 오디오를 먼저 들어 보세요. ▶ **2단계** 책을 보면서 학습해 보세요. ▶ **3단계** 직접 써 보세요

3-57.mp3

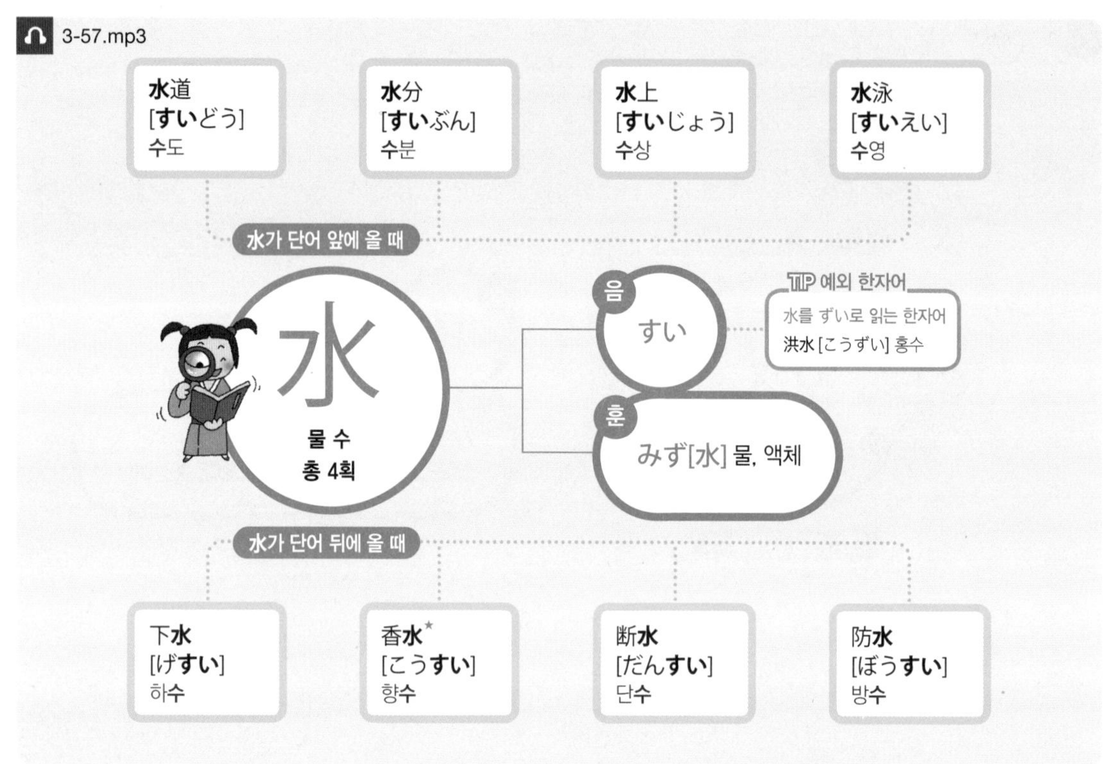

★ 香水(향수)와 降水(강수)는 똑같이 こうすい라고 읽어요!

3-58.mp3

무작정 따라하기

今年[ことし] 올해
夏[なつ] 여름
習う[ならう] 배우다
小学生[しょうがくせい] 초등학생
始める[はじめる] 시작하다
きつい 강하다
頭[あたま] 머리
痛い[いたい] 아프다
午前[ごぜん] 오전
1時間[いちじかん] 1시간

밑줄 친 한자어에 유의하면서 아래 문장을 읽어 보세요.

今年の夏には水上スキーを習いたいです。

올 여름에는 수상스키를 배우고 싶습니다.

私は小学生のときに水泳を始めました。 저는 초등학생 때 수영을 시작했습니다.

香水のにおいがきつくて頭が痛くなりました。

향수 냄새가 강해서 머리가 아파졌습니다.

午前9時から1時間くらい断水になるそうです。

오전 9시부터 1시간 정도 단수가 된다고 합니다.

직접 써 보세요! 1 水泳 ___ えい 2 下水 げ ___ 3 수도 ___ 道 4 향수 香 ___

30

모음 ㅜ른 (~ゅ+う)로 읽는 한자

住[주]는 じゅう라고 읽는다!

1단계 오디오를 먼저 들어 보세요. ▶ **2단계** 책을 보면서 학습해 보세요. ▶ **3단계** 직접 써 보세요.

3-59.mp3

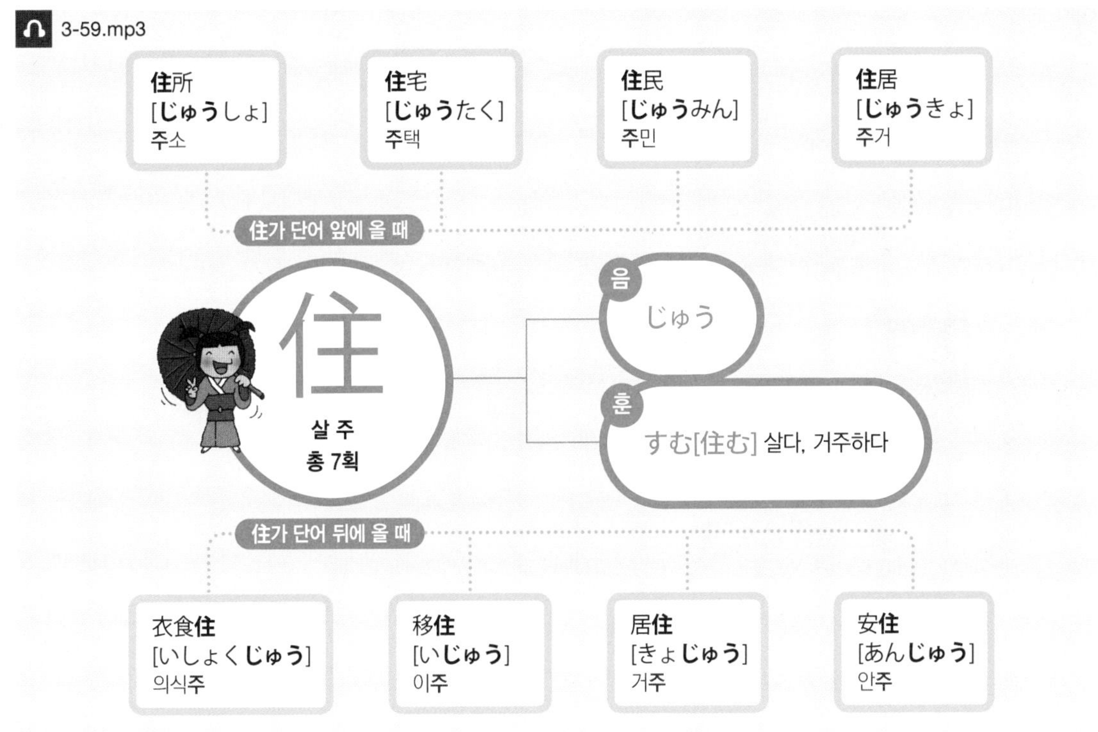

3-60.mp3

무작정 따라하기

- 先週[せんしゅう] 지난주
- 引っ越し[ひっこし] 이사
- 変わる[かわる] 바뀌다, 변하다
- 意見[いけん] 의견
- 聞く[きく] 듣다
- 証明[しょうめい] 증명
- 書類[しょるい] 서류
- 必要[ひつよう] 필요
- 人[ひと] 사람
- 生きる[いきる] 살다

밑줄 친 한자어에 유의하면서 아래 문장을 읽어 보세요.

先週、引っ越しをして住所が変わりました。
지난주에 이사를 해서 주소가 바뀌었습니다.

住民たちの意見も聞いてください。 주민들의 의견도 들어 주세요.

どこに居住しているかを証明する書類が必要です。
어디에 거주하고 있는지를 증명할 서류가 필요합니다.

人が生きていくには衣食住が必要です。 사람이 살아가려면 의식주가 필요합니다.

직접 써 보세요! 1 住宅 [ ]たく 2 居住 きょ[ ] 3 주소 [ ]所 4 이주 移[ ]

31

모음 ㅜ를 〈お단+う〉로 읽는 한자

口[구]는 こう라고 읽는다!

1단계 오디오를 먼저 들어 보세요. ▶ **2단계** 책을 보면서 학습해 보세요. ▶ **3단계** 직접 써 보세요.

3-61.mp3

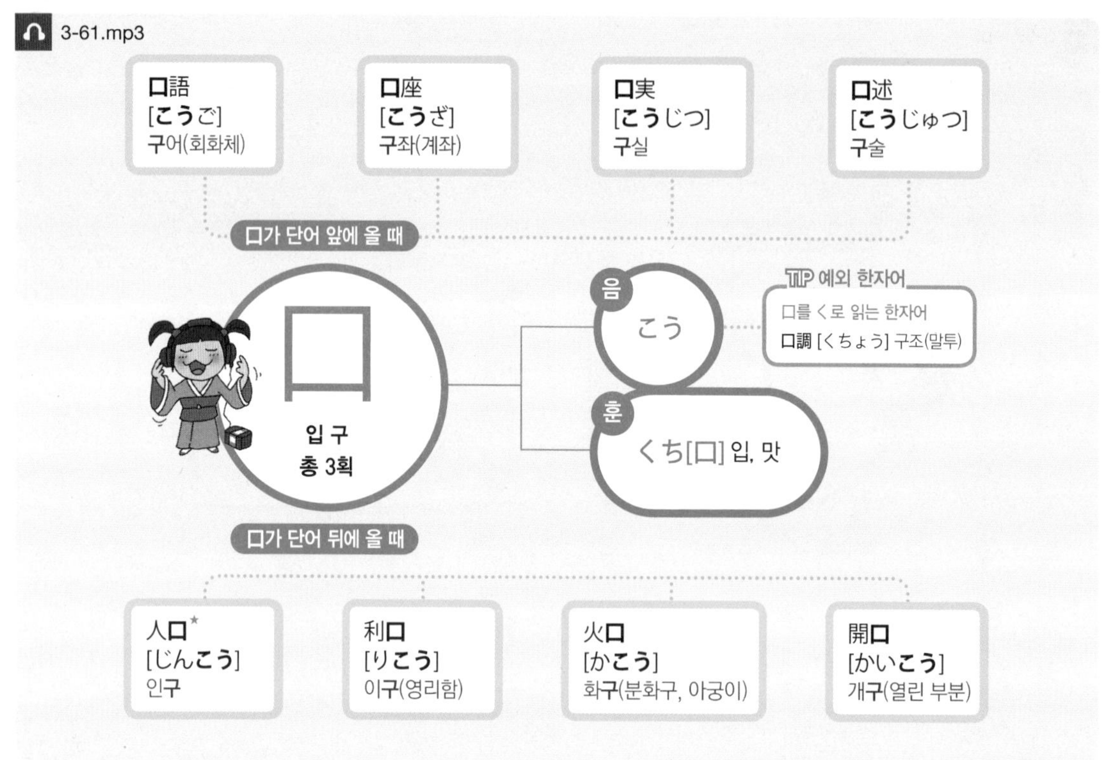

★ 人口(인구)와 人工(인공)은 똑같이 じんこう라고 읽어요!

3-62.mp3

무작정 따라하기

밑줄 친 한자어에 유의하면서 아래 문장을 읽어 보세요.

この言葉は<u>口語</u>でよく使います。 이 말은 구어에서 자주 씁니다.

銀行で新しい<u>口座</u>を作りました。 은행에서 새 계좌를 만들었습니다.

都会は田舎より<u>人口</u>が多いです。 도시는 시골보다 인구가 많습니다.

あの子はとても<u>利口</u>だそうです。 저 아이는 매우 영리하다고 합니다.

言葉[ことば] 말, 단어
使う[つかう] 쓰다, 사용하다
銀行[ぎんこう] 은행
新しい[あたらしい] 새롭다
作る[つくる] 만들다
都会[とかい] 도회, 도시
田舎[いなか] 시골
多い[おおい] 많다
子[こ] 아이

직접 써 보세요! 1 口語 ____ご 2 利口 り____ 3 구실 ____実 4 인구 人____

32

모음 ㅠ를 〈りゅう〉로 읽는 한자

流[류]는 りゅう라고 읽는다!

1단계 오디오를 먼저 들어 보세요. ▶ **2단계** 책을 보면서 학습해 보세요. ▶ **3단계** 직접 써 보세요.

3-63.mp3

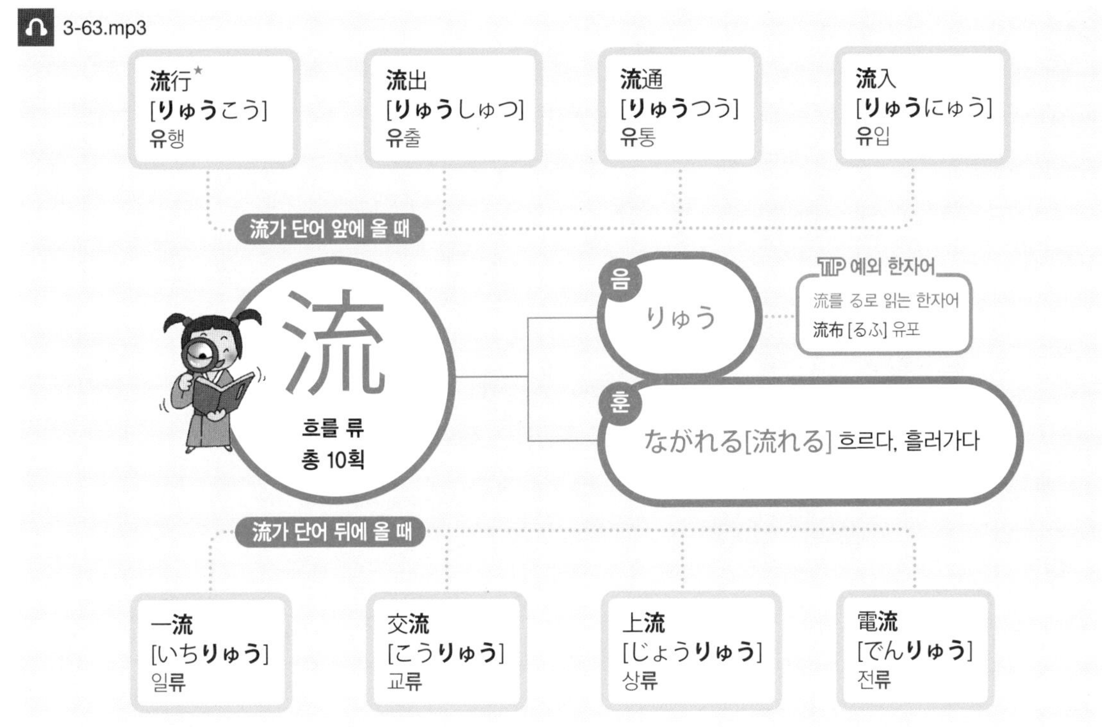

★ 流行(유행)은 일상 회화에서는 **はやり**라고 읽는 경우가 많아요!

3-64.mp3

무작정 따라하기

最近[さいきん] 요즘, 최근
不注意[ふちゅうい] 부주의
重要[じゅうよう] 중요함
資料[しりょう] 자료
川[かわ] 강
水[みず] 물
流れ[ながれ] 흐름
強い[つよい] 세다, 강하다
大学[だいがく] 대학(교)
卒業[そつぎょう] 졸업
なかなか 좀처럼
就職[しゅうしょく] 취직

밑줄 친 한자어에 유의하면서 아래 문장을 읽어 보세요.

最近もミニスカートが流行していますか。

요즘도 미니스커트가 유행하고 있습니까?

私の不注意で、重要な資料を流出してしまいました。

제 부주의로 중요한 자료를 유출하고 말았습니다.

この川の上流は水の流れが強いです。

이 강의 상류는 물의 흐름이 셉니다.

一流の大学を卒業しても、なかなか就職できません。

일류 대학을 졸업해도 좀처럼 취직이 안됩니다.

직접 써 보세요! 1 流出 ＿＿ しゅつ 2 上流 じょう ＿＿ 3 유행 ＿＿ 行 4 교류 交 ＿＿

33

모음 ㅠ를 〈う단+う〉로 읽는 한자

有^유는 ゆう라고 읽는다!

1단계 오디오를 먼저 들어 보세요. ▶ **2단계** 책을 보면서 학습해 보세요. ▶ **3단계** 직접 써 보세요.

3-65.mp3

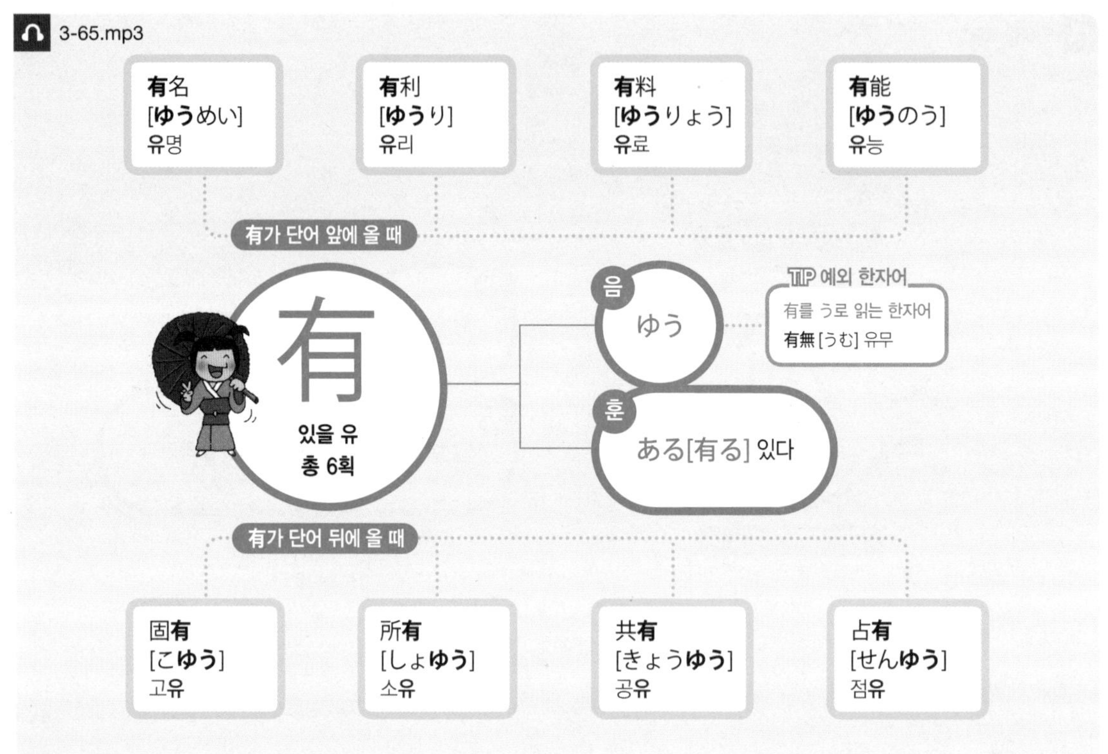

3-66.mp3

무작정 따라하기

- 彼女[かのじょ] 그녀
- 日本[にほん] 일본
- 歌手[かしゅ] 가수
- 公園[こうえん] 공원
- 駐車場[ちゅうしゃじょう] 주차장
- 製品[せいひん] 제품
- 番号[ばんごう] 번호
- つく 붙다, 달리다
- 友だち[ともだち] 친구
- 資料[しりょう] 자료

밑줄 친 한자어에 유의하면서 아래 문장을 읽어 보세요.

彼女は日本でとても<u>有名</u>な歌手です。 그녀는 일본에서 아주 유명한 가수입니다.

この公園の駐車場は<u>有料</u>です。 이 공원의 주차장은 유료입니다.

この製品には<u>固有</u>の番号がついています。 이 제품에는 고유 번호가 붙어 있습니다.

友だちとレポートの資料を<u>共有</u>しています。 친구와 리포트 자료를 공유하고 있습니다.

직접 써 보세요! 1 有料 りょう 2 所有 しょ 3 유명 名 4 고유 固

예외 한자 법칙

類[류]는 모음 ㅠ를 〈う 단+い〉인 るい로 읽는다!

▶ **類(류)는 るい로 읽는다!**

るい로 읽는 類	**類**型 [**るい**けい] 유형	**類**似 [**るい**じ] 유사	分**類** [ぶん**るい**] 분류	種**類** [しゅ**るい**] 종류

これと類似の事故が起きないとは言えません。

이것과 유사한 사건이 일어나지 않는다고는 말하지 못합니다.

カードを形によって分類してください。

카드를 모양에 따라 분류해 주세요.

단어

事故[じこ] 사고
起きる[おきる] 일어나다
~とは ~라고는
言う[いう] 말하다
形[かたち] 모양, 형태
~によって ~에 의하여, ~에 따라

확인문제

1. 밑줄 친 한자의 읽는 음을 보기에서 골라 보세요.

보기				
① せい	② こう	③ てい	④ しょう	⑤ かい
⑥ すう	⑦ たい	⑧ じゅう	⑨ りょう	⑩ けい

01 体温 (　　　　　)　　02 時計 (　　　　　)

03 開発 (　　　　　)　　04 移住 (　　　　　)

05 制服 (　　　　　)　　06 海底 (　　　　　)

07 少年 (　　　　　)　　08 参考 (　　　　　)

09 数学 (　　　　　)　　10 有料 (　　　　　)

2. 밑줄 친 한자의 읽는 음을 히라가나로 직접 써 보세요.

01 流行 (　　　)こう　　02 機会 き(　　　)

03 計算 (　　　)さん　　04 種類 しゅ(　　　)

05 考案 (　　　)あん　　06 資料 し(　　　)

07 水分 (　　　)ぶん　　08 点数 てん(　　　)

09 底面 (　　　)めん　　10 居住 きょ(　　　)

* 정답&해설은 280쪽에 있습니다.

3. 한자의 읽는 음에 해당하는 한자를 보기에서 골라 보세요.

보기

① 家	② 会	③ 限	④ 有	⑤ 料
⑥ 口	⑦ 下	⑧ 多	⑨ 住	⑩ 高
⑪ 計	⑫ 校	⑬ 社	⑭ 数	⑮ 金
⑯ 界	⑰ 名	⑱ 語	⑲ 水	⑳ 所

01 ゆう・めい 유명 (　　) (　　)
02 こう・こう 고교 (　　) (　　)
03 かい・しゃ 회사 (　　) (　　)
04 た・すう 다수 (　　) (　　)
05 じゅう・しょ 주소 (　　) (　　)
06 げん・かい 한계 (　　) (　　)
07 こう・ご 구어 (　　) (　　)
08 げ・すい 하수 (　　) (　　)
09 りょう・きん 요금 (　　) (　　)
10 か・けい 가계 (　　) (　　)

4. 밑줄 친 한자의 읽는 음에 해당하는 한자를 직접 써 보세요.

01 かいてん 개점 (　　)店
02 ぜんたい 전체 全 (　　)
03 しょうじょ 소녀 (　　)女
04 こうりゅう 교류 交 (　　)
05 せいど 제도 (　　)度
06 ごうけい 합계 合 (　　)
07 ゆうり 유리 (　　)利
08 しょるい 서류 書 (　　)
09 すいどう 수도 (　　)道
10 じんこう 인구 人 (　　)

일본어 한자

| 넷째마당 |

끝소리 받침을 읽는 법칙

일본어 한자 읽기의 최종 마무리 단계입니다. 여섯 가지나 되는 우리말 받침을 읽는 법칙까지 익혀야 진정한 일본어 한자 읽기가 마무리됩니다. 우리말 받침을 읽는 법칙만 제대로 알고 쓸 수 있다면 큰 어려움 없이 일본어 한자를 읽을 수 있기 때문에 가장 중요한 부분입니다.

01 ㄱ받침을 く・き로 읽는 법칙

[모음ㅏ+ㄱ받침]은 〈あ단+く〉・〈~ゃ+く〉로 읽는다!

01 [모음ㅏ+ㄱ받침]을 〈あ단+く〉로 읽는 한자 _ 学(학)은 がく라고 읽는다!

02 [모음ㅏ+ㄱ받침]을 〈~ゃ+く〉로 읽는 한자 _ 着(착)은 ちゃく라고 읽는다!

| 예외 한자 법칙 | 刻(각)은 [모음ㅏ+ㄱ받침]을 〈お단+く〉인 こく로 읽는다!

[모음ㅐ+ㄱ받침]은 〈あ단+く〉・〈~ゃ+く〉로 읽는다!

03 [모음ㅐ+ㄱ받침]을 〈あ단+く〉로 읽는 한자 _ 白(백)은 はく라고 읽는다!

04 [모음ㅐ+ㄱ받침]을 〈~ゃ+く〉로 읽는 한자 _ 客(객)은 きゃく라고 읽는다!

| 예외 한자 법칙 | 色(색)은 [모음ㅐ+ㄱ받침]을 〈~ょ+く〉인 しょく로 읽는다!

[모음ㅑ+ㄱ받침]은 〈~ゃ+く〉・〈あ단+く〉로 읽는다!

05 [모음ㅑ+ㄱ받침]을 〈~ゃ+く〉로 읽는 한자 _ 弱(약)은 じゃく라고 읽는다!

06 [모음ㅑ+ㄱ받침]을 〈あ단+く〉로 읽는 한자 _ 薬(약)은 やく라고 읽는다!

[모음ㅓ+ㄱ받침]은 〈え단+き〉로 읽는다!

07 [모음ㅓ+ㄱ받침]을 〈え단+き〉로 읽는 한자 _ 石(석)은 せき라고 읽는다!

| 예외 한자 법칙 | 億・憶(억)은 [모음ㅓ+ㄱ받침]을 〈お단+く〉인 おく로 읽는다!

[모음ㅕ+ㄱ받침]은 〈~ょ+く〉・〈え단+き〉로 읽는다!

08 [모음ㅕ+ㄱ받침]을 〈~ょ+く〉로 읽는 한자 _ 力(력)은 りょく라고 읽는다!

| 예외 한자 법칙 | 格(격)은 [모음ㅕ+ㄱ받침]을 〈あ단+く〉인 かく로 읽는다!

09 [모음ㅕ+ㄱ받침]을 〈え단+き〉로 읽는 한자 _ 駅(역)은 えき라고 읽는다!

| 예외 한자 법칙 | 域(역)은 [모음ㅕ+ㄱ받침]을 〈い단+き〉인 いき로 읽는다!

[모음ㅗ+ㄱ받침]은 〈お단+く〉・〈~ょ+く〉로 읽는다!

10 [모음ㅗ+ㄱ받침]을 〈お단+く〉로 읽는 한자 _ 目(목)은 もく라고 읽는다!

11 [모음ㅗ+ㄱ받침]을 〈~ょ+く〉로 읽는 한자 _ 曲(곡)은 きょく라고 읽는다!

| 예외 한자 법칙 | 服・福・復・複(복)은 [모음ㅗ+ㄱ받침]을 〈う단+く〉인 ふく로 읽는다!

[모음ㅜ+ㄱ받침]은 〈~ゅ+く〉・〈お단+く〉로 읽는다!

12 [모음ㅜ+ㄱ받침]을 〈~ゅ+く〉로 읽는 한자 _ 宿(숙)은 しゅく라고 읽는다!

13 [모음ㅜ+ㄱ받침]을 〈お단+く〉로 읽는 한자 _ 国(국)은 こく라고 읽는다!

| 예외 한자 법칙 | 局(국)은 [모음ㅜ+ㄱ받침]을 〈~ょ+く〉인 きょく로 읽는다!

[모음ㅠ+ㄱ받침]은 〈い단+く〉로 읽는다!

14 [모음ㅠ+ㄱ받침]을 〈い단+く〉로 읽는 한자 _ 育(육)은 いく라고 읽는다!

[모음ㅡ+ㄱ받침]은 〈お단+く〉・〈~ょ+く〉로 읽는다!

15 [모음ㅡ+ㄱ받침]을 〈お단+く〉로 읽는 한자 _ 特(특)은 とく라고 읽는다!

16 [모음ㅡ+ㄱ받침]을 〈~ょ+く〉로 읽는 한자 _ 極(극)은 きょく라고 읽는다!

| 예외 한자 법칙 | 劇(극)은 [모음ㅡ+ㄱ받침]을 〈え단+き〉인 げき로 읽는다!

[모음ㅣ+ㄱ받침]은 〈~ょ+く〉・〈い단+き〉로 읽는다!

17 [모음ㅣ+ㄱ받침]을 〈~ょ+く〉로 읽는 한자 _ 食(식)은 しょく라고 읽는다!

18 [모음ㅣ+ㄱ받침]을 〈い단+き〉로 읽는 한자 _ 式(식)은 しき라고 읽는다!
| **예외 한자 법칙** | 則(칙)은 [모음ㅣ+ㄱ받침]을 〈お단+く〉인 そく로 읽는다!
| **ㄱ받침 예외 한자** |
暴(폭/포)는 ㄱ받침이 있는데도 く 없이 ぼう라고 읽는다!
告(고)는 ㄱ받침이 없는데도 く를 넣어서 こく라고 읽는다!

02 ㄴ받침을 ん으로 읽는 법칙

[모음ㅏ+ㄴ받침]은 〈あ단+ん〉으로 읽는다!

19 [모음ㅏ+ㄴ받침]을 〈あ단+ん〉으로 읽는 한자 _ 産(산)은 さん이라고 읽는다!

[모음ㅓ+ㄴ받침]・[모음ㅕ+ㄴ받침]은 〈え단+ん〉으로 읽는다!

20 [모음ㅓ+ㄴ받침]을 〈え단+ん〉으로 읽는 한자 _ 前(전)은 ぜん이라고 읽는다!
21 [모음ㅕ+ㄴ받침]을 〈え단+ん〉으로 읽는 한자 _ 見(견)은 けん이라고 읽는다!

[모음ㅗ+ㄴ받침]은 〈お단+ん〉으로 읽는다!

22 [모음ㅗ+ㄴ받침]을 〈お단+ん〉으로 읽는 한자 _ 論(론)은 ろん이라고 읽는다!

[모음ㅘ+ㄴ받침]은 〈あ단+ん〉으로 읽는다!

23 [모음ㅘ+ㄴ받침]을 〈あ단+ん〉으로 읽는 한자 _ 館(관)은 かん이라고 읽는다!

[모음ㅜ+ㄴ받침]은 〈う단+ん〉・〈~ゅ+ん〉으로 읽는다!

24 [모음ㅜ+ㄴ받침]을 〈う단+ん〉으로 읽는 한자 _ 文(문)은 ぶん이라고 읽는다!
25 [모음ㅜ+ㄴ받침]을 〈~ゅ+ん〉으로 읽는 한자 _ 順(순)은 じゅん이라고 읽는다!
| **예외 한자 법칙** | 門・問(문)은 [모음ㅜ+ㄴ받침]을 〈お단+ん〉인 もん으로 읽는다!

[모음ㅝ+ㄴ받침]은 〈あ단+ん〉・〈え단+ん〉으로 읽는다!

26 [모음ㅝ+ㄴ받침]을 〈あ단+ん〉으로 읽는 한자 _ 願(원)은 がん이라고 읽는다!
27 [모음ㅝ+ㄴ받침]을 〈え단+ん〉으로 읽는 한자 _ 原(원)은 げん이라고 읽는다!
| **예외 한자 법칙** | 員・院(원)은 [모음ㅝ+ㄴ받침]을 〈い단+ん〉인 いん으로 읽는다!

[모음ㅡ+ㄴ받침]・[모음ㅣ+ㄴ받침]은 〈い단+ん〉으로 읽는다!

28 [모음ㅡ+ㄴ받침]을 〈い단+ん〉으로 읽는 한자 _ 銀(은)은 ぎん이라고 읽는다.
29 [모음ㅣ+ㄴ받침]을 〈い단+ん〉으로 읽는 한자 _ 引(인)은 いん이라고 읽는다.
| **ㄴ 받침 예외 한자** | 洗(세)는 ㄴ받침이 없는데도 ん을 넣어서 せん이라고 읽는다!

03 ㄹ받침을 つ・ち로 읽는 법칙

[모음ㅏ+ㄹ받침]은 〈あ단+つ〉・〈あ단+ち〉로 읽는다!

30 [모음ㅏ+ㄹ받침]을 〈あ단+つ〉로 읽는 한자 _ 発(발)은 はつ라고 읽는다!
31 [모음ㅏ+ㄹ받침]을 〈あ단+ち〉로 읽는 한자 _ 八(팔)은 はち라고 읽는다!

[모음ㅓ+ㄹ받침]・[모음ㅕ+ㄹ받침]은 〈え단+つ〉로 읽는다!

32 [모음ㅓ+ㄹ받침]을 〈え단+つ〉로 읽는 한자 _ 切(절)은 せつ라고 읽는다!
33 [모음ㅕ+ㄹ받침]을 〈え단+つ〉로 읽는 한자 _ 別(별)은 べつ라고 읽는다!

[모음ㅘ+ㄹ받침]은 〈あ단+つ〉로 읽는다!

34 [모음ㅘ+ㄹ받침]을 〈あ단+つ〉로 읽는 한자 _ 活(활)은 かつ라고 읽는다!

[모음ㅜ+ㄹ받침]은 〈う단+つ〉・〈~ゅ+つ〉로 읽는다!

35 [모음ㅜ+ㄹ받침]을 〈う단+つ〉로 읽는 한자 _ 物(물)은 ぶつ라고 읽는다!

36 [모음ㅜ+ㄹ받침]을 〈~ゅ+つ〉로 읽는 한자 _ 出(출)은 しゅつ라고 읽는다!

[모음ㅝ+ㄹ 받침]은 〈え단+つ〉로 읽는다!

37 [모음ㅝ+ㄹ받침]을 〈え단+つ〉로 읽는 한자 _ 月(월)은 げつ라고 읽는다!

[모음ㅣ+ㄹ 받침]은 〈い단+つ〉 / 〈い단+ち〉로 읽는다!

38 [모음ㅣ+ㄹ받침]을 〈い단+つ〉로 읽는 한자 _ 室(실)은 しつ라고 읽는다!

39 [모음ㅣ+ㄹ받침]을 〈い단+ち〉로 읽는 한자 _ 日(일)은 にち라고 읽는다!

| **ㄹ받침 예외 한자** | 不(불/부)는 ㄹ받침이 있는데도 つ 없이 ふ・ぶ라고 읽는다!

04 ㅁ받침을 ん으로 읽는 법칙

[모음ㅏ+ㅁ받침]은 〈あ단+ん〉으로 읽는다!

40 [모음ㅏ+ ㅁ받침]을 〈あ단+ん〉으로 읽는 한자 _ 南(남)은 なん이라고 읽는다!

| **예외 한자 법칙** | 森(삼)은 [모음ㅏ+ㅁ받침]을 〈い단+ん〉인 しん으로 읽는다!

[모음ㅓ+ㅁ받침]・[모음ㅕ+ㅁ받침]은 〈え단+ん〉으로 읽는다!

41 [모음ㅓ+ㅁ받침]을 〈え단+ん〉으로 읽는 한자 _ 店(점)은 てん이라고 읽는다!

42 [모음ㅕ+ㅁ받침]을 〈え단+ん〉으로 읽는 한자 _ 塩(염)은 えん이라고 읽는다!

[모음ㅡ+ㅁ받침]은 〈お단+ん〉・〈い단+ん〉으로 읽는다!

43 [모음ㅡ+ㅁ받침]을 〈お단+ん〉으로 읽는 한자 _ 音(음)은 おん이라고 읽는다!

44 [모음ㅡ+ㅁ받침]을 〈い단+ん〉으로 읽는 한자 _ 金(금)은 きん이라고 읽는다!

[모음ㅣ+ㅁ받침]은 〈い단+ん〉으로 읽는다!

45 [모음ㅣ+ㅁ받침]을 〈い단+ん〉으로 읽는 한자 _ 心(심)은 しん이라고 읽는다!

| **예외 한자 법칙** | 品(품)은 [모음ㅜ+ㅁ받침]을 〈い단+ん〉인 ひん으로 읽는다!

05 ㅂ받침을 つ・う로 읽는 법칙

[모음ㅏ+ㅂ받침]은 〈あ단+つ〉・〈お단+う〉로 읽는다!

46 [모음ㅏ+ ㅂ받침]을 〈あ단+つ〉로 읽는 한자 _ 雑(잡)은 ざつ라고 읽는다!

47 [모음ㅏ+ ㅂ받침]을 〈お단+う〉로 읽는 한자 _ 合(합)은 ごう라고 읽는다!

[모음ㅓ+ㅂ받침]・[모음ㅕ+ㅂ받침]은 〈~ょ+う〉로 읽는다!

48 [모음ㅓ+ ㅂ받침]을 〈~ょ+う〉로 읽는 한자 _ 業(업)은 ぎょう라고 읽는다!

49 [모음ㅕ+ ㅂ받침]을 〈~ょ+う〉로 읽는 한자 _ 協(협)은 きょう라고 읽는다!

[모음ㅡ+ㅂ받침]은 〈~ゅ+う〉로 읽는다!

50 [모음 ㅡ+ㅂ받침]을 〈~ゅ+う〉로 읽는 한자 _ 習(습)은 しゅう라고 읽는다!

[모음ㅣ+ㅂ받침]은 〈い단+つ〉・〈~ゅ+う〉로 읽는다!

51 [모음ㅣ+ㅂ받침]을 〈い단+つ〉로 읽는 한자 _ 立(립)은 りつ라고 읽는다!

52 [모음ㅣ+ㅂ받침]을 〈~ゅ+う〉로 읽는 한자 _ 集(집)은 しゅう라고 읽는다!

06 ㅇ받침을 い・う로 읽는 법칙

[모음ㅏ+ㅇ받침]은 〈お단+う〉・〈~ょ+う〉로 읽는다!

53 [모음ㅏ+ㅇ받침]을 〈お단+う〉로 읽는 한자 _ 方(방)은 ほう라고 읽는다!

54 [모음ㅏ+ㅇ받침]을 〈~ょ+う〉로 읽는 한자 _ 長(장)은 ちょう라고 읽는다!

[모음ㅐ+ㅇ받침]은 〈え단+い〉・〈お단+う〉로 읽는다!

55 [모음ㅐ+ㅇ받침]을 〈え단+い〉로 읽는 한자 _ 生(생)은 せい라고 읽는다!

56 [모음ㅐ+ㅇ받침]을 〈お단+う〉로 읽는 한자 _ 行(행)은 こう라고 읽는다!

[모음ㅑ+ㅇ받침]은 〈~ょ+う〉・〈お단+う〉로 읽는다!

57 [모음ㅑ+ㅇ받침]을 〈~ょ+う〉로 읽는 한자 _ 良(량)은 りょう라고 읽는다!

58 [모음ㅑ+ㅇ받침]을 〈お단+う〉로 읽는 한자 _ 向(향)은 こう라고 읽는다!

[모음ㅓ+ㅇ받침]은 〈え단+い〉・〈~ょ+う〉로 읽는다!

59 [모음ㅓ+ㅇ받침]을 〈え단+い〉로 읽는 한자 _ 声(성)은 せい라고 읽는다!

60 [모음ㅓ+ㅇ받침]을 〈~ょ+う〉로 읽는 한자 _ 情(정)은 じょう라고 읽는다!

[모음ㅕ+ㅇ받침]은 〈え단+い〉・〈~ょ+う〉로 읽는다!

61 [모음ㅕ+ㅇ받침]을 〈え단+い〉로 읽는 한자 _ 英(영)은 えい라고 읽는다!

62 [모음ㅕ+ㅇ받침]을 〈~ょ+う〉로 읽는 한자 _ 病(병)은 びょう라고 읽는다!

[모음ㅗ+ㅇ받침]은 〈お단+う〉・〈う단+う〉・〈~ゅ+う〉로 읽는다!

63 [모음ㅗ+ㅇ받침]을 〈お단+う〉로 읽는 한자 _ 動(동)은 どう라고 읽는다!

64 [모음ㅗ+ㅇ받침]을 〈う단+う〉로 읽는 한자 _ 空(공)은 くう라고 읽는다!

65 [모음ㅗ+ㅇ받침]을 〈~ゅ+う〉로 읽는 한자 _ 終(종)은 しゅう라고 읽는다!

[모음ㅘ+ㅇ받침]은 〈お단+う〉로 읽는다!

66 [모음ㅘ+ㅇ받침]을 〈お단+う〉로 읽는 한자 _ 光(광)은 こう라고 읽는다!

| **예외 한자 법칙** | 況(황)은 [모음ㅘ+ㅇ받침]을 〈~ょ+う〉인 きょう로 읽는다!

[모음ㅛ+ㅇ받침]은 〈お단+う〉로 읽는다!

67 [모음ㅛ+ㅇ받침]을 〈お단+う〉로 읽는 한자 _ 用(용)은 よう라고 읽는다!

| **예외 한자 법칙** | 勇(용)은 [모음ㅛ+ㅇ받침]을 〈う단+う〉인 ゆう로 읽는다!

[모음ㅜ+ㅇ받침]은 〈う단+う〉・〈~ゅ+う〉로 읽는다!

68 [모음ㅜ+ㅇ받침]을 〈う단+う〉로 읽는 한자 _ 風(풍)은 ふう라고 읽는다!

69 [모음ㅜ+ㅇ받침]을 〈~ゅ+う〉로 읽는 한자 _ 重(중)은 じゅう라고 읽는다!

[모음ㅡ+ㅇ받침]은 〈お단+う〉・〈~ょ+う〉로 읽는다!

70 [모음ㅡ+ㅇ받침]을 〈お단+う〉로 읽는 한자 _ 等(등)은 とう라고 읽는다!

71 [모음ㅡ+ㅇ받침]을 〈~ょ+う〉로 읽는 한자 _ 勝(승)은 しょう라고 읽는다!

[모음ㅏ+ㄱ받침]을 〈あ단+く〉로 읽는 한자

01 学[학]은 がく라고 읽는다!

하[が] + ㄱ[く] = 학[がく]

1단계 오디오를 먼저 들어 보세요. ▶ **2단계** 책을 보면서 학습해 보세요. ▶ **3단계** 직접 써 보세요.

4-1.mp3

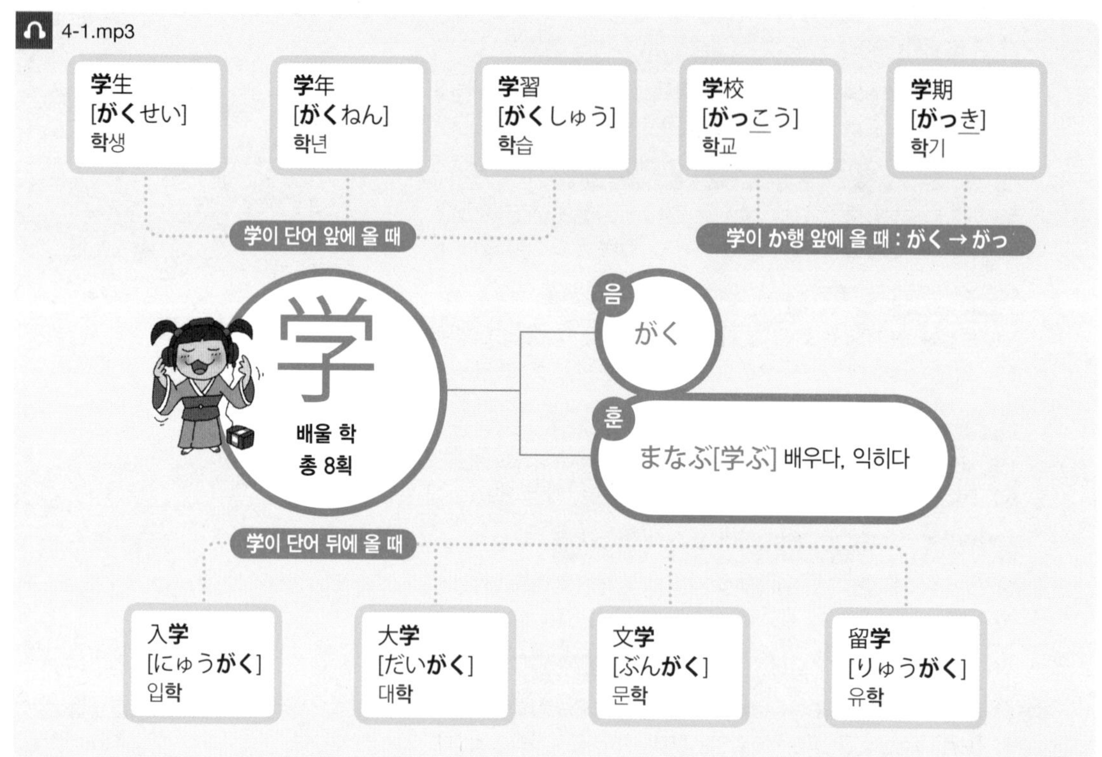

4-2.mp3

무작정 따라하기

習う[ならう] 배우다
科目[かもく] 과목
違う[ちがう] 다르다
家[いえ] 집
歩く[あるく] 걷다
行く[いく] 가다
卒業[そつぎょう] 졸업
就職[しゅうしょく] 취직
彼[かれ] 그
3年[さんねん] 3년
前[まえ] 전, 앞

밑줄 친 한자어에 유의하면서 아래 문장을 읽어 보세요.

学年によって習う科目が違います。 학년에 따라 배우는 과목이 다릅니다.

家から学校まで歩いて行きますか。 집에서 학교까지 걸어서 갑니까?

大学を卒業したら就職するつもりです。 대학을 졸업하면 취직할 생각입니다.

彼は3年前にアメリカに留学しました。 그는 3년 전에 미국에 유학 갔습니다.

직접 써 보세요! 1 学習 ______しゅう 2 学校 ______こう 3 학년 ______年 4 문학 文______

[모음ㅏ+ㄱ받침]을 〈~ゃ+く〉로 읽는 한자

02 着[착]은 ちゃく라고 읽는다!

차[ちゃ] + ㄱ[く] = 착[ちゃく]

1단계 오디오를 먼저 들어 보세요. ▶ **2단계** 책을 보면서 학습해 보세요. ▶ **3단계** 직접 써 보세요.

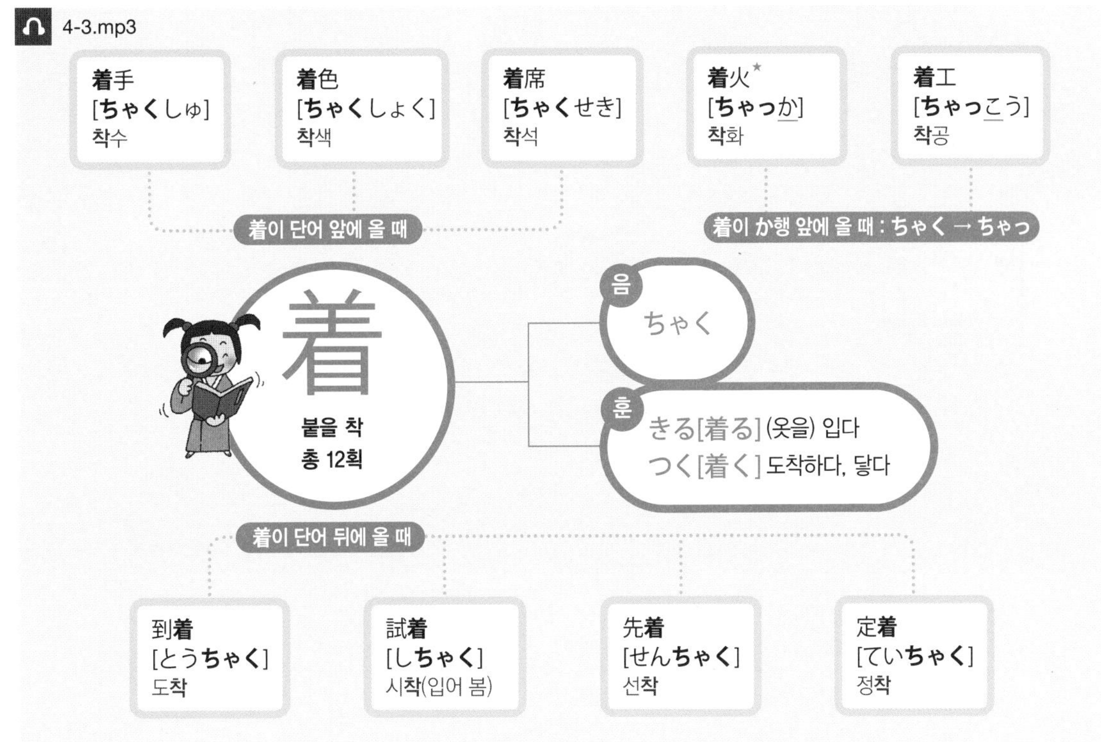

★ 着火(착화)는 '불이 붙음, 불을 붙임'이라는 뜻이에요!

4-4.mp3

무작정 따라하기

会議[かいぎ] 회의
始まる[はじまる] 시작되다
皆さん[みなさん] 여러분, 모두
~ごろ ~쯤, ~경
社長[しゃちょう] 사장(님)
何時[なんじ] 몇 시
空港[くうこう] 공항

밑줄 친 한자어에 유의하면서 아래 문장을 읽어 보세요.

会議が始まるので、皆さん着席してください。
회의가 시작되므로 모두 자리에 앉아 주세요.

あのビルはいつごろ着工されますか。 저 빌딩은 언제쯤 착공됩니까?

社長は何時ごろ空港に到着しますか。 사장님은 몇 시쯤 공항에 도착합니까?

このワンピース、試着してみてもいいですか。
이 원피스, 한번 입어 봐도 됩니까?

직접 써 보세요! 1 着手 ＿＿ しゅ 2 着工 ＿＿ こう 3 정착 定 ＿＿ 4 도착 到 ＿＿

예외 한자 법칙

刻[각]은 [모음ㅏ+ㄱ받침]을 〈お단+く〉인 こく로 읽는다!

▶ **刻(각)은 こく로 읽는다!**

가[こ]+ㄱ[く]=각[こく]

こく로 읽는 刻

時刻 [じこく] 시각	遅刻 [ちこく] 지각	深刻 [しんこく] 심각	彫刻 [ちょうこく] 조각

寝坊をして、会社に遅刻しました。 늦잠을 자서 회사에 지각했습니다.

私のせいで、深刻な状況になってしまいました。

제 탓으로 심각한 상황이 되고 말았습니다.

단어

寝坊[ねぼう] 늦잠　　会社[かいしゃ] 회사　　せい 탓, 때문

状況[じょうきょう] 상황　　(동사 て형)〜てしまう 〜해 버리다

[모음ㅐ+ㄱ받침]을 〈あ단+く〉로 읽는 한자

03 白[백]은 はく라고 읽는다!

배[は] + ㄱ[く] = 백[はく]

1단계 오디오를 먼저 들어 보세요. ▶ **2단계** 책을 보면서 학습해 보세요. ▶ **3단계** 직접 써 보세요.

4-5.mp3

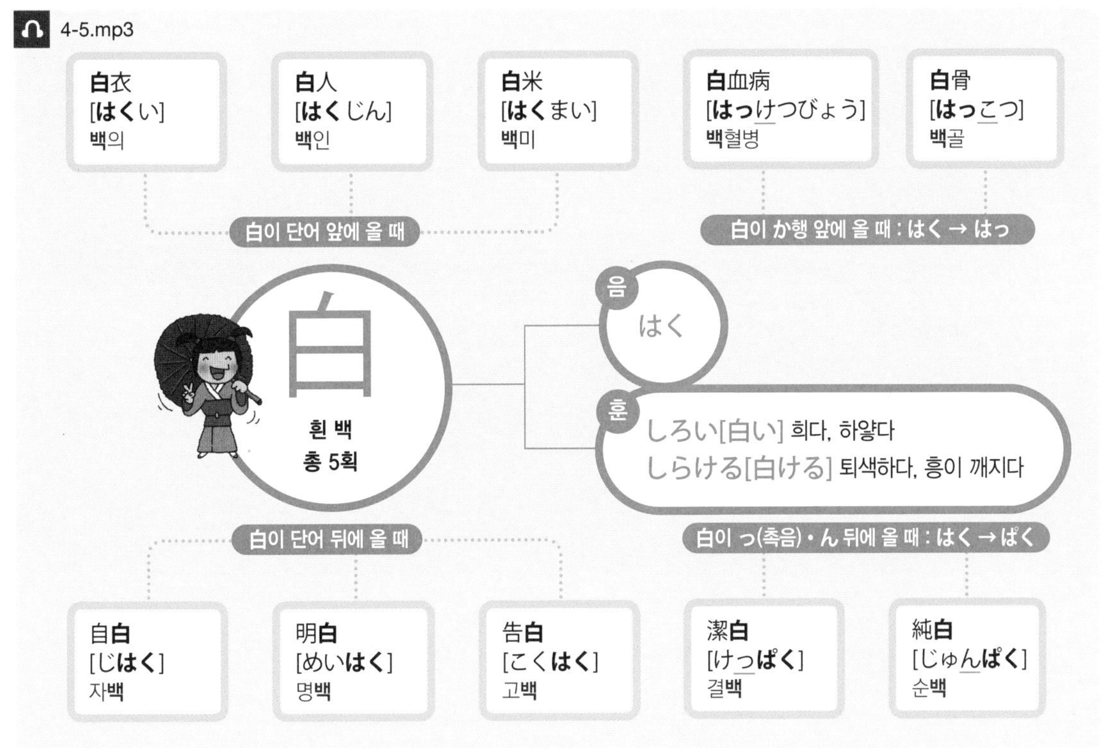

4-6.mp3

무작정 따라하기

ご飯[ごはん] 밥
好き[すき] 좋아함
怖い[こわい] 무섭다
病気[びょうき] 병
彼女[かのじょ] 그녀, 여자친구
勇気[ゆうき] 용기
結局[けっきょく] 결국
彼[かれ] 그
犯行[はんこう] 범행

밑줄 친 한자어에 유의하면서 아래 문장을 읽어 보세요.

私は白米のご飯が好きです。 저는 흰 쌀밥을 좋아합니다.

白血病はとても怖い病気です。 백혈병은 매우 무서운 병입니다.

まだ彼女に告白する勇気がありません。 아직 그녀에게 고백할 용기가 없습니다.

結局、彼は犯行を自白しました。 결국 그는 범행을 자백했습니다.

직접 써 보세요! 1 白衣 ___い 2 白骨 ___こつ 3 백인 ___人 4 명백 明___

[모음ㅐ+ㄱ받침]을 〈~ゃ+く〉로 읽는 한자

04 客객은 きゃく라고 읽는다!

개[きゃ] + ㄱ[く] = 객[きゃく]

1단계 오디오를 먼저 들어 보세요. ▶ **2단계** 책을 보면서 학습해 보세요. ▶ **3단계** 직접 써 보세요.

4-7.mp3

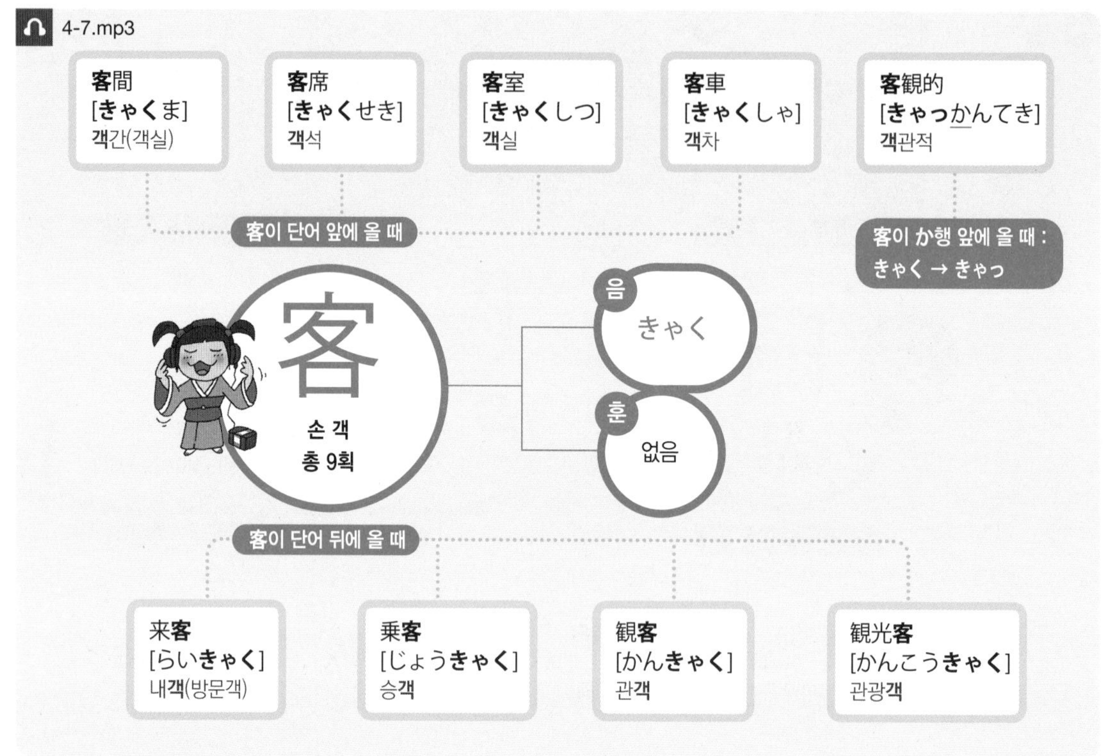

무작정 따라하기

4-8.mp3

今日[きょう] 오늘
空く[あく] 비다, 비어 있다
立場[たちば] 입장
話す[はなす] 말하다, 이야기하다
中[なか] 안, 속
ほとんど 거의
芝居[しばい] 연극
見る[みる] 보다
増える[ふえる] 늘다

밑줄 친 한자어에 유의하면서 아래 문장을 읽어 보세요.

今日は空いている客室がありません。 오늘은 비어 있는 객실이 없습니다.

私なら、客観的な立場で話すことができます。 저라면 객관적인 입장에서 말할 수 있습니다.

バスの中に乗客がほとんどいません。 버스 안에 승객이 거의 없습니다.

芝居を見にくる観客が増えています。 연극을 보러 오는 관객이 늘고 있습니다.

직접 써 보세요! 1 客室 ＿＿しつ 2 客観的 ＿＿かんてき 3 승객 乗＿＿ 4 관객 観＿＿

예외 한자 법칙

色[색]은 [모음ㅐ+ㄱ받침]을 〈~ょ+く〉인 しょく로 읽는다!

▶ **色(색)은 しょく로 읽는다!**

새[しょ]+ ㄱ[く] = 색[しょく]

アクセサリーが変色してしまいました。 액세서리가 변색해 버렸습니다.

この作品には何の特色もありません。 이 작품에는 아무런 특색도 없습니다.

TIP 色을 しき로 읽는 한자어도 있으니 함께 알아 두세요.

▶ **色(색)은 しき로도 읽는다!**

새[し]+ ㄱ[き] = 색[しき]

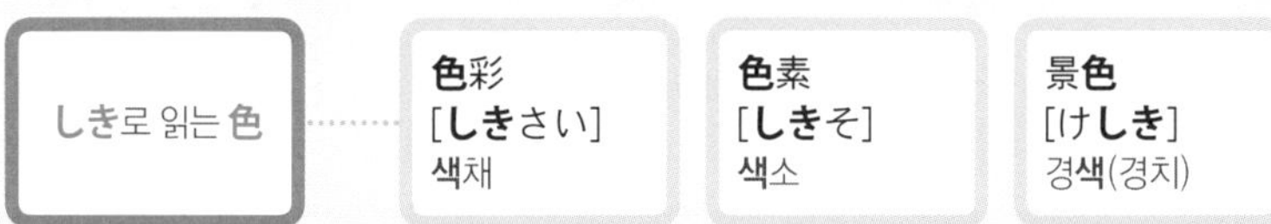

この絵は色彩がとても美しいです。 이 그림은 색채가 매우 아름답습니다.

ここから見る景色が一番いいです。 여기서 보는 경치가 가장 좋습니다.

作品[さくひん] 작품	何の[なんの] 아무런	絵[え] 그림
美しい[うつくしい] 아름답다	見る[みる] 보다	一番[いちばん] 가장, 제일

[모음ㅑ+ㄱ받침]을 〈~ゃ+く〉로 읽는 한자

05 弱[약]은 じゃく라고 읽는다!

야[じゃ] + ㄱ[く] = 약[じゃく]

1단계 오디오를 먼저 들어 보세요. ▶ **2단계** 책을 보면서 학습해 보세요. ▶ **3단계** 직접 써 보세요.

4-9.mp3

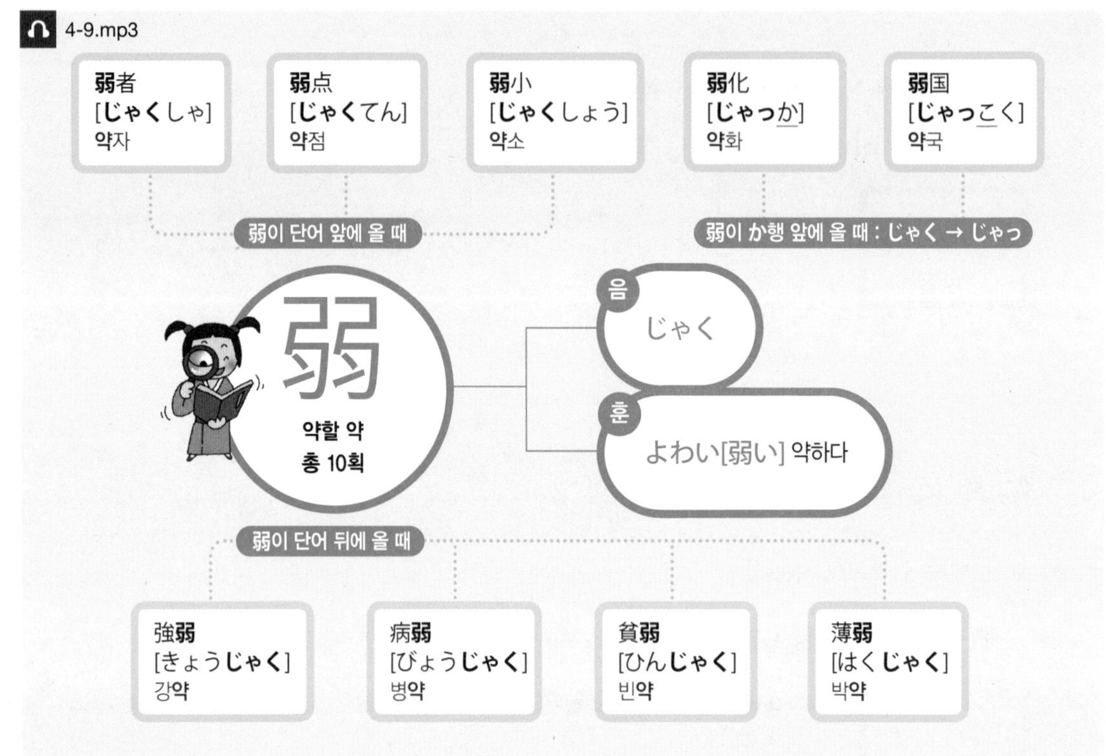

4-10.mp3

무작정 따라하기

相手[あいて] 상대방, 상대편
知る[しる] 알다
立場[たちば] 입장
考える[かんがえる] 생각하다
企業[きぎょう] 기업
国際[こくさい] 국제
競争力[きょうそうりょく] 경쟁력
問題[もんだい] 문제
小さい[ちいさい] 작다, 어리다

밑줄 친 한자어에 유의하면서 아래 문장을 읽어 보세요.

相手チームの弱点について知っています。 상대 팀의 약점에 대해 알고 있습니다.

弱者の立場で考えてみてください。 약자의 입장에서 생각해 보세요.

企業の国際競争力の弱化が問題になっています。 기업의 국제 경쟁력 약화가 문제되고 있습니다.

私は小さいときから病弱でした。 저는 어렸을 때부터 병약했습니다.

직접 써 보세요! 1 弱点 ___てん 2 弱化 ___か 3 약자 ___者 4 강약 強___

[모음ㅑ+ㄱ받침]을 〈あ단+く〉로 읽는 한자

06 薬[약]은 やく라고 읽는다!

야[や] + ㄱ[く] = 약[やく]

1단계 오디오를 먼저 들어 보세요. ▶ **2단계** 책을 보면서 학습해 보세요. ▶ **3단계** 직접 써 보세요.

4-11.mp3

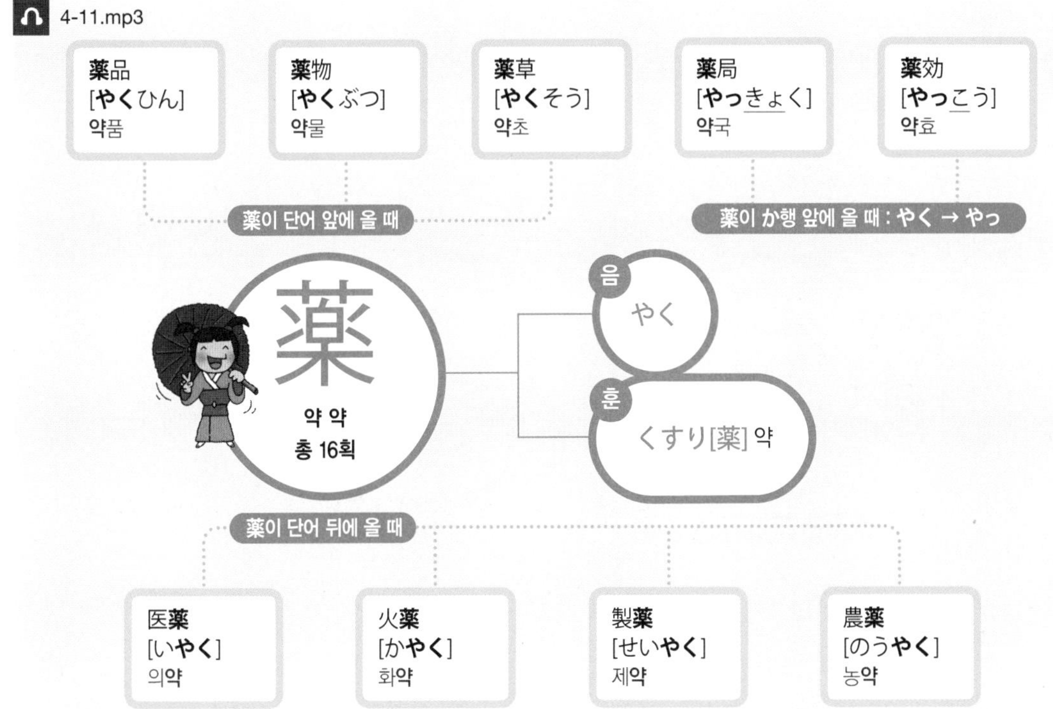

4-12.mp3

무작정 따라하기

밑줄 친 한자어에 유의하면서 아래 문장을 읽어 보세요.

安全性[あんぜんせい] 안전성
確認[かくにん] 확인
頭痛[ずつう] 두통
効く[きく] 듣다, 효과가 있다
近く[ちかく] 근처, 주위
使う[つかう] 쓰다, 사용하다
野菜[やさい] 채소
育てる[そだてる] 기르다

この薬品は安全性が確認されていません。
이 약품은 안전성이 확인되어 있지 않습니다.

これは頭痛によく効く薬草です。
이것은 두통에 잘 듣는 약초입니다.

この近くに薬局はありますか。
이 근처에 약국이 있습니까?

私は農薬を使わないで野菜を育てています。
저는 농약을 쓰지 않고 채소를 기르고 있습니다.

직접 써 보세요! 1 薬物 ＿＿ ぶつ 2 薬局 ＿＿ きょく 3 약품 ＿＿ 品 4 화약 火 ＿＿

[모음ㅓ+ㄱ받침]을 〈え단+き〉로 읽는 한자

07 石[석]은 せき라고 읽는다!

서[せ] + ㄱ[き] = 석[せき]

1단계 오디오를 먼저 들어 보세요. ▶ **2단계** 책을 보면서 학습해 보세요. ▶ **3단계** 직접 써 보세요.

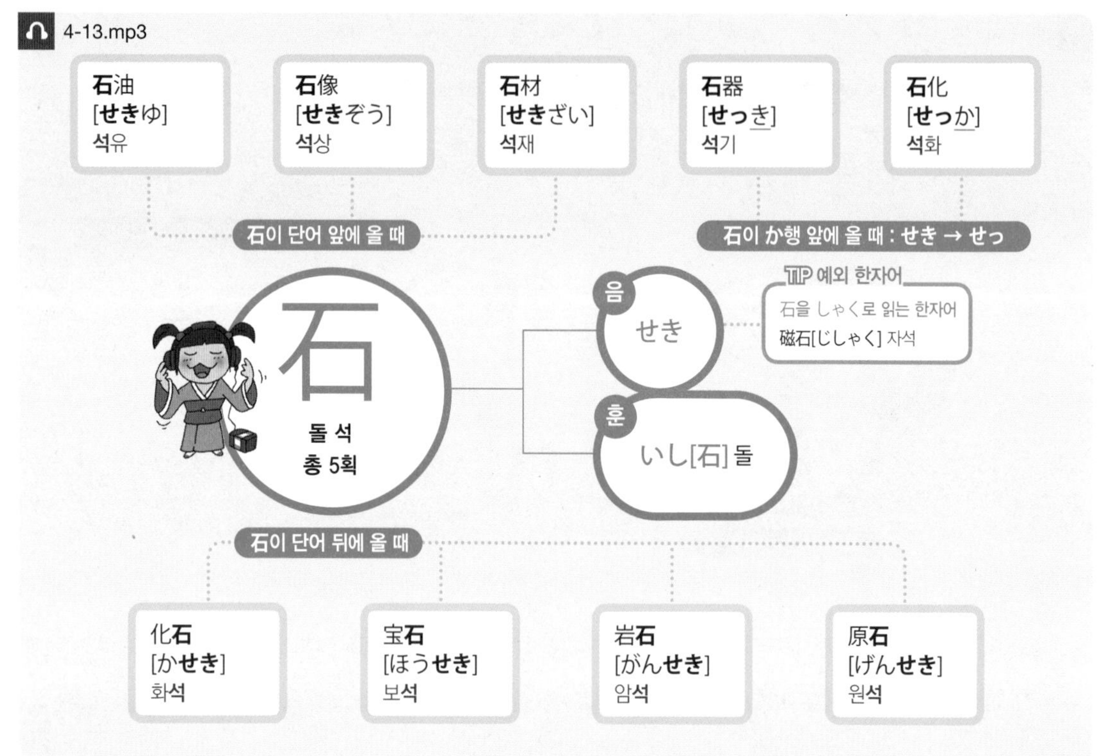

무작정 따라하기

4-14.mp3

公園[こうえん] 공원
入口[いりぐち] 입구
大きな[おおきな] 커다란
価格[かかく] 가격
全然[ぜんぜん] 전혀
下がる[さがる] 내려가다
土器[どき] 토기
時代[じだい] 시대
作る[つくる] 만들다
もの 것, 물건
発見[はっけん] 발견

밑줄 친 한자어에 유의하면서 아래 문장을 읽어 보세요.

公園の入口に大きな石像があります。 공원 입구에 커다란 석상이 있습니다.

石油の価格が全然下がりません。 석유 가격이 전혀 내려가지 않습니다.

この土器は石器時代に作られたものです。 이 토기는 석기시대에 만들어진 것입니다.

この化石はいつ発見されたものですか。 이 화석은 언제 발견된 것입니까?

직접 써 보세요! 1 石油 ______ ゆ 2 石器 ______ き 3 석재 ______ 材 4 보석 宝 ______

예외 한자 법칙

億・憶억은 [모음 ㅓ+ㄱ받침]을 〈お단+く〉인 おく로 읽는다!

▶ **億 · 憶(억)은 おく로 읽는다!**

어[お] + ㄱ[く] = 억[おく]

おく로 읽는 億

一**億**	**億**万長者
[いち**おく**]	[**おく**まん ちょうじゃ]
1억	억만장자

もし一億円が手に入ったら、どう使いますか。

만일 1억 엔이 손에 들어온다면 어떻게 쓰겠습니까?

あの男の人は億万長者だそうです。 저 남자는 억만장자라고 합니다.

おく로 읽는 憶

記**憶**	追**憶**	**憶**測
[き**おく**]	[つい**おく**]	[**おく**そく]
기억	추억	억측

事故で、過去の記憶を失ってしまいました。 사고로 과거의 기억을 잃어버렸습니다.

憶測で判断しないでください。 억측으로 판단하지 마세요.

단어

もし 만약, 만일	手[て] 손	入る[はいる] 들어오다
使う[つかう] 쓰다	男の人[おとこのひと] 남자	事故[じこ] 사고
過去[かこ] 과거	失う[うしなう] 잃다	判断[はんだん] 판단

[모음ㅕ+ㄱ받침]을 〈~ょ+く〉로 읽는 한자

08 力[력]은 りょく라고 읽는다!

려[りょ] + ㄱ[く] = 력[りょく]

1단계 오디오를 먼저 들어 보세요. ▶ **2단계** 책을 보면서 학습해 보세요. ▶ **3단계** 직접 써 보세요.

4-15.mp3

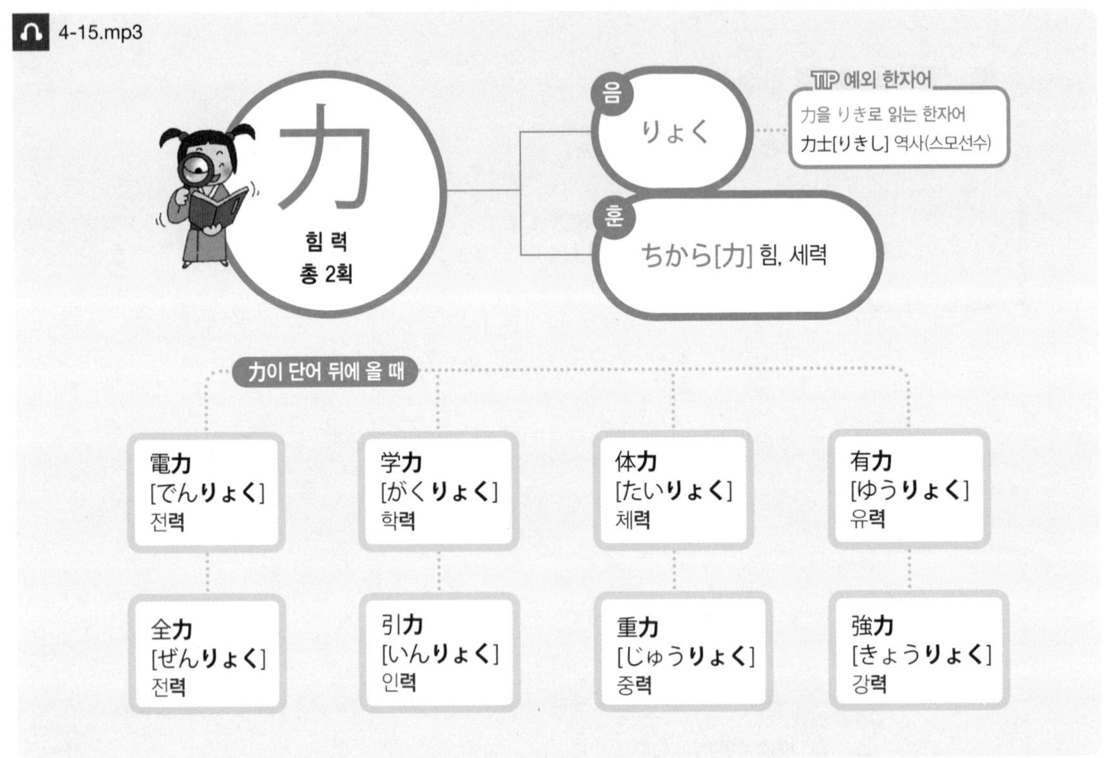

⊙ 力을 りょく로 읽을 때 단어 앞에 오는 한자어는 일상적으로 많이 쓰이지 않아요!

무작정 따라하기

4-16.mp3

試合[しあい] 시합, 경기
勝つ[かつ] 이기다
尽くす[つくす] 다하다
走る[はしる] 달리다
すぐに 금방
疲れる[つかれる] 지치다
次[つぎ] 다음
首相[しゅしょう] 수상
候補[こうほ] 후보
決勝戦[けっしょうせん] 결승전
会う[あう] 만나다

밑줄 친 한자어에 유의하면서 아래 문장을 읽어 보세요.

試合に勝つために、全力を尽くしました。
시합에 이기기 위해서 전력을 다했습니다.

私は体力がないので、走るとすぐに疲れます。
저는 체력이 없어서 달리면 금방 지칩니다.

彼は次の首相の有力な候補です。
그는 다음 수상의 유력한 후보입니다.

強力なライバルと決勝戦で会いました。
강력한 라이벌과 결승전에서 만났습니다.

직접 써 보세요! 1 電力 でん 2 学力 がく 3 인력 引 4 중력 重

예외 한자 법칙

格^{격}은 [모음 ㅕ+ㄱ받침]을 〈あ단+く〉인 かく로 읽는다!

▶ **格(격)은 かく로 읽는다!**

겨[か] + ㄱ[く] = 격[かく]

かく로 읽는 格	**格**別 [**かく**べつ] 격별(각별함)	**格**式 [**かく**しき] 격식	合**格** [ごう**かく**] 합격	性**格** [せい**かく**] 성격

この店のコーヒーは格別においしいです。 이 가게의 커피는 각별히 맛있습니다.

娘が大学に合格してうれしいです。 딸이 대학에 합격해서 기쁩니다.

彼女は静かで落ち着いた性格のようです。 그녀는 조용하고 차분한 성격인 것 같습니다.

단어

店[みせ] 가게, 상점
おいしい 맛있다
娘[むすめ] 딸
大学[だいがく] 대학(교)
うれしい 기쁘다
彼女[かのじょ] 그녀
静か[しずか] 조용함
落ち着く[おちつく] 차분하다, 얌전하다

[모음 ㅕ+ㄱ받침]을 〈え단+き〉로 읽는 한자

09 駅[역]은 えき라고 읽는다!

여[え] + ㄱ[き] = 역[えき]

1단계 오디오를 먼저 들어 보세요. ▶ **2단계** 책을 보면서 학습해 보세요. ▶ **3단계** 직접 써 보세요.

4-17.mp3

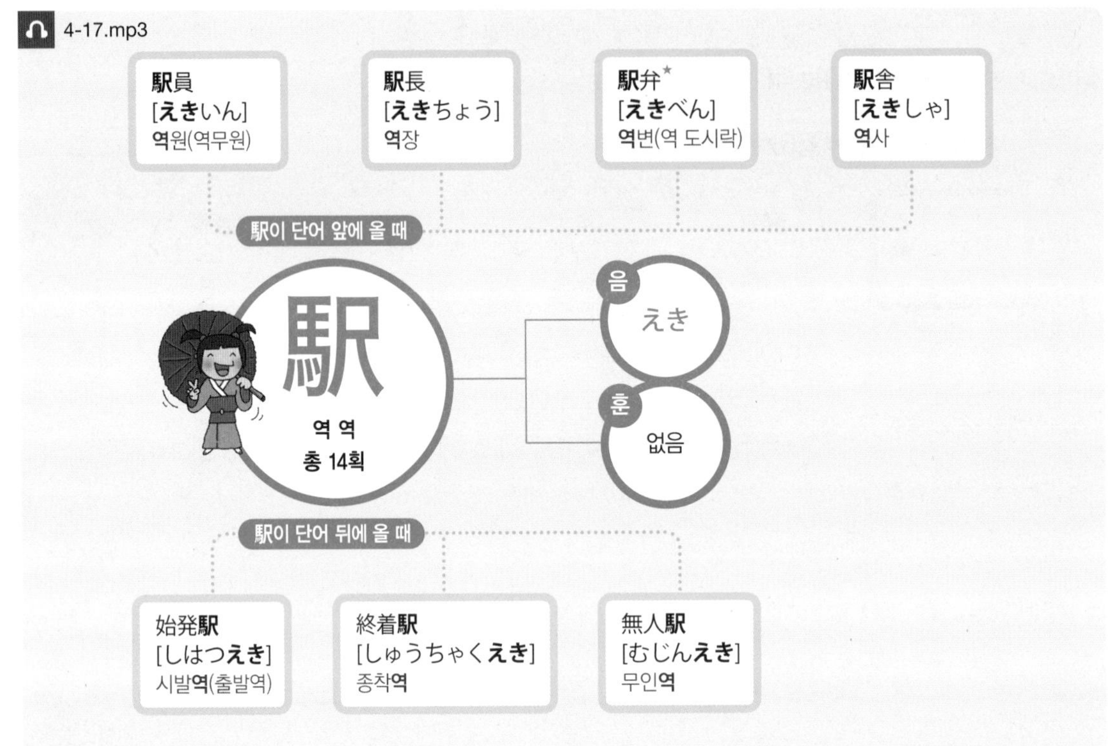

★ 駅弁(역변)은 駅弁当[えきべんとう]의 줄임말이에요!

4-18.mp3

무작정 따라하기

出口[でぐち] 출구
教える[おしえる] 가르치다
おいしい 맛있다
人気[にんき] 인기
電車[でんしゃ] 전철
列車[れっしゃ] 열차

밑줄 친 한자어에 유의하면서 아래 문장을 읽어 보세요.

駅員が出口を教えてくれました。 역무원이 출구를 가르쳐 주었습니다.

この駅弁はおいしくて人気があります。 이 역 도시락은 맛있어서 인기가 있습니다.

ここがこの電車の始発駅です。 여기가 이 전철의 출발역입니다.

この列車の終着駅はどこですか。 이 열차의 종착역은 어디입니까?

직접 써 보세요! 1 駅員 ＿＿いん 2 始発駅 しはつ＿＿ 3 역장 ＿＿長 4 종착역 終着＿＿

예외 한자 법칙

域[역]은 [모음 ㅕ+ㄱ받침]을 〈い단+き〉인 いき로 읽는다!

▶ **域(역)은 いき로 읽는다!**

여[い] + ㄱ[き] = 역[いき]

いき로 읽는 **域**

域内	区**域**	全**域**	地**域**
[**いき**ない]	[く**いき**]	[ぜん**いき**]	[ち**いき**]
역내(구역 안)	구역	전역	지역

この域内では商売ができません。 이 구역 안에서는 장사를 할 수 없습니다.

その地域は海に近いところです。 그 지역은 바다에 가까운 곳입니다.

단어

商売[しょうばい] 장사　　できる 할 수 있다　　海[うみ] 바다

近い[ちかい] 가깝다　　ところ 곳, 장소

[모음ㅗ+ㄱ받침]을 〈お단+く〉로 읽는 한자

10 目[목]은 もく라고 읽는다!

모[も] + ㄱ[く] = 목[もく]

1단계 오디오를 먼저 들어 보세요. ▶ **2단계** 책을 보면서 학습해 보세요. ▶ **3단계** 직접 써 보세요.

4-19.mp3

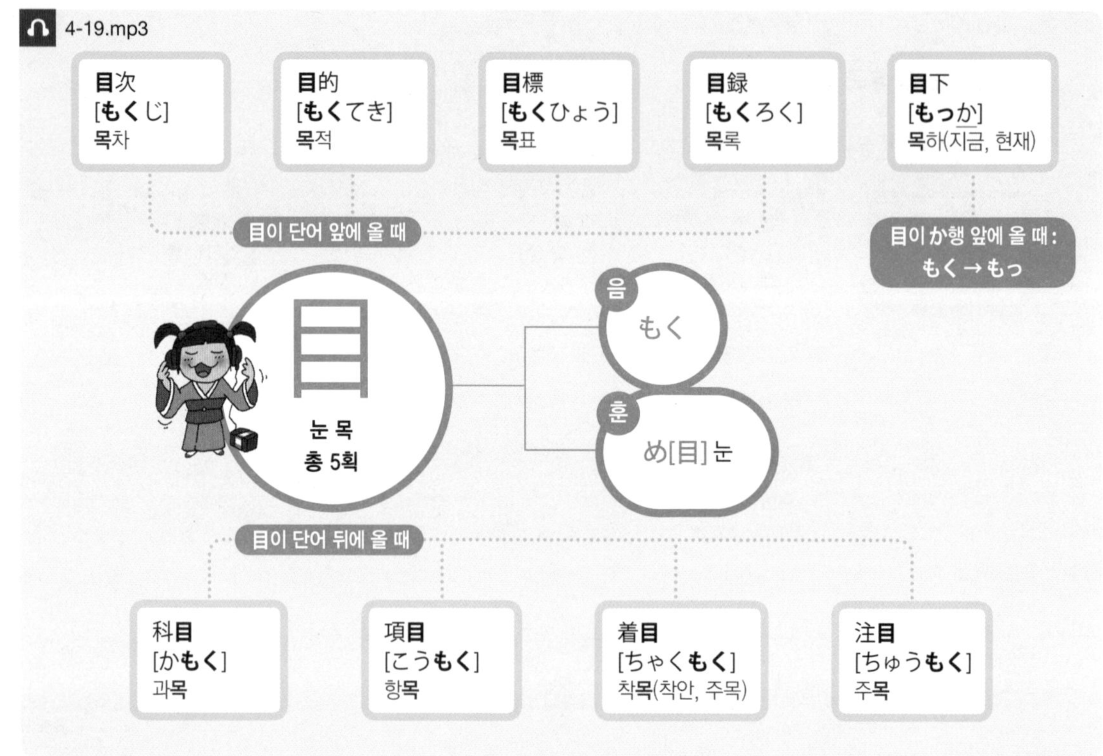

4-20.mp3

무작정 따라하기

- 本[ほん] 책
- 買う[かう] 사다
- 読む[よむ] 읽다
- 今年[ことし] 올해
- 就職[しゅうしょく] 취직
- 嫌い[きらい] 싫어함
- 数学[すうがく] 수학
- 彼女[かのじょ] 그녀, 여자친구
- 演奏[えんそう] 연주
- 浴びる[あびる] 쬐다, 받다

밑줄 친 한자어에 유의하면서 아래 문장을 읽어 보세요.

私は本を買うと、まず目次から読みます。 저는 책을 사면 우선 목차부터 읽습니다.

今年の目標は就職をすることです。 올해 목표는 취직을 하는 것입니다.

私がいちばん嫌いな科目は数学です。 제가 가장 싫어하는 과목은 수학입니다.

彼女の演奏はみんなの注目を浴びました。 그녀의 연주는 모두의 주목을 받았습니다.

직접 써 보세요! 1 目次 [　　じ] 2 科目 [か　　] 3 목표 [　　標] 4 주목 [注　　]

[모음ㅗ+ㄱ받침]을 〈~ょ+く〉로 읽는 한자

11 曲^곡은 きょく라고 읽는다!

고[きょ] + ㄱ[く] = 곡[きょく]

1단계 오디오를 먼저 들어 보세요. ▶ **2단계** 책을 보면서 학습해 보세요. ▶ **3단계** 직접 써 보세요.

4-21.mp3

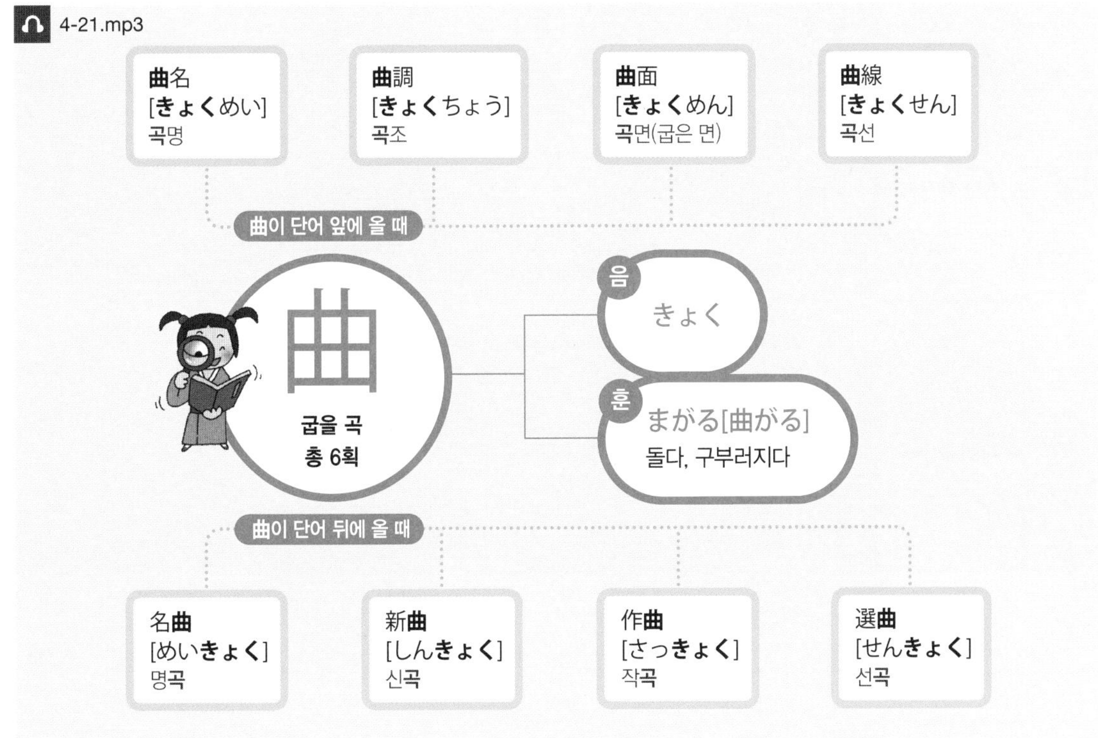

4-22.mp3

무작정 따라하기

- 石像[せきぞう] 석상
- 美しい[うつくしい] 아름답다
- 思う[おもう] 생각하다
- 歌[うた] 노래
- 忘れる[わすれる] 잊다
- 好き[すき] 좋아함
- 歌手[かしゅ] 가수
- 発表[はっぴょう] 발표
- 曲[きょく] 곡, 노래
- 誰[だれ] 누구
- もの 것, 물건

밑줄 친 한자어에 유의하면서 아래 문장을 읽어 보세요.

この石像は曲線が美しいと思います。 이 석상은 곡선이 아름답다고 생각합니다.

この歌の曲名を忘れてしまいました。 이 노래의 곡명을 잊어버렸습니다.

私が好きな歌手が新曲を発表しました。 제가 좋아하는 가수가 신곡을 발표했습니다.

この曲は誰が作曲したものですか。 이 곡은 누가 작곡한 것입니까?

직접 써 보세요! 1 曲面 ＿＿ めん 2 選曲 せん ＿＿ 3 곡명 ＿＿ 名 4 작곡 作 ＿＿

예외 한자 법칙

服・福・復・複[복]은 [모음ㅗ+ㄱ받침]을 〈う단+く〉인 ふく로 읽는다!

▶ **服・福・復・複(복)은 ふく로 읽는다!**

보[ふ] + ㄱ[く] = 복[ふく]

ふく로 읽는 服

服装	洋服	制服
[ふくそう]	[ようふく]	[せいふく]
복장	양복(서양식 옷)	제복(교복)

学校に行くときは制服を着ます。 학교에 갈 때는 교복을 입습니다.

ふく로 읽는 福

福祉	幸福	祝福
[ふくし]	[こうふく]	[しゅくふく]
복지	행복	축복

国民の福祉に気をつかってほしいです。 국민들의 복지에 신경을 써 주길 바랍니다.

ふく로 읽는 復

復習	往復
[ふくしゅう]	[おうふく]
복습	왕복

英語は毎日復習をしています。 영어는 매일 복습을 하고 있습니다.

ふく로 읽는 複

複数	複雑
[ふくすう]	[ふくざつ]
복수	복잡

説明が複雑なので、よくわかりません。 설명이 복잡해서 잘 모르겠습니다.

学校[がっこう] 학교　着る[きる] 입다　国民[こくみん] 국민　英語[えいご] 영어　毎日[まいにち] 매일　説明[せつめい] 설명

[모음ㅜ+ㄱ받침]을 〈~ゅ+く〉로 읽는 한자

12 宿^숙은 しゅく라고 읽는다!

수[しゅ] + ㄱ[く] = 숙[しゅく]

1단계 오디오를 먼저 들어 보세요. ▶ **2단계** 책을 보면서 학습해 보세요. ▶ **3단계** 직접 써 보세요.

4-23.mp3

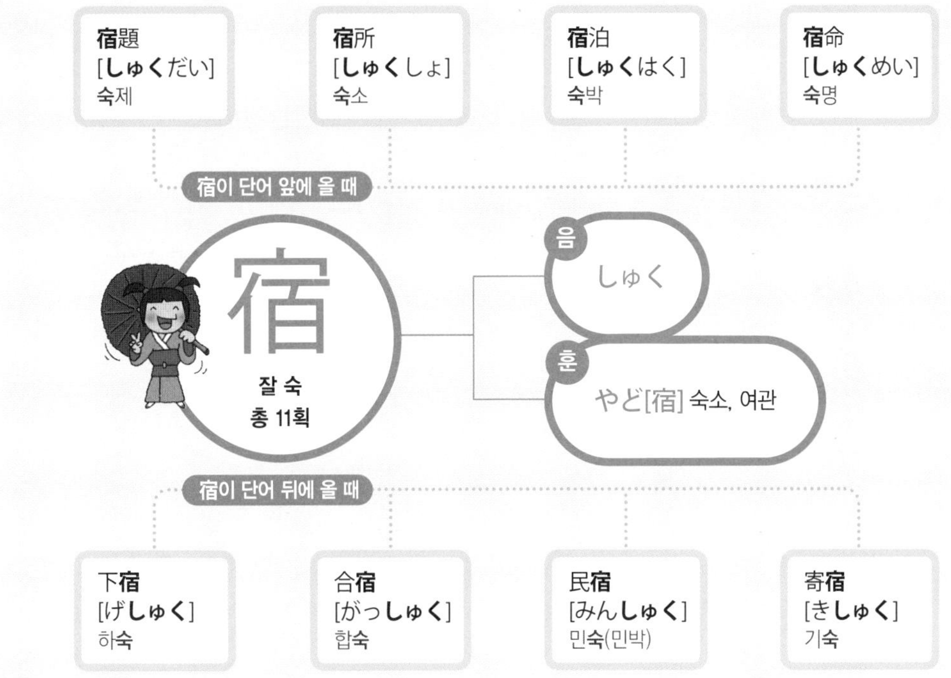

4-24.mp3

무작정 따라하기

弟[おとうと] 남동생
手伝う[てつだう] 돕다
私たち[わたしたち] 우리들
所[ところ] 곳, 장소
駅[えき] 역
近い[ちかい] 가깝다
学校[がっこう] 학교
近く[ちかく] 근처
旅行地[りょこうち] 여행지
泊まる[とまる] 묵다, 숙박하다
経験[けいけん] 경험

밑줄 친 한자어에 유의하면서 아래 문장을 읽어 보세요.

弟の宿題を手伝ってやりました。 남동생의 숙제를 도와주었습니다.

私たちが宿泊する所は駅から近いです。 우리들이 숙박할 곳은 역에서 가깝습니다.

学校の近くで下宿をしたことがあります。 학교 근처에서 하숙을 한 적이 있습니다.

旅行地で民宿に泊まってみるのもいい経験です。 여행지에서 민박집에 묵어 보는 것도 좋은 경험입니다.

직접 써 보세요! 1 宿所 ＿＿しょ 2 合宿 がっ＿＿ 3 숙박 ＿＿泊 4 민숙 民＿＿

[모음ㅜ+ㄱ받침]을 〈お단+く〉로 읽는 한자

13 国[국]은 こく라고 읽는다!

구[こ] + ㄱ[く] = 국[こく]

1단계 오디오를 먼저 들어 보세요. ▶ **2단계** 책을 보면서 학습해 보세요. ▶ **3단계** 직접 써 보세요.

4-25.mp3

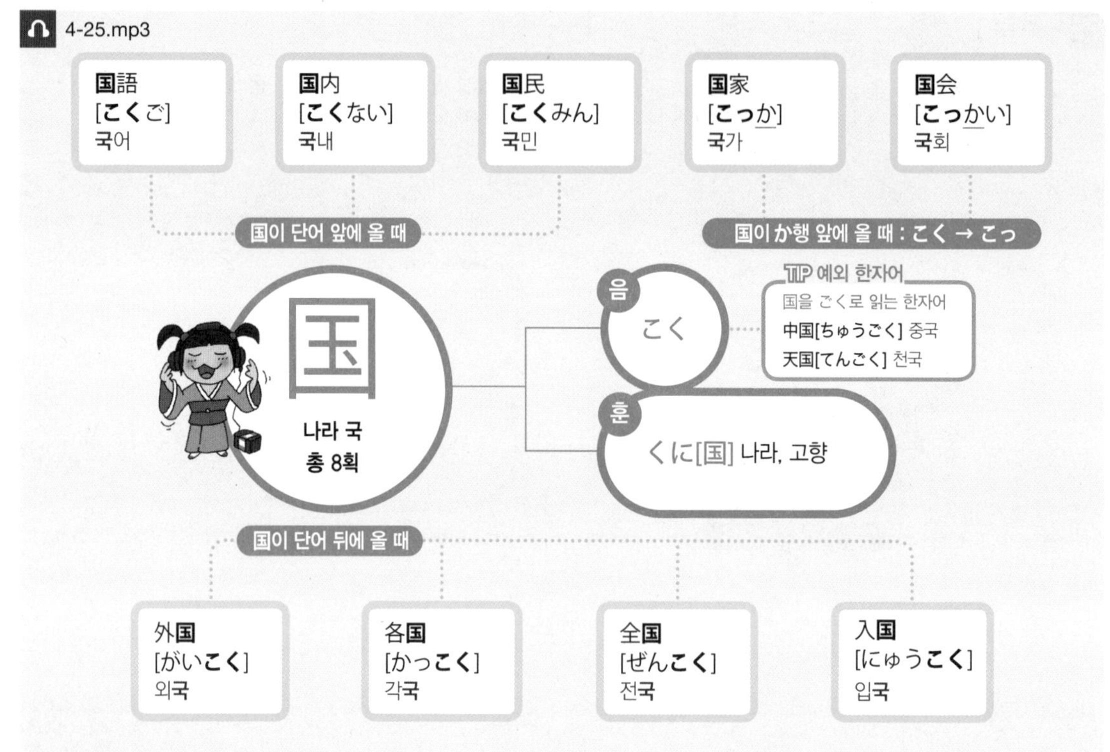

4-26.mp3

무작정 따라하기

밑줄 친 한자어에 유의하면서 아래 문장을 읽어 보세요.

政府は国民からの信頼を失いました。 정부는 국민으로부터의 신뢰를 잃었습니다.

この製品は国内で生産されたものです。 이 제품은 국내에서 생산된 것입니다.

国会では主にどんなことをしますか。 국회에서는 주로 어떠한 일을 합니까?

全国から応援のメッセージが届きました。 전국에서 응원의 메시지가 도착했습니다.

政府[せいふ] 정부
信頼[しんらい] 신뢰
失う[うしなう] 잃다
製品[せいひん] 제품
生産[せいさん] 생산
主に[おもに] 주로
応援[おうえん] 응원
届く[とどく] 닿다, 도착하다

직접 써 보세요! 1 国民 ＿＿みん 2 国家 ＿＿か 3 국어 ＿＿語 4 입국 入＿＿

예외 한자 법칙

局[국]은 [모음ㅜ+ㅣ+ㄱ받침]을 <~ょ+く>인 きょく로 읽는다!

▶ **局(국)은 きょく로 읽는다!**

구[きょ] + ㄱ[く] = 국[きょく]

きょく로 읽는 局

局限	局番	結局	薬局
[きょくげん]	[きょくばん]	[けっきょく]	[やっきょく]
국한	국번	결국	약국

電話番号の局番で住んでいる地域がわかります。

전화번호의 국번으로 살고 있는 지역을 알 수 있습니다.

結局、あの二人は別れたそうです。

결국, 그 두 사람은 헤어졌다고 합니다.

단어

電話番号[でんわ ばんごう] 전화번호　住む[すむ] 살다　地域[ちいき] 지역

二人[ふたり] 두 사람　別れる[わかれる] 헤어지다

[모음ㅠ+ㄱ받침]을 〈い단+く〉로 읽는 한자

14 育[육]은 いく라고 읽는다!

유[い] + ㄱ[く] = 육[いく]

1단계 오디오를 먼저 들어 보세요. ▶ **2단계** 책을 보면서 학습해 보세요. ▶ **3단계** 직접 써 보세요.

4-27.mp3

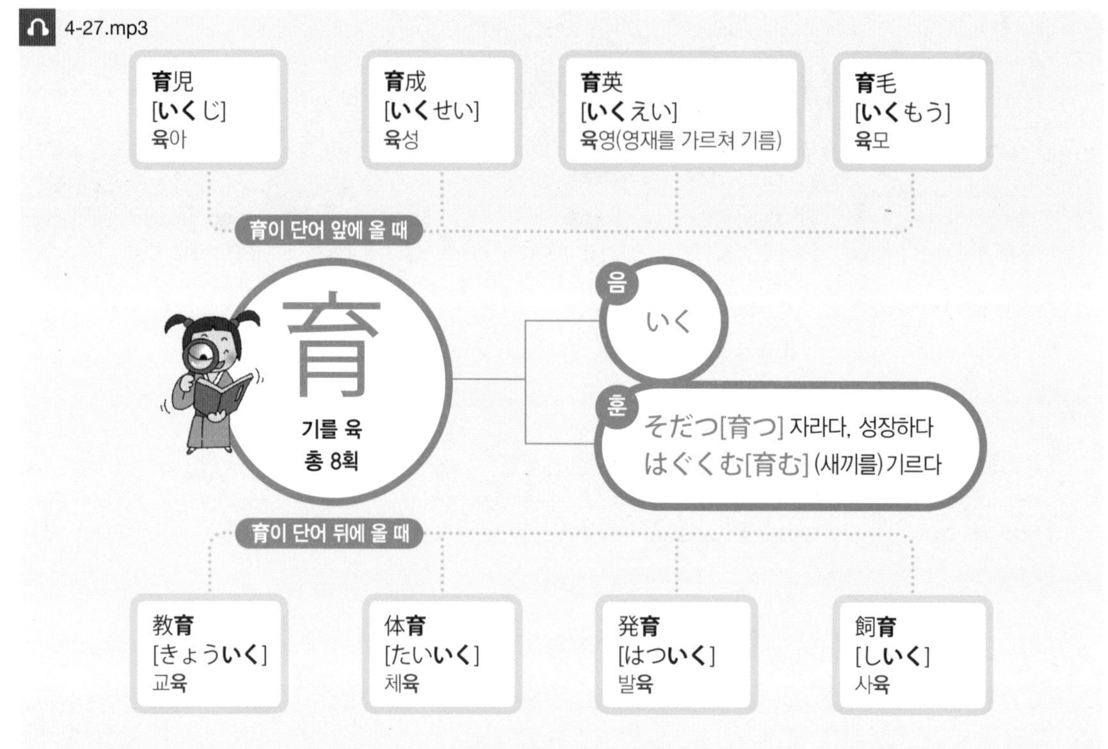

4-28.mp3

무작정 따라하기

家事[かじ] 가사, 집안일
毎日[まいにち] 매일
忙しい[いそがしい] 바쁘다
優れる[すぐれる] 우수하다
人材[じんざい] 인재
大切[たいせつ] 소중함, 중요함
授業[じゅぎょう] 수업
好き[すき] 좋아함
情報[じょうほう] 정보
知る[しる] 알다

밑줄 친 한자어에 유의하면서 아래 문장을 읽어 보세요.

家事と育児で毎日忙しいです。 집안일과 육아로 매일 바쁩니다.

優れた人材を育成することは大切です。 우수한 인재를 육성하는 것은 중요합니다.

私は体育の授業がいちばん好きです。 저는 체육 수업을 가장 좋아합니다.

教育に関する情報をもっと知りたいです。 교육에 관한 정보를 더 알고 싶습니다.

직접 써 보세요! 1 育毛 もう 2 教育 きょう 3 육성 成 4 발육 発

[모음 ㅡ+ㄱ받침]을 〈お단+く〉로 읽는 한자

15 特[특]은 とく라고 읽는다!

트[と] + ㄱ[く] = 특[とく]

1단계 오디오를 먼저 들어 보세요. ▶ **2단계** 책을 보면서 학습해 보세요. ▶ **3단계** 직접 써 보세요.

4-29.mp3

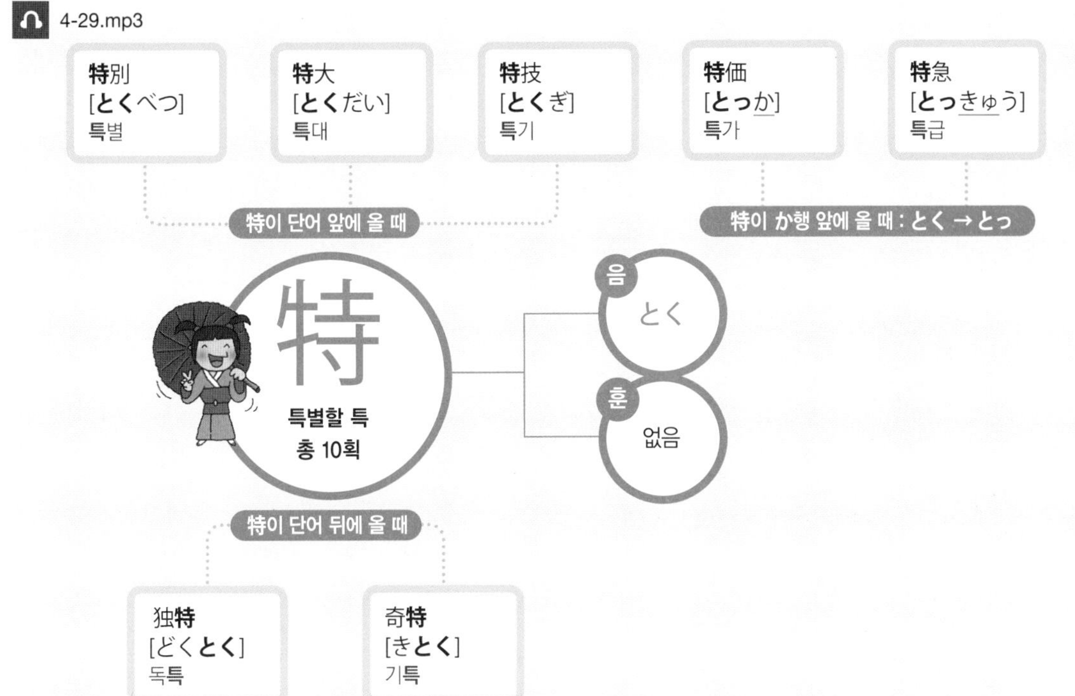

4-30.mp3

무작정 따라하기

- 弾く[ひく] (악기를) 켜다, 연주하다
- 2枚[にまい] 두 장
- 出る[でる] 나오다, 나가다
- 商品[しょうひん] 상품
- すぐ 곧, 금방
- 売れる[うれる] 팔리다
- 多い[おおい] 많다

밑줄 친 한자어에 유의하면서 아래 문장을 읽어 보세요.

私の特技はバイオリンを弾くことです。 제 특기는 바이올린을 켜는 것입니다.

特急のチケットを2枚ください。 특급 티켓을 두 장 주세요.

特価で出ている商品はすぐ売れます。 특가로 나와 있는 상품은 금방 팔립니다.

このレストランには独特なメニューが多いです。 이 레스토랑에는 독특한 메뉴가 많습니다.

직접 써 보세요! 1 特別 ＿＿べつ 2 特急 ＿＿きゅう 3 특대 ＿＿大 4 독특 独＿＿

[모음 ㅡ+ㄱ받침]을 〈~ょ+く〉로 읽는 한자

16 極[극]은 きょく라고 읽는다!

ㄱ[きょ] + ㄱ[く] = 극[きょく]

1단계 오디오를 먼저 들어 보세요. ▶ **2단계** 책을 보면서 학습해 보세요. ▶ **3단계** 직접 써 보세요.

4-31.mp3

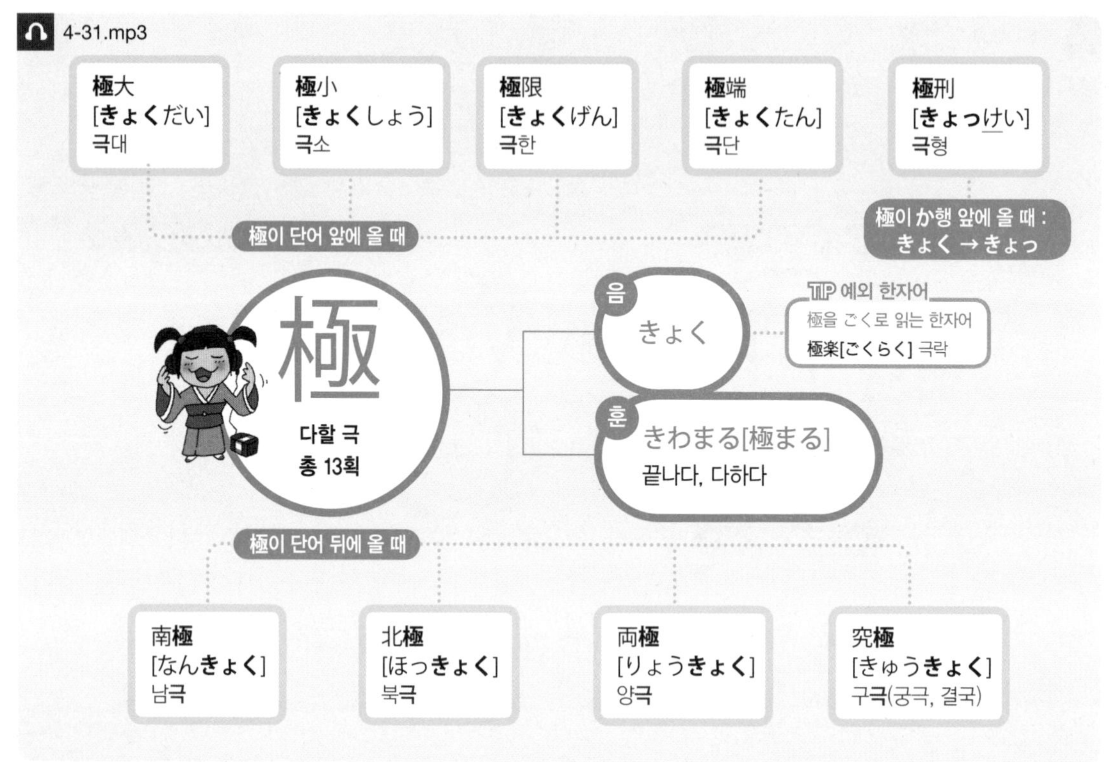

4-32.mp3

무작정 따라하기

方法[ほうほう] 방법
取る[とる] 취하다
選手[せんしゅ] 선수
体力[たいりょく] 체력
状態[じょうたい] 상태
行く[いく] 가다
直接[ちょくせつ] 직접
見る[みる] 보다
風邪[かぜ]を 引く[ひく] 감기에 걸리다

밑줄 친 한자어에 유의하면서 아래 문장을 읽어 보세요.

極端な方法を取ってはいけません。 극단적인 방법을 취해서는 안 됩니다.

選手の体力は極限状態でした。 선수의 체력은 극한 상태였습니다.

南極に行って、直接ペンギンを見てみたいです。 남극에 가서 직접 펭귄을 봐 보고 싶습니다.

北極はウイルスがいないので、風邪を引かないそうです。 북극은 바이러스가 없어서 감기에 걸리지 않는다고 합니다.

직접 써 보세요! 1 極小 ______ しょう 2 極刑 ______ けい 3 남극 南 ______ 4 양극 両 ______

예외 한자 법칙

劇[극]은 [모음 ㅡ+ㄱ받침]을 〈え단+き〉인 げき로 읽는다!

▶ **劇(극)은 げき로 읽는다!**

ㅡ[げ] + ㄱ[き] = 극[げき]

げき로 읽는 劇	**劇**場 [**げき**じょう] 극장	**劇**団 [**げき**だん] 극단	悲**劇** [ひ**げき**] 비극

彼は芝居がやりたくて劇団に入りました。
그는 연극이 하고 싶어서 극단에 들어갔습니다.

そのドラマの結末は悲劇に終わりました。
그 드라마의 결말은 비극으로 끝났습니다.

단어

彼[かれ] 그　　芝居[しばい] 연극　　やる 하다
入る[はいる] 들어가다, 들어오다　　結末[けつまつ] 결말　　終わる[おわる] 끝나다

[모음 ㅣ+ㄱ받침]을 〈~ょ+く〉로 읽는 한자

17 食^식은 しょく라고 읽는다!

시[しょ]+ ㄱ[く] = 식[しょく]

1단계 오디오를 먼저 들어 보세요. ▶ **2단계** 책을 보면서 학습해 보세요. ▶ **3단계** 직접 써 보세요.

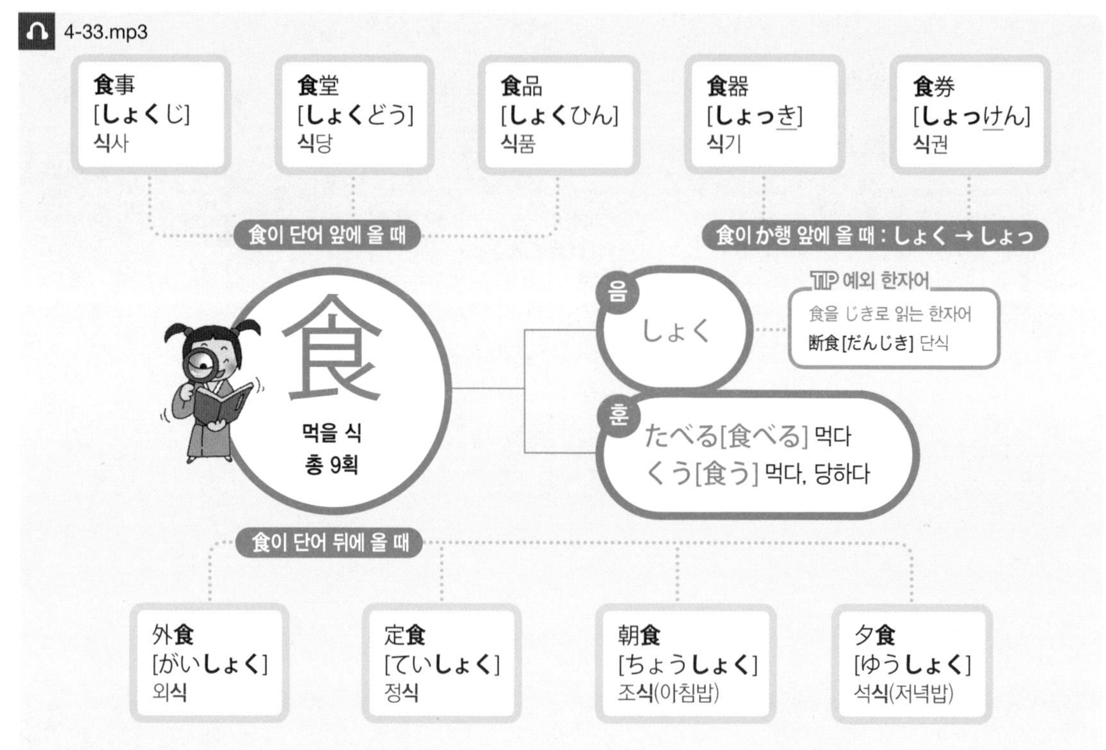

4-34.mp3

무작정 따라하기

汚い[きたない] 지저분하다
お客さん[おきゃくさん] 손님
少ない[すくない] 적다
部長[ぶちょう] 부장(님)
一緒に[いっしょに] 함께, 같이
高い[たかい] 비싸다, 높다
~すぎる 너무 ~하다
買う[かう] 사다
久しぶり[ひさしぶり] 오랜만임
家族[かぞく] 가족

밑줄 친 한자어에 유의하면서 아래 문장을 읽어 보세요.

この食堂は汚いので、お客さんが少ないです。
이 식당은 지저분해서 손님이 적습니다.

部長と一緒に食事をしたことがありません。
부장님과 함께 식사를 한 적이 없습니다.

この食器は高すぎて買えません。 이 식기는 너무 비싸서 살 수 없습니다.

久しぶりに家族みんなで外食をしました。 오랜만에 가족 모두 외식을 했습니다.

직접 써 보세요! 1 食品 ＿＿ひん 2 朝食 ちょう＿＿ 3 식사 ＿＿事 4 외식 外＿＿

[모음 ㅣ+ㄱ받침]을 〈い단+き〉로 읽는 한자

18 式[식]은 しき라고 읽는다!

시[し] + ㄱ[き] = 식[しき]

1단계 오디오를 먼저 들어 보세요. ▶ **2단계** 책을 보면서 학습해 보세요. ▶ **3단계** 직접 써 보세요.

4-35.mp3

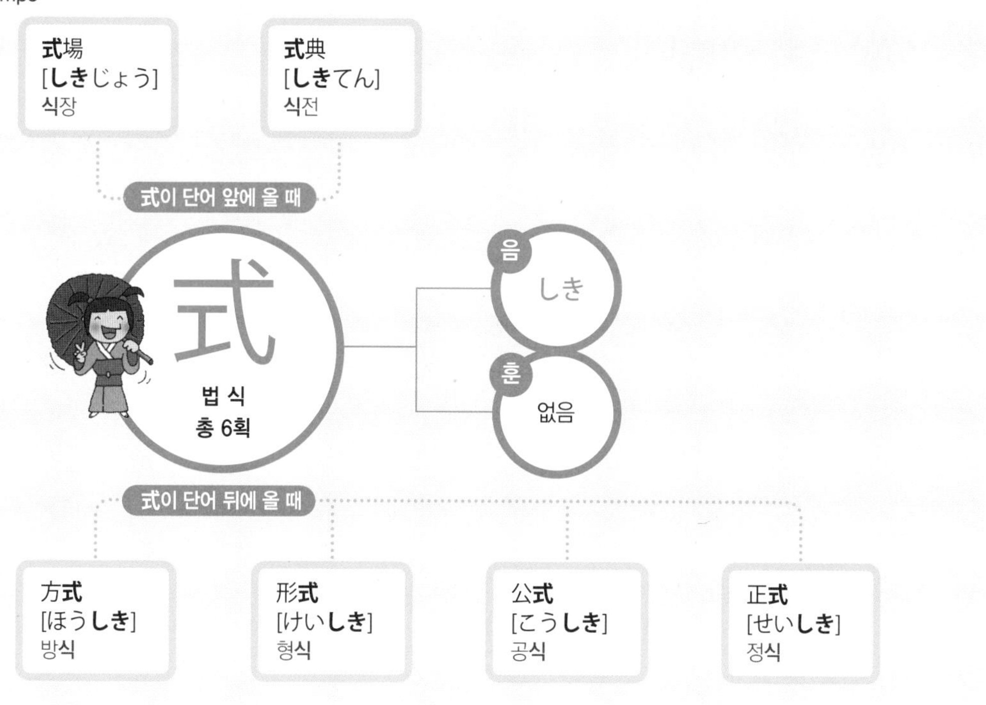

4-36.mp3

무작정 따라하기

대勢[おおぜい] 많은/여러 사람
集まる[あつまる] 모이다
彼氏[かれし] 남자친구
両親[りょうしん] 부모
紹介[しょうかい] 소개
重要[じゅうよう] 중요
必ず[かならず] 반드시, 꼭
覚える[おぼえる] 외우다
試験[しけん] 시험
問題[もんだい] 문제
変わる[かわる] 바뀌다, 변하다

밑줄 친 한자어에 유의하면서 아래 문장을 읽어 보세요.

式場に大勢の人が集まっています。 식장에 많은 사람들이 모여 있습니다.

彼氏を両親に正式に紹介しました。 남자친구를 부모님께 정식으로 소개했습니다.

重要な公式は必ず覚えてください。 중요한 공식은 반드시 외우세요.

試験問題の形式が変わりました。 시험 문제의 형식이 바뀌었습니다.

직접 써 보세요! 1 式典 ＿＿てん 2 形式 けい＿＿ 3 식장 ＿＿場 4 정식 正＿＿

예외 한자 법칙

則[칙]은 [모음 ㅣ+ㄱ 받침]을 〈お단+く〉인 そく로 읽는다!

▶ **則(칙)은 そく로 읽는다!**

치[そ] + ㄱ[く] = 칙[そく]

そく로 읽는 則

原則	規則	反則	法則
[げん**そく**]	[き**そく**]	[はん**そく**]	[ほう**そく**]
원칙	규칙	반칙	법칙

あの選手はよく反則をします。 저 선수는 자주 반칙을 합니다.

原則を決めてから、仕事を始めましょう。 원칙을 정하고 나서 일을 시작합시다.

選手[せんしゅ] 선수　決める[きめる] 정하다　(동사 て형) ~てから ~하고 나서

仕事[しごと] 일　始める[はじめる] 시작하다

ㄱ 받침 예외 한자 1

暴[폭/포]는 ㄱ받침이 있는데도 く 없이 ぼう라고 읽는다!

▶ **暴(폭/포)는 ぼう로 읽는다!**

どんな場合にも暴力は悪いことです。 어떠한 경우에도 폭력은 나쁜 것입니다.

あの男の人はとても乱暴です。 저 남자는 매우 난폭합니다.

TIP 暴露(폭로)는 暴을 ぼう가 아닌 ばく로 읽는 유일한 한자어예요. ぼうろ가 아니라 ばくろ로 읽는다는 점을 기억해 두세요.

場合[ばあい] 경우　悪い[わるい] 나쁘다　男の人[おとこのひと] 남자

ㄱ 받침 예외 한자 2

告[고]는 ㄱ받침이 없는데도 く를 넣어서 こく라고 읽는다!

▶ **告(고)는 こく로 읽는다!**

彼女に告白しましたが、断られました。 그녀에게 고백했습니다만, 거절당했습니다.

その件はもう部長に報告しました。 그 건은 이미 부장님께 보고했습니다.

彼女[かのじょ] 그녀, 여자친구　断る[ことわる] 거절하다　件[けん] 건, 일　もう 이미, 벌써　部長[ぶちょう] 부장(님)

확인문제

1 밑줄 친 한자의 읽는 음을 보기에서 골라 보세요.

보기				
① とく	② がく	③ しょく	④ ちゃく	⑤ しき
⑥ やく	⑦ きょく	⑧ いく	⑨ せき	⑩ りょく

01 学年 (　　　　　)　　02 朝食 (　　　　　)

03 曲線 (　　　　　)　　04 公式 (　　　　　)

05 石像 (　　　　　)　　06 到着 (　　　　　)

07 特技 (　　　　　)　　08 強力 (　　　　　)

09 薬物 (　　　　　)　　10 発育 (　　　　　)

2 밑줄 친 한자의 읽는 음을 히라가나로 직접 써 보세요.

01 弱点 (　　　　)てん　　02 下宿 げ(　　　　)

03 暴行 (　　　　)こう　　04 反則 はん(　　　　)

05 極大 (　　　　)だい　　06 記憶 き(　　　　)

06 駅員 (　　　　)いん　　08 制服 せい(　　　　)

09 着席 (　　　　)せき　　10 地域 ち(　　　　)

✽ 정답&해설은 281쪽에 있습니다.

3 한자의 읽는 음에 해당하는 한자를 보기에서 골라 보세요.

보기

①特	②予	③宿	④劇	⑤電
⑥南	⑦名	⑧石	⑨文	⑩薬
⑪油	⑫曲	⑬極	⑭力	⑮価
⑯学	⑰告	⑱題	⑲局	⑳場

01 しゅく・だい 숙제 (　　)(　　)　02 よ・こく 예고 (　　)(　　)

03 とっ・か 특가 (　　)(　　)　04 めい・きょく 명곡 (　　)(　　)

05 せき・ゆ 석유 (　　)(　　)　06 やっ・きょく 약국 (　　)(　　)

07 でん・りょく 전력 (　　)(　　)　08 ぶん・がく 문학 (　　)(　　)

09 げき・じょう 극장 (　　)(　　)　10 なん・きょく 남극 (　　)(　　)

4 밑줄 친 한자의 읽는 음에 해당하는 한자를 직접 써 보세요.

01 もくてき 목적 (　　)的　02 ほうせき 보석 宝(　　)

03 きゃくせき 객석 (　　)席　04 にゅうがく 입학 入(　　)

05 はくじん 백인 (　　)人　06 たいりょく 체력 体(　　)

07 とくべつ 특별 (　　)別　08 ほうしき 방식 方(　　)

09 しょくじ 식사 (　　)事　10 ぜんこく 전국 全(　　)

[모음ㅏ+ㄴ받침]을 〈あ단+ん〉으로 읽는 한자

19 産[산]은 さん이라고 읽는다!

사[さ] + ㄴ[ん] = 산[さん]

1단계 오디오를 먼저 들어 보세요. ▶ **2단계** 책을 보면서 학습해 보세요. ▶ **3단계** 직접 써 보세요.

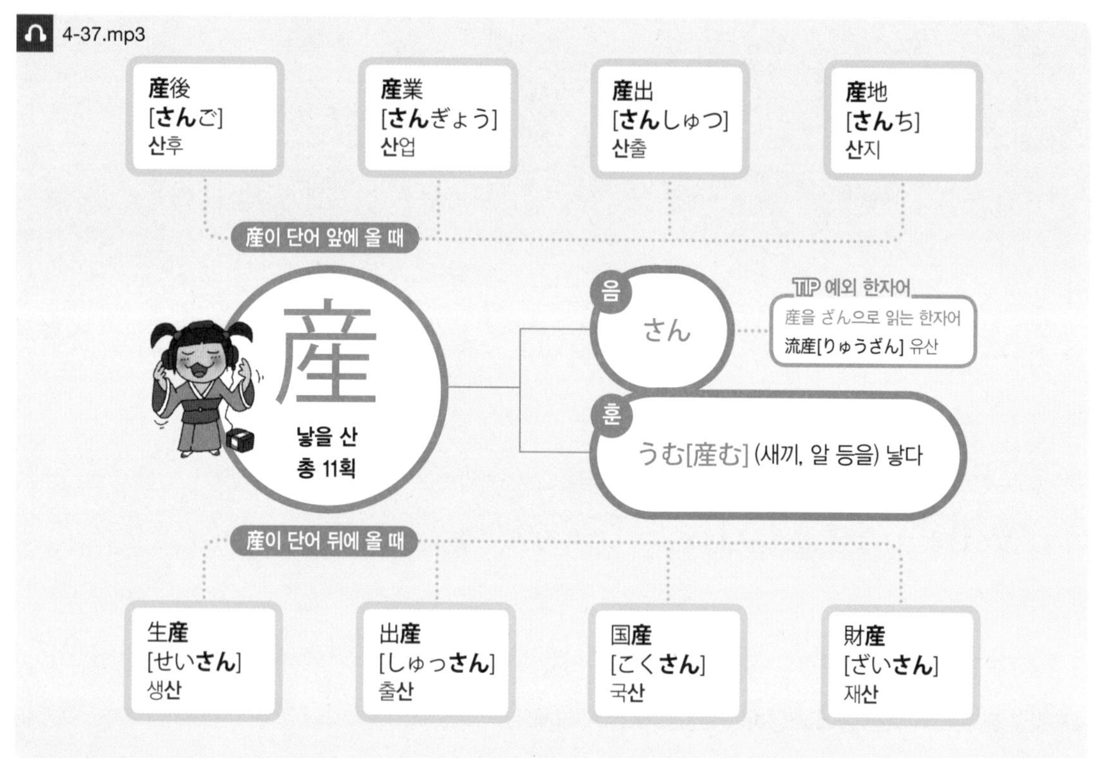

4-38.mp3

무작정 따라하기

外食[がいしょく] 외식
調べる[しらべる] 알아보다
国[くに] 나라
多量[たりょう] 다량
原油[げんゆ] 원유
今朝[けさ] 오늘 아침
妻[つま] 처, 아내
子ども[こども] 아이
自分[じぶん] 자기, 자신
社会[しゃかい] 사회
寄付[きふ] 기부

밑줄 친 한자어에 유의하면서 아래 문장을 읽어 보세요.

外食産業について調べています。 외식 산업에 대해 알아보고 있습니다.

あの国は多量の原油を産出しています。 저 나라는 다량의 원유를 산출하고 있습니다.

今朝、妻が子どもを出産しました。 오늘 아침에 아내가 아이를 출산했습니다.

自分の財産を社会に寄付する人もいます。 자기 재산을 사회에 기부하는 사람도 있습니다.

직접 써 보세요! 1 産業 ____ぎょう 2 財産 ざい____ 3 산지 ____地 4 생산 生____

[모음ㅓ+ㄴ받침]을 〈え단+ん〉으로 읽는 한자

20 前[전]은 ぜん이라고 읽는다!

저[ぜ] + ㄴ[ん] = 전[ぜん]

1단계 오디오를 먼저 들어 보세요. ▶ **2단계** 책을 보면서 학습해 보세요. ▶ **3단계** 직접 써 보세요.

4-39.mp3

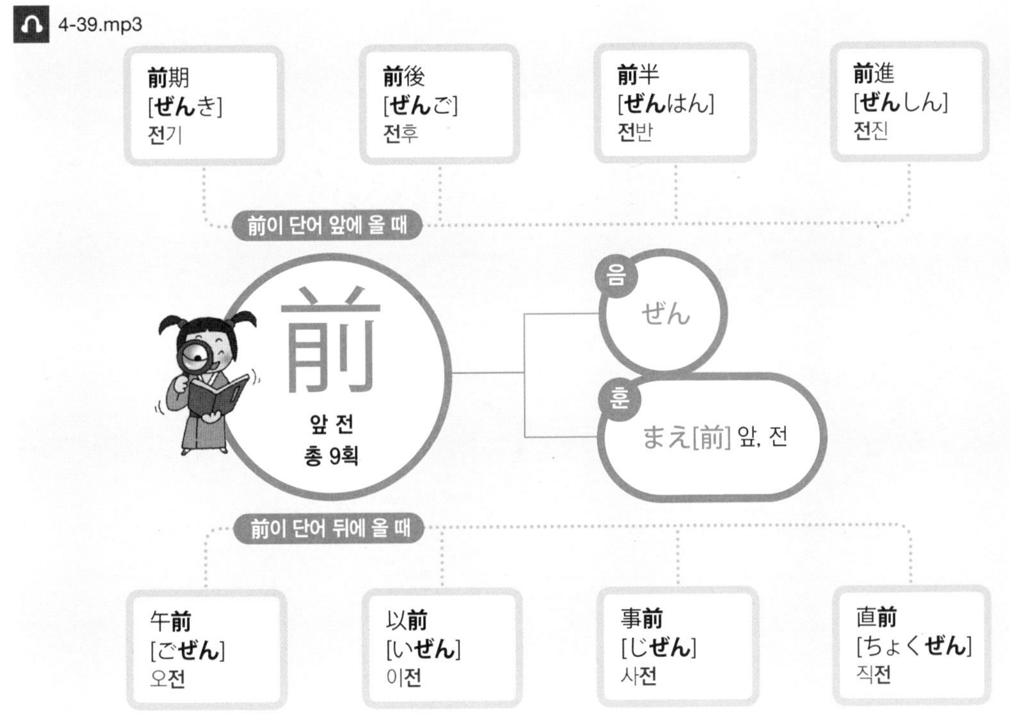

4-40.mp3

무작정 따라하기

講義[こうぎ] 강의
試験[しけん] 시험
2回[にかい] 2회, 두 번
話[はなし] 이야기
全然[ぜんぜん] 전혀
つながる 이어지다, 연결되다
授業[じゅぎょう] 수업
始まる[はじまる] 시작되다
教室[きょうしつ] 교실
件[けん] 건
知る[しる] 알다

밑줄 친 한자어에 유의하면서 아래 문장을 읽어 보세요.

この講義は<u>前期</u>に試験が2回あります。 이 강의는 전기에 시험이 두 번 있습니다.

話の<u>前後</u>が全然つながりません。 이야기의 앞뒤가 전혀 연결되지 않습니다.

授業が始まる<u>直前</u>に教室に入ってきました。 수업이 시작되기 직전에 교실에 들어왔습니다.

その件については<u>事前</u>に知っていました。 그 건에 대해서는 사전에 알고 있었습니다.

직접 써 보세요! 1 前後 ＿＿ご 2 事前 じ＿＿ 3 전반 ＿＿半 4 이전 以＿＿

[모음ㅕ+ㄴ받침]을 〈え단+ん〉으로 읽는 한자

21 見[견]은 けん이라고 읽는다!

겨[け] + ㄴ[ん] = 견[けん]

1단계 오디오를 먼저 들어 보세요. ▶ **2단계** 책을 보면서 학습해 보세요. ▶ **3단계** 직접 써 보세요.

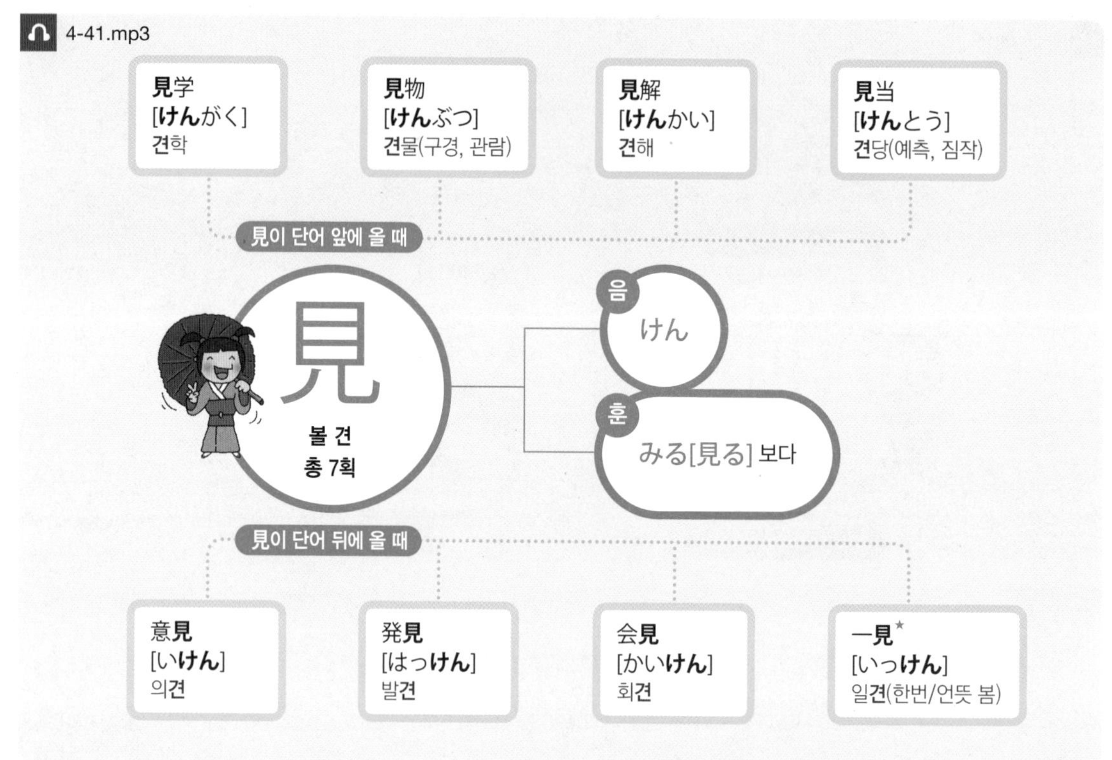

★ 一見(일견)이 부사로 쓰이면 '언뜻 보기에'라는 뜻으로 쓰여요!

무작정 따라하기

4-42.mp3

- 久しぶり[ひさしぶり] 오랜만임
- 芝居[しばい] 연극
- 誰[だれ] 누구
- 見当[けんとう]がつく 짐작이 가다
- 人[ひと] 남, 타인
- 聞く[きく] 듣다
- 彼女[かのじょ] 그녀
- 大人しい[おとなしい] 얌전하다, 조용하다
- 見える[みえる] 보이다

밑줄 친 한자어에 유의하면서 아래 문장을 읽어 보세요.

久しぶりに芝居を<u>見物</u>したいです。 오랜만에 연극을 관람하고 싶습니다.

誰がそんなことをしたのか、<u>見当</u>がつきません。 누가 그런 짓을 했는지 짐작이 가지 않습니다.

人の<u>意見</u>もよく聞いてみてください。 남의 의견도 잘 들어 보세요.

<u>一見</u>、彼女は大人しそうに見えます。 언뜻 보기에 그녀는 얌전한 것처럼 보입니다.

직접 써 보세요! 1 見当 ________とう 2 会見 かい________ 3 견학 ________学 4 발견 発________

[모음ㅗ+ㄴ받침]을 〈お단+ん〉으로 읽는 한자

22 論[론]은 ろん이라고 읽는다!

로[ろ] + ㄴ[ん] = 론[ろん]

1단계 오디오를 먼저 들어 보세요. ▶ **2단계** 책을 보면서 학습해 보세요. ▶ **3단계** 직접 써 보세요.

 4-43.mp3

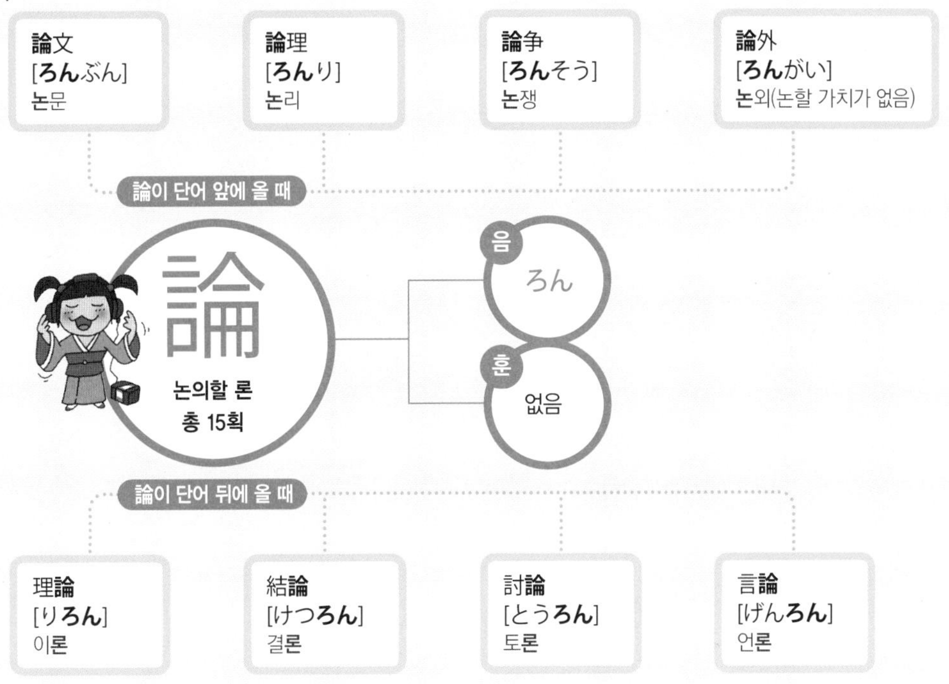

4-44.mp3

무작정 따라하기

밑줄 친 한자어에 유의하면서 아래 문장을 읽어 보세요.

<u>論文</u>の締め切りは今月の末です。	논문 마감일은 이달 말입니다.
彼の主張は<u>論理</u>に合わないと思います。	그의 주장은 논리에 맞지 않는 것 같습니다.
できるだけ早く<u>結論</u>を出してください。	가능한 빨리 결론을 내 주세요.
長い時間をかけて<u>討論</u>しています。	긴 시간을 들여서 토론하고 있습니다.

締め切り[しめきり] 마감(일)
今月[こんげつ] 이번 달
末[すえ] 말
彼[かれ] 그
主張[しゅちょう] 주장
合う[あう] 맞다
思う[おもう] 생각하다
早く[はやく] 빨리, 일찍
出す[だす] 내다
長い[ながい] 길다
時間[じかん] 시간

직접 써 보세요! 1 論外 ______ がい 2 理論 り ______ 3 논문 ______ 文 4 언론 言 ______

[모음 ㅘ+ㄴ받침]을 〈あ단+ん〉으로 읽는 한자

23 館[관]은 かん이라고 읽는다!

과[か] + ㄴ[ん] = 관[かん]

1단계 오디오를 먼저 들어 보세요. ▶ **2단계** 책을 보면서 학습해 보세요 ▶ **3단계** 직접 써 보세요

4-45.mp3

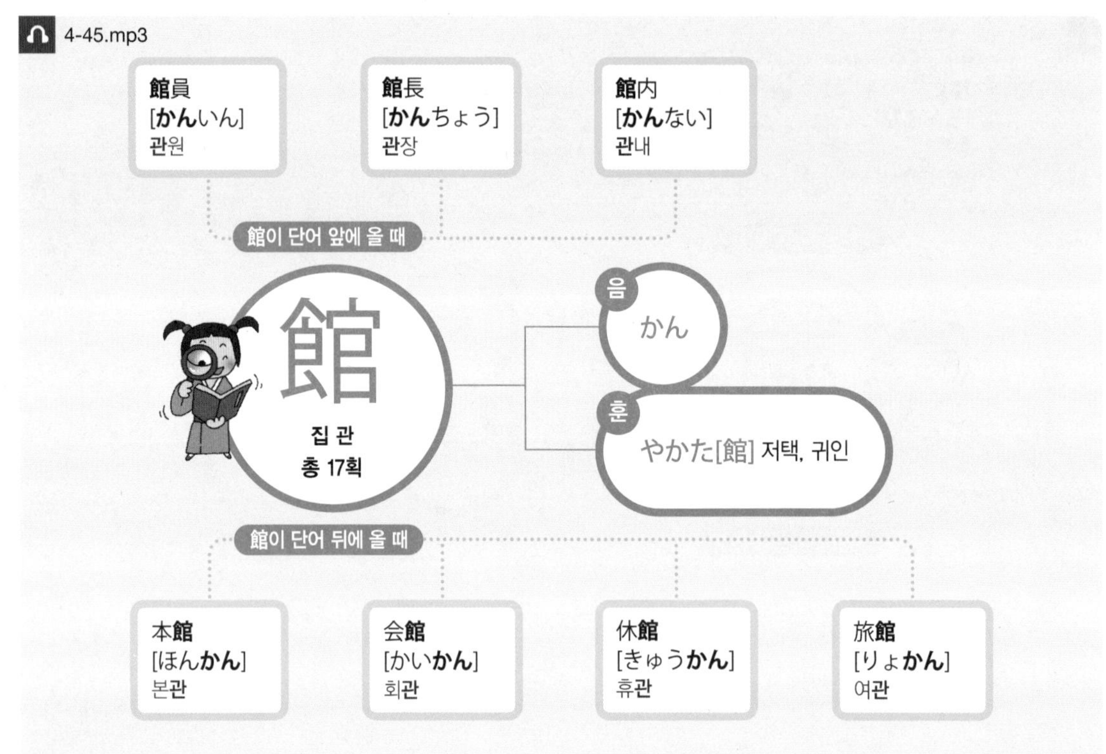

4-46.mp3

무작정 따라하기

吸う[すう] 피우다
来週[らいしゅう] 다음 주
新しい[あたらしい] 새롭다
入る[はいる] 들어오다, 들어가다
前[まえ] 앞
会う[あう] 만나다
美術館[びじゅつかん] 미술관
毎週[まいしゅう] 매주
金曜日[きんようび] 금요일

밑줄 친 한자어에 유의하면서 아래 문장을 읽어 보세요.

館内ではたばこを吸うことができません。 관내에서는 담배를 피울 수 없습니다.

来週、新しい館員が入ってきます。 다음 주에 새 관원이 들어옵니다.

デパートの本館の前で会いましょう。 백화점 본관 앞에서 만납시다.

その美術館は毎週金曜日が休館です。 그 미술관은 매주 금요일이 휴관입니다.

직접 써 보세요! 1 館内 ＿＿ない 2 旅館 りょ＿＿ 3 관장 ＿＿長 4 회관 会＿＿

24 文^{문}은 ぶん이라고 읽는다!

무[ぶ] + ㄴ[ん] = 문[ぶん]

1단계 오디오를 먼저 들어 보세요. ▶ **2단계** 책을 보면서 학습해 보세요. ▶ **3단계** 직접 써 보세요.

4-47.mp3

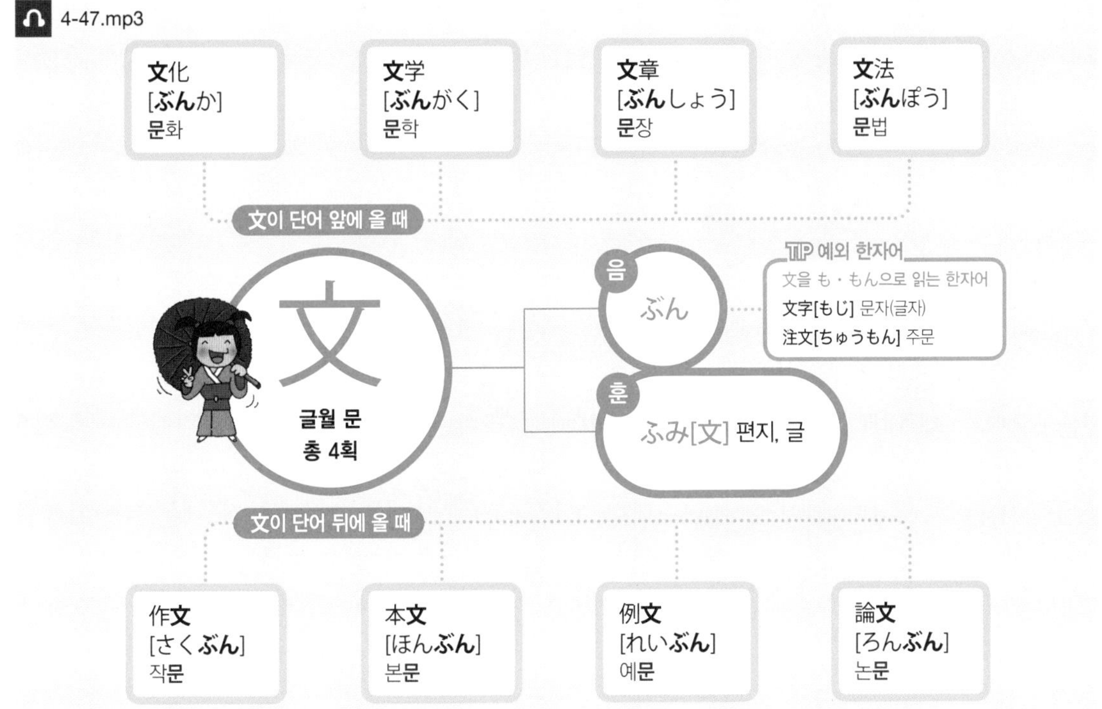

4-48.mp3

무작정 따라하기

- 大学[だいがく] 대학(교)
- 日本[にほん] 일본
- 専攻[せんこう] 전공
- 国[くに] 나라
- 興味[きょうみ] 흥미, 관심
- 書く[かく] 쓰다
- 資料[しりょう] 자료
- 集める[あつめる] 모으다
- 教材[きょうざい] 교재
- 多い[おおい] 많다
- ～やすい ～하기 쉽다

밑줄 친 한자어에 유의하면서 아래 문장을 읽어 보세요.

大学で日本の文学を専攻しました。 대학교에서 일본 문학을 전공했습니다.

ほかの国の文化について興味があります。 다른 나라의 문화에 대해 관심이 있습니다.

論文を書くために、資料を集めています。 논문을 쓰기 위해 자료를 모으고 있습니다.

この教材は例文が多くてわかりやすいです。 이 교재는 예문이 많아서 이해하기 쉽습니다.

직접 써 보세요! 1 文法 ＿＿＿ぽう 2 本文 ほん＿＿＿ 3 문화 ＿＿＿化 4 작문 作＿＿＿

[모음ㅜ+ㄴ받침]을 〈~ゅ+ん〉으로 읽는 한자

25 順[순]은 じゅん이라고 읽는다!

수[じゅ] + ㄴ[ん] = 순[じゅん]

1단계 오디오를 먼저 들어 보세요. ▶ **2단계** 책을 보면서 학습해 보세요. ▶ **3단계** 직접 써 보세요.

4-49.mp3

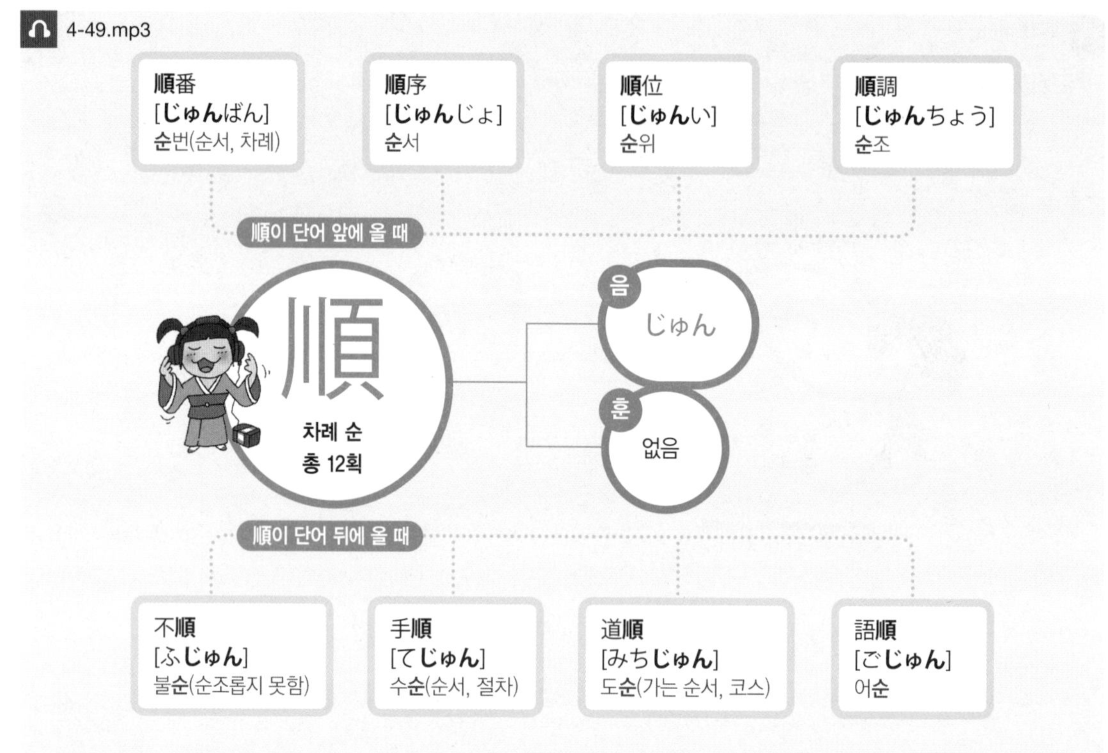

4-50.mp3

무작정 따라하기

もうすぐ 이제 곧
発表[はっぴょう] 발표
~通りに[どおりに] ~대로
椅子[いす] 의자
座る[すわる] 앉다
最近[さいきん] 요즘, 최근
天候[てんこう] 날씨
日[ひ] 날, 일
多い[おおい] 많다
確認[かくにん] 확인

밑줄 친 한자어에 유의하면서 아래 문장을 읽어 보세요.

もうすぐ順位を発表するそうです。 이제 곧 순위를 발표한다고 합니다.

順番通りに椅子に座ってください。 순번대로 의자에 앉아 주세요.

最近、天候が不順な日が多いです。 요즘 날씨가 고르지 못한 날이 많습니다.

発表する手順を確認しましょう。 발표할 순서를 확인합시다.

직접 써 보세요! 1 順調 ______ちょう 2 手順 て______ 3 순번 ______番 4 어순 語______

예외 한자 법칙

門・問[문]은 [모음 ㅜ + ㄴ 받침]을 〈お단+ん〉인 もん으로 읽는다!

▶ **門・問(문)은 もん으로 읽는다!**

무[も] + ㄴ[ん] = 문[もん]

もん으로 읽는 門

門前 [もんぜん] 문전(문 앞)	校門 [こうもん] 교문	専門 [せんもん] 전문	名門 [めいもん] 명문

校門の前で友達が待っています。 교문 앞에서 친구가 기다리고 있습니다.

その先生の専門は何ですか。 그 선생님의 전문(분야)은 무엇입니까?

もん으로 읽는 問

問題 [もんだい] 문제	質問 [しつもん] 질문	学問 [がくもん] 학문	疑問 [ぎもん] 의문

問題が難しくて解けませんでした。 문제가 어려워서 풀지 못했습니다.

先生の質問に答えることができませんでした。 선생님 질문에 대답할 수 없었습니다.

단어

前[まえ] 앞 友達[ともだち] 친구 待つ[まつ] 기다리다

先生[せんせい] 선생님 何[なん] 무엇 難しい[むずかしい] 어렵다

解く[とく] 풀다 答える[こたえる] 대답하다 ~することができない ~할 수가 없다

[모음ㅝ+ㄴ받침]을 〈あ단+ん〉으로 읽는 한자

26 願[원]은 がん이라고 읽는다!

원[が] + ㄴ[ん] = 원[がん]

1단계 오디오를 먼저 들어 보세요. ▶ **2단계** 책을 보면서 학습해 보세요. ▶ **3단계** 직접 써 보세요.

4-51.mp3

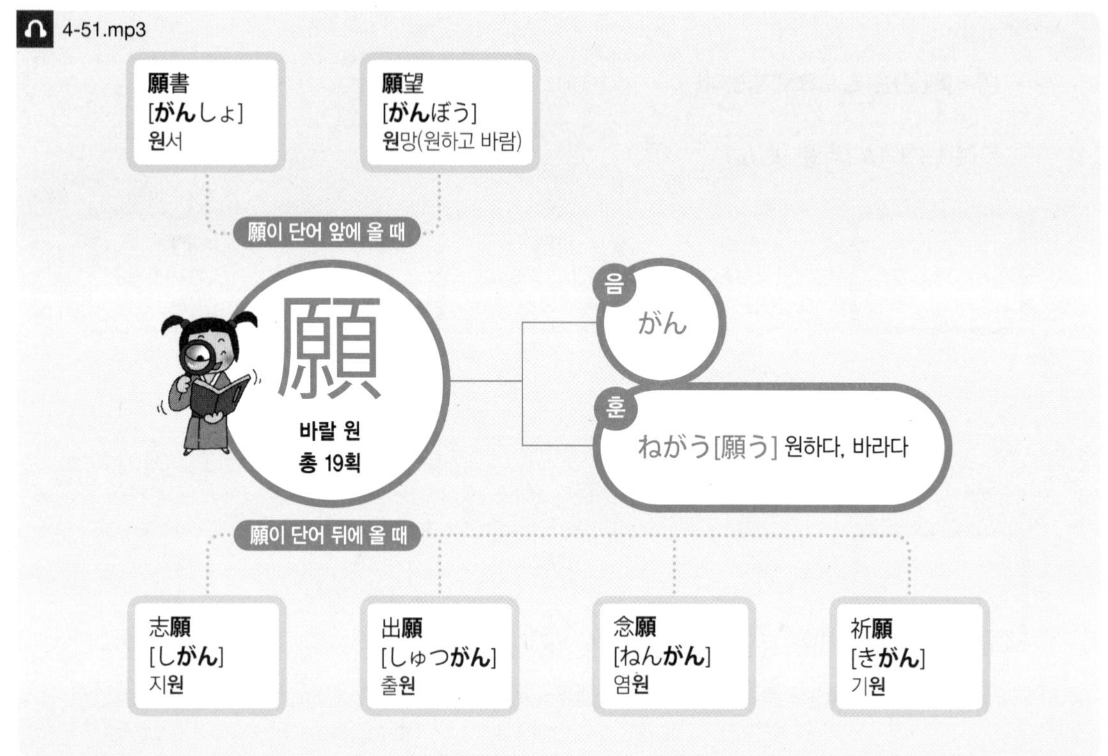

4-52.mp3

무작정 따라하기

입る[はいる] 들어가다, 들어오다
大学[だいがく] 대학(교)
入学[にゅうがく] 입학
出す[だす] 내다, 제출하다
救助隊[きゅうじょたい] 구조대
優勝[ゆうしょう] 우승
手に入れる[てにいれる] 손에 넣다
道具[どうぐ] 도구
特許[とっきょ] 특허

밑줄 친 한자어에 유의하면서 아래 문장을 읽어 보세요.

入りたい大学に入学願書を出しました。

들어가고 싶은 대학에 입학 원서를 냈습니다.

彼は救助隊に志願しました。

그는 구조대에 지원했습니다.

念願の優勝を手に入れました。

염원하던 우승을 손에 넣었습니다.

この道具の特許を出願したいです。

이 도구의 특허를 출원하고 싶습니다.

직접 써 보세요! 1 願望 ＿＿ぼう 2 出願 しゅつ＿＿ 3 원서 ＿＿書 4 지원 志＿＿

[모음ㅝ+ㄴ받침]을 〈え단+ん〉으로 읽는 한자

27 原[원]은 げん이라고 읽는다!

워[げ] + ㄴ[ん] = 원[げん]

1단계 오디오를 먼저 들어 보세요. ▶ **2단계** 책을 보면서 학습해 보세요. ▶ **3단계** 직접 써 보세요.

4-53.mp3

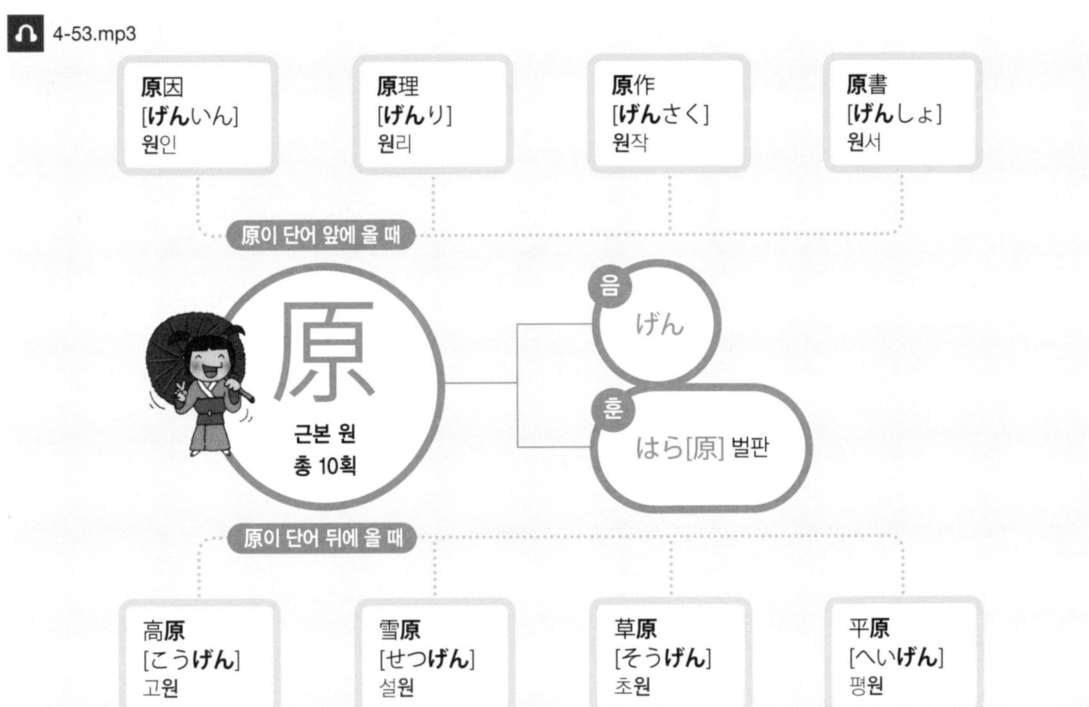

4-54.mp3

무작정 따라하기

結果[けっか] 결과
出る[でる] 나오다
知る[しる] 알다
日本[にほん] 일본
漫画[まんが] 만화(책)
真っ白[まっしろ] 새하얌
行く[いく] 가다
子ども[こども] 아이
広い[ひろい] 넓다
遊ぶ[あそぶ] 놀다

밑줄 친 한자어에 유의하면서 아래 문장을 읽어 보세요.

こんな結果が出た原因が知りたいです。 이런 결과가 나온 원인을 알고 싶습니다.

このドラマの原作は日本の漫画だそうです。 이 드라마의 원작은 일본 만화라고 합니다.

真っ白な雪原に行ってみたいです。 새하얀 설원에 가 보고 싶습니다.

子どもたちが広い草原で遊んでいます。 아이들이 넓은 초원에서 놀고 있습니다.

직접 써 보세요! 1 原書 ______しょ 2 平原 へい______ 3 원리 ______理 4 고원 高______

예외 한자 법칙

員・院[원]은 [모음 ㅝ+ㄴ 받침]을 〈い단+ん〉인 いん으로 읽는다!

▶ **員・院(원)은 いん으로 읽는다!**

원 [い] + ㄴ [ん] = 원 [いん]

いん으로 읽는 員	会員 [かいいん] 회원	社員 [しゃいん] 사원	店員 [てんいん] 점원	満員 [まんいん] 만원

今年は新入社員が一人もいません。올해는 신입사원이 한 명도 없습니다.

新しい会員にはプレゼントをくれるそうです。새 회원에게는 선물을 준다고 합니다.

いん으로 읽는 院	院長 [いんちょう] 원장	病院 [びょういん] 병원	入院 [にゅういん] 입원	美容院 [びよういん] 미용원(미용실)

手術をすることになって、入院しました。수술을 하게 되어 입원했습니다.

昨日、美容院に行ってパーマをかけました。어제 미용실에 가서 파마를 했습니다.

단어

今年[ことし] 올해
新入[しんにゅう] 신입
一人[ひとり] 한 명, 한 사람
新しい[あたらしい] 새롭다
~そうだ ~라고 한다
手術[しゅじゅつ] 수술
~することになる ~하게 되다
昨日[きのう] 어제
行く[いく] 가다

[모음 ㅡ+ㄴ 받침]을 〈い단+ん〉으로 읽는 한자

28 銀은 ぎん이라고 읽는다!

으[ぎ] + ㄴ[ん] = 은[ぎん]

1단계 오디오를 먼저 들어 보세요. ▶ **2단계** 책을 보면서 학습해 보세요. ▶ **3단계** 직접 써 보세요.

4-55.mp3

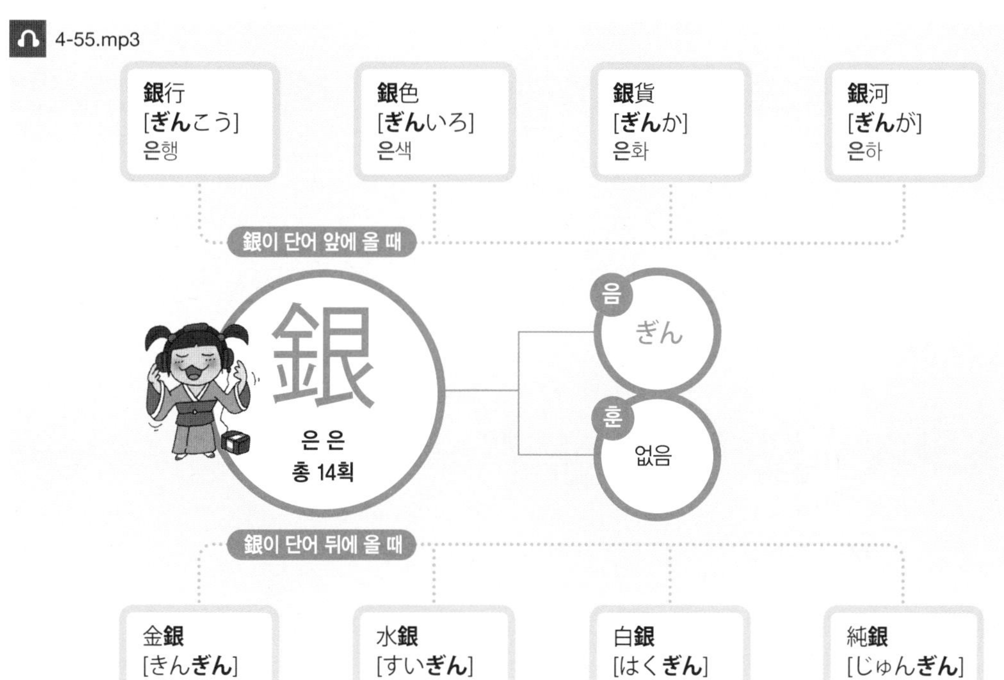

4-56.mp3

무작정 따라하기

- 金色[きんいろ] 금색
- 好き[すき] 좋아함
- 行く[いく] 가다
- 口座[こうざ] 계좌
- 開く[ひらく] 열다, 개설하다
- 中毒[ちゅうどく] 중독
- 怖い[こわい] 무섭다
- 指輪[ゆびわ] 반지

밑줄 친 한자어에 유의하면서 아래 문장을 읽어 보세요.

私は金色より銀色のほうが好きです。 저는 금색보다 은색을 더 좋아합니다.

銀行に行って、口座を開きました。 은행에 가서 계좌를 개설했습니다.

水銀中毒はとても怖いです。 수은 중독은 매우 무섭습니다.

この指輪は純銀です。 이 반지는 순은입니다.

직접 써 보세요! 1 銀貨 ＿＿か 2 金銀 きん＿＿ 3 은행 ＿＿行 4 수은 水＿＿

[모음ㅣ+ㄴ받침]을 〈い단+ん〉으로 읽는 한자

29 引[인]은 いん이라고 읽는다!

이[い] + ㄴ[ん] = 인[いん]

1단계 오디오를 먼저 들어 보세요. ▶ **2단계** 책을 보면서 학습해 보세요. ▶ **3단계** 직접 써 보세요.

4-57.mp3

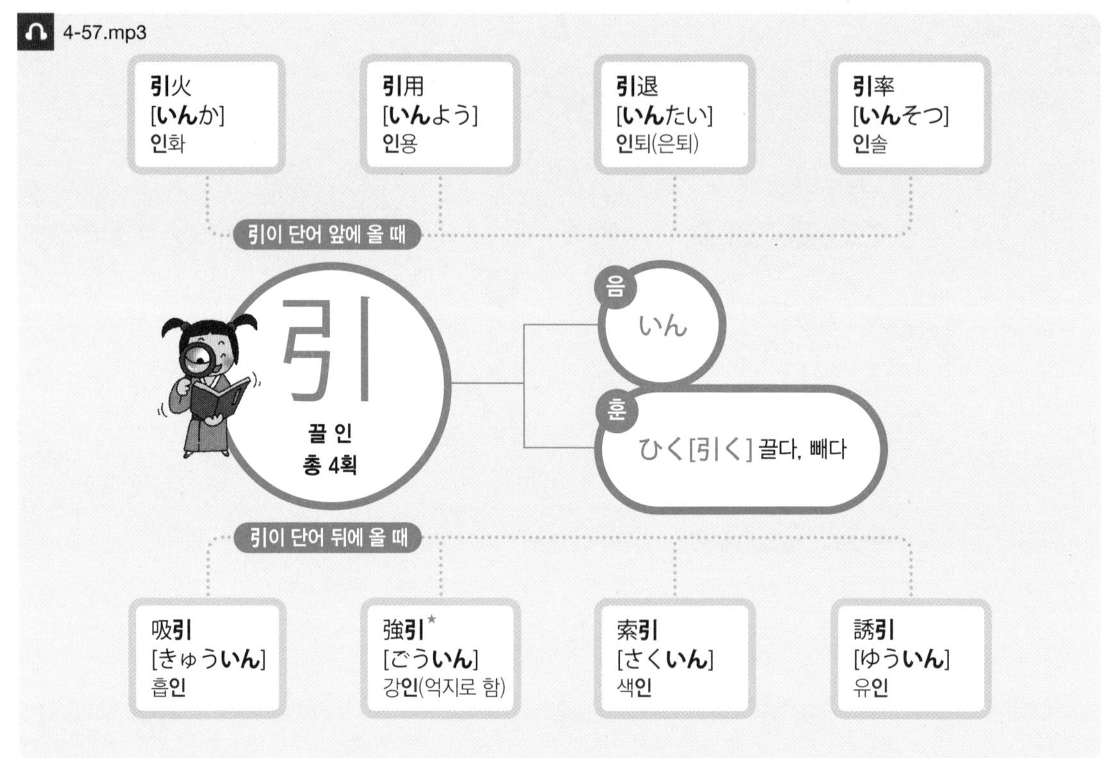

★ **強引**(강인)은 보통 **強引に**의 형태로 써서 '억지로'라는 뜻의 부사로 쓰여요!

무작정 따라하기

4-58.mp3

学生[がくせい] 학생
見学[けんがく] 견학
行く[いく] 가다
現役[げんえき] 현역
何[なに] 무엇
作る[つくる] 만들다
使う[つかう] 쓰다, 사용하다
便利[べんり] 편리
開く[あく] 열리다
ひっぱる 잡아당기다, 끌어당기다

밑줄 친 한자어에 유의하면서 아래 문장을 읽어 보세요.

学生たちを<u>引率</u>して見学に行きました。 학생들을 인솔해서 견학하러 갔습니다.

現役を<u>引退</u>したら、何をするつもりですか。 현역을 은퇴하면 무엇을 할 생각입니까?

<u>索引</u>を作るときにエクセルを使えば便利です。 색인을 만들 때 엑셀을 사용하면 편리합니다.

ドアが開かなくて、<u>強引</u>にひっぱってみました。 문이 열리지 않아서 억지로 잡아당겨 보았습니다.

직접 써 보세요! 1 引退 ＿＿＿たい 2 索引 さく＿＿＿ 3 인용 ＿＿＿用 4 흡인 吸＿＿＿

ㄴ 받침 예외 한자

洗세는 ㄴ 받침이 없는데도 ん을 넣어서 せん이라고 읽는다!

▶ **洗(세)는 せん으로 읽는다!**

せん으로 읽는 **洗**

洗濯 [**せん**たく] **세**탁(빨래)	**洗**顔 [**せん**がん] **세**안	**洗**剤 [**せん**ざい] **세**제	水**洗** [すい**せん**] 수**세**(물로 씻음)

午前中に洗濯は済ませておきました。오전 중에 빨래는 끝내 놓았습니다.

洗剤を使うときは使用量を守りましょう。세제를 사용할 때는 사용량을 지킵시다.

午前[ごぜん] 오전
~中[ちゅう] ~중
済ませる[すませる] 끝내다, 끝마치다
~ておく ~해 두다/놓다
使う[つかう] 쓰다
使用量[しようりょう] 사용량
守る[まもる] 지키다
(동사 ます형)~ましょう ~합시다

확인문제

1. 밑줄 친 한자의 읽는 음을 보기에서 골라 보세요.

보기				
① ろん	② けん	③ さん	④ ぶん	⑤ がん
⑥ じゅん	⑦ げん	⑧ いん	⑨ ぎん	⑩ ぜん

01 文法 (　　　　　　)　　02 手順 (　　　　　　)

03 論外 (　　　　　　)　　04 吸引 (　　　　　　)

05 産業 (　　　　　　)　　06 直前 (　　　　　　)

07 見当 (　　　　　　)　　08 平原 (　　　　　　)

09 願望 (　　　　　　)　　10 純銀 (　　　　　　)

2. 밑줄 친 한자의 읽는 음을 히라가나로 직접 써 보세요.

01 銀貨 (　　　　)か　　02 会館 かい(　　　　)

03 原因 (　　　　)いん　　04 財産 ざい(　　　　)

05 問題 (　　　　)だい　　06 討論 とう(　　　　)

07 文学 (　　　　)がく　　08 志願 し(　　　　)

09 引用 (　　　　)よう　　10 語順 ご(　　　　)

※ 정답&해설은 281쪽에 있습니다.

3. 한자의 읽는 음에 해당하는 한자를 보기에서 골라 보세요.

보기

① 名	② 論	③ 会	④ 引	⑤ 入
⑥ 前	⑦ 本	⑧ 原	⑨ 産	⑩ 作
⑪ 地	⑫ 文	⑬ 書	⑭ 院	⑮ 後
⑯ 門	⑰ 火	⑱ 見	⑲ 理	⑳ 館

01 さん・ち 산지 ( ) ( )
02 めい・もん 명문 ( ) ( )
03 ぜん・ご 전후 ( ) ( )
04 さく・ぶん 작문 ( ) ( )
05 ろん・り 논리 ( ) ( )
06 かい・けん 회견 ( ) ( )
07 げん・しょ 원서 ( ) ( )
08 にゅう・いん 입원 ( ) ( )
09 いん・か 인화 ( ) ( )
10 ほん・かん 본관 ( ) ( )

4. 밑줄 친 한자의 읽는 음에 해당하는 한자를 직접 써 보세요.

01 げんり 원리 ( )理
02 ごぜん 오전 午 ( )
03 ぶんか 문화 ( )化
04 しゃいん 사원 社 ( )
05 けんがく 견학 ( )学
06 りろん 이론 理 ( )
07 じゅんばん 순번 ( )番
08 せいさん 생산 生 ( )
09 ぎんこう 은행 ( )行
10 ごういん 강인 強 ( )

[모음ㅏ+ㄹ받침]을 〈あ단+つ〉로 읽는 한자

30 発[발]은 はつ라고 읽는다!

바[は] + ㄹ[つ] = 발[はつ]

1단계 오디오를 먼저 들어 보세요. ▶ **2단계** 책을 보면서 학습해 보세요. ▶ **3단계** 직접 써 보세요.

4-59.mp3

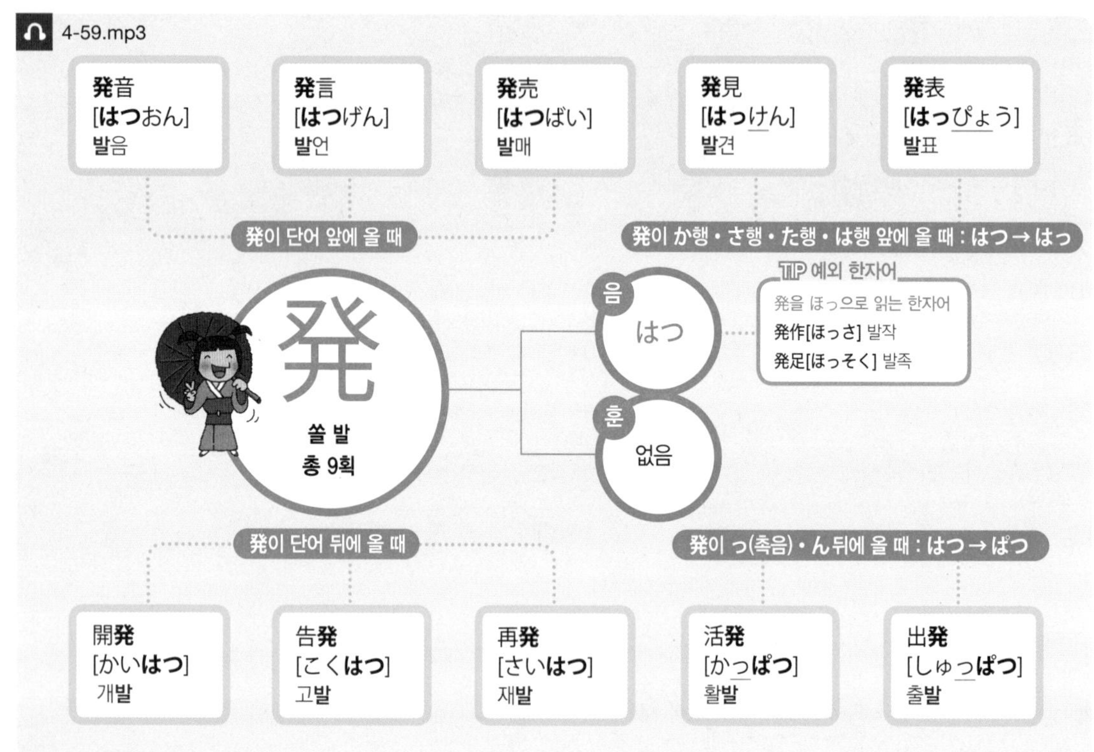

4-60.mp3

무작정 따라하기

밑줄 친 한자어에 유의하면서 아래 문장을 읽어 보세요.

- 悪い[わるい] 나쁘다
- 何[なに] 무엇
- 言う[いう] 말하다
- 合格者[ごうかくしゃ] 합격자
- 始まる[はじまる] 시작되다
- 人[ひと] 사람
- 誰[だれ] 누구
- 中田[なかた] 나카타(성)
- ～さん ～씨
- 活動[かつどう] 활동
- 期待[きたい] 기대

発音が悪くて何を言っているのかわかりません。

발음이 나빠서 무슨 말을 하는지 모르겠습니다.

いよいよ合格者の発表が始まりました。

드디어 합격자 발표가 시작되었습니다.

このプログラムを開発した人は誰ですか。

이 프로그램을 개발한 사람은 누구입니까?

中田さんの活発な活動を期待しています。

나카타 씨의 활발한 활동을 기대하고 있습니다.

직접 써 보세요! 1 発見 ____けん 2 出発 しゅっ____ 3 발매 ____売 4 고발 告____

[모음ㅏ+ㄹ받침]을 〈あ단+ち〉로 읽는 한자

31 八[팔]은 はち라고 읽는다!

파[は] + ㄹ[ち] = 팔[はち]

1단계 오디오를 먼저 들어 보세요. ▶ **2단계** 책을 보면서 학습해 보세요. ▶ **3단계** 직접 써 보세요.

4-61.mp3

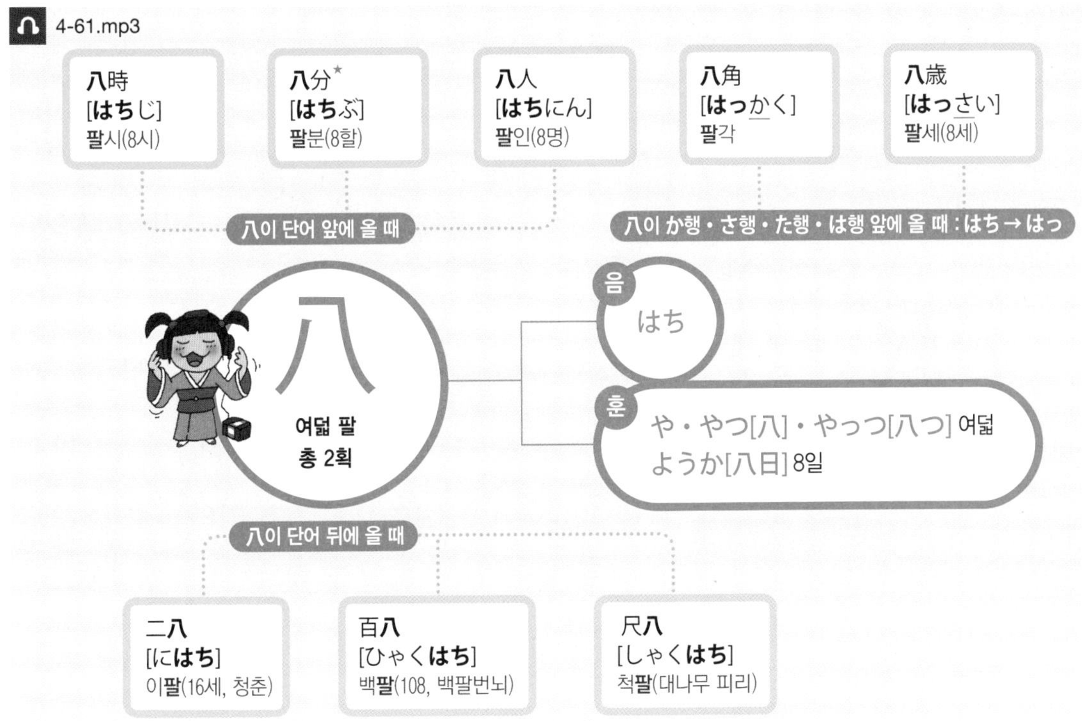

★ 八分(팔분)은 **はちぶ**라고 읽으면 '8할', **はっぷん**이라고 읽으면 '8분'을 뜻해요!

4-62.mp3

무작정 따라하기

- うちの~ 우리~
- ~しか ~밖에
- 残る[のこる] 남다
- 毎朝[まいあさ] 매일 아침
- ~ごろ ~경
- 電車[でんしゃ] 전철
- 乗る[のる] 타다
- 娘[むすめ] 딸
- 今年[ことし] 올해
- 屋根[やね] 지붕
- 形[かたち] 모양, 형태

밑줄 친 한자어에 유의하면서 아래 문장을 읽어 보세요.

うちのチームは八人しか残っていません。 우리 팀은 8명밖에 남아 있지 않습니다.

毎朝八時ごろに電車に乗ります。 매일 아침 8시 경에 전철을 탑니다.

娘は今年で八歳になりました。 딸은 올해로 8살이 되었습니다.

あのビルの屋根の形は八角です。 저 빌딩의 지붕 모양은 팔각입니다.

직접 써 보세요! 1 八分 ＿＿＿ ぶ 2 八歳 ＿＿＿ さい 3 이팔(청춘) 二＿＿＿ 4 백팔(번뇌) 百＿＿＿

[모음 ㅓ+ㄹ받침]을 〈え단+つ〉로 읽는 한자

32 切절은 せつ라고 읽는다!

저[せ] + ㄹ[つ] = 절[せつ]

1단계 오디오를 먼저 들어 보세요. ▶ **2단계** 책을 보면서 학습해 보세요. ▶ **3단계** 직접 써 보세요.

4-63.mp3

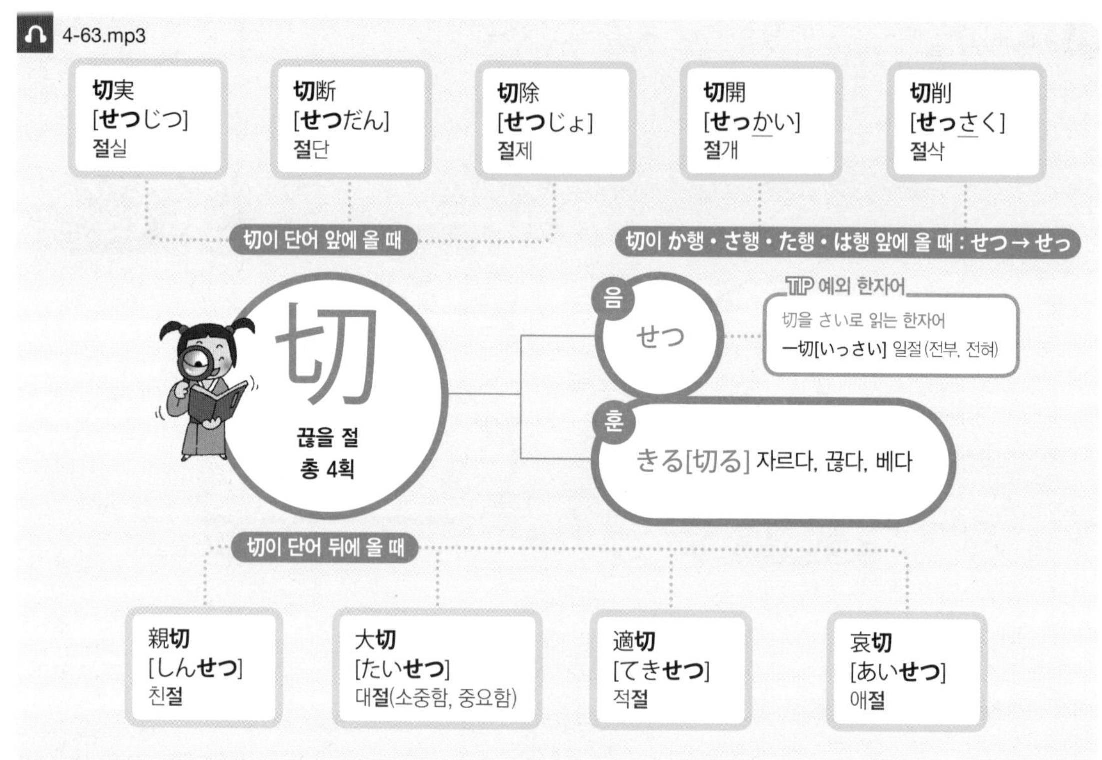

4-64.mp3

무작정 따라하기

收入[しゅうにゅう] 수입
確保[かくほ] 확보
問題[もんだい] 문제
半分[はんぶん] 절반, 반
方法[ほうほう] 방법
思う[おもう] 생각하다
無くす[なくす] 잃다
悲しい[かなしい] 슬프다

밑줄 친 한자어에 유의하면서 아래 문장을 읽어 보세요.

收入の確保は切実な問題です。 수입의 확보는 절실한 문제입니다.

パイプを半分に切断しました。 파이프를 반으로 절단했습니다.

これがいちばん適切な方法だと思います。 이것이 가장 적절한 방법이라고 생각합니다.

大切なものを無くしてしまって悲しいです。 소중한 것을 잃어버려서 슬픕니다.

직접 써 보세요! 1 切実 　じつ 2 切開 　かい 3 적절 適 　4 친절 親

[모음ㅕ+ㄹ받침]을 〈え단+つ〉로 읽는 한자

33 別[별]은 べつ라고 읽는다!

벼[べ] + ㄹ[つ] = 별[べつ]

1단계 오디오를 먼저 들어 보세요. ▶ **2단계** 책을 보면서 학습해 보세요. ▶ **3단계** 직접 써 보세요.

4-65.mp3

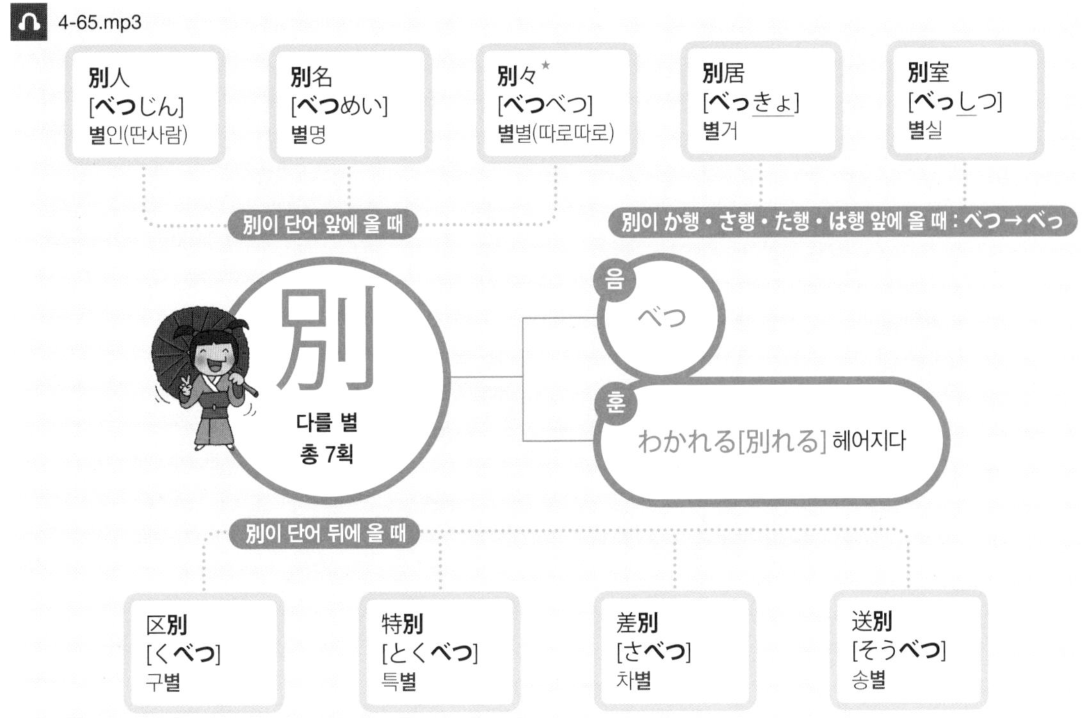

★別々(별별)의 々는 똑같은 한자를 연이어 쓰는 경우에 간편하게 나타내는 표기법이에요!

4-66.mp3

무작정 따라하기

冷たい[つめたい] 차갑다, 냉정하다
人形[にんぎょう] 인형
一つ[ひとつ] 한 개, 하나
~ずつ ~씩
包む[つつむ] 싸다, 포장하다
主人[しゅじん] 남편
彼女[かのじょ] 그녀
才能[さいのう] 재능

밑줄 친 한자어에 유의하면서 아래 문장을 읽어 보세요.

まるで別人になったように冷たいです。 마치 딴사람이 된 것처럼 차갑습니다.

人形を一つずつ別々に包んでください。 인형을 하나씩 따로따로 포장해 주세요.

私は主人と別居しています。 저는 남편과 별거하고 있습니다.

彼女はピアノに特別な才能があります。 그녀는 피아노에 특별한 재능이 있습니다.

직접 써 보세요! 1 別人 ____じん 2 別室 ____しつ 3 별명 ____名 4 송별 送____

[모음ㅘ+ㄹ받침]을 〈あ단+つ〉로 읽는 한자

34 活[활]은 かつ라고 읽는다!

화[か] + ㄹ[つ] = 활[かつ]

1단계 오디오를 먼저 들어 보세요. ▶ **2단계** 책을 보면서 학습해 보세요. ▶ **3단계** 직접 써 보세요.

4-67.mp3

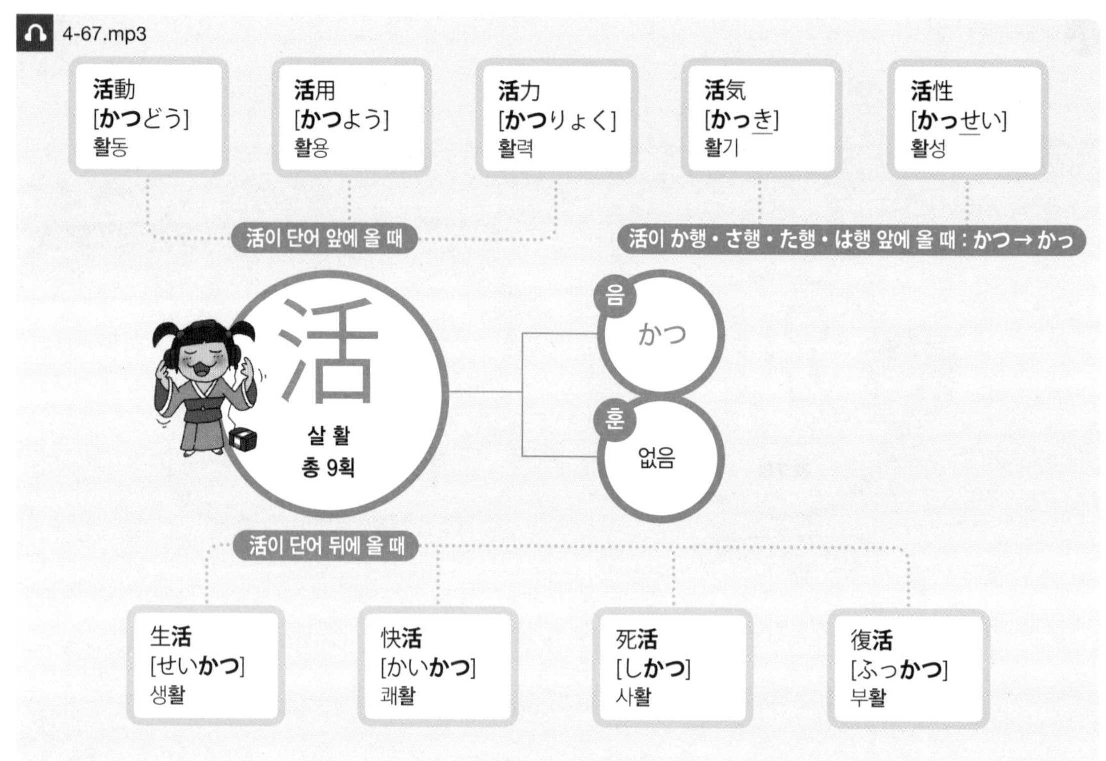

4-68.mp3

무작정 따라하기

学校[がっこう] 학교
代表[だいひょう] 대표
売り上げ[うりあげ] 매상
上げる[あげる] 올리다
店[みせ] 가게, 상점
いつも 언제나, 항상
満ちる[みちる] 가득 차다
規則的[きそくてき] 규칙적
意外と[いがいと] 의외로
難しい[むずかしい] 어렵다

밑줄 친 한자어에 유의하면서 아래 문장을 읽어 보세요.

学校の代表になると、どんな活動をすることになりますか。
학교 대표가 되면 어떠한 활동을 하게 됩니까?

ホームページを活用して売り上げを上げました。
홈페이지를 활용해서 매상을 올렸습니다.

あの店はいつも活気に満ちています。 저 가게는 언제나 활기로 가득 차 있습니다.

規則的な生活をするのは意外と難しいです。
규칙적인 생활을 하는 것은 의외로 어렵습니다.

직접 써 보세요! 1 活力 ＿＿りょく 2 活気 ＿＿き 3 쾌활 快＿＿ 4 부활 復＿＿

[모음ㅜ+ㄹ받침]을 〈う단+つ〉로 읽는 한자

35 物물은 ぶつ라고 읽는다!

무[ぶ] + ㄹ[つ] = 물[ぶつ]

1단계 오디오를 먼저 들어 보세요. ▶ **2단계** 책을 보면서 학습해 보세요. ▶ **3단계** 직접 써 보세요.

4-69.mp3

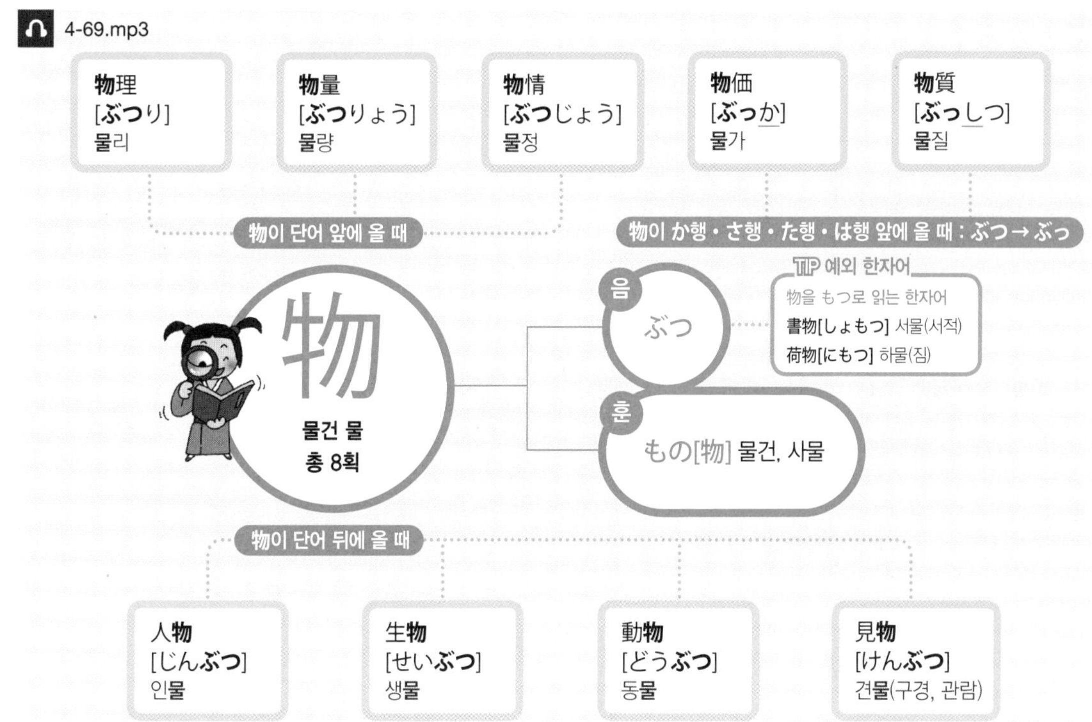

4-70.mp3

무작정 따라하기

好き[すき] 좋아함
高い[たかい] 비싸다, 높다
生活[せいかつ] 생활
苦しい[くるしい] 괴롭다, 힘들다
小説[しょうせつ] 소설
出る[でる] 나오다
彼女[かのじょ] 그녀
動物園[どうぶつえん] 동물원
行く[いく] 가다

밑줄 친 한자어에 유의하면서 아래 문장을 읽어 보세요.

私は物理がいちばん好きです。 저는 물리를 가장 좋아합니다.

物価が高くて、生活が苦しいです。 물가가 비싸서 생활이 힘듭니다.

この小説にはどんな人物が出てきますか。 이 소설에는 어떤 인물이 나옵니까?

彼女は動物が好きで、動物園によく行きます。 그녀는 동물을 좋아해서 동물원에 자주 갑니다.

직접 써 보세요! 1 物量 ＿＿りょう 2 物質 ＿＿しつ 3 인물 人＿＿ 4 생물 生＿＿

[모음ㅜ+ㄹ받침]을 〈~ゅ+つ〉로 읽는 한자

36 出[출]은 しゅつ라고 읽는다!

추[しゅ] + ㄹ[つ] = 출[しゅつ]

1단계 오디오를 먼저 들어 보세요. ▶ **2단계** 책을 보면서 학습해 보세요. ▶ **3단계** 직접 써 보세요.

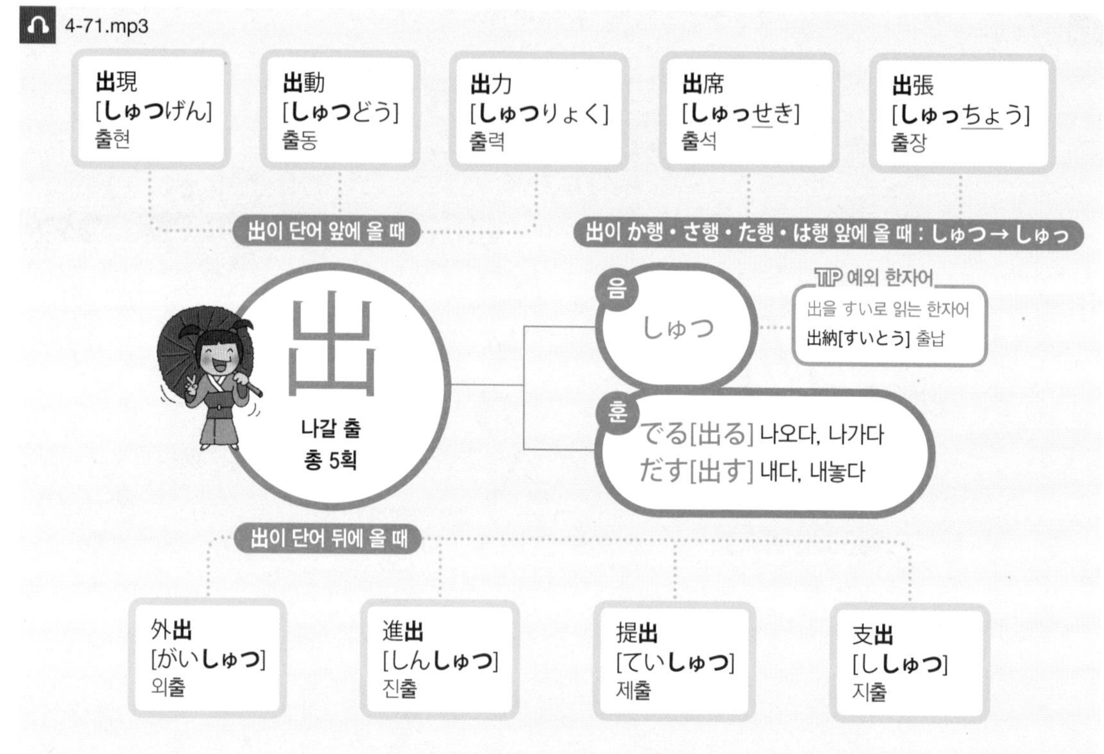

4-72.mp3

무작정 따라하기

見る[みる] 보다
会員[かいいん] 회원
方[かた] 분
全員[ぜんいん] 전원
選手[せんしゅ] 선수
金曜日[きんようび] 금요일

밑줄 친 한자어에 유의하면서 아래 문장을 읽어 보세요.

UFOが<u>出現</u>したというニュースを見ました。
UFO가 출현했다는 뉴스를 보았습니다.

会員の方は全員パーティーに<u>出席</u>してください。
회원이신 분은 전원 파티에 출석해 주세요.

その選手もメジャーリーグに<u>進出</u>することになりました。
그 선수도 메이저리그에 진출하게 되었습니다.

レポートは金曜日までに<u>提出</u>してください。 리포트는 금요일까지 제출해 주세요.

직접 써 보세요! 1 出力 ＿＿ りょく 2 出張 ＿＿ ちょう 3 지출 支 ＿＿ 4 외출 外 ＿＿

[모음 ㅝ+ㄹ받침]을 〈え단+つ〉로 읽는 한자

37 月[월]은 げつ라고 읽는다!

워[げ] + ㄹ[つ] = 월[げつ]

1단계 오디오를 먼저 들어 보세요. ▶ **2단계** 책을 보면서 학습해 보세요. ▶ **3단계** 직접 써 보세요.

4-73.mp3

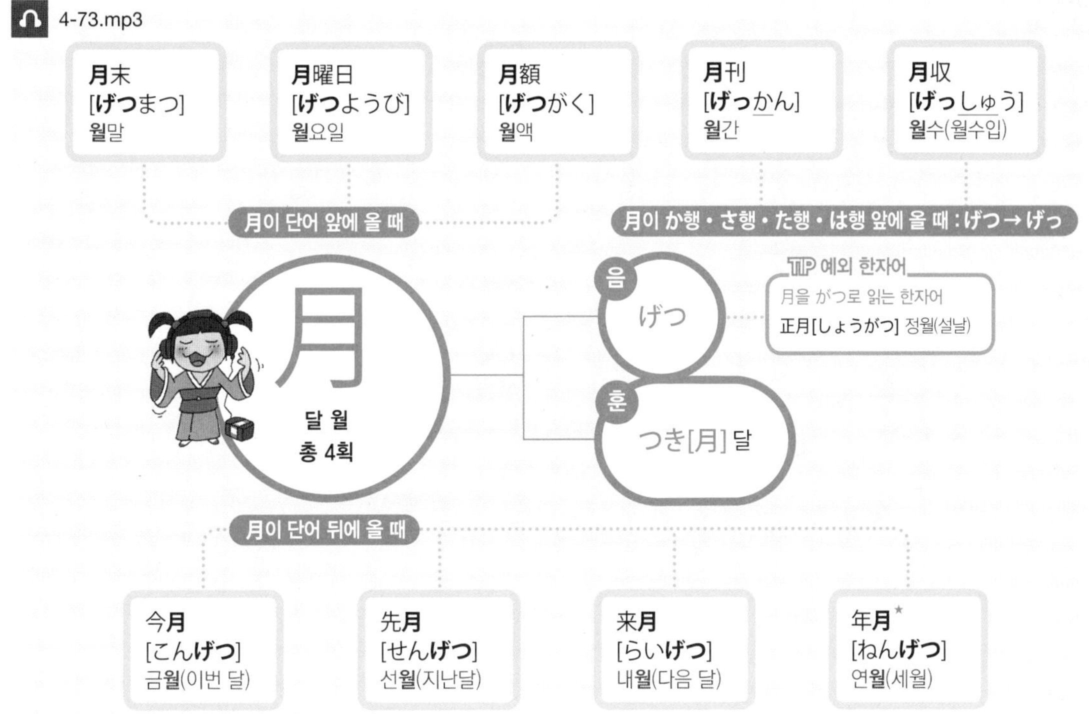

★年月(연월)은 としつき라고도 읽어요!

무작정 따라하기

4-74.mp3

밑줄 친 한자어에 유의하면서 아래 문장을 읽어 보세요.

月末に会社からボーナスが出る予定です。
월말에 회사에서 보너스가 나올 예정입니다.

毎週月曜日には部活があります。
매주 월요일에는 동아리 활동이 있습니다.

先月は特に残業が多かったです。
지난달에는 특히 야근이 많았습니다.

来月、友だちと一緒にカナダへ旅行に行きます。
다음 달에 친구와 함께 캐나다로 여행을 갑니다.

- 会社[かいしゃ] 회사
- 出る[でる] 나오다
- 予定[よてい] 예정
- 毎週[まいしゅう] 매주
- 部活[ぶかつ] 동아리 활동
- 特に[とくに] 특히
- 残業[ざんぎょう] 잔업, 야근
- 多い[おおい] 많다
- 友だち[ともだち] 친구
- 一緒に[いっしょに] 함께, 같이
- 旅行[りょこう] 여행
- 行く[いく] 가다

직접 써 보세요! 1 月刊 ____かん 2 今月 こん____ 3 월말 ____末 4 선월(지난달) 先____

[모음 ㅣ+ㄹ받침]을 〈い단+つ〉로 읽는 한자

38 室실은 しつ라고 읽는다!

시[し] + ㄹ[つ] = 실[しつ]

1단계 오디오를 먼저 들어 보세요. ▶ **2단계** 책을 보면서 학습해 보세요. ▶ **3단계** 직접 써 보세요

4-75.mp3

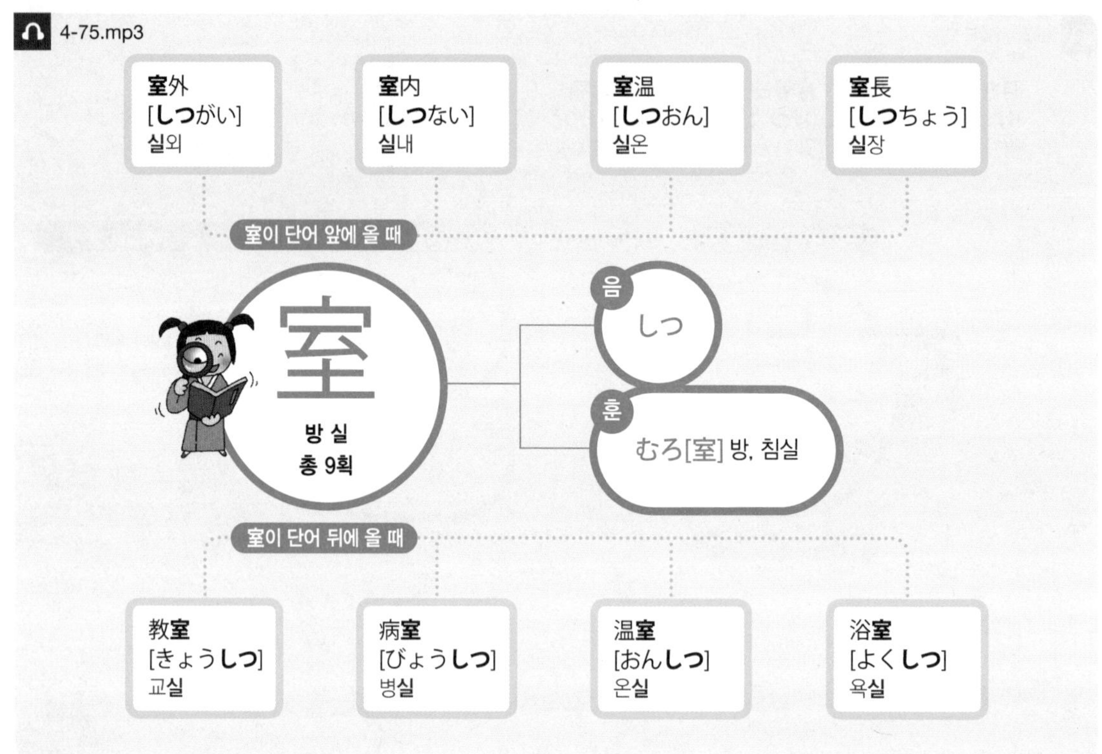

4-76.mp3

무작정 따라하기

帽子[ぼうし] 모자
脱ぐ[ぬぐ] 벗다
保管[ほかん] 보관
大丈夫[だいじょうぶ] 괜찮음
彼女[かのじょ] 그녀
残る[のこる] 남다
勉強[べんきょう] 공부

밑줄 친 한자어에 유의하면서 아래 문장을 읽어 보세요.

室内では帽子を脱いでください。 실내에서는 모자를 벗어 주세요.

このジャムは室温で保管しても大丈夫です。 이 잼은 실온에서 보관해도 괜찮습니다.

この病室には私しかいません。 이 병실에는 저밖에 없습니다.

彼女はまだ教室に残って勉強しています。 그녀는 아직 교실에 남아서 공부하고 있습니다.

직접 써 보세요! 1 室外 ＿＿ がい 2 温室 おん ＿＿ 3 실장 ＿＿ 長 4 욕실 浴 ＿＿

[모음 ㅣ+ㄹ받침]을 〈い단+ち〉로 읽는 한자

39 日[일]은 にち라고 읽는다!

이[に] + ㄹ[ち] = 일[にち]

1단계 오디오를 먼저 들어 보세요. ▶ **2단계** 책을 보면서 학습해 보세요. ▶ **3단계** 직접 써 보세요.

4-77.mp3

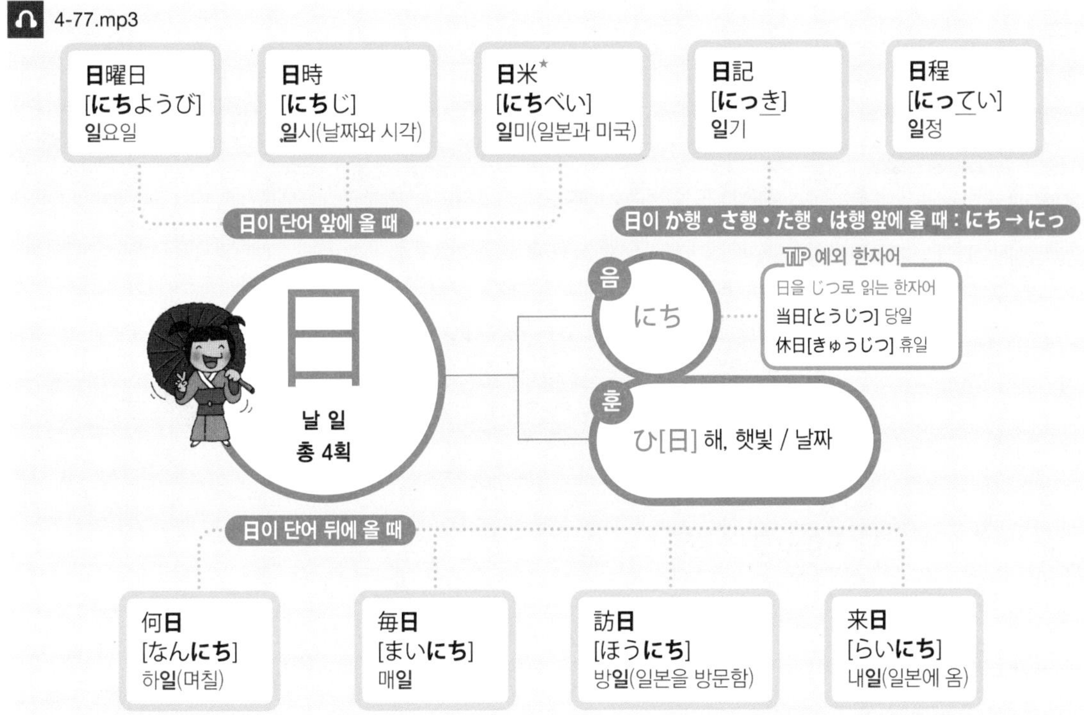

★ 日米(일미)에서의 米[べい](미)는 '미국'을 가리켜요!

4-78.mp3

무작정 따라하기

밑줄 친 한자어에 유의하면서 아래 문장을 읽어 보세요.

<u>日曜日</u>は彼氏とデートをします。 일요일에는 남자친구와 데이트를 합니다.

私は小学生のときから<u>日記</u>をつけています。 저는 초등학생 때부터 일기를 쓰고 있습니다.

<u>毎日</u>1時間ずつ日本語の勉強をしています。 매일 1시간씩 일본어 공부를 하고 있습니다.

今週の水曜日は<u>何日</u>ですか。 이번 주 수요일은 며칠입니까?

- 彼氏[かれし] 남자친구
- 小学生[しょうがくせい] 초등학생
- 日記[にっき]を つける 일기를 쓰다
- 1時間[いちじかん] 1시간
- ~ずつ ~씩
- 日本語[にほんご] 일본어
- 勉強[べんきょう] 공부
- 今週[こんしゅう] 이번 주
- 水曜日[すいようび] 수요일

직접 써 보세요! 1 日時 ___ じ 2 日記 ___ き 3 일미(일본과 미국) ___ 米 4 매일 毎 ___

ㄹ받침 예외 한자

不[불/부]는 ㄹ받침이 있는데도 つ 없이 ふ・ぶ라고 읽는다!

TIP 不은 접두사이므로 항상 단어 앞에만 와요! 따라서 不이 단어 뒤에 오는 한자어는 없어요!

▶ 不(불)을 は행[ふ]으로 읽는 경우

ふ로 읽는 不

不安 [ふあん] 불안	不便 [ふべん] 불편	不満 [ふまん] 불만

この公園はトイレがなくて不便です。 이 공원은 화장실이 없어서 불편합니다.

この提案に不満のある人がいるかもしれません。
이 제안에 불만이 있는 사람이 있을지도 모릅니다.

▶ 不(불)을 ば행[ぶ]으로 읽는 경우

ぶ로 읽는 不

不器用 [ぶきよう] 불기용(솜씨가 서툼)	不細工 [ぶさいく] 불세공(못생김)	不気味 [ぶきみ] 불기미(섬뜩함, 무서움)

私はメガネをかけると不細工に見えます。 저는 안경을 쓰면 못생겨 보입니다.

不気味な音がして怖くなりました。 섬뜩한 소리가 나서 무서워졌습니다.

公園[こうえん] 공원　　提案[ていあん] 제안　　〜かもしれません 〜일지도 모릅니다

見える[みえる] 보이다　　音がする[おとがする] 소리가 나다　　怖い[こわい] 무섭다

덤 챙겨가세요!

不[ふ]~

不(불/부)가 접두사의 형태로 하나의 단어 앞에 연결되어 쓰이면, 그 단어의 뜻을 부정하는 말이 됩니다. 해석은 원래 한자 不이 가진 음인 '불~'과 '부~'의 두 가지로 나뉘어져 있습니다. 두 가지의 읽는 음은 뒤에 오는 단어에 따라 각각 다르므로 다양한 한자어들을 알아야 하지요.

그럼, 不 뒤에 분야와 관련된 단어를 연결한 한자어를 읽는 음에 따라 나누어 배워 봅시다.

▶ 不을 '불~'로 읽는 한자어들

不安定 [ふあんてい] 불안정

不規則 [ふきそく] 불규칙

不充分 [ふじゅうぶん] 불충분

不可能 [ふかのう] 불가능

不景気 [ふけいき] 불경기

不親切 [ふしんせつ] 불친절

不完全 [ふかんぜん] 불완전

不公平 [ふこうへい] 불공평

不平等 [ふびょうどう] 불평등

▶ 不을 '부~'로 읽는 한자어들

不自然 [ふしぜん] 부자연

不正確 [ふせいかく] 부정확

不注意 [ふちゅうい] 부주의

不動産 [ふどうさん] 부동산

확인문제

1. 밑줄 친 한자의 읽는 음을 보기에서 골라 보세요.

보기

① にち	② げつ	③ はち	④ せつ	⑤ しゅつ
⑥ ぶつ	⑦ はつ	⑧ かつ	⑨ べつ	⑩ しつ

01 切実 (　　　　　)　　02 進出 (　　　　　)

03 物量 (　　　　　)　　04 区別 (　　　　　)

05 活力 (　　　　　)　　06 何日 (　　　　　)

07 八人 (　　　　　)　　08 病室 (　　　　　)

09 発言 (　　　　　)　　10 年月 (　　　　　)

2. 밑줄 친 한자의 읽는 음을 히라가나로 직접 써 보세요.

01 活動 (　　　　)どう　　02 適切 てき(　　　　)

03 発音 (　　　　)おん　　04 今月 こん(　　　　)

05 別人 (　　　　)じん　　06 教室 きょう(　　　　)

07 出現 (　　　　)げん　　08 来日 らい(　　　　)

09 八時 (　　　　)じ　　10 生物 せい(　　　　)

＊ 정답&해설은 282쪽에 있습니다.

3. 한자의 읽는 음에 해당하는 한자를 보기에서 골라 보세요.

보기				
① 八	② 動	③ 切	④ 特	⑤ 出
⑥ 訪	⑦ 発	⑧ 来	⑨ 活	⑩ 温
⑪ 月	⑫ 時	⑬ 力	⑭ 物	⑮ 明
⑯ 室	⑰ 別	⑱ 実	⑲ 日	⑳ 用

01 はつ・めい 발명 (　　) (　　)　02 らい・げつ 내월 (　　) (　　)

03 かつ・よう 활용 (　　) (　　)　04 どう・ぶつ 동물 (　　) (　　)

05 はち・じ 팔시 (　　) (　　)　06 とく・べつ 특별 (　　) (　　)

07 しゅつ・りょく 출력 (　　) (　　)　08 おん・しつ 온실 (　　) (　　)

09 せつ・じつ 절실 (　　) (　　)　10 ほう・にち 방일 (　　) (　　)

4. 밑줄 친 한자의 읽는 음에 해당하는 한자를 직접 써 보세요.

01 はちにん 팔인 (　　)人　02 がいしゅつ 외출 外 (　　)

03 べつめい 별명 (　　)名　04 しんせつ 친절 親 (　　)

05 しつない 실내 (　　)内　06 せいかつ 생활 生 (　　)

07 ぶつり 물리 (　　)理　08 かいはつ 개발 開 (　　)

09 げつまつ 월말 (　　)末　10 まいにち 매일 毎 (　　)

[모음ㅏ+ㅁ받침]을 〈あ단+ん〉으로 읽는 한자

40 南[남]은 なん이라고 읽는다!

나[な] + ㅁ[ん] = 남[なん]

1단계 오디오를 먼저 들어 보세요. ▶ **2단계** 책을 보면서 학습해 보세요. ▶ **3단계** 직접 써 보세요

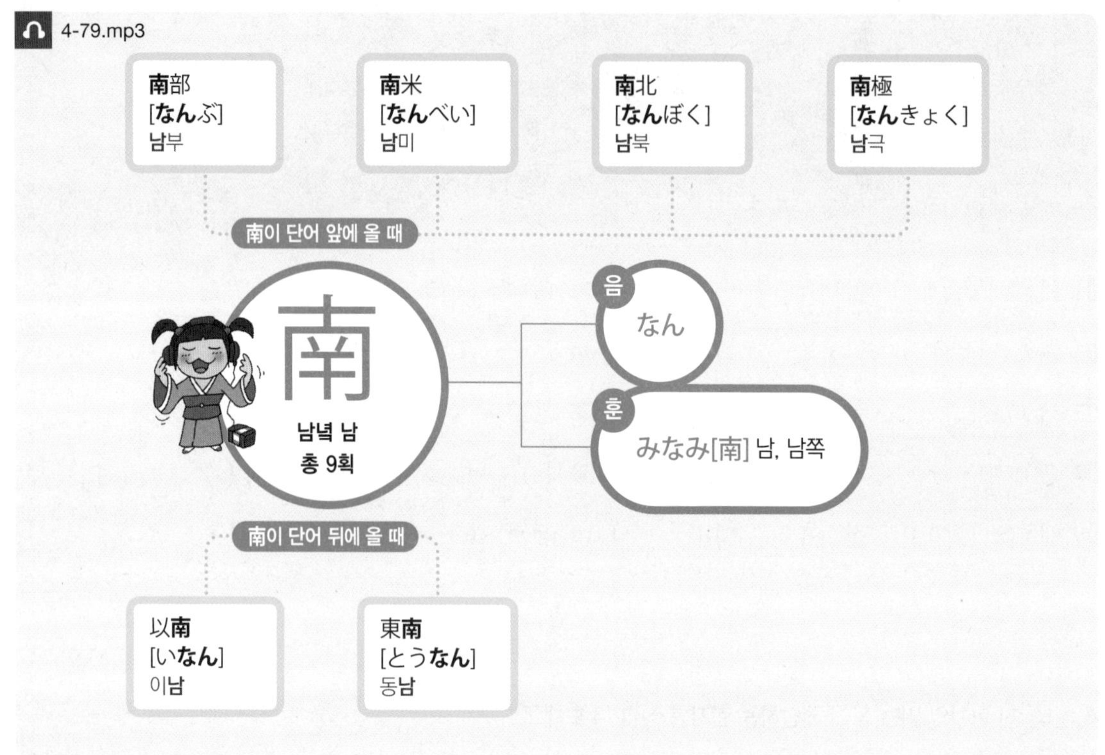

4-80.mp3

무작정 따라하기

関東[かんとう] 관동(일본 지명)
桜[さくら] 벚꽃
咲く[さく] (꽃이) 피다
～始める[はじめる] ～하기 시작하다
国[くに] 나라
強い[つよい] 강하다, 세다
北極[ほっきょく] 북극
寒い[さむい] 춥다

밑줄 친 한자어에 유의하면서 아래 문장을 읽어 보세요.

関東の南部では桜が咲き始めたそうです。
관동 남부에서는 벚꽃이 피기 시작했다고 합니다.

ブラジルのような南米の国はサッカーに強いです。
브라질 같은 남미 국가는 축구에 강합니다.

北極より南極のほうが寒いです。
북극보다 남극이 더 춥습니다.

インドネシアとベトナムは東南アジアにある国です。
인도네시아와 베트남은 동남아시아에 있는 나라입니다.

직접 써 보세요! 1 南北 ______ ぼく 2 以南 い ______ 3 남부 ______ 部 4 동남 東 ______

예외 한자 법칙

森[삼]은 [모음ㅏ+ㅁ받침]을 〈い단+ん〉인 しん으로 읽는다!

▶ **森(삼)은 しん으로 읽는다!**

사 [し] + ㅁ [ん] = 삼 [しん]

しん으로 읽는 **森**

森厳 [**しん**げん] 삼엄	**森**林 [**しん**りん] 삼림	**森**森 [**しん**しん] 삼삼(빽빽함)

森林の中は空気が新鮮です。 삼림 속은 공기가 신선합니다.

そのお寺は森厳な空間の中に建っています。

그 절은 삼엄한 공간 속에 세워져 있습니다.

TIP 森森은 나무들이 빽빽하게 들어찬 모양 또는 사람의 위풍이 늠름하고 점잖은 모양을 나타내요!

中[なか] 속, 안　　空気[くうき] 공기　　新鮮[しんせん] 신선

お寺[おてら] 절, 사원　　空間[くうかん] 공간　　建つ[たつ] 서다, 세워지다

[모음ㅓ+ㅁ받침]을 〈え단+ん〉으로 읽는 한자

41 店[점]은 てん이라고 읽는다!

저[て] + ㅁ[ん] = 점[てん]

1단계 오디오를 먼저 들어 보세요. ▶ **2단계** 책을 보면서 학습해 보세요. ▶ **3단계** 직접 써 보세요.

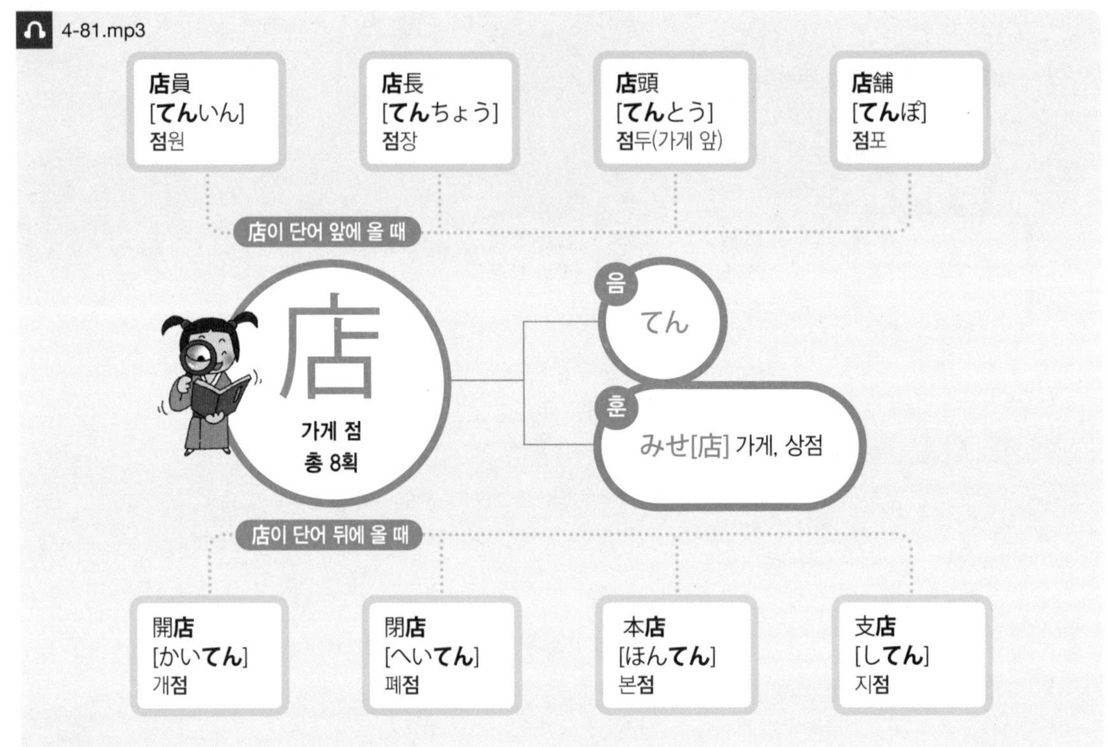

4-82.mp3

무작정 따라하기

新しい[あたらしい] 새롭다
優しい[やさしい] 다정하다, 상냥하다
親切[しんせつ] 친절함
今日[きょう] 오늘
始める[はじめる] 시작하다
時間[じかん] 시간
何時[なんじ] 몇 시
あと 뒤, 후, 앞으로
30分[さんじゅっぷん] 30분
急ぐ[いそぐ] 서두르다

밑줄 친 한자어에 유의하면서 아래 문장을 읽어 보세요.

新しい<u>店長</u>は優しくて親切です。 새로 온 점장님은 다정하고 친절합니다.

今日から<u>店頭</u>でイベントを始めます。 오늘부터 가게 앞에서 이벤트를 시작합니다.

あのスーパーの<u>開店</u>時間は何時ですか。 저 슈퍼마켓의 개점 시간은 몇 시입니까?

あと30分で<u>閉店</u>だから、急ぎましょう。 앞으로 30분 후면 폐점이니까 서두릅시다.

직접 써 보세요! 1 店長 ＿＿ちょう 2 支店 し＿＿ 3 점원 ＿＿員 4 본점 本＿＿

[모음 ㅕ+ㅁ받침]을 〈え단+ん〉으로 읽는 한자

42 塩[염]은 えん이라고 읽는다!

여[え] + ㅁ[ん] = 염[えん]

1단계 오디오를 먼저 들어 보세요. ▶ **2단계** 책을 보면서 학습해 보세요. ▶ **3단계** 직접 써 보세요.

4-83.mp3

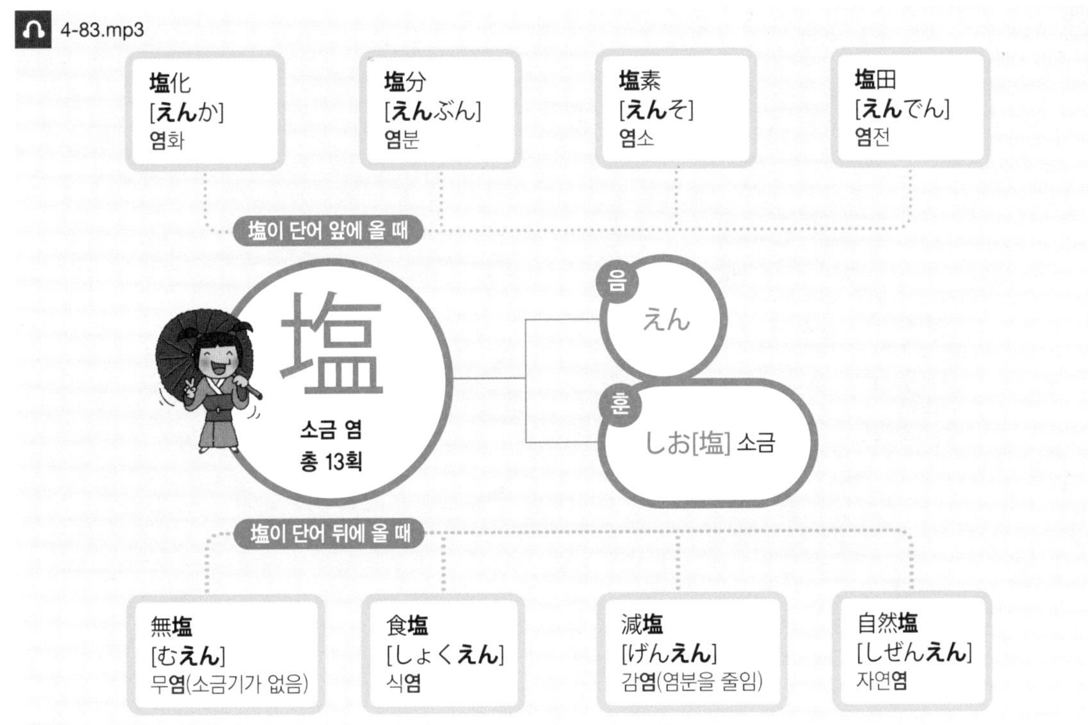

4-84.mp3

무작정 따라하기

밑줄 친 한자어에 유의하면서 아래 문장을 읽어 보세요.

塩分の取りすぎは体に悪いです。 염분의 과다 섭취는 몸에 나쁩니다.

ここは今でも塩田で塩を作っています。 여기는 지금도 염전에서 소금을 만들고 있습니다.

雪で道が滑りやすいときは塩化カルシウムをまきます。 눈이 와서 길이 미끄러울 때는 염화칼슘을 뿌립니다.

ケーキを作るときは無塩バターを使います。 케이크를 만들 때는 무염버터를 씁니다.

- 取る[とる] 얻다, 섭취하다
- 体[からだ] 몸, 건강
- 悪い[わるい] 나쁘다
- 今[いま] 지금
- 塩[しお] 소금
- 作る[つくる] 만들다
- 雪[ゆき] 눈
- 道[みち] 길
- 滑る[すべる] 미끄러지다
- まく 뿌리다
- 使う[つかう] 쓰다, 사용하다

직접 써 보세요! 1 塩化 ＿＿ か 2 無塩 む＿＿ 3 염분 ＿＿ 分 4 식염 食＿＿

[모음ㅡ+ㅁ받침]을 〈お단+ん〉으로 읽는 한자

43 音음은 おん이라고 읽는다!

으[お] + ㅁ[ん] = 음[おん]

1단계 오디오를 먼저 들어 보세요. ▶ **2단계** 책을 보면서 학습해 보세요. ▶ **3단계** 직접 써 보세요

4-85.mp3

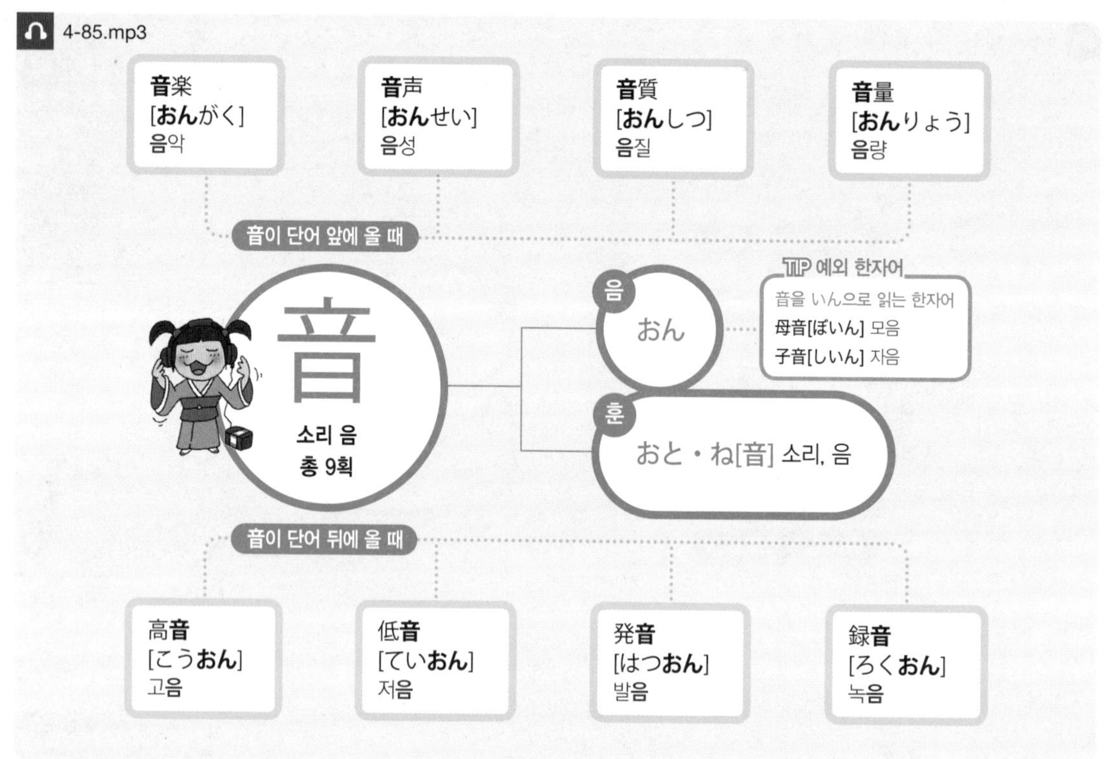

4-86.mp3

무작정 따라하기

時間[じかん] 시간
歌[うた] 노래
歌う[うたう] 노래 부르다
楽しい[たのしい] 즐겁다
いい 좋다
自分[じぶん] 자기, 자신
声[こえ] 목소리
聞く[きく] 듣다
おかしい 이상하다
聞き取る[ききとる] 알아듣다

밑줄 친 한자어에 유의하면서 아래 문장을 읽어 보세요.

音楽の時間は歌が歌えるから楽しいです。
음악 시간은 노래를 부를 수 있어서 즐겁습니다.

このイヤホンは音質がいいです。
이 이어폰은 음질이 좋습니다.

自分の声を録音して聞いてみました。
내 목소리를 녹음해서 들어 보았습니다.

発音がおかしくて、聞き取れませんでした。
발음이 이상해서 알아듣지 못했습니다.

직접 써 보세요! 1 音楽 ___がく 2 発音 はつ___ 3 음성 ___声 4 고음 高___

[모음ㅡ+ㅁ받침]을 〈い단+ん〉으로 읽는 한자

44 金금은 きん이라고 읽는다!

ㄱ[き] + ㅁ[ん] = 금[きん]

1단계 오디오를 먼저 들어 보세요. ▶ **2단계** 책을 보면서 학습해 보세요. ▶ **3단계** 직접 써 보세요.

4-87.mp3

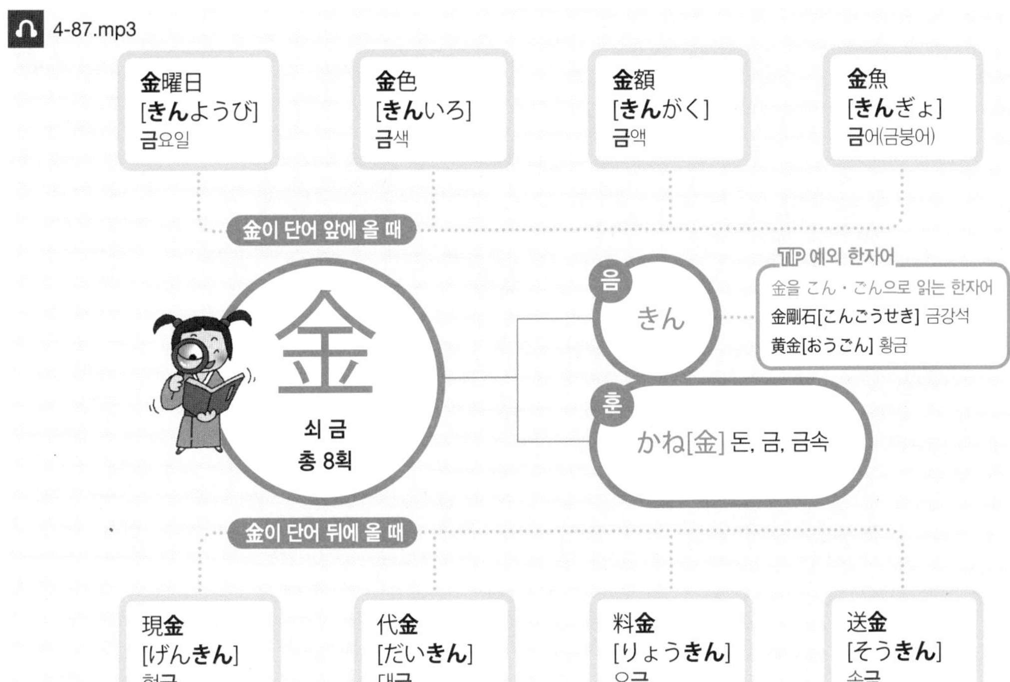

4-88.mp3

무작정 따라하기

宿題[しゅくだい] 숙제
遊ぶ[あそぶ] 놀다
妹[いもうと] 여동생
毎日[まいにち] 매일
えさ 모이, 먹이
やる 주다
留学[りゅうがく] 유학
~中[ちゅう] ~중
息子[むすこ] 아들
毎月[まいつき] 매월, 매달
生活費[せいかつひ] 생활비

밑줄 친 한자어에 유의하면서 아래 문장을 읽어 보세요.

金曜日は宿題がないから、遊べます。 금요일은 숙제가 없어서 놀 수 있습니다.

妹が毎日金魚にえさをやっています。 여동생이 매일 금붕어에게 모이를 주고 있습니다.

現金がないんですが、カードでもいいですか。 현금이 없는데 카드라도 괜찮습니까?

留学中の息子に毎月生活費を送金しています。 유학 중인 아들에게 매달 생활비를 송금하고 있습니다.

직접 써 보세요! 1 金額 ______ がく 2 料金 りょう ______ 3 금색 ______ 色 4 대금 代 ______

[모음 ㅣ+ㅁ받침]을 〈い단+ん〉으로 읽는 한자

45 心[심]은 しん이라고 읽는다!

시[し] + ㅁ[ん] = 심[しん]

1단계 오디오를 먼저 들어 보세요. ▶ **2단계** 책을 보면서 학습해 보세요. ▶ **3단계** 직접 써 보세요.

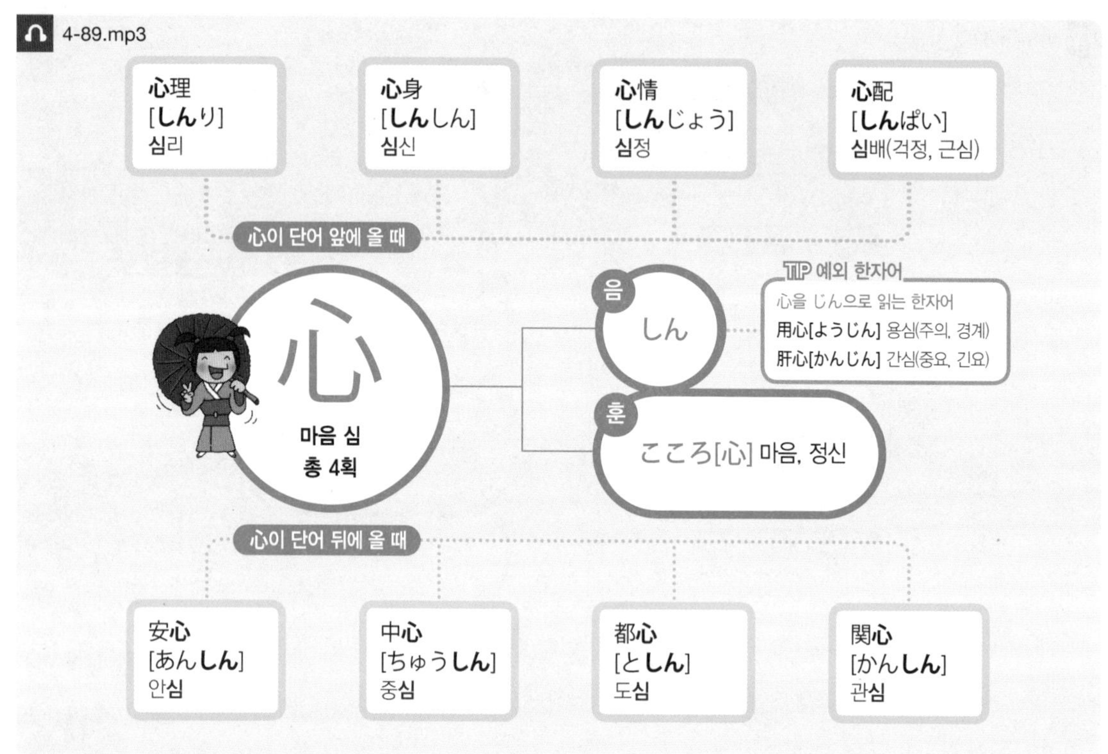

4-90.mp3

무작정 따라하기

人間[にんげん] 인간
本[ほん] 책
読む[よむ] 읽다
心配[しんぱい]を かける 걱정을 끼치다
夜[よる] 밤
夜景[やけい] 야경
きれい 예쁨, 아름다움, 깨끗함
交差点[こうさてん] 교차점
商店街[しょうてんがい] 상점가
並ぶ[ならぶ] 늘어서다, 줄을 서다

밑줄 친 한자어에 유의하면서 아래 문장을 읽어 보세요.

人間の心理に関する本を読んでいます。 인간의 심리에 관한 책을 읽고 있습니다.

いろいろと心配をかけてすみませんでした。 여러 가지로 걱정을 끼쳐서 죄송했습니다.

都心の夜は夜景がとてもきれいです。 도심의 밤은 야경이 매우 아름답습니다.

交差点を中心に商店街が並んでいます。 교차로를 중심으로 상점가가 늘어서 있습니다.

직접 써 보세요! 1 心情 ＿＿ じょう 2 安心 あん ＿＿ 3 심신 ＿＿ 身 4 관심 関 ＿＿

예외 한자 법칙

品[품]은 [모음ㅜ+ㅁ받침]을 〈い단+ん〉인 ひん으로 읽는다!

▶ **品(품)은 ひん으로 읽는다!**

풔[ひ] + ㅁ[ん] = 품[ひん]

ひん으로 읽는 品

品格 [ひんかく] 품격	品質 [ひんしつ] 품질	部品 [ぶひん] 부품	食品 [しょくひん] 식품

これは品質が悪くて、あまり売れていません。
이것은 품질이 나빠서 별로 팔리지 않고 있습니다

コンピューターの部品は小さくても高いです。 컴퓨터 부품은 작아도 비쌉니다.

TIP 品 앞에 っ(촉음) 또는 ん이 올 때는 ひん이 아니라 ぴん으로 읽어요!

ぴん으로 읽는 品

一品 [いっぴん] 일품	出品 [しゅっぴん] 출품	新品 [しんぴん] 신품	返品 [へんぴん] 반품

服にしみがついているので、返品したいんですが。
옷에 얼룩이 묻어 있어서 반품하고 싶은데요.

단어

悪い[わるい] 나쁘다　　あまり 그다지, 별로　　売れる[うれる] 팔리다
小さい[ちいさい] 작다　　高い[たかい] 비싸다　　服[ふく] 옷
しみ 얼룩　　つく 붙다, 묻다

확인문제

1. 밑줄 친 한자의 읽는 음을 보기에서 골라 보세요.

보기
① おん ② しん ③ なん
④ てん ⑤ きん ⑥ えん

01 店長 (　　　　　　)　　02 代金 (　　　　　　)
03 音質 (　　　　　　)　　04 東南 (　　　　　　)
05 塩素 (　　　　　　)　　06 関心 (　　　　　　)

2. 밑줄 친 한자의 읽는 음을 히라가나로 직접 써 보세요.

01 金魚 (　　　　)ぎょ　　02 録音 ろく(　　　　)
03 森林 (　　　　)りん　　04 閉店 へい(　　　　)
05 南部 (　　　　)ぶ　　06 食品 しょく(　　　　)

※ 정답&해설은 282쪽에 있습니다.

3. 한자의 읽는 음에 해당하는 한자를 보기에서 골라 보세요.

보기

① 中 ② 高 ③ 南 ④ 開 ⑤ 塩
⑥ 現 ⑦ 店 ⑧ 心 ⑨ 音 ⑩ 化
⑪ 金 ⑫ 北

01 かい・てん 개점 (　　) (　　)　　02 えん・か 염화 (　　) (　　)

03 げん・きん 현금 (　　) (　　)　　04 こう・おん 고음 (　　) (　　)

05 ちゅう・しん 중심 (　　) (　　)　　06 なん・ぼく 남북 (　　) (　　)

4. 밑줄 친 한자의 읽는 음에 해당하는 한자를 직접 써 보세요.

01 しんり 심리 (　　)理　　02 とうなん 동남 東(　　)

03 てんちょう 점장 (　　)長　　04 りょうきん 요금 料(　　)

05 おんがく 음악 (　　)楽　　06 さくひん 작품 作(　　)

[모음ㅏ+ㅂ받침]을 〈あ단+つ〉로 읽는 한자

46 雑[잡]은 ざつ라고 읽는다!

자[ざ] + ㅂ[つ] = 잡[ざつ]

1단계 오디오를 먼저 들어 보세요. ▶ **2단계** 책을 보면서 학습해 보세요. ▶ **3단계** 직접 써 보세요.

4-91.mp3

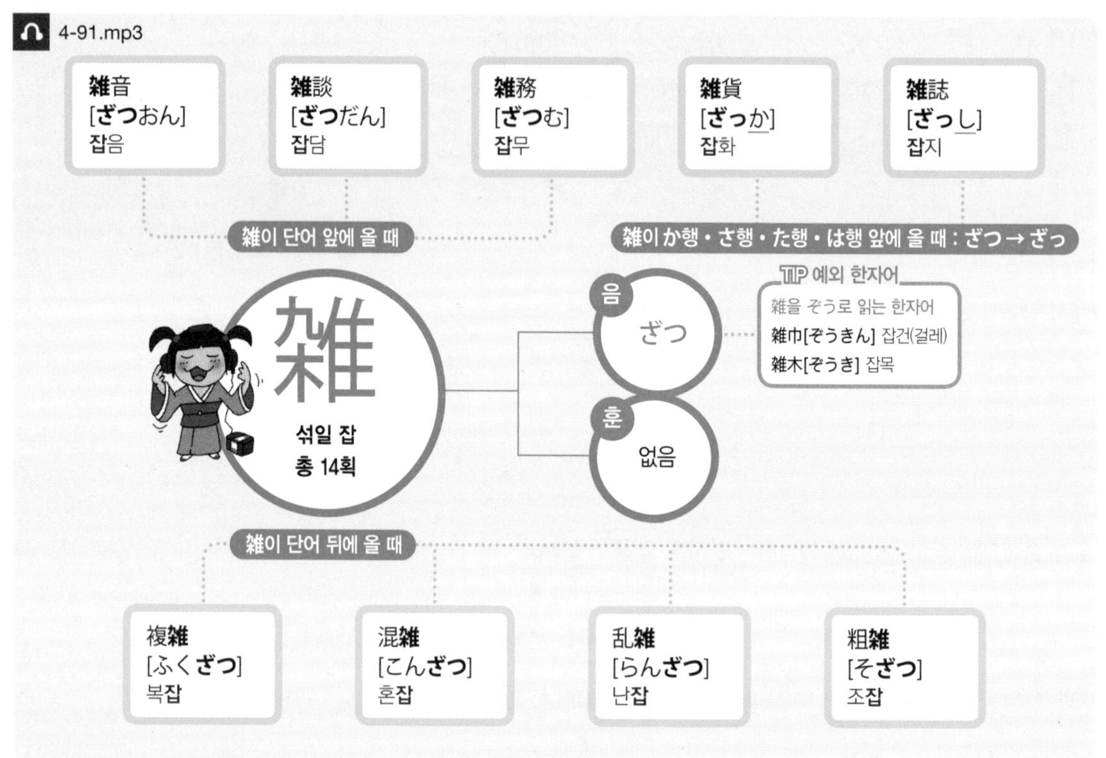

무작정 따라하기

4-92.mp3

밑줄 친 한자어에 유의하면서 아래 문장을 읽어 보세요.

休み[やすみ] 쉼, 휴식
時間[じかん] 시간
友だち[ともだち] 친구
追う[おう] 쫓다
自分[じぶん] 자기, 자신
仕事[しごと] 일
毎月[まいつき] 매월
購読[こうどく] 구독
事故[じこ] 사고
道路[どうろ] 도로

休み時間には友だちと雑談をします。 쉬는 시간에는 친구와 잡담을 합니다.

雑務に追われて自分の仕事ができません。 잡무에 쫓겨서 내 일을 하지 못합니다.

毎月購読している雑誌があります。 매달 구독하고 있는 잡지가 있습니다.

事故で道路が混雑しています。 사고 때문에 도로가 혼잡합니다.

직접 써 보세요! 1 雑談 ＿＿だん 2 雑誌 ＿＿し 3 난잡 乱＿＿ 4 복잡 複＿＿

[모음ㅏ+ㅂ받침]을 〈お단+う〉로 읽는 한자

47 合^합^은 ごう라고 읽는다!

하[ご] + ㅂ[う] = 합[ごう]

1단계 오디오를 먼저 들어 보세요. ▶ **2단계** 책을 보면서 학습해 보세요. ▶ **3단계** 직접 써 보세요.

4-93.mp3

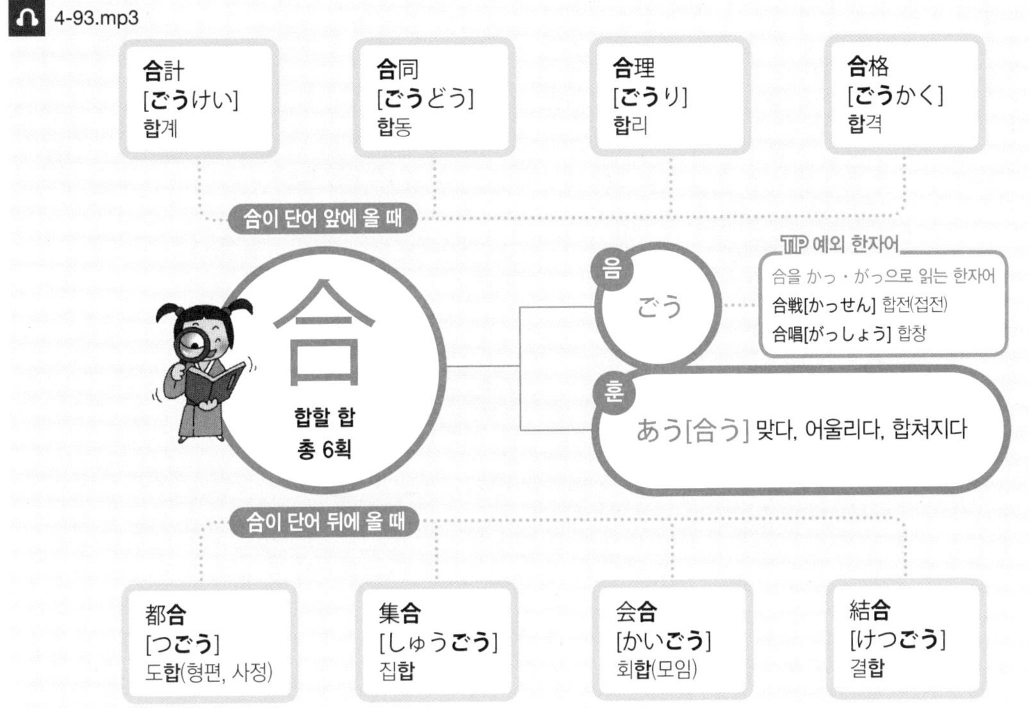

4-94.mp3

무작정 따라하기

밑줄 친 한자어에 유의하면서 아래 문장을 읽어 보세요.

- 先輩[せんぱい] 선배
- 演奏会[えんそうかい] 연주회
- 開く[ひらく] 열다, 개최하다
- 合う[あう] 맞다
- 一回[いっかい] 1회, 한 번
- 計算[けいさん] 계산
- 連絡[れんらく] 연락
- 次[つぎ] 다음
- 月曜日[げつようび] 월요일

先輩たちと<u>合同</u>で演奏会を開きます。 선배들과 합동으로 연주회를 엽니다.

<u>合計</u>が合わなくて、もう一回計算しました。 합계가 맞지 않아서 한 번 더 계산했습니다.

<u>都合</u>がいいときに連絡してください。 형편이 괜찮을 때 연락해 주세요.

次の<u>会合</u>は月曜日にあるそうです。 다음 모임은 월요일에 있다고 합니다.

직접 써 보세요! 1 合計 ＿＿ けい 2 都合 つ ＿＿ 3 합격 ＿＿ 格 4 집합 集 ＿＿

[모음 ㅓ+ㅂ받침]을 〈~ょ+う〉로 읽는 한자

48 業[업]은 ぎょう라고 읽는다!

어[ぎょ] + ㅂ[う] = 업[ぎょう]

1단계 오디오를 먼저 들어 보세요. ▶ **2단계** 책을 보면서 학습해 보세요. ▶ **3단계** 직접 써 보세요.

4-95.mp3

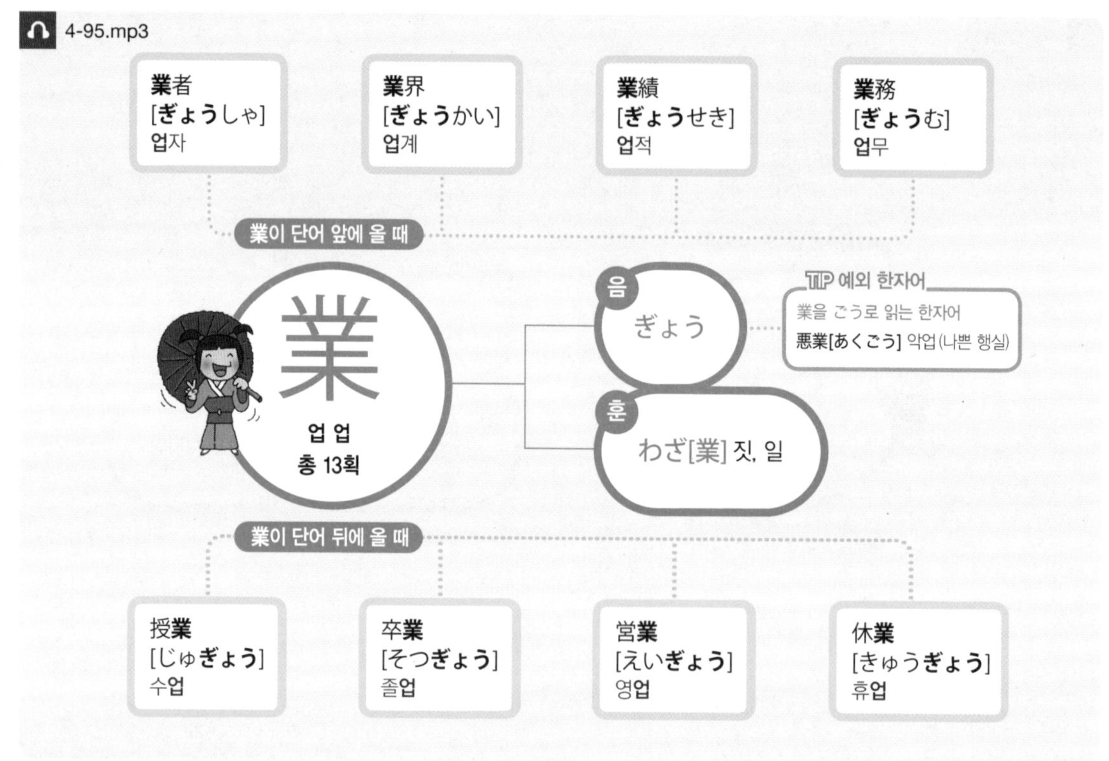

4-96.mp3

무작정 따라하기

会社[かいしゃ] 회사
売上[うりあげ] 매상, 매출
1位[いちい] 1위
担当[たんとう] 담당
何[なん] 무엇
つまらない 지루하다, 재미없다
彼[かれ] 그
去年[きょねん] 작년
高校[こうこう] 고등학교

밑줄 친 한자어에 유의하면서 아래 문장을 읽어 보세요.

あの会社は業界で売上1位だそうです。 저 회사는 업계에서 매출 1위라고 합니다.

私が担当する業務は何ですか。 제가 담당할 업무는 무엇입니까?

この授業はいつもつまらないです。 이 수업은 항상 지루합니다.

彼は去年、高校を卒業しました。 그는 작년에 고등학교를 졸업했습니다.

직접 써 보세요! 1 業者 ____しゃ 2 営業 えい____ 3 업무 ____務 4 휴업 休____

~業[ぎょう]

業(업)을 단어의 맨뒤에 붙여 쓰면 '~업'이라고 해석합니다. 즉, 업종을 나타내는 말 뒤에 쓰여서 같은 업종에 해당되는 종류들을 하나로 묶어서 나타내는 말이 됩니다.

그럼, 業로 끝나는 여러 종류의 한자어에 대해 배워 봅시다.

[모음ㅕ+ㅂ받침]을 〈~ょ+う〉로 읽는 한자

49 協[협]은 きょう라고 읽는다!

혀[きょ]+ㅂ[う]=협[きょう]

1단계 오디오를 먼저 들어 보세요. ▶ **2단계** 책을 보면서 학습해 보세요. ▶ **3단계** 직접 써 보세요.

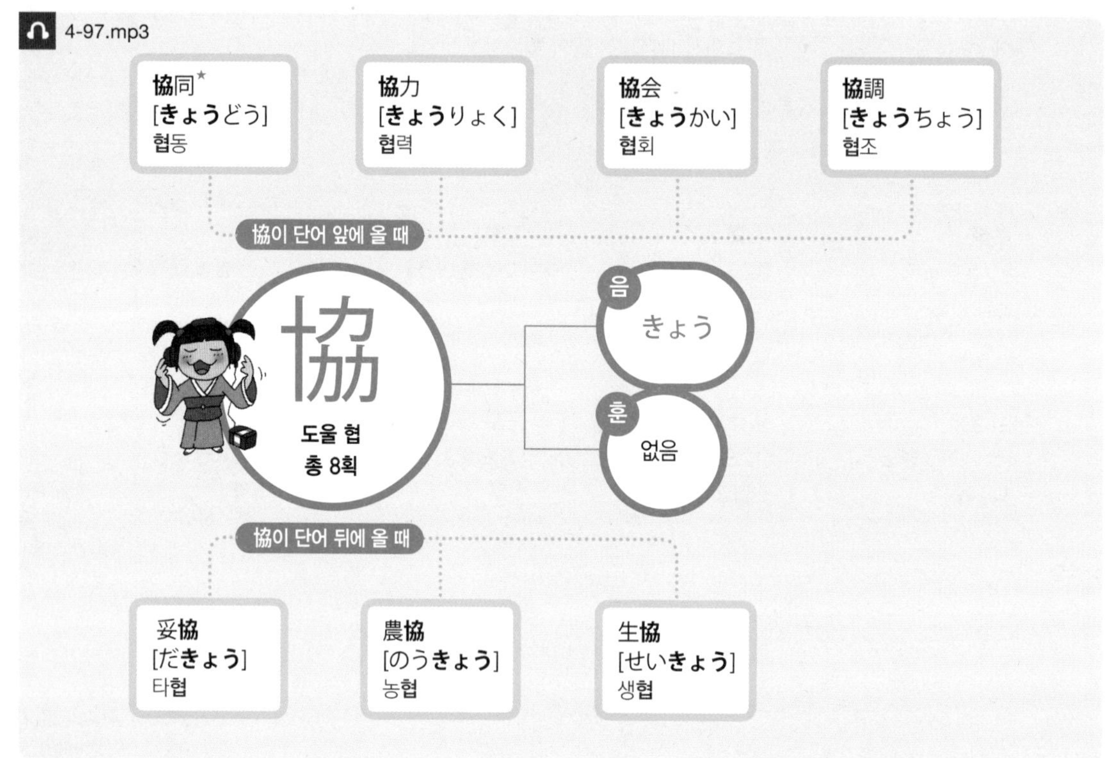

★ 協同(협동)과 共同(공동)은 똑같이 きょうどう라고 읽어요!

4-98.mp3

무작정 따라하기

互い[たがい] 서로, 쌍방
成果[せいか] 성과
あげる 올리다
会員[かいいん] 회원
数[かず] 수
多い[おおい] 많다
結局[けっきょく] 결국
二人[ふたり] 두 사람
農産物[のうさんぶつ] 농산물
安い[やすい] 싸다
買う[かう] 사다

밑줄 친 한자어에 유의하면서 아래 문장을 읽어 보세요.

お互いに協力して、成果をあげました。 서로 협력해서 성과를 올렸습니다.

その協会は会員の数が多いそうです。 그 협회는 회원 수가 많다고 합니다.

結局、二人は妥協することができませんでした。 결국 두 사람은 타협하지 못했습니다.

農協では農産物が安く買えます。 농협에서는 농산물을 싸게 살 수 있습니다.

직접 써 보세요! 1 協力 ＿＿りょく 2 妥協 だ＿＿ 3 협동 ＿＿同 4 생협 生＿＿

[모음 ㅡ+ㅂ받침]을 〈~ゅ+う〉로 읽는 한자

50 習[습]은 しゅう라고 읽는다!

ㅅ[しゅ] + ㅂ[う] = 습[しゅう]

1단계 오디오를 먼저 들어 보세요. ▶ **2단계** 책을 보면서 학습해 보세요. ▶ **3단계** 직접 써 보세요.

4-99.mp3

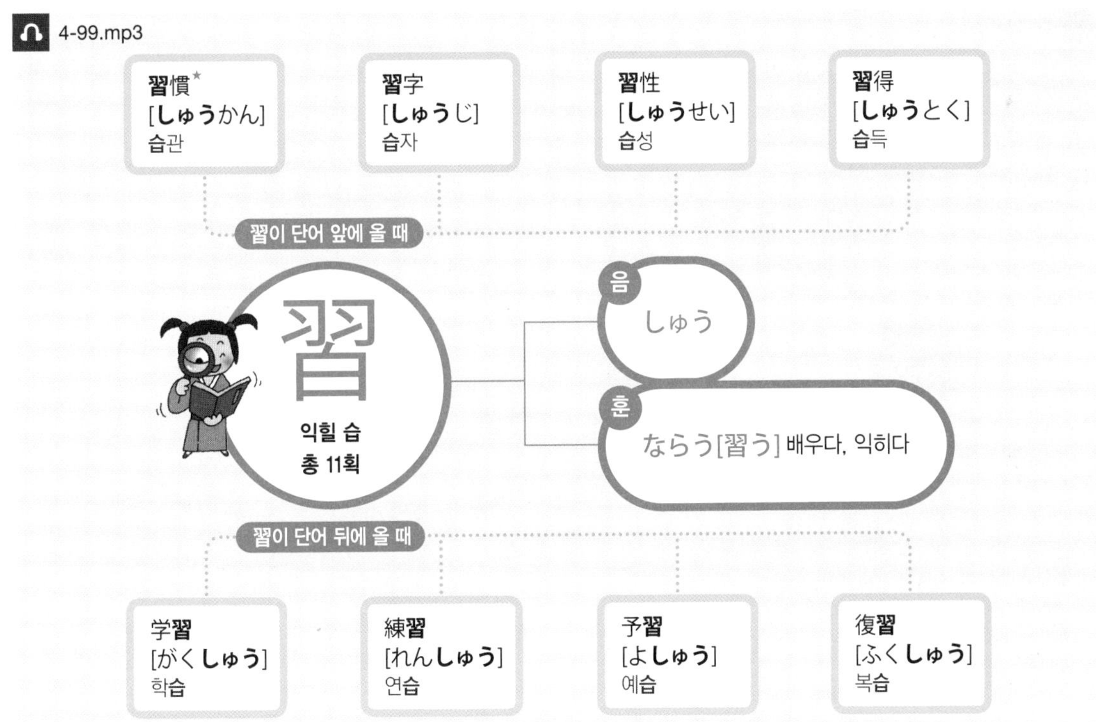

★ 習慣(습관)과 週間(주간)은 똑같이 しゅうかん이라고 읽어요!

4-100.mp3

무작정 따라하기

悪い[わるい] 나쁘다
早く[はやく] 빨리, 급히
直す[なおす] 고치다
毎日[まいにち] 매일
1時間[いちじかん] 1시간
~ずつ ~씩
学校[がっこう] 학교
外国語[がいこくご] 외국어
力[ちから] 힘
入れる[いれる] 넣다
きちんと 제대로, 정확히

밑줄 친 한자어에 유의하면서 아래 문장을 읽어 보세요.

悪い習慣は早く直したほうがいいです。 나쁜 습관은 빨리 고치는 게 좋습니다.

私は毎日1時間ずつピアノの練習をします。 저는 매일 1시간씩 피아노 연습을 합니다.

この学校は外国語の学習に力を入れています。 이 학교는 외국어 학습에 힘을 쓰고 있습니다.

私は毎日きちんと復習をします。 저는 매일 제대로 복습을 합니다.

직접 써 보세요! 1 習慣 ＿＿かん 2 予習 よ＿＿ 3 습성 ＿＿性 4 학습 学＿＿

[모음 ㅣ+ㅂ받침]을 〈い단+つ〉로 읽는 한자

51 立^립은 りつ라고 읽는다!

리[り] + ㅂ[つ] = 립[りつ]

1단계 오디오를 먼저 들어 보세요. ▶ **2단계** 책을 보면서 학습해 보세요. ▶ **3단계** 직접 써 보세요.

4-101.mp3

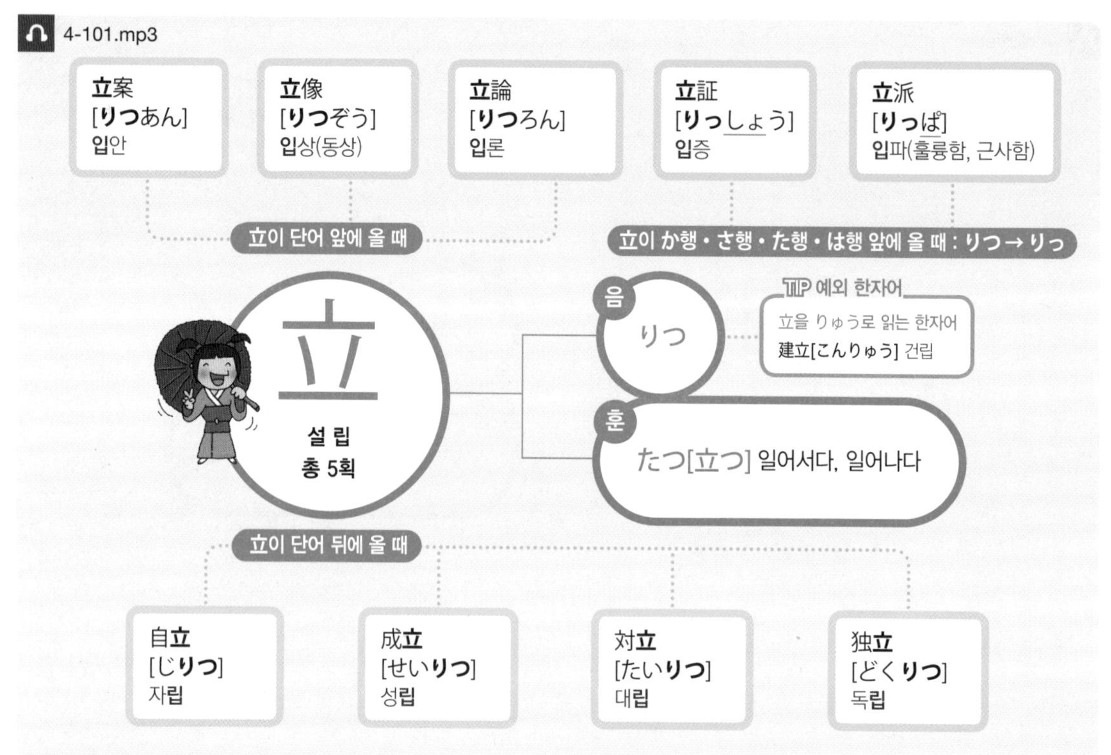

4-102.mp3

무작정 따라하기

無罪[むざい] 무죄
何も[なにも] 아무것도
成績[せいせき] 성적
高校[こうこう] 고등학교
卒業[そつぎょう] 졸업
意見[いけん] 의견
多い[おおい] 많다
今日[きょう] 오늘
記念日[きねんび] 기념일
会社[かいしゃ] 회사

밑줄 친 한자어에 유의하면서 아래 문장을 읽어 보세요.

彼の無罪を<u>立証</u>するものが何もありません。

그의 무죄를 입증할 것이 아무것도 없습니다.

彼女は<u>立派</u>な成績で高校を卒業しました。

그녀는 훌륭한 성적으로 고등학교를 졸업했습니다.

彼とは意見が<u>対立</u>するときが多いです。 그와는 의견이 대립할 때가 많습니다.

今日は<u>独立</u>記念日だから、会社に行きません。

오늘은 독립기념일이라서 회사에 가지 않습니다.

직접 써 보세요! 1 立派 ＿＿ぱ 2 対立 たい＿＿ 3 입안 ＿＿案 4 성립 成＿＿

[모음 ㅣ+ㅂ받침]을 〈～ゅ+う〉로 읽는 한자

52 集[집]은 しゅう라고 읽는다!

지[しゅ] + ㅂ[う] = 집[しゅう]

1단계 오디오를 먼저 들어 보세요. ▶ **2단계** 책을 보면서 학습해 보세요. ▶ **3단계** 직접 써 보세요.

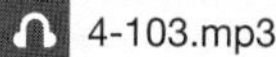

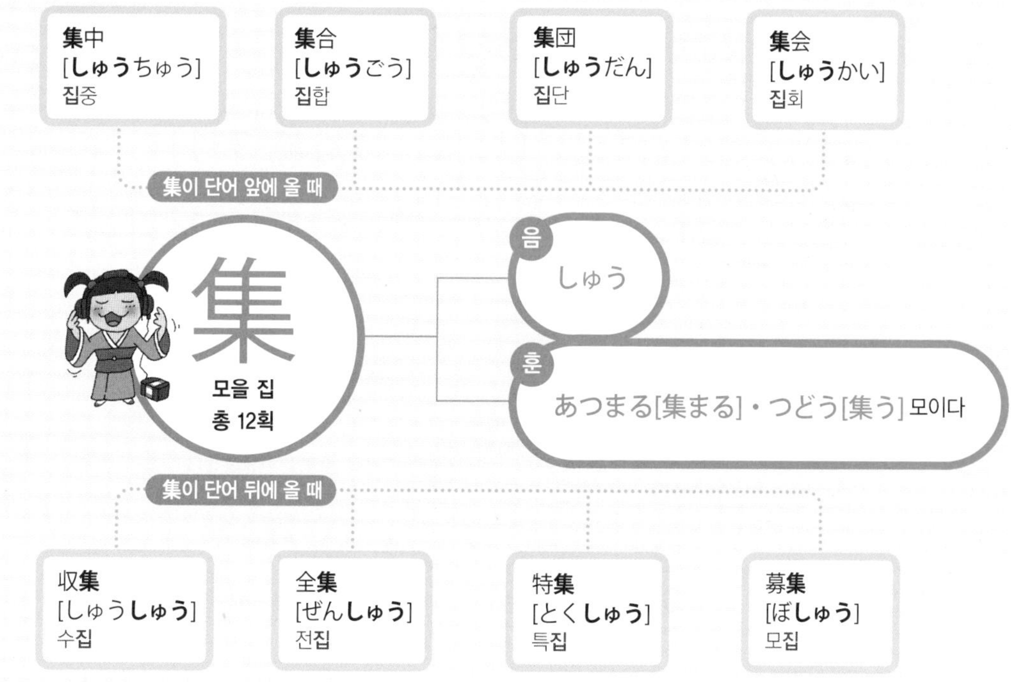

4-104.mp3

무작정 따라하기

- 授業[じゅぎょう] 수업
- 先生[せんせい] 선생님
- 話[はなし] 이야기
- 時間[じかん] 시간
- 遅れる[おくれる] 늦다, 지각하다
- 叱る[しかる] 꾸짖다, 혼내다
- 子ども[こども] 아이, 자식
- 絵本[えほん] 그림책
- 買う[かう] 사다
- 趣味[しゅみ] 취미
- 切手[きって] 우표

밑줄 친 한자어에 유의하면서 아래 문장을 읽어 보세요.

授業のときは先生の話に集中してください。
수업할 때는 선생님 이야기에 집중하세요.

集合時間に遅れて、先生に叱られました。
집합 시간에 늦어서 선생님께 혼났습니다.

子どものために絵本を全集で買いました。
아이를 위해 그림책을 전집으로 샀습니다.

私は趣味で切手を収集しています。
나는 취미로 우표를 수집하고 있습니다.

직접 써 보세요! 1 集団 ＿＿だん 2 特集 とく＿＿ 3 집회 ＿＿会 4 모집 募＿＿

확인문제

1. 밑줄 친 한자의 읽는 음을 보기에서 골라 보세요.

보기
① ごう ② りつ ③ しゅう
④ きょう ⑤ ぎょう ⑥ ざつ

01 習性 (　　　　　　)　　02 結合 (　　　　　　)

03 業界 (　　　　　　)　　04 対立 (　　　　　　)

05 協力 (　　　　　　)　　06 複雑 (　　　　　　)

2. 밑줄 친 한자의 읽는 음을 히라가나로 직접 써 보세요.

01 協調 (　　　　)ちょう　　02 休業 きゅう(　　　　)

03 立案 (　　　　)あん　　04 会合 かい(　　　　)

05 集中 (　　　　)ちゅう　　06 混雑 こん(　　　　)

* 정답&해설은 283쪽에 있습니다.

3. 한자의 읽는 음에 해당하는 한자를 보기에서 골라 보세요.

보기			
① 予	② 特	③ 業	④ 立
⑤ 雑	⑥ 農	⑦ 習	⑧ 務
⑨ 協	⑩ 集	⑪ 誌	⑫ 派

01 ぎょう・む 업무 (　　) (　　)　　02 よ・しゅう 예습 (　　) (　　)

03 ざっ・し 잡지 (　　) (　　)　　04 のう・きょう 농협 (　　) (　　)

05 りっ・ぱ 입파 (　　) (　　)　　06 とく・しゅう 특집 (　　) (　　)

4. 밑줄 친 한자의 읽는 음에 해당하는 한자를 직접 써 보세요.

01 しゅうだん 집단 (　　)団　　02 せいりつ 성립 成 (　　)

03 ごうけい 합계 (　　)計　　04 じゅぎょう 수업 授 (　　)

05 ざつおん 잡음 (　　)音　　06 がくしゅう 학습 学 (　　)

[모음ㅏ+ㅇ받침]을 〈お단+う〉로 읽는 한자

53 方[방]은 ほう라고 읽는다!

바[ほ] + ㅇ[う] = 방[ほう]

1단계 오디오를 먼저 들어 보세요. ▶ **2단계** 책을 보면서 학습해 보세요. ▶ **3단계** 직접 써 보세요.

4-105.mp3

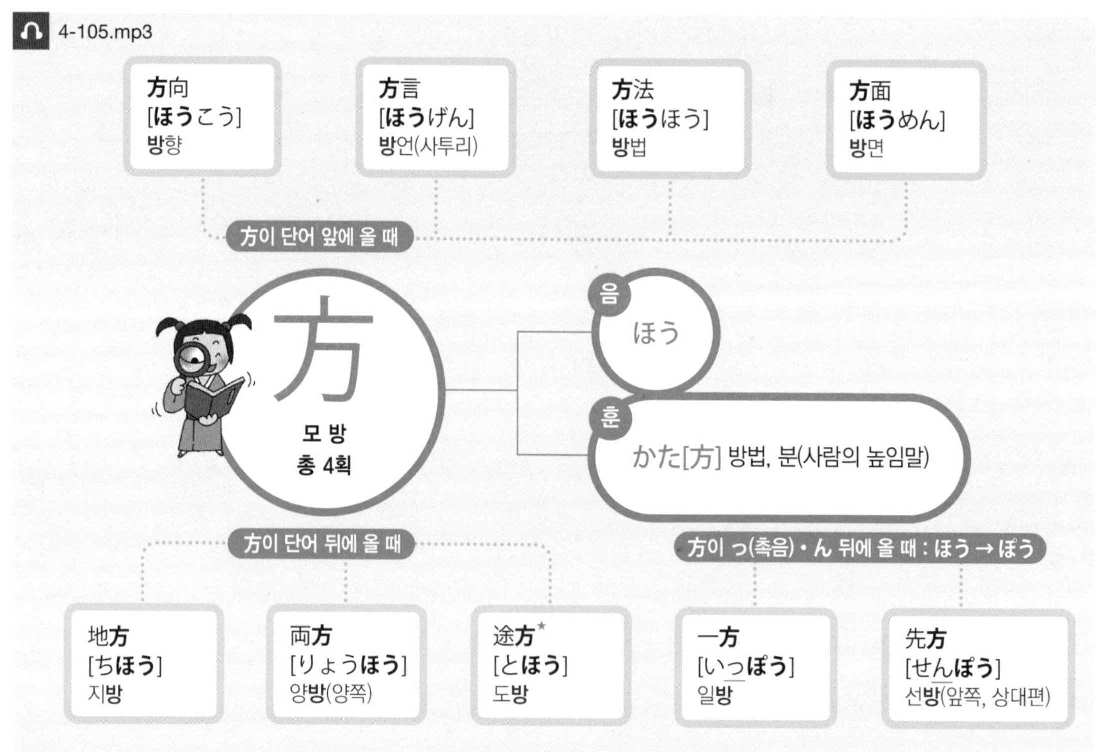

★ **途方**(도방)은 '수단, 방법, 이치, 도리'라는 뜻이에요!

4-106.mp3

무작정 따라하기

新宿[しんじゅく] 신주쿠 (일본 지명)

もっと 더, 더욱

事態[じたい] 사태

責任[せきにん] 책임

話[はなし] 이야기, 말

聞く[きく] 듣다

判断[はんだん] 판단

밑줄 친 한자어에 유의하면서 아래 문장을 읽어 보세요.

新宿方面のバスはありますか。 신주쿠 방면의 버스가 있습니까?

これよりもっといい方法はありませんか。 이것보다 더 좋은 방법은 없습니까?

事態がこうなったのは両方に責任があります。 사태가 이렇게 된 것은 양쪽에 책임이 있습니다.

一方の話だけを聞いて判断してはいけません。 한쪽 이야기만을 듣고 판단해서는 안 됩니다.

직접 써 보세요! 1 방향 ＿＿こう 2 一方 いっ＿＿ 3 방법 ＿＿法 4 양방(양쪽) 両＿＿

[모음ㅏ+ㅇ받침]을 〈~ょ+う〉로 읽는 한자

54 長[장]은 ちょう라고 읽는다!

자[ちょ] + ㅇ[う] = 장[ちょう]

1단계 오디오를 먼저 들어 보세요. ▶ **2단계** 책을 보면서 학습해 보세요. ▶ **3단계** 직접 써 보세요.

4-107.mp3

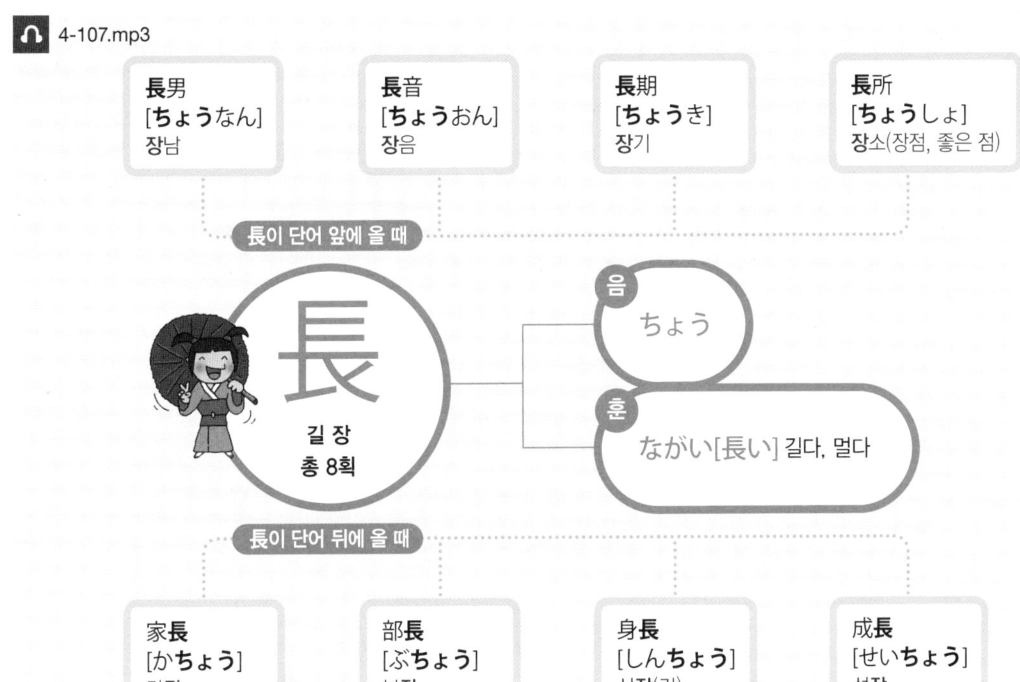

家**長**
[か**ちょう**]
가장

部**長**
[ぶ**ちょう**]
부장

身**長**
[しん**ちょう**]
신장(키)

成**長**
[せい**ちょう**]
성장

4-108.mp3

무작정 따라하기

單語[たんご] 단어
入る[はいる] 들어가다, 들어오다
短所[たんしょ] 단점
持つ[もつ] 가지다, 들다
今日[きょう] 오늘
遅刻[ちこく] 지각
叱る[しかる] 꾸짖다, 혼내다
高校[こうこう] 고등학교
1年生[いちねんせい] 1학년
平均[へいきん] 평균
何[なん]~ 몇~

밑줄 친 한자어에 유의하면서 아래 문장을 읽어 보세요.

この単語には長音が入っています。 이 단어에는 장음이 들어 있습니다.

人はみんな長所と短所を持っています。 사람은 모두 장점과 단점을 가지고 있습니다.

今日も遅刻をして、部長に叱られました。 오늘도 지각을 해서 부장님께 혼났습니다.

高校1年生の平均身長は何センチですか。 고등학교 1학년의 평균 신장은 몇 cm입니까?

직접 써 보세요! 1 長男 ＿＿ なん 2 成長 せい ＿＿ 3 장기 ＿＿ 期 4 가장 家 ＿＿

～長[ちょう]

長(장)을 접미사처럼 단어의 맨뒤에 쓰면 '～장'이라고 해석합니다. 즉, 직책이나 직급을 나타내는 말 뒤에 붙어서, 어느 한 부서나 분야의 책임을 맡고 있는 대표자를 가리키는 말이 됩니다.

그럼, 長로 끝나는 다양한 한자어에 대해 배워 봅시다.

[모음ㅐ+ㅇ받침]을 〈え단+い〉로 읽는 한자

55 生[생]은 せい라고 읽는다!

새[せ] + ㅇ[い] = 생[せい]

1단계 오디오를 먼저 들어 보세요. ▶ **2단계** 책을 보면서 학습해 보세요. ▶ **3단계** 직접 써 보세요.

4-109.mp3

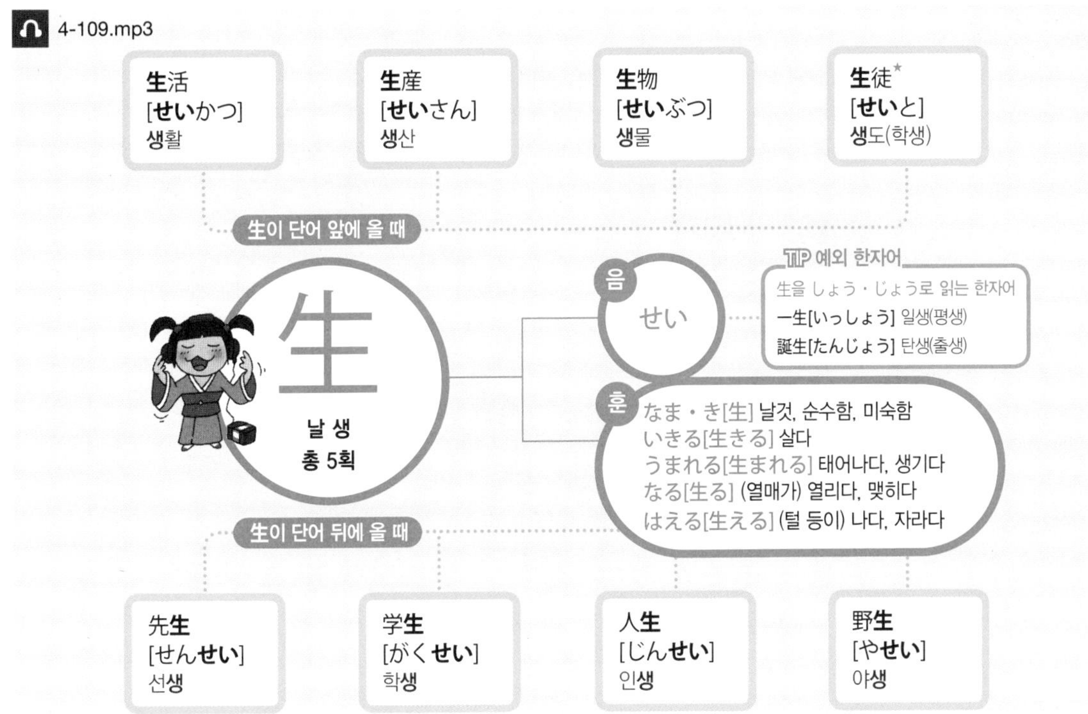

★ 生徒(생도)는 보통 초・중・고등학생을 가리켜요!

4-110.mp3

무작정 따라하기

団体[だんたい] 단체
守る[まもる] 지키다
商品[しょうひん] 상품
今[いま] 지금
不幸[ふこう] 불행
小さい[ちいさい] 작다
頃[ころ] 경, 무렵
小学校[しょうがっこう] 초등학교

밑줄 친 한자어에 유의하면서 아래 문장을 읽어 보세요.

団体生活をするときはルールを守らなければいけません。
단체 생활을 할 때는 규칙을 지켜야 합니다.

この商品はいつ生産されたものですか。 이 상품은 언제 생산된 것입니까?

今までの私の人生は不幸でした。 지금까지의 제 인생은 불행했습니다.

私は小さい頃から小学校の先生になりたかったです。
저는 어렸을 때부터 초등학교 선생님이 되고 싶었습니다.

직접 써 보세요! 1 生活 ____かつ 2 野生 や____ 3 생물 ____物 4 학생 学____

[모음ㅐ+ㅇ받침]을 〈お단+う〉로 읽는 한자

56 行행은 こう라고 읽는다!

해[こ] + ㅇ[う] = 행[こう]

1단계 오디오를 먼저 들어 보세요. ▶ **2단계** 책을 보면서 학습해 보세요. ▶ **3단계** 직접 써 보세요.

4-111.mp3

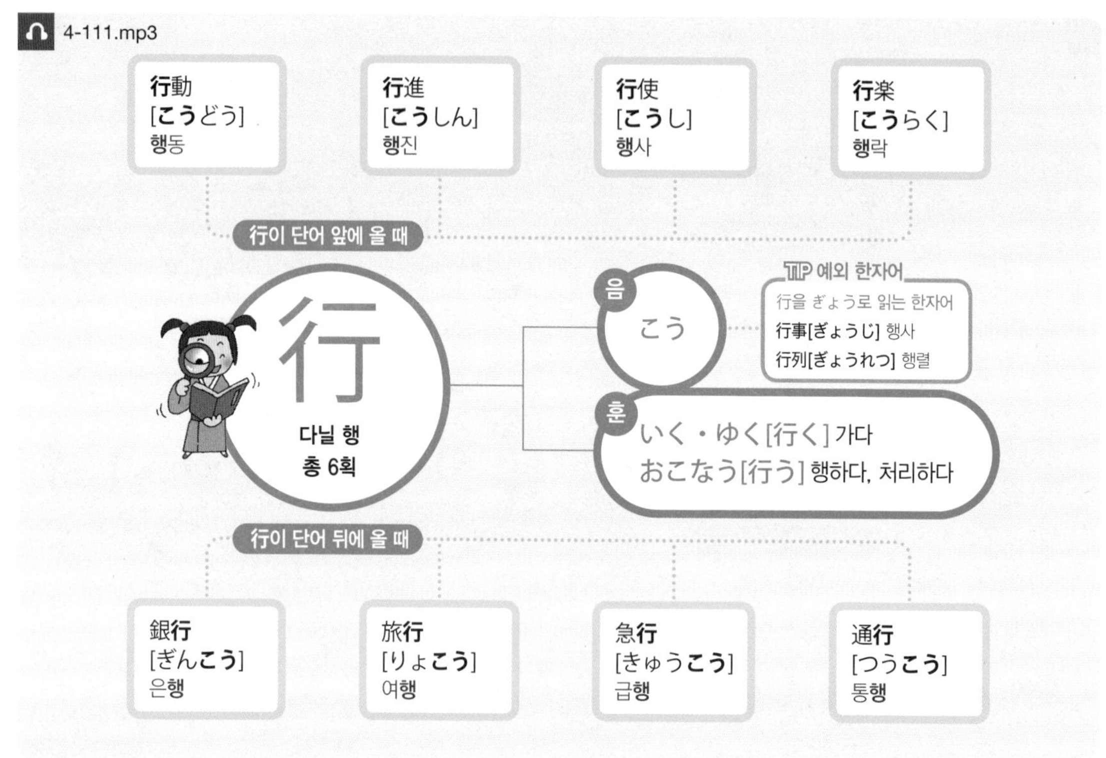

4-112.mp3

무작정 따라하기

彼[かれ] 그
誰[だれ] 누구
見る[みる] 보다
おかしい 이상하다
権利[けんり] 권리
当たり前[あたりまえ] 당연함
近く[ちかく] 근처, 주위
不便[ふべん] 불편
たまに 가끔
一人で[ひとりで] 혼자, 홀로
行く[いく] 가다

밑줄 친 한자어에 유의하면서 아래 문장을 읽어 보세요.

彼の行動は誰が見てもおかしいです。 그의 행동은 누가 봐도 이상합니다.

権利を行使することは当たり前のことです。 권리를 행사하는 것은 당연한 일입니다.

近くに銀行がなくてとても不便です。 근처에 은행이 없어서 매우 불편합니다.

私はたまに一人で旅行に行きます。 저는 가끔 혼자서 여행을 갑니다.

직접 써 보세요! 1 行楽 ______らく 2 急行 きゅう______ 3 행진 ______進 4 통행 通______

[모음ㅑ+ㅇ받침]을 〈~ょ+う〉로 읽는 한자

57 良^랑은 りょう라고 읽는다!

랴[りょ]+ㅇ[う]=량[りょう]

1단계 오디오를 먼저 들어 보세요. ▶ **2단계** 책을 보면서 학습해 보세요. ▶ **3단계** 직접 써 보세요.

4-113.mp3

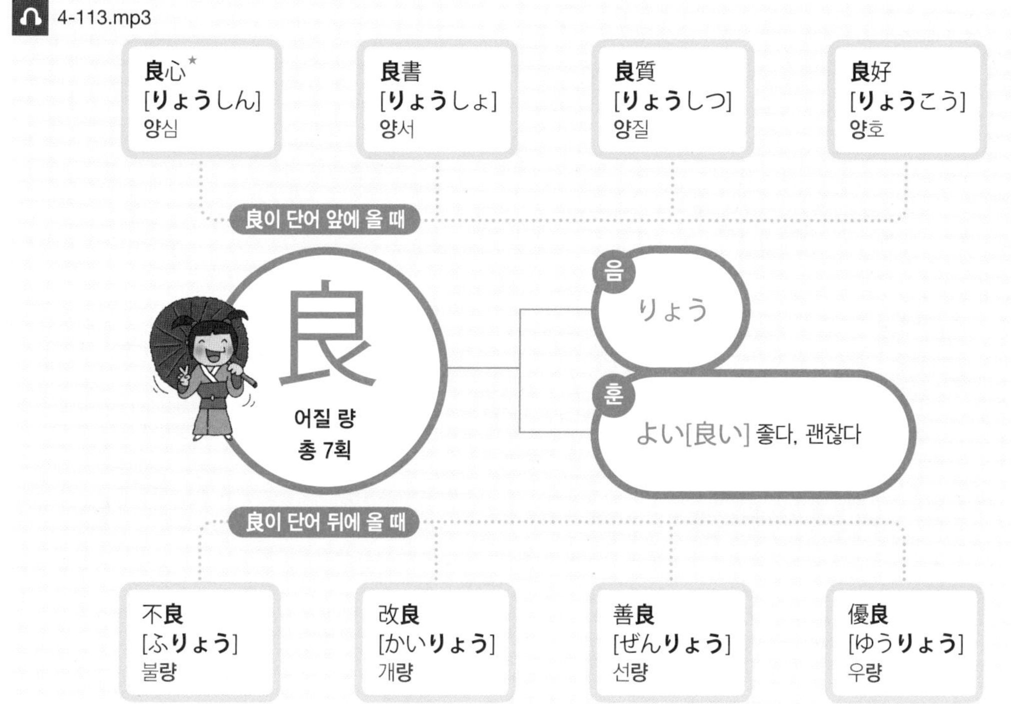

★ **良心**(양심)과 **両親**(양친)은 똑같이 りょうしん이라고 읽어요!

4-114.mp3

무작정 따라하기

밑줄 친 한자어에 유의하면서 아래 문장을 읽어 보세요.

- 場合[ばあい] 경우
- 捨てる[すてる] 버리다
- 店[みせ] 가게, 상점
- 商品[しょうひん] 상품
- もの 것, 물건
- 多い[おおい] 많다
- 子[こ] 아이
- 辺[へん] 근방, 주변
- 有名[ゆうめい] 유명
- 少年[しょうねん] 소년

どんな場合でも良心を捨ててはいけません。

어떠한 경우에도 양심을 버려서는 안 됩니다.

この店の商品は良質のものが多いです。 이 가게의 상품은 양질의 것이 많습니다.

あの子はこの辺では有名な不良少年です。

저 아이는 이 근방에서는 유명한 불량소년입니다.

このモデルはエンジンが改良されたそうです。

이 모델은 엔진이 개량되었다고 합니다.

직접 써 보세요! 1 良書 ______しょ 2 善良 ぜん______ 3 양호 ______好 4 불량 不______

[모음ㅑ+ㅇ받침]을 〈お단+う〉로 읽는 한자

58 向[향]은 こう라고 읽는다!

ㅑ[こ] + ㅇ[う] = 향[こう]

1단계 오디오를 먼저 들어 보세요. ▶ **2단계** 책을 보면서 학습해 보세요. ▶ **3단계** 직접 써 보세요.

4-115.mp3

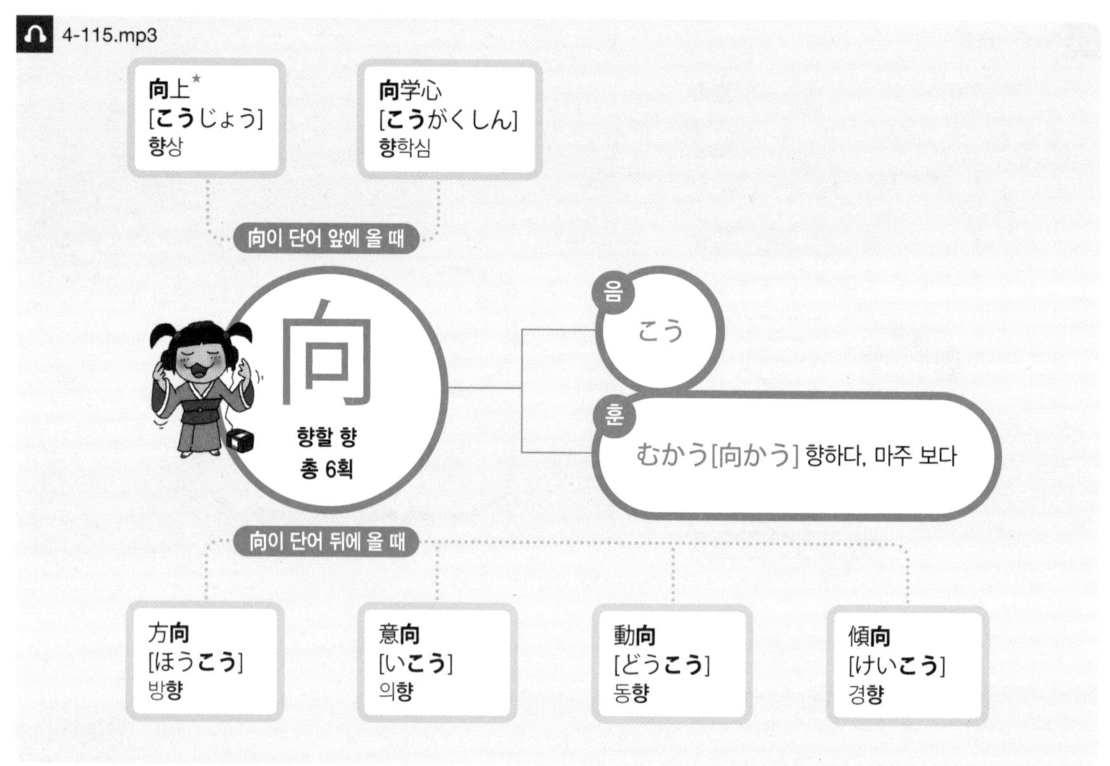

★ 向上(향상)과 工場(공장)은 똑같이 こうじょう라고 읽어요!

무작정 따라하기

4-116.mp3

成績[せいせき] 성적
方法[ほうほう] 방법
知る[しる] 알다
彼[かれ] 그
燃える[もえる] 불타다
彼女[かのじょ] 그녀
聞く[きく] 묻다, 듣다
決める[きめる] 정하다, 결정하다
反対[はんたい] 반대
行く[いく] 가다

밑줄 친 한자어에 유의하면서 아래 문장을 읽어 보세요.

成績を向上させる方法が知りたいです。 성적을 향상시키는 방법을 알고 싶습니다.

彼はいつも向学心に燃えています。 그는 늘 향학심에 불타고 있습니다.

彼女の意向を聞いてみてから決めましょう。 그녀의 의향을 물어 보고 나서 결정합시다.

反対の方向に行ってしまいました。 반대 방향으로 가고 말았습니다.

직접 써 보세요! 1 向学心 ＿＿がくしん 2 方向 ほう＿＿ 3 향상 ＿＿上 4 경향 傾＿＿

[모음 ㅓ+ㅇ받침]을 〈え단+い〉로 읽는 한자

59 声[성]은 せい라고 읽는다!

서[せ] + ㅇ[い] = 성[せい]

1단계 오디오를 먼저 들어 보세요. ▶ **2단계** 책을 보면서 학습해 보세요. ▶ **3단계** 직접 써 보세요.

4-117.mp3

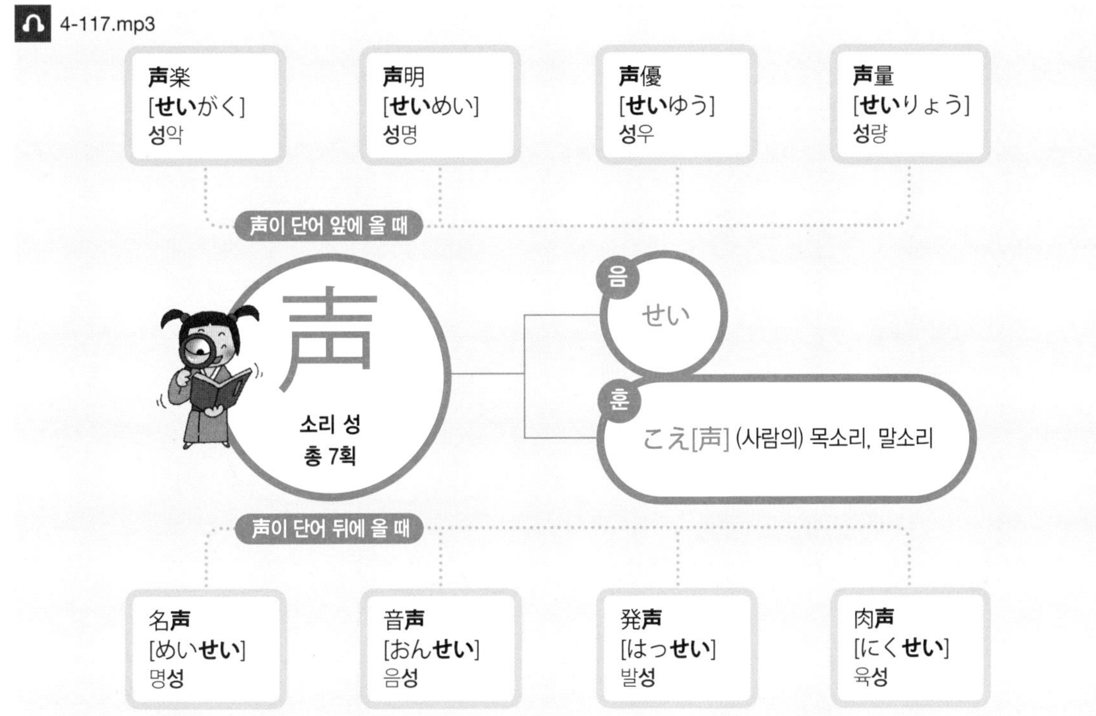

4-118.mp3

무작정 따라하기

本格的[ほんかくてき] 본격적
習う[ならう] 배우다
市民[しみん] 시민
団体[だんたい] 단체
計画[けいかく] 계획
反対[はんたい] 반대
出す[だす] 내다
今度[こんど] 이번
事件[じけん] 사건
傷[きず] 흠, 상처
練習[れんしゅう] 연습
始める[はじめる] 시작하다

밑줄 친 한자어에 유의하면서 아래 문장을 읽어 보세요.

私は本格的に声楽を習っています。 나는 본격적으로 성악을 배우고 있습니다.

市民団体はその計画に反対する声明を出しました。 시민단체는 그 계획에 반대하는 성명을 냈습니다.

今度の事件で彼の名声に傷がつきました。 이번 사건으로 그의 명성에 흠이 났습니다.

発声の練習をしてからレッスンを始めます。 발성 연습을 하고 나서 레슨을 시작하겠습니다.

직접 써 보세요! 1 声量 ＿＿ りょう 2 名声 めい ＿＿ 3 성악 ＿＿ 楽 4 음성 音 ＿＿

[모음ㅓ+ㅇ받침]을 〈~ょ+う〉로 읽는 한자

60 情[정]은 じょう라고 읽는다!

저[じょ] + ㅇ[う] = 정[じょう]

1단계 오디오를 먼저 들어 보세요. ▶ **2단계** 책을 보면서 학습해 보세요. ▶ **3단계** 직접 써 보세요.

4-119.mp3

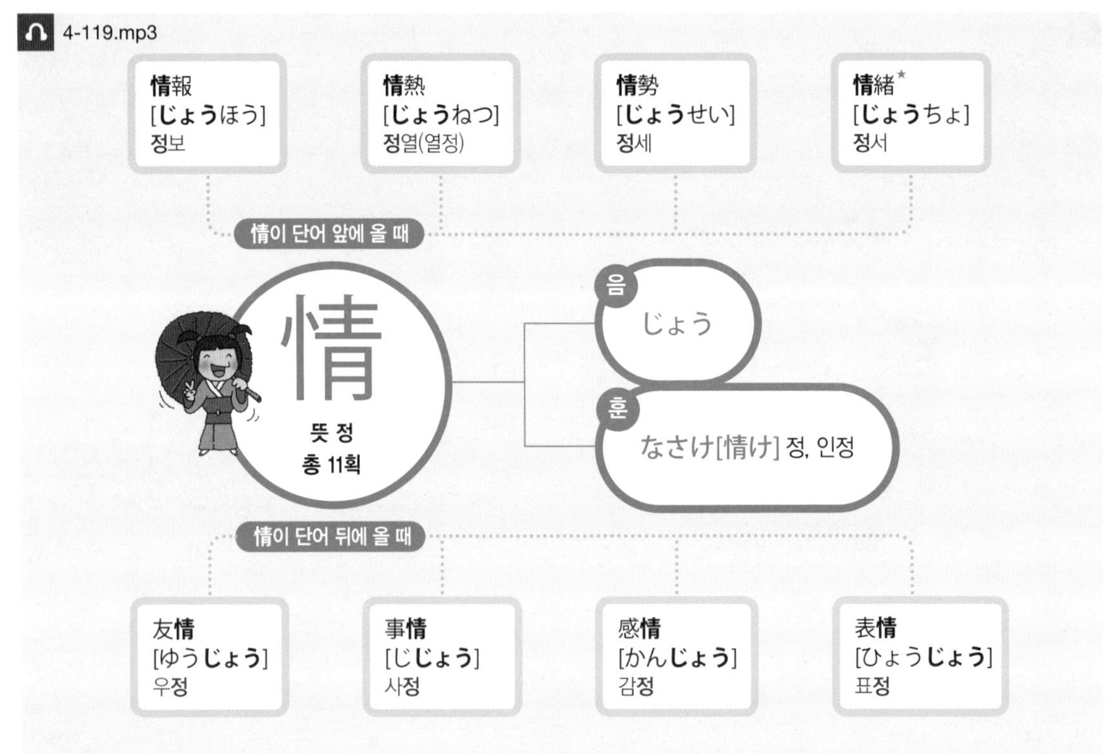

★ 情緒(정서)는 じょうしょ라고도 읽어요!

무작정 따라하기

4-120.mp3

誰も[だれも] 아무도, 누구도
知る[しる] 알다
国[くに] 나라
言われる[いわれる] 일컬어지다
学校[がっこう] 학교
やめる 그만두다
彼女[かのじょ] 그녀
明るい[あかるい] 밝다

밑줄 친 한자어에 유의하면서 아래 문장을 읽어 보세요.

この情報はまだ誰も知りません。 이 정보는 아직 아무도 모릅니다.

スペインは情熱の国と言われています。 스페인은 정열의 나라로 불리고 있습니다.

事情があって、学校をやめなければなりません。 사정이 있어서 학교를 그만두어야 합니다.

彼女はいつも表情が明るいです。 그녀는 항상 표정이 밝습니다.

직접 써 보세요! 1 情勢 ＿＿ せい 2 友情 ゆう ＿＿ 3 정보 ＿＿ 報 4 감정 感 ＿＿

[모음ㅕ+ㅇ받침]을 〈え단+い〉로 읽는 한자

61 英영은 えい라고 읽는다!

여[え] + ㅇ[い] = 영[えい]

1단계 오디오를 먼저 들어 보세요. ▶ **2단계** 책을 보면서 학습해 보세요. ▶ **3단계** 직접 써 보세요.

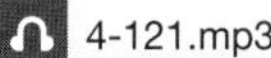
4-121.mp3

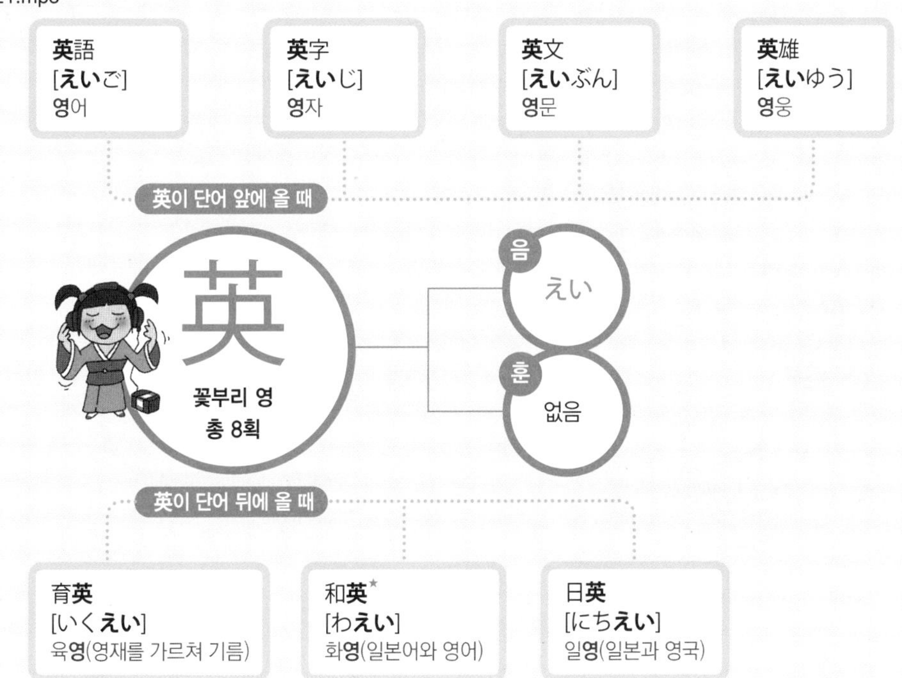

★ **和英**의 반대어는 **英和[えいわ]**(영화, 영어와 일본어)예요!

4-122.mp3

무작정 따라하기

밑줄 친 한자어에 유의하면서 아래 문장을 읽어 보세요.

毎日、<u>英字</u>新聞を読んでいます。 매일 영자신문을 읽고 있습니다.

この<u>英文</u>を日本語に訳してください。 이 영문을 일본어로 번역해 주세요.

私はまだ<u>和英</u>辞書を持っていません。 나는 아직 일영사전을 갖고 있지 않습니다.

<u>日英</u>関係についてどのくらい知っていますか。 일영 관계에 대해 얼마나 알고 있습니까?

毎日[まいにち] 매일
新聞[しんぶん] 신문
読む[よむ] 읽다
日本語[にほんご] 일본어
訳する[やくする] 번역하다
辞書[じしょ] 사전
持つ[もつ] 가지다, 들다
関係[かんけい] 관계
どのくらい 어느 정도, 얼마나
知る[しる] 알다

직접 써 보세요! 1 英雄 ______ ゆう 2 和英 わ ______ 3 영어 ______ 語 4 육영 育 ______

[모음ㅕ+ㅇ받침]을 〈~ょ+う〉로 읽는 한자

62 病[병]은 びょう라고 읽는다!

벼[びょ] + ㅇ[う] = 병[びょう]

1단계 오디오를 먼저 들어 보세요. ▶ **2단계** 책을 보면서 학습해 보세요. ▶ **3단계** 직접 써 보세요.

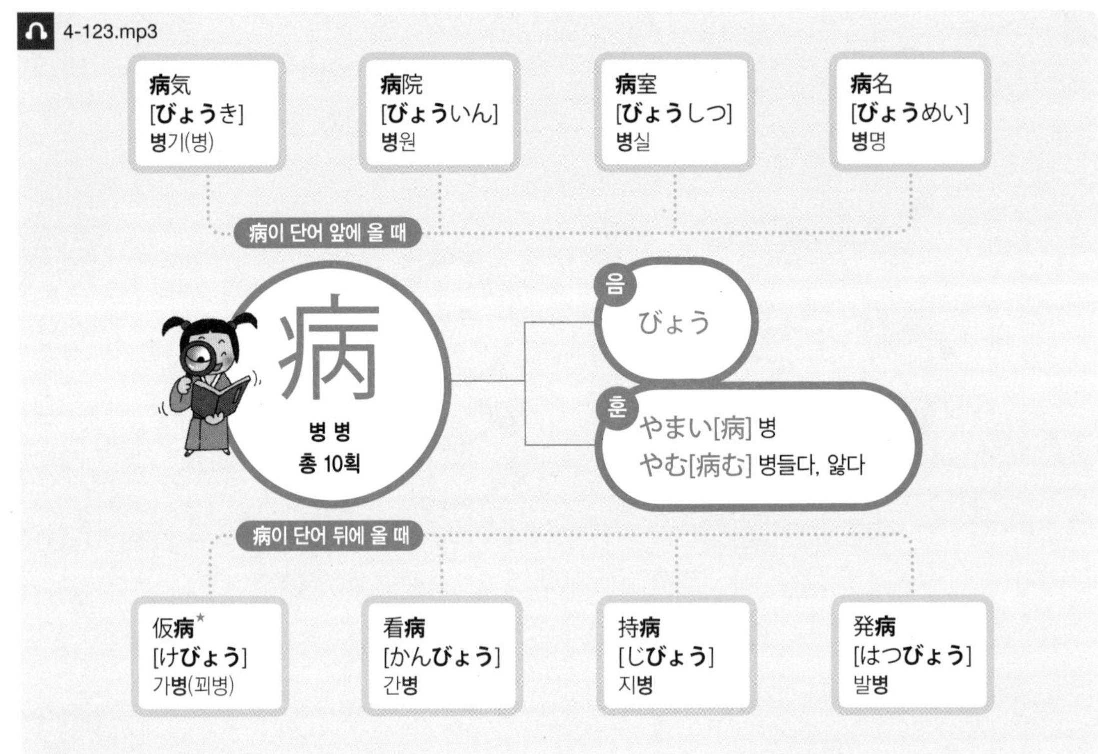

★ 仮病의 仮[か](가)는 예외적으로 け라고 읽어요!

4-124.mp3

무작정 따라하기

早く[はやく] 빨리, 일찍
行く[いく] 가다
検査[けんさ] 검사
受ける[うける] 받다
静か[しずか] 조용함
使う[つかう] 쓰다, 사용하다
学校[がっこう] 학교
休む[やすむ] 쉬다
祖父[そふ] 조부, 할아버지
人[ひと] 사람
探す[さがす] 찾다

밑줄 친 한자어에 유의하면서 아래 문장을 읽어 보세요.

早く<u>病院</u>へ行って検査を受けてください。 빨리 병원에 가서 검사를 받으세요.

<u>病室</u>では静かにしてください。 병실에서는 조용히 해 주세요.

<u>仮病</u>を使って、学校を休んだことがあります。 꾀병을 부려서 학교를 쉰 적이 있습니다.

祖父を<u>看病</u>してくれる人を探しています。 할아버지를 간병해 줄 사람을 찾고 있습니다.

직접 써 보세요! 1 病気 ____き 2 発病 はつ____ 3 병명 ____名 4 간병 看____

[모음ㅗ+ㅇ받침]을 〈お단+う〉로 읽는 한자

63 動[동]은 どう라고 읽는다!

도[ど] + ㅇ[う] = 동[どう]

1단계 오디오를 먼저 들어 보세요. ▶ **2단계** 책을 보면서 학습해 보세요. ▶ **3단계** 직접 써 보세요.

4-125.mp3

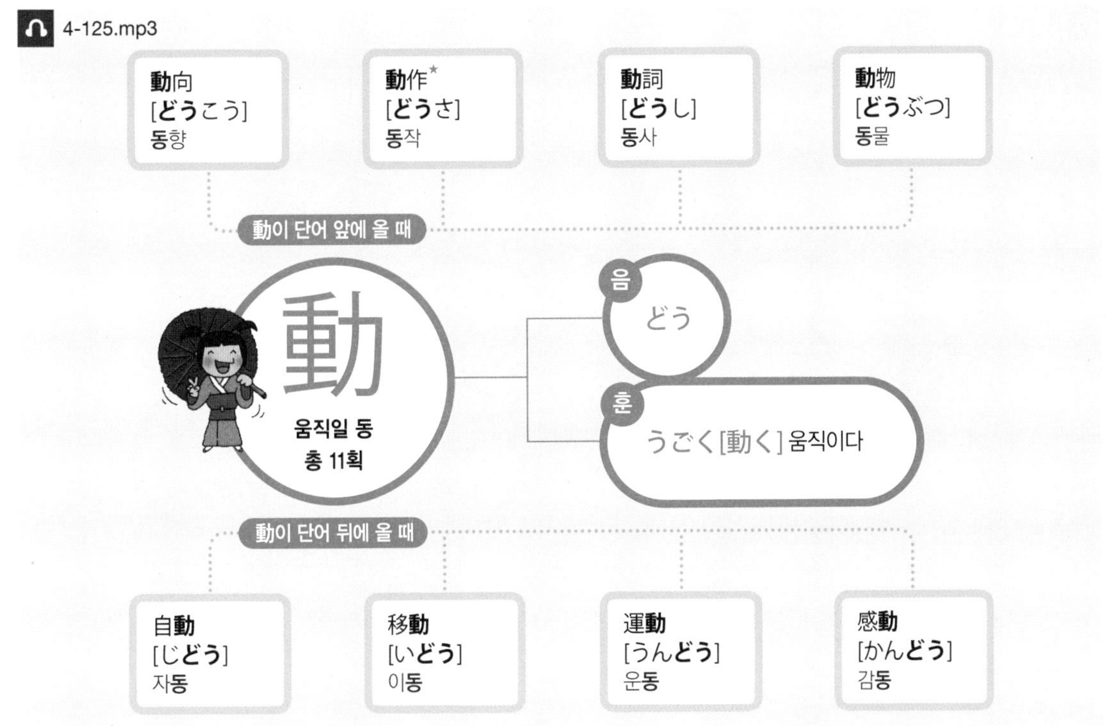

★ 動作의 作(작)은 예외적으로 さ라고 읽어요!

4-126.mp3

무작정 따라하기

ほかの～ 다른～
違う[ちがう] 다르다
中[なか] 중, 가운데
いちばん 가장, 제일
首[くび] 목
長い[ながい] 길다
先生[せんせい] 선생님
話[はなし] 말, 이야기
聞く[きく] 듣다
健康[けんこう] 건강
始める[はじめる] 시작하다

밑줄 친 한자어에 유의하면서 아래 문장을 읽어 보세요.

彼はほかの人とは違う動作をしています。
그는 다른 사람과는 다른 동작을 하고 있습니다.

キリンは動物の中でいちばん首が長いです。
기린은 동물 중에서 가장 목이 깁니다.

先生の話を聞いてすごく感動しました。 선생님 이야기를 듣고 무척 감동했습니다.

健康のために運動を始めました。 건강을 위해 운동을 시작했습니다.

직접 써 보세요! 1 動作 ＿＿さ 2 移動 い＿＿ 3 동향 ＿＿向 4 자동 自＿＿

[모음ㅗ+ㅇ받침]을 〈う단+う〉로 읽는 한자

64 空[공]은 くう라고 읽는다!

고[く] + ㅇ[う] = 공[くう]

1단계 오디오를 먼저 들어 보세요. ▶ **2단계** 책을 보면서 학습해 보세요. ▶ **3단계** 직접 써 보세요.

4-127.mp3

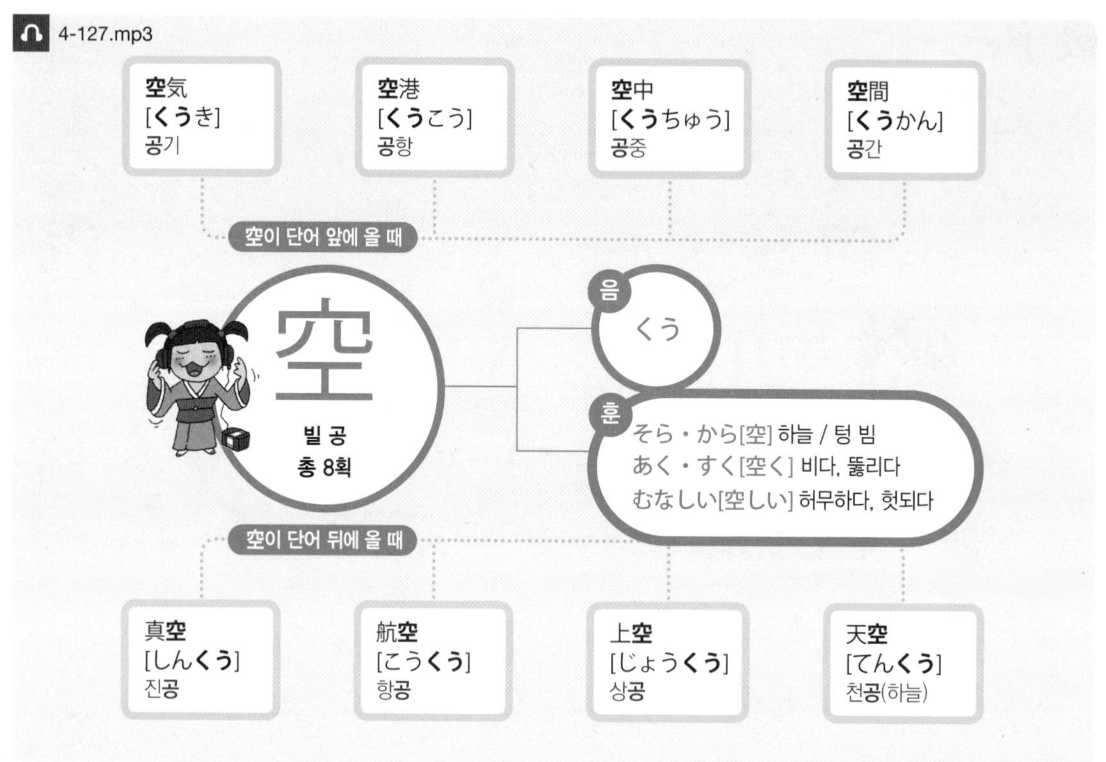

4-128.mp3

무작정 따라하기

友だち[ともだち] 친구
見送り[みおくり] 배웅
来る[くる] 오다
日本人[にほんじん] 일본 사람
狭い[せまい] 좁다
上手[じょうず] 잘함, 능숙함
利用[りよう] 이용
~会社[がいしゃ] ~회사
装置[そうち] 장치
中[なか] 속, 안

밑줄 친 한자어에 유의하면서 아래 문장을 읽어 보세요.

友だちが<u>空港</u>まで見送りに来てくれました。
친구가 공항까지 배웅하러 와 주었습니다.

日本人は狭い<u>空間</u>を上手に利用します。 일본 사람들은 좁은 공간을 잘 이용합니다.

どの<u>航空</u>会社のサービスがよかったですか。
어느 항공회사의 서비스가 좋았습니까?

この装置の中は<u>真空</u>になっています。 이 장치 속은 진공으로 되어 있습니다.

직접 써 보세요! 1 空中 ______ ちゅう 2 天空 てん ______ 3 공기 ______ 気 4 상공 上 ______

[모음ㅗ+ㅇ받침]을 〈~ゅ+う〉로 읽는 한자

65 終^종은 しゅう라고 읽는다!

조[しゅ] + ㅇ[う] = 종[しゅう]

1단계 오디오를 먼저 들어 보세요. ▶ **2단계** 책을 보면서 학습해 보세요. ▶ **3단계** 직접 써 보세요.

4-129.mp3

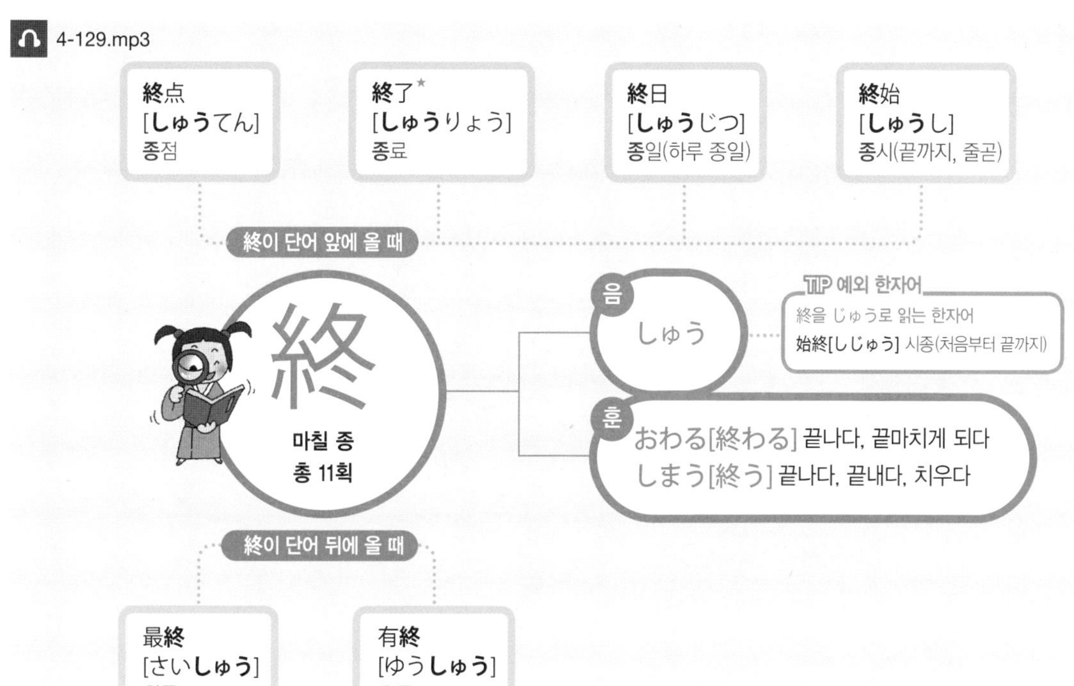

★ 終了(종료)와 修了(수료)는 똑같이 しゅうりょう라고 읽어요!

무작정 따라하기

4-130.mp3

- 試合[しあい] 시합
- 10分[じゅっぷん] 10분
- ~後[ご] ~후
- 電車[でんしゃ] 전철
- 降りる[おりる] 내리다
- 残念[ざんねん] 아쉬움
- 面接[めんせつ] 면접
- 落ちる[おちる] 떨어지다
- 最後[さいご] 최후, 마지막
- 頑張る[がんばる] 열심히 하다
- 美[び] 미
- 飾る[かざる] 꾸미다, 장식하나

밑줄 친 한자어에 유의하면서 아래 문장을 읽어 보세요.

試合は10分後に終了します。 시합은 10분 후에 종료합니다.

私はこの電車の終点で降ります。 나는 이 전철의 종점에서 내립니다.

残念ながら、最終面接で落ちました。 아쉽게도 최종 면접에서 떨어졌습니다.

最後まで頑張って、有終の美を飾りましょう。 끝까지 열심히 해서 유종의 미를 거둡시다.

직접 써 보세요! 1 終始 ＿＿し 2 有終 ゆう＿＿ 3 종료 ＿＿了 4 최종 最＿＿

[모음ㅘ+ㅇ받침]을 〈お단+う〉로 읽는 한자

66 光[광]은 こう라고 읽는다!

과[こ]+ㅇ[う]=광[こう]

1단계 오디오를 먼저 들어 보세요. ▶ **2단계** 책을 보면서 학습해 보세요. ▶ **3단계** 직접 써 보세요.

4-131.mp3

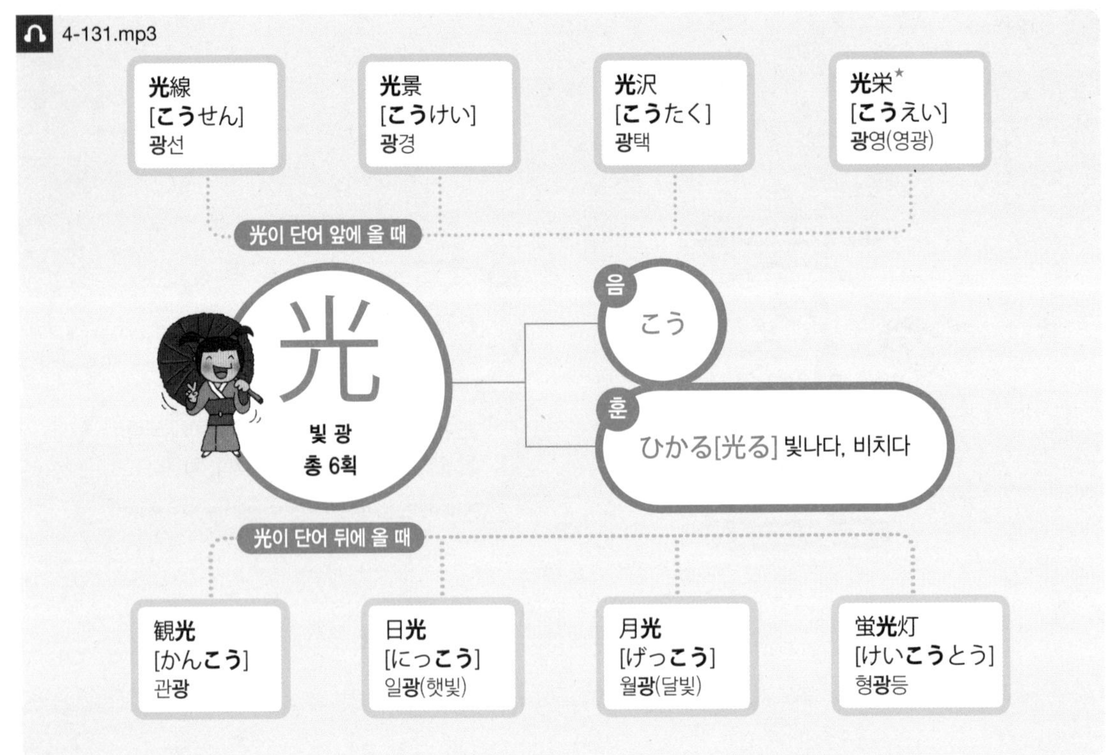

★ 光栄(광영)은 우리말과 한자의 순서가 반대예요!

4-132.mp3

무작정 따라하기

赤い[あかい] 빨갛다, 붉다
何[なん] 무엇
こんなに 이렇게
美しい[うつくしい] 아름답다
見る[みる] 보다
乗る[のる] 타다
旅行[りょこう] 여행
行く[いく] 가다
切れる[きれる] 잘리다, 끝나다

밑줄 친 한자어에 유의하면서 아래 문장을 읽어 보세요.

あの赤い光線は何でしょうか。 저 빨간 광선은 무엇일까요?

こんなに美しい光景は見たことがありません。 이렇게 아름다운 광경은 본 적이 없습니다.

観光バスに乗って旅行に行きました。 관광버스를 타고 여행을 갔습니다.

蛍光灯が切れてしまいました。 형광등이 나가 버렸습니다.

직접 써 보세요! 1 光栄 ＿＿＿えい 2 日光 にっ＿＿＿ 3 광경 ＿＿＿景 4 관광 観＿＿＿

예외 한자 법칙

況[황]은 [모음ㅘ+ㅇ받침]을 〈~ょ+う〉인 きょう로 읽는다!

▶ **況(황)은 きょう로 읽는다!**

화 [きょ] + ㅇ[う] = 황 [きょう]

きょう로 읽는 況	不**況** [ふ**きょう**] 불황	状**況** [じょう**きょう**] 상황	好**況** [こう**きょう**] 호황	近**況** [きん**きょう**] 근황

3年前からずっと<u>不況</u>が続いています。

3년 전부터 계속 불황이 이어지고 있습니다.

こんな<u>状況</u>ではどう対処すればいいですか。

이러한 상황에서는 어떻게 대처하면 좋습니까?

단어

3年[さんねん] 3년　～前[まえ] ~전　ずっと 계속
続く[つづく] 계속되다, 이어지다　対処[たいしょ] 대처

[모음ㅛ+ㅇ받침]을 〈お단+う〉로 읽는 한자

67 用[용]은 よう라고 읽는다!

요[よ] + ㅇ[う] = 용[よう]

1단계 오디오를 먼저 들어 보세요. ▶ **2단계** 책을 보면서 학습해 보세요. ▶ **3단계** 직접 써 보세요.

4-133.mp3

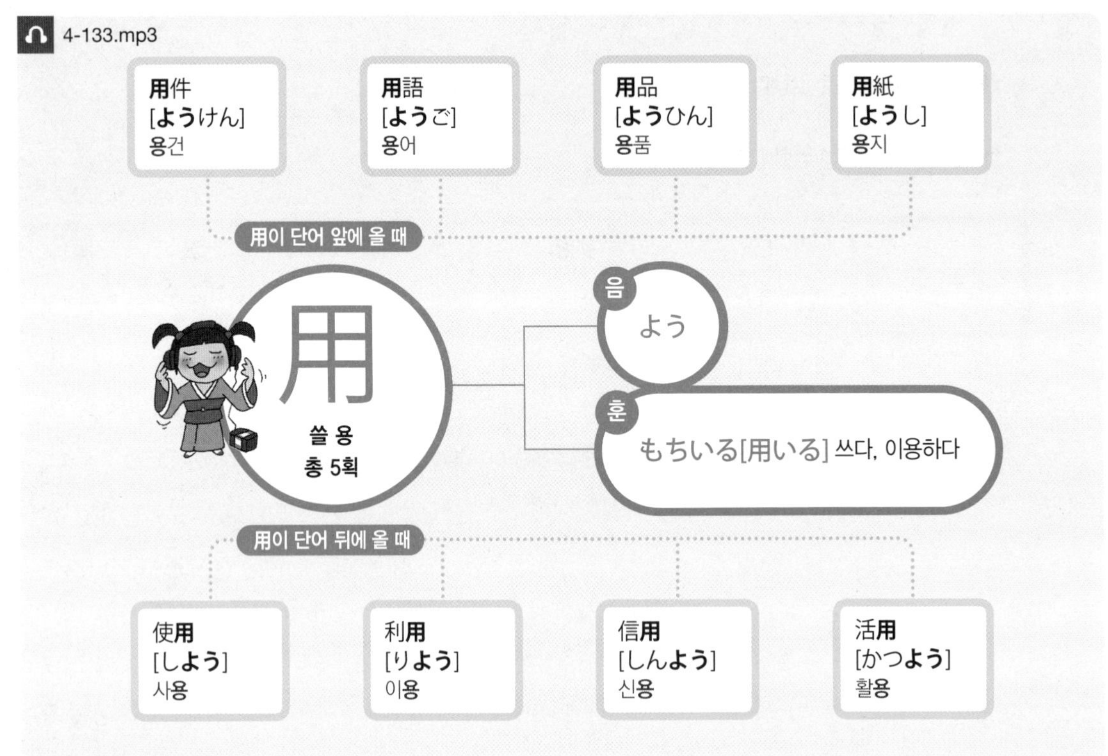

4-134.mp3

무작정 따라하기

밑줄 친 한자어에 유의하면서 아래 문장을 읽어 보세요.

用件があって、電話をかけました。 용건이 있어서 전화를 걸었습니다.

試験用紙に答えを書いてください。 시험용지에 답을 써 주세요.

彼は決して信用できない人です。 그는 결코 믿을 수 없는 사람입니다.

近くにコンビニがあって、そこをよく利用しています。 근처에 편의점이 있어서 그곳을 자주 이용하고 있습니다.

電話[でんわ] 전화
かける 걸다
試験[しけん] 시험
答え[こたえ] 답
書く[かく] 쓰다
彼[かれ] 그
決して[けっして] 결코
人[ひと] 사람
近く[ちかく] 근처

직접 써 보세요! 1 用語 ＿＿ご 2 活用 かつ＿＿ 3 용품 ＿＿品 4 사용 使＿＿

예외 한자 법칙

勇[용]은 [모음ㅛ+ㅇ받침]을 〈う단+う〉인 ゆう로 읽는다!

▶ **勇(용)은 ゆう로 읽는다!**

요 [ゆ] + ㅇ[う] = 용 [ゆう]

ゆう로 읽는 勇	**勇**気 [**ゆう**き] 용기	**勇**士 [**ゆう**し] 용사	**勇**敢 [**ゆう**かん] 용감	武**勇** [ぶ**ゆう**] 무용

勇気を出して、彼女に告白するつもりです。

용기를 내서 그녀에게 고백할 생각입니다.

みんな彼の勇敢な行動をほめました。

모두 그의 용감한 행동을 칭찬했습니다.

단어

出す[だす] 내다　彼女[かのじょ] 그녀, 여자친구　告白[こくはく] 고백

彼[かれ] 그　行動[こうどう] 행동　ほめる 칭찬하다

[모음ㅜ+ㅇ받침]을 〈う단+う〉로 읽는 한자

68 風^{풍}은 ふう라고 읽는다!

푸[ふ] + ㅇ[う] = 풍[ふう]

1단계 오디오를 먼저 들어 보세요. ▶ **2단계** 책을 보면서 학습해 보세요. ▶ **3단계** 직접 써 보세요.

4-135.mp3

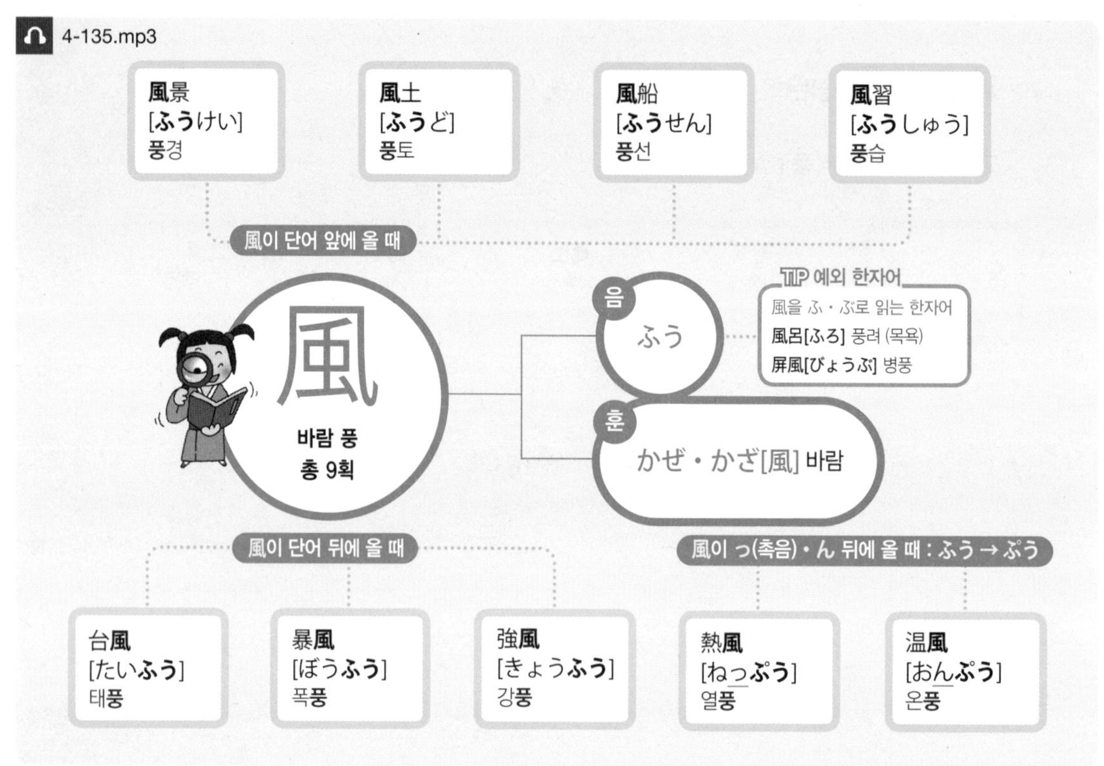

무작정 따라하기

4-136.mp3

丘[おか] 언덕
美しい[うつくしい] 아름답다
持つ[もつ] 가지다, 들다
遊ぶ[あそぶ] 놀다
被害[ひがい] 피해
受ける[うける] 받다
地域[ちいき] 지역
多い[おおい] 많다
熱い[あつい] 뜨겁다
砂漠[さばく] 사막
吹く[ふく] 불다

밑줄 친 한자어에 유의하면서 아래 문장을 읽어 보세요.

丘の上からながめる風景は美しいです。 언덕 위에서 바라보는 풍경은 아름답습니다.

子どもが風船を持って遊んでいます。 아이가 풍선을 가지고 놀고 있습니다.

台風のせいで、被害を受けた地域が多いです。 태풍 때문에 피해를 입은 지역이 많습니다.

熱い砂漠では熱風が吹きます。 뜨거운 사막에서는 열풍이 붑니다.

직접 써 보세요! 1 風土 ＿＿ど 2 熱風 ねっ＿＿ 3 풍선 ＿＿船 4 태풍 台＿＿

[모음ㅜ+ㅇ받침]을 〈~ゅ+う〉로 읽는 한자

69 重준은 じゅう라고 읽는다!

주[じゅ] + ㅇ[う] = 중[じゅう]

1단계 오디오를 먼저 들어 보세요. ▶ **2단계** 책을 보면서 학습해 보세요. ▶ **3단계** 직접 써 보세요.

4-137.mp3

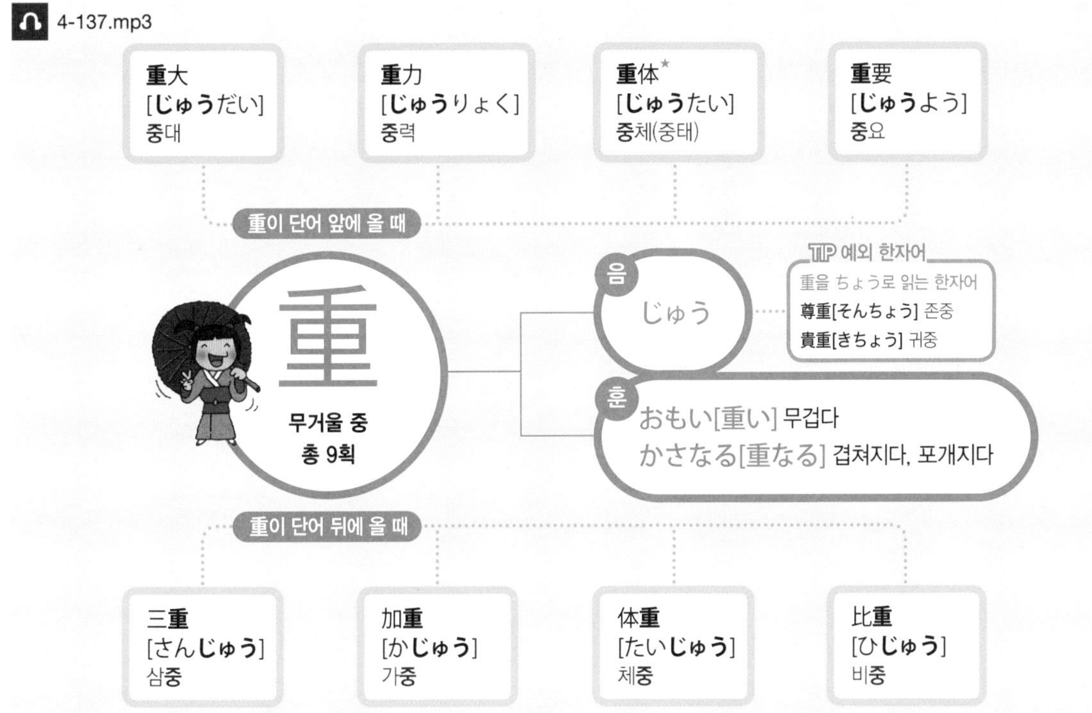

★ 重体(중체)는 '중태'를 뜻하는 말로, 重態(중태)라고도 써요!

4-138.mp3

무작정 따라하기

밑줄 친 한자어에 유의하면서 아래 문장을 읽어 보세요.

今日、社長が重大な発表をする予定です。
오늘 사장님이 중대한 발표를 할 예정입니다.

この問題がいちばん重要だと思います。 이 문제가 가장 중요하다고 생각합니다.

最近、ストレスのせいで体重が減りました。
요즘 스트레스 때문에 체중이 줄었습니다.

この実験の結果に比重を置いています。 이 실험의 결과에 비중을 두고 있습니다.

今日[きょう] 오늘
社長[しゃちょう] 사장(님)
発表[はっぴょう] 발표
予定[よてい] 예정
問題[もんだい] 문제
最近[さいきん] 최근, 요즘
減る[へる] 줄다
実験[じっけん] 실험
結果[けっか] 결과
置く[おく] 두다, 놓다

직접 써 보세요! 1 重力 ＿＿りょく 2 三重 さん＿＿ 3 중요 ＿＿要 4 가중 加＿＿

[모음ㅡ+ㅇ받침]을 〈お단+う〉로 읽는 한자

70 等[등]은 とう라고 읽는다!

ㄷ[と]+ㅇ[う]=등[とう]

1단계 오디오를 먼저 들어 보세요. ▶ **2단계** 책을 보면서 학습해 보세요. ▶ **3단계** 직접 써 보세요.

4-139.mp3

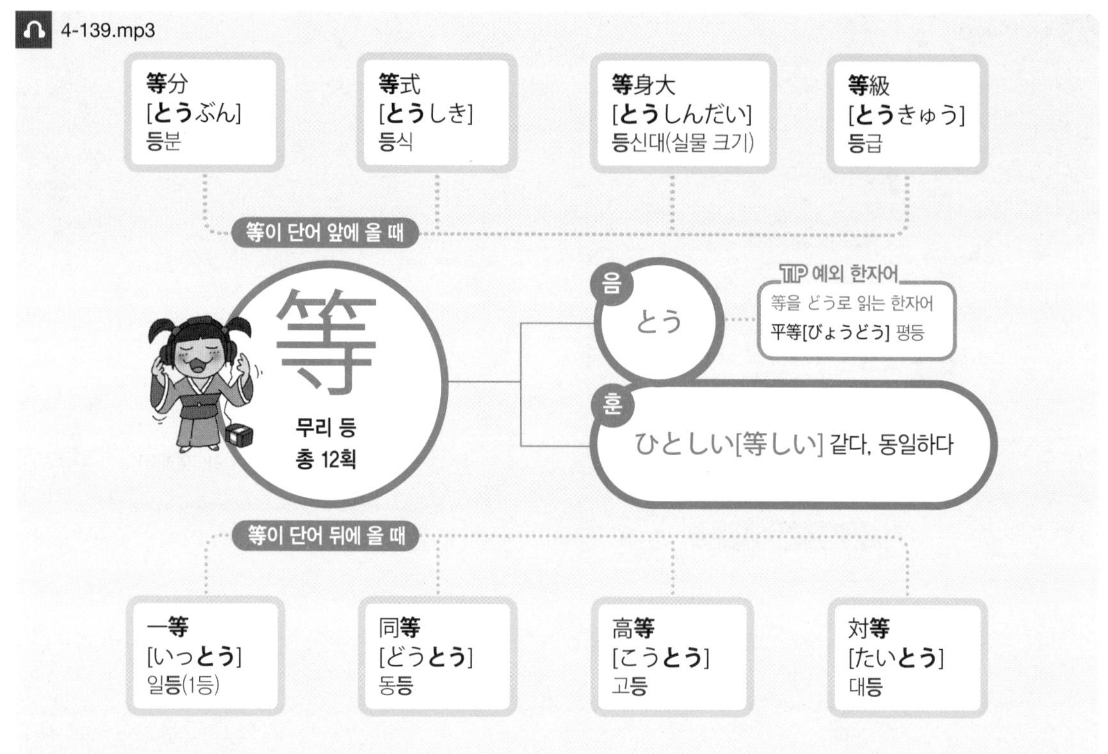

4-140.mp3

무작정 따라하기

밑줄 친 한자어에 유의하면서 아래 문장을 읽어 보세요.

数学の時間に三角形を三等分しました。 수학 시간에 삼각형을 3등분했습니다.

このお寺には等身大の仏像があります。 이 절에는 실물 크기의 불상이 있습니다.

大学卒業と同等の資格を与える制度があります。 대학교 졸업과 동등한 자격을 주는 제도가 있습니다.

あの二人は対等な立場ではありません。 저 두 사람은 대등한 입장이 아닙니다.

数学[すうがく] 수학
時間[じかん] 시간
三角形[さんかっけい] 삼각형
お寺[おてら] 절
仏像[ぶつぞう] 불상
大学[だいがく] 대학(교)
卒業[そつぎょう] 졸업
資格[しかく] 자격
与える[あたえる] 주다
制度[せいど] 제도
二人[ふたり] 두 사람
立場[たちば] 입장

직접 써 보세요! 1 등식 ______しき 2 대등 たい______ 3 등급 ______級 4 고등 高______

[모음ㅡ+ㅇ받침]을 〈~ょ+う〉로 읽는 한자

71 勝승은 しょう라고 읽는다!

스[しょ]+ㅇ[う]=승[しょう]

1단계 오디오를 먼저 들어 보세요. ▶ **2단계** 책을 보면서 학습해 보세요. ▶ **3단계** 직접 써 보세요.

4-141.mp3

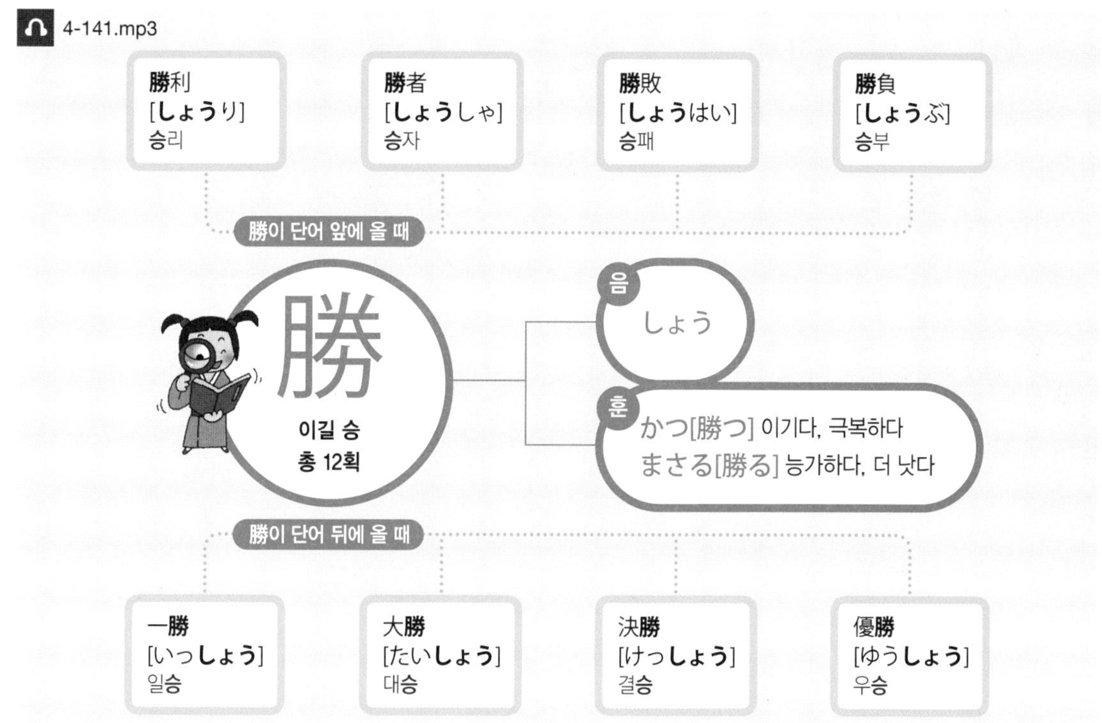

4-142.mp3

무작정 따라하기

尽くす[つくす] 다하다
誰[だれ] 누구
うちの~ 우리~
学校[がっこう] 학교
進出[しんしゅつ] 진출
全国[ぜんこく] 전국
大会[たいかい] 대회

밑줄 친 한자어에 유의하면서 아래 문장을 읽어 보세요.

勝利のためにベストを尽くします。 승리를 위해 최선을 다하겠습니다.

このゲームの勝者は誰になるでしょうか。 이 게임의 승자는 누가 될까요?

うちの学校が決勝に進出することになりました。 우리 학교가 결승에 진출하게 되었습니다.

まだ全国大会で優勝したことがありません。 아직 전국대회에서 우승한 적이 없습니다.

직접 써 보세요! 1 勝負 ____ ぶ 2 一勝 いっ ____ 3 승리 ____ 利 4 대승 大 ____

확인문제

1. 밑줄 친 한자의 읽는 음을 보기에서 골라 보세요.

보기
① えい ② どう ③ じょう ④ ほう ⑤ りょう
⑥ くう ⑦ せい ⑧ ちょう ⑨ ふう ⑩ しょう

01 良好 (　　　　)	02 航空 (　　　　)
03 英文 (　　　　)	04 感動 (　　　　)
05 勝利 (　　　　)	06 成長 (　　　　)
07 情熱 (　　　　)	08 強風 (　　　　)
09 声楽 (　　　　)	10 両方 (　　　　)

2. 밑줄 친 한자의 읽는 음을 히라가나로 직접 써 보세요.

01 病院 (　　　　)いん	02 急行 きゅう(　　　　)
03 生産 (　　　　)さん	04 利用 り(　　　　)
05 終了 (　　　　)りょう	06 状況 じょう(　　　　)
07 空間 (　　　　)かん	08 高等 こう(　　　　)
09 勇気 (　　　　)き	10 比重 ひ(　　　　)

3. 한자의 읽는 음에 해당하는 한자를 보기에서 골라 보세요.

보기

① 良	② 台	③ 病	④ 信	⑤ 向
⑥ 決	⑦ 等	⑧ 人	⑨ 終	⑩ 体
⑪ 室	⑫ 生	⑬ 心	⑭ 用	⑮ 点
⑯ 勝	⑰ 上	⑱ 重	⑲ 分	⑳ 風

01 りょう・しん 양심 ( )( ) 02 しん・よう 신용 ( )( )
03 こう・じょう 향상 ( )( ) 04 たい・じゅう 체중 ( )( )
05 びょう・しつ 병실 ( )( ) 06 けっ・しょう 결승 ( )( )
07 しゅう・てん 종점 ( )( ) 08 じん・せい 인생 ( )( )
09 とう・ぶん 등분 ( )( ) 10 たい・ふう 태풍 ( )( )

4. 밑줄 친 한자의 읽는 음에 해당하는 한자를 직접 써 보세요.

01 じゅうよう 중요 ( )要 02 たいとう 대등 対( )
03 くうき 공기 ( )気 04 かんこう 관광 観( )
05 ふうせん 풍선 ( )船 06 じどう 자동 自( )
07 ようけん 용건 ( )件 08 ゆうじょう 우정 友( )
09 せいかつ 생활 ( )活 10 ほうこう 방향 方( )

일본어
한자

| 부록 |

확인문제 정답 & 해설
일본어 한자 읽기 색인

첫째마당 | 우리말 발음 그대로 읽는 한자

01 받침이 없는 한자 48쪽

1. 01 ⑤ 02 ⑦ 03 ⑩ 04 ⑧ 05 ①
06 ④ 07 ⑨ 08 ⑥ 09 ② 10 ③

01 世代[せだい] 세대
02 温度[おんど] 온도
03 以前[いぜん] 이전
04 経路[けいろ] 경로
05 部分[ぶぶん] 부분
06 意味[いみ] 의미
07 無視[むし] 무시
08 維持[いじ] 유지
09 油断[ゆだん] 유단/방심
10 料理[りょうり] 요리

2. 01 り 02 ど 03 む 04 ろ 05 み
06 ぶ 07 し 08 う 09 や 10 い

01 理想[りそう] 이상
02 速度[そくど] 속도
03 無理[むり] 무리
04 道路[どうろ] 도로
05 味覚[みかく] 미각
06 内部[ないぶ] 내부
07 市外[しがい] 시외
08 降雨[こうう] 강우
09 夜景[やけい] 야경
10 以来[いらい] 이래

3. 01 ⑤,⑦ 02 ②,④ 03 ①,⑬ 04 ⑳,⑱ 05 ⑭,⑥
06 ⑲,⑰ 07 ⑩,⑫ 08 ⑧,⑮ 09 ⑪,③ 10 ⑨,⑯

01 どあい 도합/정도(度合)
02 いちぶ 일부(一部)
03 せけん 세간/세상(世間)
04 きょむ 허무(虚無)
05 うりょう 우량/강우량(雨量)
06 しょじ 소지(所持)
07 しちょう 시장(市長)
08 みょうみ 묘미(妙味)
09 かいろ 회로(回路)
10 しゅうり 수리(修理)

4. 01 路 02 度 03 無 04 理 05 雨
06 市 07 持 08 夜 09 部 10 味

01 ろせん 노선(路線)
02 かくど 각도(角度)
03 むりょう 무료(無料)
04 しょり 처리(処理)
05 うてん 우천(雨天)
06 とし 도시(都市)
07 じさん 지참(持参)
08 こんや 금야/오늘 밤(今夜)
09 ぶちょう 부장(部長)
10 きょうみ 흥미(興味)

02 받침이 있는 한자 66쪽

1. 01 ③ 02 ⑩ 03 ① 04 ⑥ 05 ②
06 ⑨ 07 ⑧ 08 ④ 09 ⑦ 10 ⑤

01 分類[ぶんるい] 분류
02 材木[ざいもく] 재목
03 安全[あんぜん] 안전
04 貴族[きぞく] 귀족
05 悪魔[あくま] 악마
06 空間[くうかん] 공간
07 運命[うんめい] 운명
08 購読[こうどく] 구독
09 論文[ろんぶん] 논문
10 娯楽[ごらく] 오락

2. 01 どっ 02 うん 03 かん 04 あく 05 もく
06 ぶん 07 さん 08 らく 09 やく 10 あん

01 読解[どっかい] 독해
02 不運[ふうん] 불운
03 間接[かんせつ] 간접
04 最悪[さいあく] 최악
05 目的[もくてき] 목적
06 水分[すいぶん] 수분
07 山林[さんりん] 산림
08 快楽[かいらく] 쾌락
09 薬品[やくひん] 약품
10 保安[ほあん] 보안

3. 01 ⑮,⑦ 02 ⑥,⑱ 03 ①,⑪ 04 ④,⑭ 05 ③,⑫
06 ⑯,⑤ 07 ⑨,⑲ 08 ⑧,⑬ 09 ⑩,⑰ 10 ⑳,②

01 いんよう 인용(引用)
02 ちゅうかん 중간(中間)
03 どくしゃ 독자(読者)
04 いやく 의약(医薬)
05 しんぶん 신문(新聞)
06 とうろん 토론(討論)
07 もくぞう 목조(木造)
08 みんぞく 민속(民俗)
09 ぶんり 분리(分離)
10 ちあん 치안(治安)

4. 01 安 02 山 03 楽 04 薬 05 新
06 民 07 目 08 族 09 運 10 論

01 あんしん 안심(安心)
02 たくさん 택산/많음(沢山)
03 らくてん 낙천(楽天)
04 のうやく 농약(農薬)
05 しんにゅう 신입(新入)
06 こくみん 국민(国民)
07 もくじ 목차(目次)
08 かぞく 가족(家族)
09 うんどう 운동(運動)
10 けつろん 결론(結論)

둘째마당 | 첫소리 자음을 읽는 법칙

01 자음ㄱ ~ 13 자음ㅅ 90쪽

1. 01 ④ 02 ① 03 ⑧ 04 ⑥ 05 ③
06 ⑩ 07 ⑦ 08 ⑨ 09 ② 10 ⑤

01 来年[らいねん] 내년 02 競技[きょうぎ] 경기
03 売店[ばいてん] 매점 04 国内[こくない] 국내
05 使命[しめい] 사명 06 世代[せだい] 세대
07 大気[たいき] 대기 08 前半[ぜんはん] 전반
09 家事[かじ] 가사/집안일 10 元気[げんき] 원기/기운

2. 01 ぎ 02 か 03 だい 04 き 05 めい
06 ない 07 ぼう 08 たい 09 じょう 10 ばい

01 技術[ぎじゅつ] 기술 02 画家[がか] 화가
03 大事[だいじ] 대사/소중함, 중요함 04 天気[てんき] 천기/날씨
05 名所[めいしょ] 명소 06 案内[あんない] 안내
07 防犯[ぼうはん] 방범 08 招待[しょうたい] 초대
09 上品[じょうひん] 상품/고상함 10 販売[はんばい] 판매

3. 01 ①,⑮ 02 ⑱,② 03 ③,⑬ 04 ⑭,④ 05 ⑳,⑤
06 ⑩,⑰ 07 ⑨,⑫ 08 ⑧,⑯ 09 ⑦,⑪ 10 ⑥,⑲

01 とくぎ 특기(特技) 02 しっけ 습기(湿気)
03 ないか 내과(内科) 04 じだい 시대(時代)
05 じゅうだい 중대(重大) 06 きたい 기대(期待)
07 めいぶつ 명물(名物) 08 みらい 미래(未来)
09 じょうげ 상하(上下) 10 よぼう 예방(予防)

4. 01 家 02 内 03 代 04 名 05 使
06 待 07 大 08 来 09 半 10 上

01 かてい 가정(家庭) 02 あんない 안내(案内)
03 だいり 대리(代理) 04 ちめい 지명(地名)
05 しよう 사용(使用) 06 せったい 접대(接待)
07 たいかい 대회(大会) 08 しょうらい 장래(将来)
09 はんぶん 반분/절반(半分) 10 おくじょう 옥상(屋上)

14 자음ㅇ ~ 33 자음ㅎ 120쪽

1. 01 ③ 02 ⑤ 03 ① 04 ⑧ 05 ⑥
06 ④ 07 ⑦ 08 ② 09 ⑩ 10 ⑨

01 入学[にゅうがく] 입학 02 海外[かいがい] 해외
03 快速[かいそく] 쾌속 04 両親[りょうしん] 양친
05 天井[てんじょう] 천정 06 点火[てんか] 점화
07 通行[つうこう] 통행 08 用紙[ようし] 용지
09 下水[げすい] 하수 10 目次[もくじ] 목차

2. 01 わ 02 でん 03 か 04 びん 05 じ
06 かい 07 ち 08 ど 09 ばく 10 つう

01 話題[わだい] 화제 02 停電[ていでん] 정전
03 火事[かじ] 화사/화재 04 郵便[ゆうびん] 우편
05 地震[じしん] 지진 06 愉快[ゆかい] 유쾌
07 知的[ちてき] 지적 08 国土[こくど] 국토
09 爆弾[ばくだん] 폭탄 10 交通[こうつう] 교통

3. 01 ⑤,⑫ 02 ③,⑮ 03 ⑥,⑱ 04 ⑩,⑲ 05 ⑧,⑯
06 ①,⑬ 07 ⑦,⑭ 08 ②,⑳ 09 ④,⑰ 10 ⑨,⑪

01 がいこく 외국(外国) 02 どうい 동의(同意)
03 べんり 편리(便利) 04 ちか 지하(地下)
05 じょし 여자(女子) 06 きにゅう 기입(記入)
07 がめん 화면(画面) 08 つうち 통지(通知)
09 じしん 자신(自信) 10 かいわ 회화(会話)

4. 01 意 02 通 03 地 04 火 05 入
06 画 07 電 08 天 09 次 10 下

01 いみ 의미(意味) 02 ふつう 보통(普通)
03 ちず 지도(地図) 04 いんか 인화(引火)
05 にゅういん 입원(入院) 06 まんが 만화(漫画)
07 でんき 전기(電気) 08 うてん 우천(雨天)
09 じかい 차회/다음 회(次回) 10 じょうげ 상하(上下)

셋째마당 | 가운뎃소리 모음을 읽는 법칙

01 모음을 1음절로 읽는 법칙 144쪽

1. 01 ③ 02 ⑦ 03 ⑤ 04 ① 05 ⑨
06 ② 07 ⑧ 08 ④ 09 ⑩ 10 ⑥

01 花粉[かふん] 화분/꽃가루
02 病苦[びょうく] 병고
03 議員[ぎいん] 의원
04 過多[かた] 과다
05 時代[じだい] 시대
06 停車[ていしゃ] 정차
07 野菜[やさい] 야채/채소
08 言語[げんご] 언어
09 手術[しゅじゅつ] 수술
10 名所[めいしょ] 명소

2. 01 き 02 じ 03 よ 04 ご 05 じょ
06 しょ 07 く 08 しゅ 09 こ 10 た

01 帰国[きこく] 귀국
02 食事[しょくじ] 식사
03 余裕[よゆう] 여유
04 国語[こくご] 국어
05 女性[じょせい] 여성
06 場所[ばしょ] 장소
07 区分[くぶん] 구분
08 選手[せんしゅ] 선수
09 古典[こてん] 고전
10 雑多[ざった] 잡다

3. 01 ③,⑮ 02 ⑤,⑳ 03 ④,⑪ 04 ⑩,⑭ 05 ⑦,⑬
06 ⑧,⑲ 07 ②,⑱ 08 ⑥,⑯ 09 ①,⑫ 10 ⑨,⑰

01 たしょう 다소(多少)
02 かしゅ 가수(歌手)
03 じじつ 사실(事実)
04 たんご 단어(単語)
05 しゃせん 차선(車線)
06 ちょうじょ 장녀(長女)
07 くつう 고통(苦痛)
08 どうじ 동시(同時)
09 しょてん 서점(書店)
10 さいこ 최고(最古)

4. 01 事 02 花 03 語 04 車 05 時
06 古 07 区 08 野 09 書 10 所

01 じけん 사건(事件)
02 かいか 개화(開花)
03 ごがく 어학(語学)
04 ちゅうしゃ 주차(駐車)
05 じかん 시간(時間)
06 ちゅうこ 중고(中古)
07 くべつ 구별(区別)
08 ぶんや 분야(分野)
09 しょるい 서류(書類)
10 じゅうしょ 주소(住所)

02 모음을 2음절로 읽는 법칙 164쪽

1. 01 ⑦ 02 ⑩ 03 ⑤ 04 ⑧ 05 ①
06 ③ 07 ④ 08 ② 09 ⑥ 10 ⑨

01 体温[たいおん] 체온
02 時計[とけい] 시계
03 開発[かいはつ] 개발
04 移住[いじゅう] 이주
05 制服[せいふく] 제복/교복
06 海底[かいてい] 해저
07 少年[しょうねん] 소년
08 参考[さんこう] 참고
09 数学[すうがく] 수학
10 有料[ゆうりょう] 유료

2. 01 りゅう 02 かい 03 けい 04 るい 05 こう
06 りょう 07 すい 08 すう 09 てい 10 じゅう

01 流行[りゅうこう] 유행
02 機会[きかい] 기회
03 計算[けいさん] 계산
04 種類[しゅるい] 종류
05 考案[こうあん] 고안
06 資料[しりょう] 자료
07 水分[すいぶん] 수분
08 点数[てんすう] 점수
09 底面[ていめん] 저면/밑면
10 居住[きょじゅう] 거주

3. 01 ④,⑰ 02 ⑩,⑫ 03 ②,⑬ 04 ⑧,⑭ 05 ⑨,⑳
06 ③,⑯ 07 ⑥,⑱ 08 ⑦,⑲ 09 ⑤,⑮ 10 ①,⑪

01 ゆうめい 유명(有名)
02 こうこう 고교(高校)
03 かいしゃ 회사(会社)
04 たすう 다수(多数)
05 じゅうしょ 주소(住所)
06 げんかい 한계(限界)
07 こうご 구어(口語)
08 げすい 하수(下水)
09 りょうきん 요금(料金)
10 かけい 가계(家計)

4. 01 開 02 体 03 少 04 流 05 制
06 計 07 有 08 類 09 水 10 口

01 かいてん 개점(開店)
02 ぜんたい 전체(全体)
03 しょうじょ 소녀(少女)
04 こうりゅう 교류(交流)
05 せいど 제도(制度)
06 ごうけい 합계(合計)
07 ゆうり 유리(有利)
08 しょるい 서류(書類)
09 すいどう 수도(水道)
10 じんこう 인구(人口)

넷째마당 | 끝소리 받침을 읽는 법칙

01 ㄱ받침을 く・き로 읽는 법칙 200쪽

1. 01 ② 02 ③ 03 ⑦ 04 ⑤ 05 ⑨
06 ④ 07 ① 08 ⑩ 09 ⑥ 10 ⑧

01 学年[がくねん] 학년 02 朝食[ちょうしょく] 조식/아침밥
03 曲線[きょくせん] 곡선 04 公式[こうしき] 공식
05 石像[せきぞう] 석상 06 到着[とうちゃく] 도착
07 特技[とくぎ] 특기 08 強力[きょうりょく] 강력
09 薬物[やくぶつ] 약물 10 発育[はついく] 발육

2. 01 じゃく 02 しゅく 03 ぼう 04 そく 05 きょく
06 おく 07 えき 08 ふく 09 ちゃく 10 いき

01 弱点[じゃくてん] 약점 02 下宿[げしゅく] 하숙
03 暴行[ぼうこう] 폭행 04 反則[はんそく] 반칙
05 極大[きょくだい] 극대 06 記憶[きおく] 기억
07 駅員[えきいん] 역원/역무원 08 制服[せいふく] 제복/교복
09 着席[ちゃくせき] 착석 10 地域[ちいき] 지역

3. 01 ③,⑱ 02 ②,⑰ 03 ①,⑮ 04 ⑦,⑫ 05 ⑧,⑪
06 ⑩,⑲ 07 ⑤,⑭ 08 ⑨,⑯ 09 ④,⑳ 10 ⑥,⑬

01 しゅくだい 숙제(宿題) 02 よこく 예고(予告)
03 とっか 특가(特価) 04 めいきょく 명곡(名曲)
05 せきゆ 석유(石油) 06 やっきょく 약국(薬局)
07 でんりょく 전력(電力) 08 ぶんがく 문학(文学)
09 げきじょう 극장(劇場) 10 なんきょく 남극(南極)

4. 01 目 02 石 03 客 04 学 05 白
06 力 07 特 08 式 09 食 10 国

01 もくてき 목적(目的) 02 ほうせき 보석(宝石)
03 きゃくせき 객석(客席) 04 にゅうがく 입학(入学)
05 はくじん 백인(白人) 06 たいりょく 체력(体力)
07 とくべつ 특별(特別) 08 ほうしき 방식(方式)
09 しょくじ 식사(食事) 10 ぜんこく 전국(全国)

02 ㄴ받침을 ん으로 읽는 법칙 216쪽

1. 01 ④ 02 ⑥ 03 ① 04 ⑧ 05 ③
06 ⑩ 07 ② 08 ⑦ 09 ⑤ 10 ⑨

01 文法[ぶんぽう] 문법 02 手順[てじゅん] 수순/순서
03 論外[ろんがい] 논외/논할 가치가 없음 04 吸引[きゅういん] 흡인
05 産業[さんぎょう] 산업 06 直前[ちょくぜん] 직전
07 見当[けんとう] 견당/예측, 짐작 08 平原[へいげん] 평원
09 願望[がんぼう] 원망/원하고 바람 10 純銀[じゅんぎん] 순은

2. 01 ぎん 02 かん 03 げん 04 さん 05 もん
06 ろん 07 ぶん 08 がん 09 いん 10 じゅん

01 銀貨[ぎんか] 은화 02 会館[かいかん] 회관
03 原因[げんいん] 원인 04 財産[ざいさん] 재산
05 問題[もんだい] 문제 06 討論[とうろん] 토론
07 文学[ぶんがく] 문학 08 志願[しがん] 지원
09 引用[いんよう] 인용 10 語順[ごじゅん] 어순

3. 01 ⑨,⑪ 02 ①,⑯ 03 ⑥,⑮ 04 ⑩,⑫ 05 ②,⑲
06 ③,⑱ 07 ⑧,⑬ 08 ⑤,⑭ 09 ④,⑰ 10 ⑦,⑳

01 さんち 산지(産地) 02 めいもん 명문(名門)
03 ぜんご 전후(前後) 04 さくぶん 작문(作文)
05 ろんり 논리(論理) 06 かいけん 회견(会見)
07 げんしょ 원서(原書) 08 にゅういん 입원(入院)
09 いんか 인화(引火) 10 ほんかん 본관(本館)

4. 01 原 02 前 03 文 04 員 05 見
06 論 07 順 08 産 09 銀 10 引

01 げんり 원리(原理) 02 ごぜん 오전(午前)
03 ぶんか 문화(文化) 04 しゃいん 사원(社員)
05 けんがく 견학(見学) 06 りろん 이론(理論)
07 じゅんばん 순번(順番) 08 せいさん 생산(生産)
09 ぎんこう 은행(銀行) 10 ごういん 강인/억지로 함(強引)

03 ㄹ받침을 つ・ち로 읽는 법칙 230쪽

1. 01 ④ 02 ⑤ 03 ⑥ 04 ⑨ 05 ⑧
06 ① 07 ③ 08 ⑩ 09 ⑦ 10 ②

01 切実[せつじつ] 절실 02 進出[しんしゅつ] 진출
03 物量[ぶつりょう] 물량 04 区別[くべつ] 구별
05 活力[かつりょく] 활력 06 何日[なんにち] 하일/며칠
07 八人[はちにん] 팔인/8명 08 病室[びょうしつ] 병실
09 発言[はつげん] 발언 10 年月[ねんげつ] 연월/세월

2. 01 かつ 02 せつ 03 はつ 04 げつ 05 べつ
06 しつ 07 しゅつ 08 にち 09 はち 10 ぶつ

01 活動[かつどう] 활동 02 適切[てきせつ] 적절
03 発音[はつおん] 발음 04 今月[こんげつ] 금월/이번 달
05 別人[べつじん] 별인/딴사람 06 教室[きょうしつ] 교실
07 出現[しゅつげん] 출현 08 来日[らいにち] 내일/일본에 옴
09 八時[はちじ] 팔시/8시 10 生物[せいぶつ] 생물

3. 01 ⑦,⑮ 02 ⑧,⑪ 03 ⑨,⑳ 04 ②,⑭ 05 ①,⑫
06 ④,⑰ 07 ⑤,⑬ 08 ⑩,⑯ 09 ③,⑱ 10 ⑥,⑲

01 はつめい 발명(発明) 02 らいげつ 내월/다음 달(来月)
03 かつよう 활용(活用) 04 どうぶつ 동물(動物)
05 はちじ 팔시/8시(八時) 06 とくべつ 특별(特別)
07 しゅつりょく 출력(出力) 08 おんしつ 온실(温室)
09 せつじつ 절실(切実) 10 ほうにち 방일(訪日)

4. 01 八 02 出 03 別 04 切 05 室
06 活 07 物 08 発 09 月 10 日

01 はちにん 팔인/8명(八人) 02 がいしゅつ 외출(外出)
03 べつめい 별명(別名) 04 しんせつ 친절(親切)
05 しつない 실내(室内) 06 せいかつ 생활(生活)
07 ぶつり 물리(物理) 08 かいはつ 개발(開発)
09 げつまつ 월말(月末) 10 まいにち 매일(毎日)

04 ㅁ받침을 ん으로 읽는 법칙 240쪽

1. 01 ④ 02 ⑤ 03 ①
04 ③ 05 ⑥ 06 ②

01 店長[てんちょう] 점장 02 代金[だいきん] 대금
03 音質[おんしつ] 음질 04 東南[とうなん] 동남
05 塩素[えんそ] 염소 06 関心[かんしん] 관심

2. 01 きん 02 おん 03 しん
04 てん 05 なん 06 ひん

01 金魚[きんぎょ] 금어/금붕어 02 録音[ろくおん] 녹음
03 森林[しんりん] 삼림 04 閉店[へいてん] 폐점
05 南部[なんぶ] 남부 06 食品[しょくひん] 식품

3. 01 ④,⑦ 02 ⑤,⑩ 03 ⑥,⑪
04 ②,⑨ 05 ①,⑧ 06 ③,⑫

01 かいてん 개점(開店) 02 えんか 염화(塩化)
03 げんきん 현금(現金) 04 こうおん 고음(高音)
05 ちゅうしん 중심(中心) 06 なんぼく 남북(南北)

4. 01 心 02 南 03 店
04 金 05 音 06 品

01 しんり 심리(心理) 02 とうなん 동남(東南)
03 てんちょう 점장(店長) 04 りょうきん 요금(料金)
05 おんがく 음악(音楽) 06 さくひん 작품(作品)

05 ㅂ받침을 つ・う로 읽는 법칙 250쪽

1. 01 ③ 02 ① 03 ⑤
04 ② 05 ④ 06 ⑥

01 習性[しゅうせい] 습성 02 結合[けつごう] 결합
03 業界[ぎょうかい] 업계 04 対立[たいりつ] 대립
05 協力[きょうりょく] 협력 06 複雑[ふくざつ] 복잡

2. 01 きょう 02 ぎょう 03 りつ
04 ごう 05 しゅう 06 ざつ

01 協調[きょうちょう] 협조 02 休業[きゅうぎょう] 휴업
03 立案[りつあん] 입안 04 会合[かいごう] 회합/모임
05 集中[しゅうちゅう] 집중 06 混雑[こんざつ] 혼잡

3. 01 ③,⑧ 02 ①,⑦ 03 ⑤,⑪
04 ⑥,⑨ 05 ④,⑫ 06 ②,⑩

01 ぎょうむ 업무(業務) 02 よしゅう 예습(予習)
03 ざっし 잡지(雑誌) 04 のうきょう 농협(農協)
05 りっぱ 입파/훌륭함(立派) 06 とくしゅう 특집(特集)

4. 01 集 02 立 03 合
04 業 05 雑 06 習

01 しゅうだん 집단(集団) 02 せいりつ 성립(成立)
03 ごうけい 합계(合計) 04 じゅぎょう 수업(授業)
05 ざつおん 잡음(雑音) 06 がくしゅう 학습(学習)

06 ㅇ받침을 い・う로 읽는 법칙 274쪽

1. 01 ⑤ 02 ⑥ 03 ① 04 ② 05 ⑩
06 ⑧ 07 ③ 08 ⑨ 09 ⑦ 10 ④

01 良好[りょうこう] 양호 02 航空[こうくう] 항공
03 英文[えいぶん] 영문 04 感動[かんどう] 감동
05 勝利[しょうり] 승리 06 成長[せいちょう] 성장
07 情熱[じょうねつ] 정열 08 強風[きょうふう] 강풍
09 声楽[せいがく] 성악 10 両方[りょうほう] 양방/양쪽

2. 01 びょう 02 こう 03 せい 04 よう 05 しゅう
06 きょう 07 くう 08 とう 09 ゆう 10 じゅう

01 病院[びょういん] 병원 02 急行[きゅうこう] 급행
03 生産[せいさん] 생산 04 利用[りよう] 이용
05 終了[しゅうりょう] 종료 06 状況[じょうきょう] 상황
07 空間[くうかん] 공간 08 高等[こうとう] 고등
09 勇気[ゆうき] 용기 10 比重[ひじゅう] 비중

3. 01 ①,⑬ 02 ④,⑭ 03 ⑤,⑰ 04 ⑩,⑱ 05 ③,⑪
06 ⑥,⑯ 07 ⑨,⑮ 08 ⑧,⑫ 09 ⑦,⑲ 10 ②,⑳

01 りょうしん 양심(良心) 02 しんよう 신용(信用)
03 こうじょう 향상(向上) 04 たいじゅう 체중(体重)
05 びょうしつ 병실(病室) 06 けっしょう 결승(決勝)
07 しゅうてん 종점(終点) 08 じんせい 인생(人生)
09 とうぶん 등분(等分) 10 たいふう 태풍(台風)

4. 01 重 02 等 03 空 04 光 05 風
06 動 07 用 08 情 09 生 10 向

01 じゅうよう 중요(重要) 02 たいとう 대등(対等)
03 くうき 공기(空気) 04 かんこう 관광(観光)
05 ふうせん 풍선(風船) 06 じどう 자동(自動)
07 ようけん 용건(用件) 08 ゆうじょう 우정(友情)
09 せいかつ 생활(生活) 10 ほうこう 방향(方向)

색인 01 | 우리말 발음으로 찾아보기 [가나다 순]

*숫자는 마당-페이지순

색인 02 | 우리말 발음으로 찾아보기 [50음도 순]

＊숫자는 마당-페이지순

《일본어 한자 무작정 따라하기》 **특별부록**

휴대용

우리말 자음과 모음으로 쉽게 읽는

일본어 한자

무작정 따라하기

일본어 한자읽기 법칙을 알 수 있는 기본&예외 법칙 한자 1314개를 오십음도 순으로 정리하였습니다. 지하철이나 이동할 때 떼어 들고 다니면서 편하게 공부하세요!

★휴대용★

일본어 한자

무작정 따라하기

정선영 지음

あ

あいせつ[哀切]	애절
あいどく[愛読]	애독
あくしゅう[悪臭]	악취
あくま[悪魔]	악마
あくむ[悪夢]	악몽
あっか[悪化]	악화
あんい[安易]	안이
あんじゅう[安住]	안주
あんしん[安心]	안심
あんず[杏子]	행자(살구)
あんぜん[安全]	안전
あんてい[安定]	안정
あんない[案内]	안내
あんらく[安楽]	안락

い

いあん[慰安]	위안
いか[以下]	이하
いがい[以外]	이외
いがい[意外]	의외
いきない[域内]	역내(구역 안)
いくえい[育英]	육영(영재를 가르쳐 기름)
いくじ[育児]	육아
いくせい[育成]	육성
いくもう[育毛]	육모
いけん[意見]	의견
いご[以後]	이후
いこう[以降]	이강(이후)
いこう[意向]	의향
いし[意思]	의사
いし[意志]	의지
いじ[維持]	유지
いじゅう[移住]	이주
いじょう[以上]	이상
いしょくじゅう[衣食住]	의식주

いす[椅子]	이자
いぜん[以前]	이전
いぞく[遺族]	유족
いだい[偉大]	위대
いちおく[一億]	일억(1억)
いちじ[一時]	일시(한때, 임시)
いちぶ[一部]	일부
いちりゅう[一流]	일류
いっけん[一見]	일견(한번/언뜻 봄)
いっしょう[一勝]	일승
いっとう[一等]	일등(1등)
いっぴん[一品]	일품
いっぽう[一方]	일방
いどう[移動]	이동
いない[以内]	이내
いなん[以南]	이남
いみ[意味]	의미
いやく[医薬]	의약
いらい[以来]	이래
いんか[引火]	인화
いんそつ[引率]	인솔
いんたい[引退]	인퇴(은퇴)
いんちょう[院長]	원장
いんよう[引用]	인용
いんりょく[引力]	인력

う

うき[雨季]	우기
うてん[雨天]	우천
うむ[有無]	유무
うらじ[裏地]	이지(안감)
うりょう[雨量]	우량
うんちん[運賃]	운임
うんてん[運転]	운전
うんどう[運動]	운동
うんめい[運命]	운명

うんよう[運用] 운용

え

えいが[映画] 영화

えいぎょう[営業] 영업

えいご[英語] 영어

えいじ[英字] 영자

えいぶん[英文] 영문

えいゆう[英雄] 영웅

えきいん[駅員] 역원(역무원)

えきしゃ[駅舎] 역사

えきちょう[駅長] 역장

えきべん[駅弁] 역변(역 도시락)

えんか[塩化] 염화

えんぎ[演技] 연기

えんそ[塩素] 염소

えんでん[塩田] 염전

えんぶん[塩分] 염분

お

おうこう[横行] 횡행(옆으로 감)

おうじ[王子] 왕자

おうじ[皇子] 황자(황제의 아들)

おうじょ[皇女] 황녀(황제의 딸)

おうだん[横断] 횡단

おうど[黄土] 황토

おうふく[往復] 왕복

おうぼう[横暴] 횡포

おくじょう[屋上] 옥상

おくそく[憶測] 억측

おくまんちょうじゃ[億万長者] 억만장자

おんがく[音楽] 음악

おんしつ[温室] 온실

おんしつ[音質] 음질

おんせい[音声] 음성

おんど[温度] 온도

おんぷう[温風]	온풍
おんりょう[音量]	음량

か

かい[下位]	하위
かいいん[会員]	회원
かいうん[海運]	해운
かいか[開花]	개화
かいが[絵画]	회화
かいがい[海外]	해외
かいかつ[快活]	쾌활
かいかん[会館]	회관
かいぎ[会議]	회의
かいき[回帰]	회귀
かいけい[会計]	회계
かいけん[会見]	회견
かいこう[開口]	개구(열린 부분)
かいごう[会合]	회합(모임)
がいこく[外国]	외국
かいし[開市]	개시(시장을 엶, 장사를 시작함)
かいし[開始]	개시
かいしゃ[会社]	회사
がいしゅつ[外出]	외출
かいじょう[会場]	회장
がいしょく[外食]	외식
かいすう[回数]	회수(횟수)
かいせい[快晴]	쾌청
かいせん[界線]	계선(경계선)
かいそう[界層]	계층
かいそく[快速]	쾌속
かいてい[海底]	해저
かいてき[快適]	쾌적
かいてん[開店]	개점
かいはつ[開発]	개발
かいひょう[界標]	계표(경계표)
がいぶ[外部]	외부

かいほう[開放]	개방
かいめん[界面]	계면(경계면)
かいらく[快楽]	쾌락
かいりょう[改良]	개량
かいろ[回路]	회로
かいわ[会話]	회화
がか[画家]	화가
かぐ[家具]	가구
かくじ[各自]	각자
かくしき[格式]	격식
がくしゅう[学習]	학습
かくしん[革新]	혁신
がくせい[学生]	학생
かくど[角度]	각도
がくねん[学年]	학년
かくべつ[格別]	격별(각별함)
がくもん[学問]	학문
がくりょく[学力]	학력
かけい[家計]	가계
かこう[下降]	하강
かこう[火口]	화구(분화구, 아궁이)
かざん[火山]	화산
かし[菓子]	과자
かじ[家事]	가사(집안일)
かじ[火事]	화사(화재)
がしつ[画室]	화실
がしつ[画質]	화질
かしゅ[歌手]	가수
かじゅう[加重]	가중
かしょう[過少]	과소(너무 적음)
かせい[火星]	화성
かせき[化石]	화석
かせん[下線]	하선(밑줄)
かぞく[家族]	가족
かた[過多]	과다
かたぎ[堅気]	견기(고지식함)

かだん[花壇]	화단
かちょう[家長]	가장
かっき[活気]	활기
がっき[学期]	학기
がっこう[学校]	학교
かっこく[各国]	각국
がっしゅく[合宿]	합숙
かっせい[活性]	활성
かつどう[活動]	활동
かっぱつ[活発]	활발
かつよう[活用]	활용
かつりょく[活力]	활력
かてい[家庭]	가정
かない[家内]	가내(아내, 집사람)
かのじょ[彼女]	피녀(그녀)
かはんしん[下半身]	하반신
かびん[花瓶]	화병(꽃병)
かふん[花粉]	화분(꽃가루)
がめん[画面]	화면
かもく[科目]	과목
かやく[火薬]	화약
かんいん[館員]	관원
かんかく[間隔]	간격
かんきゃく[観客]	관객
かんこう[観光]	관광
かんこうきゃく[観光客]	관광객
がんしょ[願書]	원서
かんじょう[感情]	감정
かんしょく[間食]	간식
かんしん[関心]	관심
がんせき[岩石]	암석
かんせつ[間接]	간접
かんそう[間奏]	간주
かんち[感知]	감지
かんちょう[館長]	관장
かんどう[感動]	감동

かんない[館内] 관내

かんびょう[看病] 간병

かんぼう[願望] 원망(원하고 바람)

かんよ[関与] 관여

き

ぎいん[議員] 의원

きおく[記憶] 기억

きおん[気温] 기온

きか[帰化] 귀화

きかい[機会] 기회

ぎかい[議会] 의회

きかん[期間] 기간

きがん[祈願] 기원

きこく[帰国] 귀국

きじ[生地] 생지(원단)

ぎし[技師] 기사

きしゅく[寄宿] 기숙

ぎじゅつ[技術] 기술

きしょう[希少] 희소

きせい[帰省] 귀성(귀향)

きせい[規制] 규제

きそく[規則] 규칙

きぞく[貴族] 귀족

きたい[期待] 기대

きたく[帰宅] 귀택(귀가)

ぎちょう[議長] 의장

きとく[奇特] 기특

きにゅう[記入] 기입

ぎのう[技能] 기능

きぶん[気分] 기분

ぎもん[疑問] 의문

きゃくしつ[客室] 객실

きゃくしゃ[客車] 객차

きゃくせき[客席] 객석

ぎゃくたい[虐待] 학대

きゃくま[客間] 객간(객실)

きゃっかんてき[客観的] 객관적

きゅういん[吸引] 흡인

きゅうかん[休館] 휴관

きゅうぎょう[休業] 휴업

きゅうきょく[究極] 구극(궁극, 결국)

きゅうこう[急行] 급행

きゅうよ[給与] 급여

きゅうりょう[給料] 급료

きよ[寄与] 기여

きょうあく[凶悪] 흉악

きょういく[教育] 교육

きょうかい[境界] 경계

きょうかい[教会] 교회

きょうかい[協会] 협회

ぎょうかい[業界] 업계

きょうぎ[競技] 경기

きょうぎ[協議] 협의

きょうしつ[教室] 교실

ぎょうしゃ[業者] 업자

きょうじゃく[強弱] 강약

きょうせい[強制] 강제

ぎょうせき[業績] 업적

きょうちょう[協調] 협조

きょうつう[共通] 공통

きょうど[郷土] 향토

きょうどう[協同] 협동

きょうふう[強風] 강풍

きょうみ[興味] 흥미

ぎょうむ[業務] 업무

きょうゆう[共有] 공유

きょうりょく[強力] 강력

きょうりょく[協力] 협력

きょくげん[局限] 국한

きょくげん[極限] 극한

きょくしょう[極小] 극소

きょくせん[曲線] 곡선

きょくだい[極大] 극대

きょくたん[極端] 극단

きょくちょう[曲調] 곡조

きょくばん[局番] 국번

きょくめい[曲名] 곡명

きょくめん[曲面] 곡면(굽은 면)

きょじゅう[居住] 거주

きょだい[巨大] 거대

きょっけい[極刑] 극형

きょむ[虚無] 허무

ぎりょう[技量] 기량

ぎろん[議論] 의논(논의, 토론)

きんいろ[金色] 금색

ぎんいろ[銀色] 은색

ぎんか[銀貨] 은화

ぎんが[銀河] 은하

きんがく[金額] 금액

きんぎょ[金魚] 금어(금붕어)

きんきょう[近況] 근황

きんぎん[金銀] 금은

ぎんこう[銀行] 은행

きんしん[近親] 근친

きんようび[金曜日] 금요일

く

くいき[区域] 구역

くうかん[空間] 공간

くうき[空気] 공기

くうこう[空港] 공항

くうちゅう[空中] 공중

くかん[区間] 구간

くしん[苦心] 고심

くつう[苦痛] 고통

くなん[苦難] 고난

くぶん[区分] 구분

くべつ[区別] 구별

くろう[苦労] 고로(수고, 고생)

け

けいかい[軽快] 경쾌

けいかく[計画] 계획

けいご[敬語] 경어

けいこう[傾向] 경향

けいこうとう[蛍光灯] 형광등

けいさん[計算] 계산

けいしき[形式] 형식

けいりゃく[計略] 계략

けいりょう[計量] 계량

けいろ[経路] 경로

げきじょう[劇場] 극장

げきだん[劇団] 극단

げきは[撃破] 격파

けしき[景色] 경색(경치)

げしゅく[下宿] 하숙

げじゅん[下旬] 하순

げすい[下水] 하수

げつがく[月額] 월액

げっかん[月刊] 월간

けっきょく[結局] 결국

けつごう[結合] 결합

げっこう[月光] 월광(달빛)

げっしゅう[月収] 월수(월수입)

けっしょう[決勝] 결승

けっしょく[血色] 혈색

けっぱく[潔白] 결백

げつまつ[月末] 월말

げつようび[月曜日] 월요일

けつろん[結論] 결론

けなげ[健気] 건기(기특함, 갸륵함)

けはい[気配] 기배(기색)

けびょう[仮病] 가병(꾀병)

げひん[下品] 하품(천박함)

げんいん[原因] 원인

げんえん[減塩] 감염(염분을 줄임)

けんかい[見解] 견해

げんかい[限界] 한계

けんがく[見学] 견학

げんき[元気] 원기(기운, 건강)

げんきん[現金] 현금

げんご[言語] 언어

げんさく[原作] 원작

げんしょ[原書] 원서

げんしょう[減少] 감소

げんせき[原石] 원석

げんそく[原則] 원칙

げんだい[現代] 현대

けんとう[見当] 견당(예측, 짐작)

げんばく[原爆] 원폭

けんぶつ[見物] 견물(구경, 관람)

げんゆ[原油] 원유

げんり[原理] 원리

げんろん[言論] 언론

こ

こうあん[考案] 고안

こうい[好意] 호의

ごういん[強引] 강인(억지로 함)

こうう[降雨] 강우

ごうう[豪雨] 호우

こううん[幸運] 행운

こうえい[光栄] 광영(영광)

こうおん[高音] 고음

こうかい[公開] 공개

こうがい[郊外] 교외

ごうかく[合格] 합격

こうがくしん[向学心] 향학심

こうきょう[好況] 호황

こうくう[航空]	항공
こうくうびん[航空便]	항공편
こうけい[光景]	광경
ごうけい[合計]	합계
こうげん[高原]	고원
こうご[口語]	구어(회화체)
こうこう[高校]	고교
こうこがく[考古学]	고고학
こうざ[口座]	구좌(계좌)
こうさつ[考察]	고찰
こうし[行使]	행사
こうじ[工事]	공사
こうしき[公式]	공식
こうじつ[口実]	구실
こうじゅつ[口述]	구술
こうじょう[向上]	향상
こうしん[更新]	갱신
こうしん[行進]	행진
こうすい[香水]	향수
こうせん[光線]	광선
こうそく[校則]	교칙
こうたく[光沢]	광택
こうちょう[校長]	교장
こうつう[交通]	교통
こうとう[高等]	고등
こうどう[行動]	행동
ごうどう[合同]	합동
こうどく[購読]	구독
こうない[校内]	교내
こうはん[後半]	후반
こうふく[幸福]	행복
こうもく[項目]	항목
こうもん[校門]	교문
こうらく[行楽]	행락
ごうり[合理]	합리
こうりゅう[交流]	교류

こうりょ[考慮]	고려
ごがく[語学]	어학
ごく[語句]	어구
こくご[国語]	국어
こくさん[国産]	국산
こくど[国土]	국토
こくない[国内]	국내
こくはく[告白]	고백
こくはつ[告発]	고발
こくぼう[国防]	국방
こくみん[国民]	국민
ごくらく[極楽]	극락
ここ[古語]	고어
ごじゅん[語順]	어순
ごぜん[午前]	오전
こだい[古代]	고대
こっか[国家]	국가
こっか[国花]	국화
こっかい[国会]	국회
こてん[古典]	고전
こふう[古風]	고풍
ごほう[語法]	어법
こゆう[固有]	고유
ごらく[娯楽]	오락
こんげつ[今月]	금월(이번 달)
こんざつ[混雑]	혼잡
こんてい[根底]	근저(근본)
こんや[今夜]	금야(오늘 밤)

さ

さいあく[最悪]	최악
さいこ[最古]	최고
さいこう[再考]	재고
ざいさん[財産]	재산
さいしゅう[最終]	최종
さいしん[最新]	최신

さいた[最多]	최다
さいはつ[再発]	재발
ざいもく[材木]	재목
さくいん[索引]	색인
さくぶん[作文]	작문
ざつおん[雑音]	잡음
さっか[作家]	작가
ざっか[雑貨]	잡화
さっきょく[作曲]	작곡
ざっし[雑誌]	잡지
ざった[雑多]	잡다
ざつだん[雑談]	잡담
ざつむ[雑務]	잡무
さべつ[差別]	차별
さむけ[寒気]	한기(오한)
さんがく[山岳]	산악
さんぎょう[産業]	산업
さんご[産後]	산후
さんこう[参考]	참고
さんじゅう[三重]	삼중
さんじゅうく[三重苦]	삼중고
さんしゅつ[産出]	산출
ざんしん[斬新]	참신
さんち[山地]	산지
さんち[産地]	산지
さんみゃく[山脈]	산맥
さんや[山野]	산야(산과 들)
さんりん[山林]	산림

し

しいく[飼育]	사육
しえき[使役]	사역
しがい[市外]	시외
じかい[次回]	차회(다음 번)
しかつ[死活]	사활
じかん[時間]	시간

しがん[志願]	지원
しきさい[色彩]	색채
しきじょう[式場]	식장
しきそ[色素]	색소
しきてん[式典]	식전
じきゅうりょく[持久力]	지구력
しく[市区]	시구(시의 구획)
じけん[事件]	사건
じげん[次元]	차원
じこ[事故]	사고
じこ[自己]	자기
しこう[思考]	사고
じこく[時刻]	시각
じさ[時差]	시차
じさん[持参]	지참
しじ[支持]	지지
じじつ[事実]	사실
ししゃ[使者]	사자
ししゅつ[支出]	지출
じしょ[辞書]	사서(사전)
じじょ[次女]	차녀
じじょう[事情]	사정
しじょう[紙上]	지상
じしん[自信]	자신
じしん[自身]	자신(자기)
じしん[地震]	지진
じぜん[事前]	사전
しぜんえん[自然塩]	자연염
じぞく[持続]	지속
じだい[時代]	시대
しちゃく[試着]	시착(입어 봄)
しちょう[市長]	시장
しつおん[室温]	실온
しつがい[室外]	실외
じつぎ[実技]	실기
しっけ[湿気]	습기

しつちょう[室長]	실장
しつど[湿度]	습도
しつない[室内]	실내
しつもん[質問]	질문
してん[支店]	지점
じてんしゃ[自転車]	자전차(자전거)
じどう[自動]	자동
しない[市内]	시내
じなん[次男]	차남
じはく[自白]	자백
じばく[自爆]	자폭
しはつえき[始発駅]	시발역(출발역)
じばん[地盤]	지반
じびょう[持病]	지병
じぶん[自分]	자분(자기, 자신)
しへい[紙幣]	지폐
じみ[地味]	지미(수수함, 검소함)
しみん[市民]	시민
しめい[使命]	사명
しめん[紙面]	지면
じめん[地面]	지면
しや[視野]	시야
じゃあく[邪悪]	사악
しゃいん[社員]	사원
しゃかい[社会]	사회
じゃくしゃ[弱者]	약자
じゃくしょう[弱小]	약소
じゃくてん[弱点]	약점
しゃくはち[尺八]	척팔(대나무 피리)
しゃこ[車庫]	차고
しゃせん[車線]	차선
じゃっか[弱化]	약화
じゃっこく[弱国]	약국
しゃどう[車道]	차도
しゃりょう[車両]	차량
しゅうかい[集会]	집회

しゅうかん[習慣] 습관

じゅうきょ[住居] 주거

しゅうごう[集合] 집합

しゅうじ[習字] 습자

しゅうし[終始] 종시(끝까지, 줄곧)

しゅうじつ[終日] 종일(하루 종일)

しゅうしゅう[収集] 수집

じゅうじゅん[柔順] 유순

じゅうしょ[住所] 주소

しゅうせい[習性] 습성

じゅうだい[重大] 중대

じゅうたい[重体] 중체(중태)

じゅうたく[住宅] 주택

しゅうだん[集団] 집단

しゅうちゃくえき[終着駅] 종착역

しゅうちゅう[集中] 집중

しゅうてん[終点] 종점

じゅうでん[充電] 충전

じゅうどう[柔道] 유도

しゅうとく[習得] 습득

じゅうなん[柔軟] 유연

しゅうにゅう[収入] 수입

じゅうみん[住民] 주민

じゅうよう[重要] 중요

しゅうり[修理] 수리

しゅうりょう[終了] 종료

じゅうりょく[重力] 중력

じゅぎょう[授業] 수업

しゅくしょ[宿所] 숙소

しゅくだい[宿題] 숙제

しゅくはく[宿泊] 숙박

しゅくふく[祝福] 축복

しゅくめい[宿命] 숙명

しゅじゅつ[手術] 수술

しゅだん[手段] 수단

しゅつがん[出願] 출원

しゅつげん[出現]	출현
しゅっさん[出産]	출산
しゅっせ[出世]	출세
しゅっせき[出席]	출석
しゅっちょう[出張]	출장
しゅつどう[出動]	출동
しゅっぱつ[出発]	출발
しゅっぴん[出品]	출품
しゅつりょく[出力]	출력
しゅほう[手法]	수법
しゅみ[趣味]	취미
じゅもく[樹木]	수목
しゅるい[種類]	종류
しゅわ[手話]	수화
じゅんい[順位]	순위
じゅんぎん[純銀]	순은
じゅんじ[順次]	순차(순서)
じゅんじょ[順序]	순서

じゅんちょう[順調]	순조
じゅんぱく[純白]	순백
じゅんばん[順番]	순번(순서, 차례)
しよう[使用]	사용
じょうきゃく[乗客]	승객
じょうきゅう[上級]	상급
じょうきょう[状況]	상황
じょうくう[上空]	상공
じょうげ[上下]	상하
しょうじ[障子]	장자(장지문)
しょうしゃ[勝者]	승자
しょうじょ[少女]	소녀
じょうず[上手]	상수(잘함, 능숙함)
しょうすう[少数]	소수
じょうせい[情勢]	정세
しょうたい[正体]	정체
しょうたい[招待]	초대
じょうちょ[情緒]	정서

じょうねつ[情熱] 정열(열정)

しょうねん[少年] 소년

しょうばい[商売] 상매(장사)

しょうはい[勝敗] 승패

じょうひん[上品] 상품(고상함)

しょうぶ[勝負] 승부

しょうぼう[消防] 소방

じょうほう[情報] 정보

しょうゆ[醤油] 장유(간장)

しょうらい[将来] 장래

しょうり[勝利] 승리

じょうりゅう[上流] 상류

しょうりょう[少量] 소량

じょおう[女王] 여왕

しょくえん[食塩] 식염

しょくじ[食事] 식사

しょくどう[食堂] 식당

しょくひん[食品] 식품

じょし[女子] 여자

しょじ[所持] 소지

じょせい[女性] 여성

しょぞく[所属] 소속

しょっき[食器] 식기

しょっけん[食券] 식권

しょてん[書店] 서점

しょどう[書道] 서도(서예)

しょとく[所得] 소득

しょめい[署名] 서명

しょめん[書面] 서면

じょゆう[女優] 여우(여배우)

しょゆう[所有] 소유

しょり[処理] 처리

しょるい[書類] 서류

じりつ[自立] 자립

しりょう[資料] 자료

じろん[持論] 지론

しんきょく[新曲]	신곡
しんくう[真空]	진공
しんげん[森厳]	삼엄
しんこ[新古]	신고(새것과 낡은 것)
じんこう[人口]	인구
しんこく[深刻]	심각
しんこん[新婚]	신혼
しんしゅつ[進出]	진출
しんじょう[心情]	심정
しんしん[森森]	삼삼(빽빽함)
しんしん[心身]	심신
じんせい[人生]	인생
しんせき[親戚]	친척
しんせつ[親切]	친절
しんせん[新鮮]	신선
しんぜん[親善]	친선
しんちょう[身長]	신장(키)
しんにゅう[新入]	신입
しんぱい[心配]	심배(걱정, 근심)
しんぴん[新品]	신품
じんぶつ[人物]	인물
しんぶん[新聞]	신문
しんや[深夜]	심야
しんゆう[親友]	친우(친한 친구)
しんよう[信用]	신용
しんり[心理]	심리
しんりん[森林]	삼림

す

すいえい[水泳]	수영
すいぎん[水銀]	수은
すいじょう[水上]	수상
すいせん[水洗]	수세(물로 씻음)
すいどう[水道]	수도
すいばく[水爆]	수폭(수소폭탄)
すいぶん[水分]	수분

すうがく[数学] 수학

すうじ[数字] 수자(숫자)

すうち[数値] 수치

すうりょう[数量] 수량

せ

せいかく[性格] 성격

せいがく[声楽] 성악

せいかつ[生活] 생활

せいかつく[生活苦] 생활고

せいきょう[生協] 생협

せいげん[制限] 제한

せいさん[生産] 생산

せいし[製紙] 제지

せいしき[正式] 정식

せいちょう[成長] 성장

せいてん[晴天] 청천(맑은 하늘)

せいと[生徒] 생도(초 · 중 · 고생)

せいど[制度] 제도

せいどく[精読] 정독

せいふく[制服] 제복(교복)

せいぶつ[生物] 생물

せいめい[姓名] 성명(이름)

せいめい[声明] 성명

せいやく[制約] 제약

せいやく[製薬] 제약

せいゆう[声優] 성우

せいりつ[成立] 성립

せいりょう[声量] 성량

せかい[世界] 세계

せきざい[石材] 석재

せきぞう[石像] 석상

せきゆ[石油] 석유

せけん[世間] 세간(세상)

せだい[世代] 세대

せっか[石化] 석화

せっかい[切開]	절개
せっき[石器]	석기
せつげん[雪原]	설원
せっさく[切削]	절삭
せつじつ[切実]	절실
せつじょ[切除]	절제
せったい[接待]	접대
せつだん[切断]	절단
せつでん[節電]	절전
せわ[世話]	세화(신세, 돌봄)
ぜんあく[善悪]	선악
ぜんいき[全域]	전역
ぜんかい[全快]	전쾌(완쾌)
せんがん[洗顔]	세안
ぜんき[前期]	전기
せんきょく[選曲]	선곡
せんきょく[選挙区]	선거구
せんげつ[先月]	선월(지난달)
ぜんご[前後]	전후
ぜんこく[全国]	전국
せんざい[洗剤]	세제
せんしゅ[選手]	선수
ぜんしゅう[全集]	전집
ぜんしん[前進]	전진
せんす[扇子]	선자(쥘부채)
せんせい[先生]	선생
ぜんたい[全体]	전체
せんたく[洗濯]	세탁(빨래)
せんちゃく[先着]	선착
せんてん[先天]	선천
ぜんはん[前半]	전반
ぜんぶ[全部]	전부
せんぽう[先方]	선방(앞쪽, 상대편)
せんもん[専門]	전문
ぜんや[前夜]	전야(전날 밤)
せんゆう[占有]	점유

ぜんりょう[善良]	선량
ぜんりょく[全力]	전력

そ

ぞうか[造花]	조화
そうきん[送金]	송금
そうげん[草原]	초원
そうべつ[送別]	송별
そうもく[草木]	초목
ぞくせ[俗世]	속세
ぞくせい[族制]	족제(가족제도, 씨족제도)
ぞくちょう[族長]	족장
そくど[速度]	속도
そくどく[速読]	속독
そざつ[粗雑]	조잡
そつぎょう[卒業]	졸업

た

たいいく[体育]	체육
たいおん[体温]	체온
たいかい[大会]	대회
だいがく[大学]	대학(교)
たいき[待機]	대기
たいき[大気]	대기
だいきん[代金]	대금
たいぐう[待遇]	대우
だいこう[代行]	대행
たいし[大使]	대사
だいじ[大事]	대사(중요함)
たいじゅう[体重]	체중
たいしょう[大勝]	대승
だいじょうぶ[大丈夫]	대장부(괜찮음)
たいせい[体制]	체제
たいせつ[大切]	대절(소중함, 중요함)
たいせん[大戦]	대전
だいたい[大体]	대체(대강, 대체로)

たいてい[大底] 대저(대개, 보통)

たいとう[対等] 대등

たいは[大破] 대파

たいはん[大半] 대반(대부분, 태반)

たいひ[待避] 대피

たいふう[台風] 태풍

たいへん[大変] 대변(큰일, 힘듦, 대단함)

たいぼう[待望] 대망

だいよう[代用] 대용

だいり[代理] 대리

たいりく[大陸] 대륙

たいりつ[対立] 대립

たいりょく[体力] 체력

たいわ[対話] 대화

だかい[打開] 타개

だきょう[妥協] 타협

たくさん[沢山] 택산(많음, 충분함)

たしょう[多少] 다소

たすう[多数] 다수

たぶん[多分] 다분(아마)

たよう[多様] 다양

たんご[単語] 단어

だんし[男子] 남자

だんじょ[男女] 남녀

だんすい[断水] 단수

だんせい[男性] 남성

だんたい[団体] 단체

だんち[団地] 단지

ち

ちあん[治安] 치안

ちいき[地域] 지역

ちえ[知恵] 지혜

ちか[地下] 지하

ちく[地区] 지구(지역)

ちこく[遅刻] 지각

ちじん[知人] 지인

ちず[地図] 지도

ちてき[知的] 지적

ちのう[知能] 지능

ちほう[地方] 지방

ちめい[地名] 지명

ちゃくしゅ[着手] 착수

ちゃくしょく[着色] 착색

ちゃくせき[着席] 착석

ちゃくもく[着目] 착목(착안, 주목)

ちゃっか[着火] 착화(불을 붙임, 불이 붙음)

ちゃっこう[着工] 착공

ちゅうい[注意] 주의

ちゅうかん[中間] 중간

ちゅうこ[中古] 중고

ちゅうしゃ[駐車] 주차

ちゅうしん[中心] 중심

ちゅうもく[注目] 주목

ちょうおん[長音] 장음

ちょうき[長期] 장기

ちょうこく[彫刻] 조각

ちょうしょ[長所] 장소(장점)

ちょうじょ[長女] 장녀

ちょうじょう[頂上] 정상

ちょうしょく[朝食] 조식(아침밥)

ちょうなん[長男] 장남

ちょくぜん[直前] 직전

ちょくつう[直通] 직통

ちょっき[直帰] 직귀(현지 퇴근)

ちり[地理] 지리

ちんぎん[賃金] 임금

つ

ついおく[追憶] 추억

つうか[通過] 통과

つうこう[通行] 통행

つうしん[通信] 통신

つうち[通知] 통지

つうろ[通路] 통로

つごう[都合] 도합(형편, 사정)

て

ていおん[低音] 저음

ていか[低下] 저하

ていしゃ[停車] 정차

ていしゅつ[提出] 제출

ていしょく[定食] 정식

ていちゃく[定着] 정착

ていでん[停電] 정전

ていぶ[底部] 저부(밑부분)

ていへん[底辺] 저변(밑변)

ていぼう[堤防] 제방(둑)

ていめん[底面] 저면(밑면)

ていりゅう[底流] 저류(밑바닥의 흐름)

てきせつ[適切] 적절

てじゅん[手順] 수순(순서, 절차)

てってい[徹底] 철저

てつや[徹夜] 철야(밤샘)

てんいん[店員] 점원

てんか[点火] 점화

てんかい[展開] 전개

てんき[天気] 천기(날씨)

でんき[電気] 전기

てんくう[天空] 천공(하늘)

てんこう[転校] 전교(전학)

てんさい[天才] 천재

てんし[天使] 천사

でんし[電子] 전자

でんしゃ[電車] 전차(전철)

てんじょう[天井] 천정

てんすう[点数] 점수

てんちょう[店長] 점장

てんとう[店頭] 점두(가게 앞)

てんねん[天然] 천연

てんぽ[店舗] 점포

でんりゅう[電流] 전류

でんりょく[電力] 전력

でんわ[電話] 전화

と

どあい[度合] 도합(정도)

どうい[同意] 동의

とうきゅう[等級] 등급

とうこう[登校] 등교

どうこう[動向] 동향

どうさ[動作] 동작

とうじ[当時] 당시

どうし[動詞] 동사

どうじ[同時] 동시

とうしき[等式] 등식

とうしんだい[等身大] 등신대(실물 크기)

とうせい[統制] 통제

とうちゃく[到着] 도착

とうてい[到底] 도저(도저히, 아무리 해도)

どうとう[同等] 동등

とうなん[東南] 동남

とうにゅう[投入] 투입

どうぶつ[動物] 동물

とうぶん[等分] 등분

とうゆ[灯油] 등유

どうろ[道路] 도로

とうろん[討論] 토론

どうわ[童話] 동화

どき[土器] 토기

とくぎ[特技] 특기

とくし[特使] 특사

どくじ[独自] 독자

どくしゃ[読者] 독자

とくしゅう[特集]	특집
どくしょ[読書]	독서
とくしょく[特色]	특색
とくだい[特大]	특대
どくとく[独特]	독특
どくは[読破]	독파
とくばい[特売]	특매
とくべつ[特別]	특별
どくりつ[独立]	독립
とけい[時計]	시계
とし[都市]	도시
としょ[図書]	도서
としん[都心]	도심
どすう[度数]	도수
どだい[土台]	토대
とち[土地]	토지
とっか[特価]	특가
どっかい[読解]	독해
とっきゅう[特急]	특급
とほう[途方]	도방(수단, 도리)
どぼく[土木]	토목
どようび[土曜日]	토요일
どりょう[度量]	도량

な

ないか[内科]	내과
ないせん[内線]	내선
ないぶ[内部]	내부
ないよう[内容]	내용
なんきょく[南極]	남극
なんにち[何日]	하일(며칠)
なんぶ[南部]	남부
なんべい[南米]	남미
なんぼく[南北]	남북

に

にくしん[肉親]	육친
にくせい[肉声]	육성
にくたい[肉体]	육체
にじ[二次]	이차
にちえい[日英]	일영(일본과 영국)
にちじ[日時]	일시(날짜와 시각)
にちべい[日米]	일미(일본과 미국)
にちようび[日曜日]	일요일
にっき[日記]	일기
にっこう[日光]	일광(햇빛)
にってい[日程]	일정
にはち[二八]	이팔(16세, 청춘)
にゅういん[入院]	입원
にゅうがく[入学]	입학
にゅうこく[入国]	입국
にゅうし[入試]	입시
にゅうしゅ[入手]	입수
にんち[認知]	인지

ぬ

ぬのじ[布地]	포지(천)

ね

ねつい[熱意]	열의
ねっぷう[熱風]	열풍
ねんがん[念願]	염원
ねんげつ[年月]	연월(세월)
ねんじ[年次]	연차
ねんだい[年代]	연대

の

のうか[農家]	농가
のうきょう[農協]	농협
のうみん[農民]	농민
のうやく[農薬]	농약

は

ばいう[梅雨]	매우(장마)
ばいきゃく[売却]	매각
ばいこく[売国]	매국
ばいてん[売店]	매점
ばいばい[売買]	매매
はかい[破壊]	파괴
はきけ[吐気]	토기(구역질)
はくい[白衣]	백의
はくぎん[白銀]	백은(은, 눈)
はくじゃく[薄弱]	박약
はくしゅ[拍手]	박수
はくじん[白人]	백인
ばくだい[莫大]	막대
ばくだん[爆弾]	폭탄
ばくは[爆破]	폭파
ばくはつ[爆発]	폭발
はくまい[白米]	백미
ばくやく[爆薬]	폭약
はさん[破産]	파산
ばしょ[場所]	장소
はそん[破損]	파손
はちじ[八時]	팔시(8시)
はちにん[八人]	팔인(8명)
はちぶ[八分]	팔분(8할)
はついく[発育]	발육
はつおん[発音]	발음
はっか[発火]	발화
はっかく[八角]	팔각
はっけつびょう[白血病]	백혈병
はっけん[発見]	발견
はつげん[発言]	발언
はっこつ[白骨]	백골
はっさい[八歳]	팔세(8세)
はっせい[発声]	발성
はつでん[発電]	발전

はつばい[発売] 발매

はつびょう[発病] 발병

はっぴょう[発表] 발표

はへん[破片] 파편

はんが[版画] 판화

はんがく[半額] 반액

はんそく[反則] 반칙

はんそで[半袖] 반수(반소매)

ばんち[番地] 번지(주소)

はんとし[半年] 반년

はんばい[販売] 판매

はんぶん[半分] 반분(절반)

ひ

ひうん[悲運] 비운

ひげ[卑下] 비하

ひげき[悲劇] 비극

びこう[備考] 비고

ひじゅう[比重] 비중

びなん[美男] 미남

ひばく[被爆] 피폭

ひゃくはち[百八] 백팔(108, 백팔번뇌)

びよういん[美容院] 미용원(미용실)

びょういん[病院] 병원

びょうき[病気] 병기(병)

びょうく[病苦] 병고

ひょうし[表紙] 표지

びょうしつ[病室] 병실

びょうじゃく[病弱] 병약

ひょうじょう[表情] 표정

びょうめい[病名] 병명

ひょうろん[評論] 평론

ひんかく[品格] 품격

ひんしつ[品質] 품질

ひんじゃく[貧弱] 빈약

びんせん[便箋] 편선(편지지)

ふ

ふあん[不安]	불안
ふうけい[風景]	풍경
ふうしゅう[風習]	풍습
ふうせん[風船]	풍선
ふうど[風土]	풍토
ふうん[不運]	불운
ぶか[部下]	부하
ぶきみ[不気味]	불기미(섬뜩함, 무서움)
ぶきよう[不器用]	불기용(솜씨가 서툼)
ふきょう[不況]	불황
ふくざつ[複雑]	복잡
ふくし[福祉]	복지
ふくしゅう[復習]	복습
ふくすう[複数]	복수
ふくそう[服装]	복장
ぶさいく[不細工]	불세공(못생김)
ふしぎ[不思議]	불사의(이상함, 수상함)
ふじさん[富士山]	후지산
ふじゅん[不順]	불순(순조롭지 못함)
ぶちょう[部長]	부장
ふつう[普通]	보통
ぶっか[物価]	물가
ふっかつ[復活]	부활
ふっき[復帰]	복귀
ふっこ[復古]	복고
ぶっしつ[物質]	물질
ぶつじょう[物情]	물정
ぶつり[物理]	물리
ぶつりょう[物量]	물량
ふなびん[船便]	선편(배편)
ぶひん[部品]	부품
ぶぶん[部分]	부분
ふべん[不便]	불편
ふまん[不満]	불만
ぶゆう[武勇]	무용

ふりょう[不良]	불량
ぶんか[文化]	문화
ぶんがく[文学]	문학
ぶんしょ[文書]	문서
ぶんしょう[文章]	문장
ぶんせき[分析]	분석
ぶんぽう[文法]	문법
ぶんや[分野]	분야
ぶんり[分離]	분리
ぶんるい[分類]	분류

へ

へいげん[平原]	평원
へいてん[閉店]	폐점
へいや[平野]	평야
べっきょ[別居]	별거
べっしつ[別室]	별실
べつじん[別人]	별인(딴사람)
べつべつ[別々]	별별(따로따로)
べつめい[別名]	별명
べんぎ[便宜]	편의
へんじ[返事]	반사(답장, 답변)
へんしょく[変色]	변색
へんぴん[返品]	반품
べんり[便利]	편리

ほ

ほあん[保安]	보안
ぼうえい[防衛]	방위
ぼうか[防火]	방화
ほうげん[方言]	방언(사투리)
ほうこう[方向]	방향
ぼうこう[暴行]	폭행
ほうこく[報告]	보고
ぼうし[帽子]	모자
ぼうし[防止]	방지

ほうしき[方式] 방식

ぼうすい[防水] 방수

ほうせき[宝石] 보석

ほうそく[法則] 법칙

ほうにち[訪日] 방일

ぼうはん[防犯] 방범

ぼうふう[暴風] 폭풍

ぼうふうう[暴風雨] 폭풍우

ほうべん[方便] 방편

ほうほう[方法] 방법

ほうめん[方面] 방면

ぼうりょく[暴力] 폭력

ほじ[保持] 보지(보존, 유지)

ぼしゅう[募集] 모집

ほっきょく[北極] 북극

ほんかん[本館] 본관

ほんてん[本店] 본점

ほんぶん[本文] 본문

ほんらい[本来] 본래

ま

まいにち[毎日] 매일

まっせ[末世] 말세

まんいん[満員] 만원

まんが[漫画] 만화

み

みかい[未開] 미개

みかく[味覚] 미각

みかた[味方] 미방(자기편)

みそ[味噌] 미증(된장)

みち[未知] 미지

みちじゅん[道順] 도순(가는 순서, 코스)

みぶん[身分] 신분

みょうみ[妙味] 묘미

みらい[未来] 미래

みんかん[民間]	민간
みんしゅ[民主]	민주
みんしゅく[民宿]	민숙(민박)
みんぞく[民俗]	민속
みんぞく[民族]	민족
みんよう[民謡]	민요

む

むえん[無塩]	무염(소금기가 없음)
むげ[無下]	무하(형편없음)
むし[無視]	무시
むじんえき[無人駅]	무인역
むだん[無断]	무단
むり[無理]	무리
むりょう[無料]	무료

め

めいかい[明快]	명쾌
めいきょく[名曲]	명곡
めいし[名刺]	명자(명함)
めいしょ[名所]	명소
めいせい[名声]	명성
めいはく[明白]	명백
めいぶつ[名物]	명물
めいもん[名門]	명문
めいよ[名誉]	명예
めった[滅多]	멸다(좀처럼, 거의)
めんかい[面会]	면회

も

もくざい[木材]	목재
もくじ[目次]	목차
もくぞう[木造]	목조
もくてき[目的]	목적
もくひょう[目標]	목표
もくようび[木曜日]	목요일

もくろく[目録]	목록
もちろん[勿論]	물론
もっか[目下]	목하(지금, 현재)
もっかん[木管]	목관
もんぜん[門前]	문전(문 앞)
もんだい[問題]	문제

や

やがい[野外]	야외
やかん[夜間]	야간
やくそう[薬草]	약초
やくひん[薬品]	약품
やくぶつ[薬物]	약물
やけい[夜景]	야경
やこう[夜行]	야행
やさい[野菜]	야채(채소)
やしょく[夜食]	야식
やしん[野心]	야심
やせい[野生]	야생
やちん[家賃]	가임(집세)
やっきょく[薬局]	약국
やっこう[薬効]	약효

ゆ

ゆういん[誘引]	유인
ゆうかん[勇敢]	용감
ゆうき[勇気]	용기
ゆうし[勇士]	용사
ゆうしゅう[有終]	유종
ゆうしょう[優勝]	우승
ゆうじょう[友情]	우정
ゆうしょく[夕食]	석식(저녁밥)
ゆうのう[有能]	유능
ゆうびん[郵便]	우편
ゆうめい[有名]	유명
ゆうり[有利]	유리

ゆうりょう[優良]	우량
ゆうりょう[有料]	유료
ゆうりょく[有力]	유력
ゆかい[愉快]	유쾌
ゆげ[湯気]	탕기(김, 수증기)
ゆず[柚子]	유자
ゆせい[油性]	유성
ゆだん[油断]	유단(방심, 부주의)
ゆでん[油田]	유전
ゆぶん[油分]	유분
ゆらい[由来]	유래

よ

ようけん[用件]	용건
ようご[用語]	용어
ようし[用紙]	용지
ようじ[楊子]	양자(이쑤시개)
ようす[様子]	양자(모양, 모습)
ようひん[用品]	용품
ようふく[洋服]	양복(서양식 옷)
よくしつ[浴室]	욕실
よけい[余計]	여계(불필요함)
よこく[予告]	예고
よしゅう[予習]	예습
よち[余地]	여지
よとう[与党]	여당
よぶん[余分]	여분
よぼう[予防]	예방
よゆう[余裕]	여유

ら

らいきゃく[来客]	내객(방문객)
らいげつ[来月]	내월(다음 달)
らいしゅう[来週]	내주(다음 주)
らいじょう[来場]	내장(그곳에 옴)
らいにち[来日]	내일(일본에 옴)

らいねん[来年] 내년

らくえん[楽園] 낙원

らくしょう[楽勝] 낙승

らくてん[楽天] 낙천

らっかん[楽観] 낙관

らんおう[卵黄] 난황(노른자)

らんざつ[乱雑] 난잡

らんぼう[乱暴] 난폭

り

りかい[理解] 이해

りこう[利口] 이구(영리함)

りそう[理想] 이상

りつあん[立案] 입안

りっしょう[立証] 입증

りつぞう[立像] 입상(동상)

りっぱ[立派] 입파(훌륭함, 근사함)

りつろん[立論] 입론

りゆう[理由] 이유

りゅうがく[留学] 유학

りゅうこう[流行] 유행

りゅうしゅつ[流出] 유출

りゅうつう[流通] 유통

りゅうにゅう[流入] 유입

りよう[利用] 이용

りょうきょく[両極] 양극

りょうきん[料金] 요금

りょうこう[良好] 양호

りょうしつ[良質] 양질

りょうしょ[良書] 양서

りょうしん[良心] 양심

りょうしん[両親] 양친

りょうてい[料亭] 요정

りょうど[領土] 영토

りょうほう[両方] 양방(양쪽)

りょうり[料理] 요리

りょかん[旅館] 여관

りょこう[旅行] 여행

りろん[理論] 이론

る

るいけい[類型] 유형

るいじ[類似] 유사

れ

れいぶん[例文] 예문

れんしゅう[練習] 연습

ろ

ろくおん[録音] 녹음

ろじ[路地] 노지(골목)

ろじょう[路上] 노상(길 위)

ろせん[路線] 노선

ろめん[路面] 노면(길)

ろんがい[論外] 논외(논할 가치가 없음)

ろんぎ[論議] 논의

ろんそう[論争] 논쟁

ろんぶん[論文] 논문

ろんり[論理] 논리

わ

わえい[和英] 화영(일본어와 영어)

わし[和紙] 화지(일본 종이)

わしゃ[話者] 화자(말하는 사람)

わじゅつ[話術] 화술

わだい[話題] 화제

わほう[話法] 화법

わるぎ[悪気] 악기(악의, 나쁜 뜻)

듣기만 해도 말이 나오는 이지톡의 일본어 도서들

일본어 무작정 따라하기

히라가나를 몰라도 문법을 외우지 않아도 한 달만 따라하면 말문이 트인다!

후지이 아사리 지음 | 336쪽

15,000원(휴대용 소책자 + mp3 파일 무료 다운로드)

일본어 문법 무작정 따라하기

듣기만 해도 문법이 정리된다! 말하는 문법도 시험대비도 한 권으로 OK!

일본어 문법 분야 1위

후지이 아사리 지음 | 464쪽

19,800원(mp3 CD 1장 + 휴대용 소책자 포함)

일본어 현지회화 무작정 따라하기

여행, 어학연수, 워홀, 유학생활에 바로 통하는 실전 회화!

후지이 아사리 지음 | 344쪽

16,000원(휴대용 소책자+mp3파일/음성강의 무료 다운로드

일본어 회화 무작정 따라하기

도쿄에서 직접 건진 기본 일본어 회화! 일본인의 생생한 24시간을 현지감각으로 배운다!

김웅철 지음 | 224쪽

13,800원(mp3 CD 1장 포함)

일본어 필수 단어 무작정 따라하기

일상 회화에 필요한 기출단어 1,700자와 기출 한자 265개를 한 번에 익힐 수 있다!

후지이 아사리 지음 | 464쪽

10,800원(mp3 무료 다운로드)

일본어 필수 표현 무작정 따라하기

일본어, 990개 문장만 알면 하고 싶은 말은 다 할 수 있다!

후지이 아사리 지음 | 552쪽

12,800원(mp3 CD 1장 포함)

자르는 선

일본어를 배운다면 꼭 알아야 할

일본어 필수 단어 무작정 따라하기

일상 회화에 필요한 기초 단어를 억양까지 익힐 수 있다!

일본어 **기초자에게 필요한 단어 1,700자**를 예문과 함께 품사별로 나누었으며, 꼭 알아야 할 **기초 한자 265개**를 따로 모아 정리했습니다.

난이도	첫걸음 / **초급** / 중급 / 고급
기간	60일
대상	기초 필수 단어를 효과적으로 습득하고 싶은 학습자
목표	기초 단어 2,000자 & 일본어 능력시험 N4 수준의 어휘 끝내기